Norbert Huse

»Neues Bauen« 1918 bis 1933

Moderne Architektur in der Weimarer Republik

Heinz Moos Verlag München

Zum Autor:

Norbert Huse, geboren 1941 in Gotha, studierte 1961–1966 in München, Freiburg und Frankfurt und promovierte 1966 in München mit einer Arbeit über Bernini. 1966–1968 war er Stipendiat am Kunsthistorischen Institut in Florenz, 1968–1970 Assistant Professor in den USA. 1970 habilitierte er sich an der Universität München, wo er seitdem Dozent für Mittlere und Neuere Kunstgeschichte ist. Neben verschiedenen Aufsätzen zur italienischen Architektur und Skulptur in Fachzeitschriften veröffentlichte er „Studien zu Giovanni Bellini", Berlin 1972.

Zu den Abbildungen:

Umschlagseite 1: Brüder Luckhardt, Alexanderplatz, Berlin, Modell.
Bild gegenüber dem Titel: Richard Döcker, Haus K., Stuttgart, Gartenterrasse, Foto: Dr. Franz Stoedtner.
Seite 6: Bruno Taut, Siedlung „Onkel Toms Hütte", Berlin, Zehlendorf, Foto: Arthur Köster.

Printed in the Federal Republic of Germany

Gesamtherstellung: Passavia AG, Passau

ISBN 3-7879-0090-X

Inhalt

Vorwort

Daß die zwanziger Jahre für die moderne Architektur eine wichtige und in vieler Hinsicht prägende Periode gewesen sind, steht außer Zweifel. Um so erstaunlicher ist, wie wenig wir von dieser Zeit im Grunde wissen. Bei näherem Zusehen kann auch die Fülle des Geschriebenen nicht verbergen, daß vieles nur Wiederholung ist, weil immer wieder dieselben Bauten unter denselben Gesichtspunkten und mit denselben Ergebnissen besprochen werden[1]. Zur Bildung eines begründeten und erprobten Kanons aber, der allein ein solches Vorgehen rechtfertigen würde, ist es noch zu früh. Nicht nur ist das Verständnis unzureichend, auch die Informationen sind lückenhaft: Sogar von Gropius[2] oder Mies van der Rohe fehlt eine zuverlässige Werkliste, Zeichnungen sind in größerem Umfang nur von Mendelsohn bekannt[3], und selbst den tradierten Zeitangaben kann man nicht immer ohne weiteres trauen. Für die wichtigsten Bauten und Projekte fehlen sorgfältige Untersuchungen meist ebenso wie für die bestimmenden Bauaufgaben und die grundlegenden Probleme dieser Architektur, und in vielen Fällen steht selbst die oberflächlichste Sichtung des Materials noch aus. Eine echte **Geschichte** der modernen Architektur in der Weimarer Republik liegt deshalb noch in weiter Ferne, und auch dieses Buch kann nur vorbereitenden Charakter haben. Vollständigkeit oder Endgültigkeit sind nicht erstrebt[4]. Meine Hoffnung war jedoch, daß Konzentration auf die wichtigsten Architekten sowie die im Mittelpunkt des Neuen Bauens stehenden Probleme sich beim gegenwärtigen Stand am ehesten als fruchtbar erweisen würde.

Mein Dank gilt all denen, die mir mit ihrer Ermunterung, ihrer Kritik sowie mit praktischer Hilfe beigestanden haben.

München im Herbst 1975 — Norbert Huse

Einleitung

I

Zwischen der historischen Einheit »Weimarer Republik« und der zeitgenössischen modernen Architektur in Deutschland besteht ein offenkundiger Zusammenhang. Er ist im einzelnen so komplex, daß er erst im letzten Kapitel zusammenfassend behandelt werden kann, die zeitliche Eingrenzung aber muß gleich zu Beginn kurz erläutert werden. Daß der Beginn des Dritten Reiches für die moderne Architektur in Deutschland ein Einschnitt war, ist nie zweifelhaft gewesen. So tief war er, daß er nicht nur eine Unterbrechung bedeutete, sondern das für Deutschland definitive Ende eines Prozesses, der auch nach 1945 keine Fortsetzung fand. Selbst die Tätigkeit der Emigranten kann nur mit den größten Einschränkungen als Weiterführung der deutschen Entwicklung verstanden werden.

Über die Bedeutung der Ereignisse von 1918 hingegen besteht unter den Architekturhistorikern keine Übereinstimmung[1]. In diesem Buch wird 1918 als eine entscheidende Zäsur angesehen, andere Autoren hingegen haben vor allem die Kontinuität betont. Schon 1935 hat F. Schumacher gegen eine »literarische Kunstbetrachtung« polemisiert, »... die nur zu oft geneigt ist, den Augenblick, in dem sie sich äußert, als einen Anfang oder ein Ende anzusehen.« Sie habe »... als abschließendes Ergebnis ... vielfach nur die Erscheinungen gesehen, die man offiziell mit dem Begriff der ›Neuen Sachlichkeit‹ belegt hat. Betrachtet man das Ganze, so bilden diese ein Welle, die der Krieg und seine Folgeerscheinungen besonders hoch emporhebt, ohne daß darum der große, tief fließende Strom der Entwicklung unterbrochen wird[2]«. Dieser Strom ist der der konservativen Architektur, für die Schumachers Bild sicherlich zutrifft.

Die konservative und die moderne Architektur der zwanziger Jahre haben ihre Wurzeln in der Reformarchitektur der Vorkriegszeit, was zu der These geführt hat, daß es in der deutschen Architektur zwei Revolutionen gegeben habe: »... eine breitere um 1900, aus der die moderne Bewegung entstand, und eine engere nach 1918, die von Gropius und seinen Gefolgsleuten angeführt wurde[3]«. Innerhalb der Reformarchitektur hat Karl Scheffler bereits 1914 zwei Richtungen unterschieden: »Die eine Gruppe geht vom Historischen, von der Traditionenfülle in einer besonderen Weise aus, und eine andere Gruppe bemüht sich, mit freier Erfindungskraft eine ganz neue architektonische Formenwelt zu schaffen[4].« Als mit dem Zusammenbruch des Kaiserreiches auch der mit diesem verbundene Historismus wilhelminischer Prägung seine Grundlage verlor, verschwand der gemeinsame Gegner, und die Gegensätze zwischen konservativen und radikalen Reformern traten hervor. Die persönlichen Verbindungen sind freilich deshalb nicht zerrissen[5], und im Deutschen Werkbund haben noch für Jahre Vertreter verschiedener Richtungen zusammengearbeitet. Die bestehenden Gegensätze sind den Beteiligten anscheinend nur allmählich in voller Schärfe bewußt geworden, denn erst am Ende des Jahrzehnts kommen sie in der Diskussion der Architekten zur Sprache und erst 1928 fanden sie in der Gründung des »Block« auch institutionell einen Ausdruck[6].

Die starke Betonung der Zäsur von 1918 widerspricht einer unter Architekten wie Historikern gleichermaßen verbreiteten Vorstellung, derzufolge es seit der Mitte des 19. Jahrhunderts eine kontinuierliche Entwicklung gegeben hat, deren Anfänge zunächst nur in zerstreuten und voneinander isolierten Ansätzen erkennbar sind, um sich dann aber gegen Ende des Jahrhunderts zu einem in den zwanziger Jahren kulminierenden Prozeß zusammenzufinden. Historisch gesehen stammt dieses Geschichtsbid aus der apologetischen Literatur der zwanziger Jahre, die anfangs der Legitimation der neuen Architektur diente, später aber vor allem der Verteidigung gegen die konservativen und reaktionären Gegner[7]. Die Themen dieser Publizistik waren durch die zunehmend schärfer werdende Polemik präjudiziert, auf die sie antwortete. Nachdem Senger und Schultze-Naumburg das Neue Bauen sogar als böswillige Erfindung von Kulturbolschewisten und artfremden Intellektuellen denunziert hatten[8], mußten die Verteidiger vor allem die Zwangsläufigkeit und innere Logik der Entwicklung herausstellen, und betonen, daß es sich »... nicht um überspannte Gedanken einiger Phantasten handelt. Die Entwicklung geht ihren gesetzmäßigen Gang, wer will sich ihr entgegenstellen[9]?« Zumindest im eigenen Lager gelang dies so überzeugend, daß Gropius 1934 befriedigt feststellen konnte: »Wir sind heute in der Lage, den Nachweis dafür zu führen, daß sich die Erscheinungsformen der neuen Baukunst folgerichtig und zwangsläufig aus den geistigen, gesellschaftlichen und technischen Voraussetzungen der Zeit logisch entwickelten und nicht etwa modernistischen Marotten einiger neuerungssüchtiger Architekten entsprungen sind[10].«

II

Auch bei einer in erster Linie stilgeschichtlichen Perspektive, wie sie in der wissenschaftlichen Literatur bisher vorherrscht, wird die Diskontinuität der Entwicklung immer deutlicher[11]. Unbestreitbar hat es schon vor 1914 Bauten gegeben, die denen von 1925 oft verblüffend ähnlich sehen. Das Faguswerk von Gropius und die Wohnhäuser von Adolf Loos werden immer wieder genannt[12]. Man muß aber hinzufügen, daß diese Bauten zu ihrer Zeit Ausnahmen waren und auch von den Zeitgenossen keineswegs aufeinander bezogen oder gar als eigenständige Position innerhalb der Reformarchitektur angesehen wurden[13]. Dazu kam es erst im Rückblick, und auch da erst dann, als die formalen Grundzüge des Neuen Bauens bereits fixiert waren[14]. Gropius z. B. hat erst 1925 wieder an seine Glasfassade in Alfeld angeknüpft – nachdem er sich schon mit seiner Kölner Ausstellungsfabrik von 1914 ganz anderen Auffassungen genähert hatte[15]. So offensichtlich die Berührungspunkte sind, so unzulässig ist es, aus ihnen einen ursächlichen Zusammenhang zu konstruieren. Zu erinnern ist auch, daß eine teleologische Vorstellung schon für die Vorkriegszeit durch den faktischen Verlauf der Entwicklung widerlegt wird. In den neunziger Jahren war die Reform von Kunstgewerbe und Architektur auch in Deutschland die Sache kleiner Gruppen des Bürgertums gewesen[16]. Vielfach sozial aufgeschlossen und im Ästhetischen avantgardistisch, waren diese Gruppen auch für die Prinzipien der avancierten Baukunst offen: ihre Hinwendung zur Technik, ihre dezidierte Modernität, ihre spezifische Eleganz, ihr Sinn für neues Material und auch ihre sozialreformerische Ambition.

Bereits um 1900 aber wird eine Wende sichtbar, die sich zunächst in stilistischen Veränderungen äußerte. Ihr wichtigstes Merkmal war die Abkehr vom Individualismus der Avantgardisten, die trotz bedeutender Einzelleistungen dem Ziel eines neuen, gemeinsamen Stiles nicht nähergekommen waren[17]. Schon die Aufgaben und die Besteller hatten sie auf einen engen Wirkungskreis beschränkt und der erhofften sozialen Wirkung beraubt. Ihre differenzierende, im Ganzen wie im Einzelnen individualisierende Architektur, in die sich auch die Ornamente des Jugendstils hatten einschmiegen können, wurde mehr und mehr von einem kubischen Purismus verdrängt, der dem zunehmenden Verlangen nach Elementarem, Typischem und Überpersönlichem entgegenkam[18].

Eins der ersten Dokumente dieser Veränderung war 1898 Olbrichs Wiener Sezessionsgebäude, dem wenig später der Darmstädter Ateliertrakt folgte. Formengeschichtlich gehört der Purismus dieser Bauten sicherlich zu den Voraussetzungen des Neuen Bauens, einen unmittelbaren Entwicklungszusammenhang gibt es jedoch nicht. Olbrich, in diesen Jahren zweifellos der erfindungsreichste der deutschen Architekten, erprobte gleichzeitig auch seine in neuer Weise dynamisch wirkenden Silhouetten, die mit ihren langsam anziehenden, dann aber energisch umbiegenden Kurven und deren Verbindung mit Partien in Skelettbauweise zum Vorbild für die Betonarchitektur der Mendelsohnschen Skizzen werden konnten[19] (Abbildung 16).

Diese Experimente blieben jedoch isoliert, denn in der Gesamtentwicklung der avantgardistischen Architektur wurde der Drang zu einer neuen Monumentalität immer stärker, und schon bei den Ausstellungsgebäuden von 1905 verknüpft Olbrich den Purismus mit Mitteln herkömmlicher Repräsentation wie Symmetrie und Risalitbildung[20]. Analog hatte Peter Behrens seine Kuben schon 1905 im Stile der Florentiner Protorenaissance inkrustiert, bevor er sich im folgenden Jahr dem Klassizismus zuzuwenden begann[21]. Auch der Weg Josef Hoffmanns ist vergleichbar. Schon vor seinem Stoclet Palais in Brüssel war eine einsame Säule aufgetaucht. 1914, bei seinem Bau für die Kölner Werkbundausstellung, war daraus eine Art Kolonnade geworden, die noch den Beifall eines Adolf Hitler fand[22]. Purismus und Klassizismus waren in diesen Jahren keine Gegensätze[23]. Wie klein der Schritt war, zeigten an Olbrichs Villa Feinhals die kubischen, dem Stoclet Palais ähnlichen Risalite, die den dorischen Portikus rahmten.

Es muß verblüffen, daß die so emphatisch eingeleitete Erneuerung schon nach wenigen Jahren in einer neuerlichen Hinwendung zu älteren Epochen zu enden schien. Viele Zeitgenossen scheinen aber gerade darin den Beginn einer neuen Ära erblickt zu haben, deren Bauten sich zwar auch der traditionellen Mittel bedienten, in der Übernahme historischer Einzelformen aber zurückhaltend waren[24].

So groß die Kontinuität bei der konservativen Architektur auch gewesen ist – für die moderne war 1918 trotz aller Rückverbindungen ein so deutlicher Wendepunkt, daß die Weimarer Republik für diese Gruppe auch architekturgeschichtlich eine historische Einheit darstellt. Die Tragfähigkeit dieser These wird erst das Buch im ganzen erweisen können, doch sollten die gegebenen Hinweise gleich zu Beginn darauf aufmerksam machen, daß ein lineares Geschichtsbild unzureichend ist, nachdem die allgemeine Tendenz der Entwicklung vor dem Kriege durchaus nicht in Richtung Neues Bauen verlief und man 1905 den Positionen von 1925 sehr viel näher war als 1910 oder 1914.

III

Thema dieses Buches sind diejenigen Bestrebungen, die sich selbst als das »Neue Bauen« verstanden. Anders als »moderne Architektur« hat dieser Begriff ein eigenes, noch heute nachklingendes Pathos. Nicht auf die Ergebnisse ist der Akzent gelegt, sondern auf das Tun. Nicht eine Architektur wie viele frühere auch sollte entstehen, sondern etwas prinzipiell Neues. »Bauen« galt als Ehrentitel, den Moderne wie Konservative für sich beanspruchten, während sie den Gegnern nur die Produktion von Architektur zubilligen wollten[25].

Nach dem Verständnis des Publikums wie der Beteiligten stand der modernen Architektur eine konservative gegenüber, die sich bemühte, den Krieg zu überbrücken und an die Tradition anzuschließen. Zu ihren Vertretern gehörten Schumacher, Poelzig, Th. Fischer, Tessenow, Schmitthenner, Kreis, Bestelmeyer und viele andere. Unter ihnen kann man wahrscheinlich zwei Hauptrichtungen unterscheiden, von denen die eine den Stil ihrer eigenen *Region* zum Vorbild nahm, die andere den Stil einer bestimmten *Zeit*. Die erste Richtung hat ihre bedeutendsten Vertreter in Fischer und Schumacher, die auch im 20. Jahrhundert mit Erfolg die Identität süddeutscher bzw. norddeutscher Architektur zu wahren verstanden[26]. Die Architekten der zweiten Richtung identifizierten sich meist mit der Zeit »um 1800«, an die P. Mebes in einem folgenreichen Buch erinnert hatte[27]. Tessenow, Schmitthenner, auch Schultze-Naumburg sind die wichtigsten Architekten. Gemeinsam war beiden Richtungen das distanzierte Verhältnis zur eigenen Gegenwart, der die Modernen sich mit so viel Hoffnung und Leidenschaft zugewandt hatten[28].

Nachdem die oft bitteren Auseinandersetzungen der zwanziger Jahre Geschichte sind, ist wieder daran zu erinnern, daß die Zugehörigkeit zu einer bestimmten Richtung über Wert und Rang eines Bauwerks nur wenig aussagt. Das gilt für die künstlerische Seite ebenso wie für die praktische. Die konservativen Häuser sind den Bedürfnissen ihrer ja ebenfalls von der Tradition bestimmten Bauherren und Bewohner in der Regel sicherlich besser gerecht geworden als die progressiven, und daß Poelzig ein begabterer Architekt war als Bruno Taut ist ebenso offenkundig wie andererseits die Überlegenheit von Mies über Schumacher.

Auch die konservative Kritik am Neuen Bauen erscheint heute in einem anderen Licht als 1930, denn selbst diejenigen Kritiker heutiger Architektur, die ihre Anklage im Namen des Fortschritts erheben, haben dort ihre Vorgänger[29]. Das Problem ist, daß die konservativen Argumente durch den Gebrauch, den die Nationalsozialisten von ihnen machten[30], in Mißkredit gerieten, und die Auseinandersetzung mit ihnen unterblieben ist. Nun ist die Verknüpfung der konservativen Modernismuskritik mit völkischen und rassistischen Programmen vermutlich nicht ganz zufällig, aber sicherlich ist sie auch nicht zwangsläufig, weshalb der Antisemitismus eines Schultze-Naumburg noch nicht seine Kritik an der modernen Architektur widerlegt. Aus Texten wie den seinen zu lernen, ohne ihrer Ideologie zu verfallen, ist ganz sicher nicht leicht, angesichts der unübersehbaren Krise der modernen Architektur aber trotzdem nötig.

»Modern« und »konservativ« sind schon der Definition nach relative Begriffe. Die Architektur von Behrens z. B. ist vor 1914 als modern einzustufen, nach dem Kriege aber als konservativ – ohne daß sie sich wesentlich geändert hätte. Verändert hatte sich nur die Situation. Und selbst in der gleichen Situation kann mit dem Begriff des Konservativen sehr Verschiedenes gemeint sein. So gab es unter den Konservativen auch Reaktionäre und Restaurative[31]. Die Mehrheit jedoch war im genauen Sinne konservativ, bewahrend. Ihr Ziel war, die Werte der Vergangenheit so zu verwandeln, daß sie der veränderten Gegenwart Nutzen bringen konnten, ohne ihre Substanz preiszugeben. Schumacher war sicherlich nicht allein mit der Erwartung, ». . . daß nach dem Krieg eine große Erschütterung auch aller ästhetischen Vorstellungen durch die Welt gehen würde, und ich suchte nach den festen Punkten, die jenseits der Erschütterungen der Zeit stehen . . . Es war, als ob man keinen Augenblick verlieren dürfte, um beim Wiederaufbau der aus den Fugen gegangenen Welt die großen Quader ewiger Wahrheiten nicht verrücken zu lassen, für die man bisher vergebens gekämpft hatte[32].« »Daß dies nicht einfach sein und auch große Veränderungen erfordern würde, hat gerade Schumacher immer wieder dargelegt. Die Wohnungsreform, ein soziales Bodenrecht und neue Formen des Zusammenlebens erkannte auch er als notwendig. Der Unterschied zu Taut oder Gropius lag in dem Bekenntnis: ». . . daß es im Gegensatz zur Einseitigkeit der Extremen durchaus nicht nötig erscheint, die Fäden der Entwicklung plötzlich alle abzureißen, um zu einem selbständigen Schaffen zu kommen, sondern daß es sorgfältiger Überlegung bedarf, wo man weiterspinnen kann und wo man neu beginnen muß[33]«. Den Trennungsstrich zog er ». . . zwischen denjenigen Aufgaben, bei denen neue Konstruktionen und neue Materialien das Ziel der Lösung weiterzustecken zwingen, und denjenigen Aufgaben, die gar nicht neuer Konstruktionen und neuer Materialien bedürfen, so daß deren absichtsvolles Heranziehen den Charakter des Modischen trägt[34]«.

Vor allem das Wohnhaus galt den Traditionalisten als eine solche Aufgabe. Arbeiteten die Modernen für eine der Besonderheiten des Maschinenzeitalters angemessene Wohnform, so wogen für Schumacher andere Gesichtspunkte schwerer: »In der Art, wie sich ein Bauwerk einem Stück Boden und seinen landschaftlichen Besonderheiten einfügt, können die Stammeseigentümlichkeiten seines Schöpfers deutlich zum Vorschein kommen . . . So entsteht jene eigentümliche Färbung einer ›nationalen Individualität‹, . . . die im Gegensatz steht zu dem Streben, eine internationale Kunstsprache zu gewinnen[35].« Beim Wohnhaus, für das es in den zwanziger Jahren anscheinend noch tragkräftige Traditionen gab, sind die Konservativen ihren Forderungen am besten gerecht geworden. Vom Wohnungsbau nicht zu trennen sind die städtebaulichen Leistungen von Fischer und vor allem die von Schumacher, der in einer weit und differenziert angelegten Planung an der Gestaltung eines neuen Hamburg arbeitete, dessen neue städtebauliche Physiognomie sowohl der eigenen Zeit als auch der eigenen Tradition gerecht werden sollte[36].

IV

Die Auseinandersetzung mit früherem Bauen ist für die europäische Architektur immer eine wichtige Aufgabe gewesen. Von der Avantgarde des 20. Jahrhunderts, die glaubte, unter völlig neuen, gegenüber früheren Epochen unvergleichlichen, Bedingungen zu arbeiten, ist diese Auseinandersetzung jedoch nur sehr bruchstückhaft weitergeführt worden[37]. Der Glaube an die Einzigartigkeit der eigenen Situation und der Kampf gegen den Historismus machten die Moderne oft blind dafür, daß auch ihre Gegenwart von Vergangenem abhängig war und daß Tradition auch im 20. Jahrhundert nichts absolut Festes und Abgeschlossenes ist, sondern die spezifische Vergangenheit der jeweiligen Gegenwart.

Schon von ihren unmittelbaren Vorgängern aber hätten Gropius und seine Freunde lernen können, daß Historisten und Konservative kein Monopol auf die Vergangenheit haben. Berlage, Otto Wagner und die Engländer hatten gerade das Neue in ihrer Architektur nicht zuletzt in einer konfliktreichen, aber doch kontinuierlichen Auseinandersetzung mit der Tradition entwickelt. Mehr noch als die späteren Konservativen waren sie der Schumacherschen Forderung gefolgt, daß das Gegenwärtige aus dem Vergangenen entwickelt werden müsse, ». . . wenn man ihm eine Dauer für die Zukunft sichern will[38]«. Freilich haben sie sich nicht auf zeitlich und örtlich im Grunde so inkommensurable Architektur berufen wie die »Doriker« Hoffmann und Behrens, sondern auf unverbrauchte und im 19. Jahrhundert nicht korrumpierte regionale Traditionen[39]. Eine angemessene Untersuchung, die hier nicht möglich ist, hätte für jeden Einzelfall zu ermitteln, welche Elemente welcher Tradition in welcher Weise verwendet worden sind. So macht es einen Unterschied, ob die Anlehnung im Detail gesucht wird oder in der Gesamtwirkung, im Grundriß oder in der Fassade. Außerdem wäre aufzuklären, in welches spezifische Verhältnis das Alte zum Neuen tritt und inwiefern die architektonische Identifikation auch Ausdruck einer ideologischen ist.

Für die deutschen Konservativen ergäben solche Forschungen bei aller Verschiedenheit der Ziele und der Wege immer wieder, daß es vor allem die Zeit »Um 1800« war, die als vorbildlich galt. Es war eine Zeit, die schon vom Bürgertum, aber noch nicht von der Industrialisierung geprägt war: »Im 18. Jahrhundert ist nicht mehr der Patrizier die ›aktuelle Figur‹. Der Bürger ist der Träger der beginnenden politischen und geistigen Freiheit geworden, und mit ihm zieht das Bürgerwohnhaus ein – das, was wir heute noch ersehnen, dessen Erfüllung heute da sein müßte und dessen Entwicklung unterbunden wurde. Das Bürgerwohnhaus setzt im achtzehnten Jahrhundert in derselben einfachen Schönheit ein, die stets im vollkommenen Ausdruck des vollkommenen Zweckes liegt[40].«

Ziel war – wie bei den Modernen – ein neues Lebensgefühl, mit dem Unterschied freilich, daß es aus der Vergangenheit sich nähren, sich nicht bedingungslos der Gegenwart verschreiben sollte. Paul Bonatz hat es 1933 mit Formulierungen umschrieben, aus denen auch der Versuch spricht, Distanz zu den Nationalsozialisten zu gewinnen: »Das Neue wird wahrscheinlich sehr wenig auffällig sein, es wird für den oberflächlichen Beschauer, der den Blick für das Wesenhafte nicht hat, eher ein Mangel an Merkmalen festzustellen sein. Das Wesenhafte aber wird außerordentlich schlicht sein, es wird volle Übereinstimmung von Form und Inhalt zeigen und in jedem Mittel wahrhaftig sein. Deutsch wird es ohne unser bewußtes Zutun werden, weil wir nicht anders können. Das heutige Feldgeschrei: Tradition oder Moderne wird gegenstandslos werden, es wird ein Besseres daraus erwachsen: Selbstverständlichkeit![41].«
Den Zusammenhang dieser ästhetisch-ethischen Ziele mit gesellschaftlichen und historischen Identifikationen formulierte Schultze-Naumburg: »Wir sind uns wohl alle einig, daß die Baugesinnung in der liberalistischen Periode, wie sie nach dem 1. Drittel des 19. Jahrhunderts beginnt und bis auf unsere Tage reicht, den Stempel der Unechtheit auf der Stirn trug[42].« Nicht dem Bürgertum der Gründerzeit fühlte man sich verwandt, sondern den Zeitgenossen Goethes. Deren Häuser sind das Vorbild: nicht mehr die Schlösser, sondern das Haus des Gutsverwalters, der Pfarrhof, nicht das große Gut. »Alle die Vorzüge, die man heute so gerne aufführt als: weiträumige Anordnung, logische und klare Raumverbindung, besaß jene echte Baugesinnung, die mit der Kunst aus dem Handwerk herauswuchs, durchaus auch[43].« Wenn Schmitthenner ein von ihm gebautes »Stadthaus im Garten« beschreibt, dann wird auch für solche Arbeiten klar, wie sehr ihre Form auch soziales Bekenntnis war: »Beschaulichkeit und Ruhe werden hier bevorzugt, auch einem guten Wein ist man nicht abhold und in dem breiten Bücherschrank stehen gute und deutsche Bücher. Gleich vorn rechts im dritten Schaft steht da der ganze Adalbert Stifter und auf dem Schaft darunter die Schriften von Lagarde ...[44].«
Schmitthenner präsentiert seine Bauten biedermeierlich zurückhaltend und schlicht, die Schrift ist nicht zufällig gotisch (Abbildung 1). Die Gliederung geht vor allem von den Fenstern aus, aber auch von den Schornsteinen und den Regenrinnen, die die Symmetrie ebenso betonen helfen wie das Mansardenfenster in der Mittelachse. Der Sockelzone aus geschlämmtem Backstein ist eine Doppeltreppe vorgelegt, die zum Haupteingang führt. Im Gegensatz zu den scharf geschnittenen, technische Präzision anstrebenden Formen des gleichzeitigen Hauses von Gropius hat Schmitthenner auf kleine Unregelmäßigkeiten den größten Wert gelegt, so beim Umriß des hohen Daches, aber auch bei den Regenrinnen, der leichten Biegung im Sturz der mittleren Fenster sowie bei den Treppengeländern. Im Giebel des Mansardenfensters gibt es auch einen spielerischen Akzent. Durch Schmitthenners Darstellungsweise werden alle diese Züge noch verstärkt, denn nicht zuletzt sie gibt dem Haus den Charakter des von Hand Gebauten, während für Gropius (Abbildung 2) der Charakter des maschinell Produzierten auch ein künstlerisches Ziel gewesen ist, das sich in Einzelheiten wie den aus dem Fabrikbau übernommenen Klappfenstern des Treppenhauses ebenso bekundet wie im flachen Dach und in der asymmetrischen Fassadendisposition. Nicht »bestem deutschen Bürgersinn war hier das Haus zu schaffen[45]«, sondern einer neuen, modernen Lebensform: »Wir wollen den klaren ... Bauleib schaffen, nackt und strahlend aus innerem Gesetz heraus, ohne Lügen und Verspieltheiten, der unsere Welt der Maschinen ... bejaht ...[46].«
Als sich 1928 mehrere konservative Architekten zum »Block« zusammenschlossen und in Zeitschriften um Anhänger warben, blieben die Formulierungen noch zurückhaltend. Die Mitglieder waren sich einig, »... daß bei den Bauaufgaben unserer Zeit wohl ein eigener Ausdruck gefunden werden muß, daß aber dabei die Lebensanschauungen des eigenen Volkes und die Gegebenheiten der Natur des Landes zu berücksichtigen sind. Sie gehen allen Anregungen und Möglichkeiten, die neue Werkstoffe und Werkformen betreffen, mit wacher Aufmerksamkeit nach, ohne aber Ererbtes zu vernachlässigen und bereits Gekonntes verlieren zu wollen ...[47].« Schultze-Naumburg, einer der Unterzeichner, wurde freilich schon wenig später sehr viel schärfer: »... wenn so viel von dem Bekenntnis zum ›modernen Menschen‹ geredet wird, so ist damit nichts anderes gemeint als ein verstecktes Bekenntnis zur liberalistisch-demokratischen Weltauffassung, ja zum Untermenschen, was sich auch in allen Kunstwerken spiegeln soll[48].«
Wahrscheinlich ist der Gegensatz zwischen Modernen und Konservativen literarisch gelegentlich pointierter gewesen als in der Praxis des Bauens[49]. Andererseits aber sind die Formen, von den Bedeutungen, die sie zeitweise angenommen haben, nicht zu trennen, und im Prinzip hätten wohl auch Taut und Gropius ihren Gegnern zugestimmt, wenn diese immer wieder betonten, daß das Bekenntnis zu einer Kunstrichtung das zu einer Weltanschauung und letzten Endes auch das zu einer Gesellschaftsform impliziere. In der Sprache der konservativen Polemik: »Wenn man etwa vom Dammerstock begeistert ist, dann muß man auch eingestehen, daß man zu einer proletarisch-zivilisatorischen Weltanschauung steht, und wenn man Schmitthenners Arbeit liebt, dann bekennt man sich von selbst zu einer bürgerlich-kulturellen Geistesrichtung. Neusachliche Siedlungen bauen heißt, das Bürgertum proletarisieren, Schmitthennersche Siedlungen bauen heißt, das Proletariat verbürgerlichen[50].«

V

Herkömmlicherweise fällt das Studium vergangener Architektur in die Kompetenz der Kunstgeschichte. Voraussetzung dieser Konvention ist die Einordnung der Architektur unter die Bildenden Künste, wo sie mit Malerei und Skulptur eine Trias bildet. So ehrenwürdig diese Verbindung ist, so wenig zwingend ist sie, denn Architektur als Kunst ist nur eine Dimension der überlieferten Bauten und noch dazu eine, die nur bei relativ wenigen Gebäuden eine Rolle spielt. Denkbar und notwendig wäre neben einer Kunstgeschichte von Architektur auch deren Sozialgeschichte[51]. Sie müßte sich vermutlich noch mit ganz anderen Bauten und sicherlich auch mit anderen Problemen beschäftigen. Ohne jeden Zweifel würden beide sich fortwährend berühren und oft auch überschneiden. Offen ist aber, ob die Ergebnisse ohne weiteres komplementär wären. Zwar träfen die beiden Betrachtungsweisen Momente, die zumindest in den kunsthistorisch bedeutenden Bauten sich durchdringen[52], doch ist das Verhältnis dieser Momente selbst ein geschichtliches. Im Extremfall kann es

1 P. Schmitthenner, *Haus Roser,* Stuttgart (1926)

2 W. Gropius, *Haus Gropius,* Dessau (1926)

sich so weit verändern, daß spätere Generationen gerade die Abwesenheit von Kunst als Kunstwert schätzen lernen. Die ästhetische Bewunderung von Silos und Maschinen durch die Architekten der Moderne[53] ist nur ein Beispiel unter vielen.
Die Möglichkeit einer Erforschung der modernen Architektur mit den Mitteln kunstwissenschaftlicher Analyse ist sogar prinzipiell bezweifelt worden, »... weil die Frage aufgetreten ist, ob mit der Entstehung der abstrakten Malerei und Bildhauerei und der funktionellen Architektur zugleich auch das Ende der Künste im alten Sinne gekommen ist oder nicht[54]«. Gefragt wurde, ob das 20. Jahrhundert, »... überhaupt vom Standpunkt des Kunsthistorikers erforschbar ist, weil es den Bereich der Kunst, nämlich der Darstellung überschreitet (Beispiel: eine moderne Architektur, von innen, das heißt von einer für die Sicht verborgenen Zweckmäßigkeit her entworfen, stellt ›außen‹ nichts mehr dar)[55]«. Bei näherem Studium – und davon wird mehrfach zu sprechen sein – erweist sich jedoch die moderne Architektur als nicht weniger darstellend als die früherer Epochen.
Aber so wie früher, so können auch im 20. Jahrhundert architektonische Kategorien zugleich soziale und gesellschaftliche sein. Dies aufzudecken ist trotzdem nicht leicht, weil bestimmte Bedeutungen den Formen und Gebilden anscheinend durchaus nicht dauernd eigen sind. Immer wieder verweisen zeitgenössische Texte auf Bedeutungen, die heute nicht mehr erfahrbar, sondern nur noch rekonstruierbar sind. Es handelt sich wahrscheinlich um potentielle Bedeutungen, die sich im Wechsel der historischen Situationen entfalten können, aber keineswegs entfalten müssen[56]. Das aber bedeutet, daß die genetischen und hermeneutischen Untersuchungen durch rezeptionsgeschichtliche ergänzt werden müssen. Ihr Verhältnis untereinander ist schon deshalb ein dialektisches, weil jede neue Situation durch ihre Präzedenzien geprägt ist. Diese Präzedenzien wirken gleichermaßen auf Bauherren, Architekten, Benutzer und Publikum, wenn auch die Wirkung sicher nicht gleichmäßig und nicht gleichartig ist. Auch die Präzedenzien selbst bleiben nicht konstant, sondern werden ihrerseits durch jede neue Situation verändert. In der Terminologie der Hermeneutik könnte man von einem »Prozeß fortgesetzter Horizontstiftung und Horizontveränderung[57]« sprechen, der vor allem von den experimentellen Werken vorangetrieben wird, die im Augenblick ihres Entstehens die vertrauten Horizonte so weit durchbrechen, daß sich ein Publikum für sie erst allmählich herausbilden kann, wobei sowohl die Werke, wie auch das Publikum wiederum von der allgemeinen historischen Konstellation abhängig sind, in der sie sich jeweils befinden.

Im einzelnen sind solche Zusammenhänge nur schwer zu erfassen, und oft wird kaum mehr zu rekonstruieren sein, als die allgemeine Tendenz. Eine Annäherung ermöglichen neben den Werken der Zeit ihre Schriften, die in diesem Buch in einem vielleicht unerwarteten Maße herangezogen werden. Bauten und Schriften stehen in einem kaum lösbaren Zusammenhang, und oft erlauben erst die begleitenden Texte Einblick in die ursprüngliche Problemstellung, ohne deren Kenntnis die Bauten in wichtigen Punkten unverständlich bleiben müßten. Wie in anderen Krisenzeiten zu Beginn oder am Ende einer Epoche haben auch am Anfang unseres Jahrhunderts die Versuche der theoretischen Klärung sprunghaft zugenommen. Sie richteten sich nicht nur an die Architekten, sondern auch an den großen Kreis der Bewohner, Benutzer und Betrachter, um deren Zustimmung nach dem Abbrechen des durch Tradition gesicherten Konsensus eindringlich geworben werden mußte.
Niveau und Erkenntniswert dieser Schriften sind höchst unterschiedlich, der Umgang mit ihnen ist schwierig und voller Probleme. Trotzdem kann eine kritische Untersuchung der Architektur sie nicht beiseite lassen. Es wäre nun naheliegend, die Texte nach Autoren zu ordnen und deren Besonderheit herauszuarbeiten. Bei längerem Studium stellte sich jedoch heraus, daß die meisten Texte bis in die Wortwahl von fast formelhaft wiederkehrenden Motiven geprägt sind, die sich, über die Grenzen der einzelnen Äußerungen hinaus, um wenige zentrale Vorstellungen und Themen gruppieren. Für das Verständnis des Neuen Bauens schien es vordringlich, diese Zusammenhänge sichtbar zu machen.
Im ganzen wird man den Architekten und ihrer Arbeit nur dann gerecht werden, wenn man auch ihre Ziele und ihre Ansprüche ernst nimmt, und zwar die ausdrücklich formulierten ebenso wie diejenigen, die in der inneren Konsequenz der Bauten liegen. Zu diesem Ernstnehmen gehört, daß man die Programme ebenso kritisch befragt wie die Bauten, und zwar nicht nur in sich, sondern auch im Hinblick auf ihre Verwirklichung. Man wird bei einem solchen Vorgehen Späteres nicht ohne weiteres immer als Fortentwicklung betrachten können, sondern wird es auch an den früheren Ansprüchen messen müssen. Denn es ist ja kaum zu übersehen, daß die bisherige Geschichte der modernen Architektur nicht nur Entfaltung und Erfüllung gebracht hat, sondern auch eine Geschichte der Verkürzungen, Verdrängungen und der schlechten Kompromisse gewesen ist. Die schärfste Kritik gegenwärtigen Bauens wäre wahrscheinlich nicht die von außen, sondern die Konfrontation mit dem einmal Erhofften und Versprochenen.

Träume und Experimente

Bruno Taut: Imaginäre Architektur

I

Fast alle Protagonisten des Neuen Bauens waren schon vor 1914 hervorgetreten. Durch den Krieg wurde ihre Laufbahn unterbrochen, und zwar nicht nur äußerlich. Gropius steht für viele, wenn er berichtet, »das bewußte, verantwortliche Vortragen einer Idee, das eigene theoretische Durchdenken, um mit eigenen Erkenntnissen eine Bresche zu schlagen«, sei bei ihm erst unter dem Eindruck des Krieges in Gang gekommen: »... für jeden Denkenden ergab sich die Notwendigkeit der Umstellung. Jeder sehnte sich, von seinem Gebiet aus, den unheilvollen Zwiespalt zwischen Wirklichkeit und Geist zu überbrücken[1].«
Da es ohnehin nicht sehr viel zu bauen gab und die wenigen Aufträge für junge Privatarchitekten in der Regel unerreichbar waren[2], äußerte sich der Neubeginn hauptsächlich in Plänen und Projekten, die historisch ohne direktes Vorbild sind und nur aus der besonderen Situation verständlich werden, in der sie entstanden[3]. Bruno Taut, 1919 einer der Wortführer, hat die Lage zehn Jahre später sehr düster gezeichnet: »In Deutschland war die Situation nach dem Kriege in künstlerischen Dingen ungeheuer schwierig. Der Krieg und die Revolution hatten alles derartig aus den Fugen gehoben, daß es zunächst niemand gelang, eine geistige Basis zu finden. An die Vorkriegstradition konnte unmöglich angeknüpft werden, weil jene Zeit ja als die Ursache des geschehenen Unheils angesehen werden mußte und weil jedes Erzeugnis jener Zeit mit diesen Kriegsursachen irgendwie zusammenzuhängen schien. Die vorwärtsgerichtete, revolutionäre und antimilitaristische Jugend, auf die es ankam, war durch den Krieg dezimiert und so gegenüber der älteren Generation schon zahlenmäßig im Nachteil. Zu bauen gab es vorläufig so gut wie nichts, und die folgenden Inflationsjahre mit ihrer grausigen Volksaussaugung ließen alles produktive Geschehen weiter still liegen und richteten eine weitere Verwüstung in der geistigen Haltung des Publikums an. Kein Wunder, daß unter solchen Voraussetzungen die Architekten, welche eine neue Baukunst vorbereiten wollten, dafür zunächst nirgends eine Basis fanden als in sich selbst. Kein Wunder, daß sie den Ausdruck des eigenen Empfindens bis zum äußersten Schrei, um nur gehört zu werden, treiben mußten, und daß sie von Gemeinschaft predigten und schwärmten, wo keine vorhanden oder keine herzustellen war[4].«
Unmittelbar nach dem Krieg hatte Taut diese Not noch hoffnungsvoll zur Tugend stilisiert: »Zu bauen gibt es heute fast nichts, und wenn wir irgendwo doch bauen können, tun wir es, um zu leben ... Mich widert die Praxis fast an, und im Grunde geht es Euch wohl allen so. Ehrlich gesagt: Es ist ganz gut, daß heute nicht ›gebaut‹ wird. So können die Dinge reifen, wir sammeln Kraft, und wenn es wieder beginnt, dann kennen wir unser Ziel.« – »Seien wir im Bewußtsein ›imaginäre Architekten‹! Wir glauben, daß erst eine völlige Umwälzung uns zum Werke führen kann. Der Bürger ... wittert ganz mit Recht in uns die Revolution. Alle Begriffe, alle bisherigen Grundlagen auflösen, zersetzen ... Verschwinden der Persönlichkeit, Aufgehen in Höherem – ist die Architektur erst einmal wieder da, dann ist der Meister namenlos[5].«
Mit den Utopisten gewann die Architektur Anschluß an den literarisch-politischen Expressionismus der Vorkriegszeit, zu dessen wichtigsten Organen der »Sturm«, die »Aktion« und die »Sozialistischen Monatshefte« zählten, bei denen Taut und Behne seit 1914 Mitarbeiter waren[6]. Viele Einzelmotive sind den Architekten aus diesen Quellen zugeflossen, waren also nicht das Ergebnis des Zusammenbruchs von 1918. Erst damals jedoch öffneten sich auch andere als Taut solchen Vorstellungen, und erst dadurch wurde aus den Phantasien eines jungen Architekten für kurze Zeit das Programm fast einer ganzen Generation. Den Freunden Tauts scheinen diese Zusammenhänge nicht immer bewußt geworden zu sein, aber selbst Grundzüge ihres Denkens wie die Orientierung an fernsten Zielen und die Bewertung der eigenen Arbeit nach diesen Zielen, nicht nach greifbaren Ergebnissen, waren bereits formuliert. Zum Beispiel in einem Aufsatz Kurt Hillers über die »Philosophie des Ziels«: »... in Wahrheit sind alle großen Kunstwerke, will sagen alle, welche Geister umrichteten, Herzen umrissen, groß gewesen nicht durch die Vollkommenheit ihres spezifischen Kunsthaften, sondern durch die Mächtigkeit des Bildes ihrer gewollten Welt; durch die Wucht ihres Bejahens und Verneinens, Verherrlichens und Verfluchens, durch die postulative Flamme, die aus ihnen schlug, durch die Erhabenheit ihres Was, ihrer Idee, ihres Ziels, ihres Ethos. An allen großen Kunstwerken ist, daß sie Kunstwerke sind (und nicht Religionen, nicht Philosophien, nicht Politiken) Zufall und Nebensache[7].«

II

Rechnet man zur Architektur allein das, was wirklich gebaut wurde, dann waren die Jahre 1919 bis 1924 für die moderne Architektur in Deutschland nur Episode. Wie oft in der Frühzeit war auch in dieser Periode das in Programmen Geforderte und in Entwürfen Konzipierte wichtiger als das faktisch Gebaute. Die wichtigsten Dokumente stammen aus dem Berliner Arbeitsrat für Kunst. Das »Frühlicht« war ab 1920 neben den Rundbriefen das publizistische Forum der Gruppe[8]. Das Verhältnis der Autoren zueinander und zu Taut ist bei der Vielzahl persönlicher Verbindungen und Kontakte nur schwer aufzuhellen, doch scheint Taut die zentrale Figur gewesen zu sein[9]. In seinem Denken war er kaum tiefer und in seinen Entwürfen kaum bedeutender als seine Kollegen, bei keinem aber findet man eine der seinen vergleichbare Fülle der Ideen, und kein anderer hatte die gleichen

Voraussetzungen wie er, der fast alle der 1919 wichtigen Gedanken schon während des Krieges, teilweise schon vor 1914, ausgesprochen hatte[10]. Tauts Einfluß scheint weniger auf seiner Originalität beruht zu haben, als darauf, daß so wie er auch die anderen dachten oder doch leicht hätten denken können.
Nicht als in sich abgeschlossene Texte sind die Dokumente ihres Austausches zu behandeln und schon gar nicht monographisch, denn nur die wenigsten sind in sich konsistent und kaum einer ist auf logisches Folgern aus. Erst in der Synopse erkennt man ein Geflecht oszillierender und sich überschneidender, dadurch aber auch einander stützender Begriffe, die nicht aus sich selbst verstanden werden können, sondern nur aus ihrer Konstellation. Ihr Kontext ist in der Regel nicht eine geschlossene Argumentation, sondern eine offene Assoziationsfolge[11].
Auch die einzelnen Entwürfe bleiben weit hinter den Zielen zurück, die in der Synopse der Einzeläußerungen greifbar werden: »Was unterm Aspekt des Werkes als mißlungen oder bloßes Beispiel sich präsentiert, bezeugt auch Impulse, die kaum mehr im einzelnen Werk sich objektivieren können[12].« Die Utopisten selbst haben diese Not oft allzu schnell zur Tugend stilisiert. M. Wagner über Taut: »Er zeigt ganz flüchtige Möglichkeiten und Utopien, keine Grundrisse, keine Typen und keine Berechnungen stellt er auf, er bleibt ganz im Unwirklichen ... Er will keine Kunst, er will nur Ahnungen und Hoffnungen wecken ...[13].« Der Verzicht auf die Anstrengung des Begriffs und die Selbstverständlichkeit, mit der der Arbeitsrat darauf vertraute, Formspiele und emphatische Proklamationen könnten die Architektur, ja sogar das Leben ändern, machen die Zeugnisse dieses Bemühens von vornherein fragwürdig.
Walter Curt Behrendt, sicherlich ein kundiger Beobachter, sprach von einer »noch unbestimmten, aber darum nicht weniger lebhaften Sehnsucht«, die nach »den allgewaltigen Rückwirkungen des zerstörenden Krieges allenthalben in den unbefriedigten Herzen« aufwachse: »Diese neue Sehnsucht ... ist ihrem Wesen nach religiöser Art ... Ihr gibt eine junge Künstlergeneration in neuen symbolistischen Formen einen noch unsicheren, aber oft bereits sehr wirksamen und eindringlichen Ausdruck. Auch in der Architektur ... beginnt sich ein neuer bildnerischer Wille zu regen, der seinen ungebändigten Tatendrang freilich bisher nur in unvollkommenen ekstatisch übersteigerten Entwürfen hat ausleben können[14].« Nicht die Arbeit an konkreten und objektiv vorhandenen Aufgaben sollte zu den fernen Zielen führen, sondern der Höhenflug in eine Zone reiner Architektur. Wo dieser Flug scheiterte, da konnte man die Verantwortung den ungünstigen Bedingungen zuschieben, denn »... auch diese Kunst ist nur formalistisch, auch ihre Form bleibt, trotz des starken Ausdruckswillens, leer, ist Gefäß ohne Inhalt, solange der Zeit der große Glaube fehlt, der allein jener religiösen Sehnsucht nach Erlösung Erfüllung bringen könnte. Erst wenn in einem gemeinsamen Glauben alle Geisteskräfte sich wieder zusammenfinden und zusammenschließen, wird aus dem neuen Inhalt eine künstlerische Form erblühen, die nicht allein mehr Form, sondern zugleich auch wieder Ausdruck und Symbol ist[15].«

III

Nachdem in den letzten Jahren das zumindest teilweise Scheitern der modernen Architektur offenkundig wurde, haben Außenseiter, die für diese Entwicklung nicht verantwortlich schienen, neue Aufmerksamkeit gefunden. In der ersten Phase waren die Plädoyers für sie eher defensiv formuliert, als Appelle an die ästhetische Toleranz. U. Conrads und H. G. Sperlich, die auf dem Höhepunkt des Einflusses von Mies die ersten Streifzüge durch das damals fast vergessene Gebiet »phantastischer Architektur« unternahmen, leiteten 1959 ihr Buch mit einer Kritik an der Geschichtsschreibung ein, der es »... weniger auf die Geschichte als auf das lückenlose Alibi ...« der heutigen Architektur angekommen sei. Conrads und Sperlich dagegen hatten erkannt, »... daß in den scheinbar abseitigen Leistungen etwas Wesentliches geschieht, etwas, das für eine zukünftige Architektur von gleicher, wenn nicht größerer Bedeutung sein mag als sublimes Ausfeilen eines bereits definierten und akzeptierten Formenapparates[16]«. Wenige Sätze später jedoch nahmen sie ihrer Kritik bereits wieder die Spitze: »Mit diesem Buch wird die moderne Architektur, die uns umgibt, nicht etwa in Zweifel gezogen oder gar gegen eine andere Architektur ausgespielt. Dieses Buch ist einzig die Reverenz vor der menschlichen Phantasie, die sich zur Mitteilung nicht der Literatur, nicht der Malerei und der Plastik, auch nicht ausschließlich der Technik, sondern eben des architektonischen Gebildes bedient[17].« Inzwischen haben sich so viele dieser Architektur angenommen[18], daß der Enthusiasmus für alles Nicht-Sachliche, Exzentrische und Exaltierte den Blick für die im ganzen weitaus größeren Leistungen des Neuen Bauens zu trüben beginnt[19].
Der Begriff des Phantastischen wurde in der Literatur bald durch den des Expressionistischen verdrängt, der jedoch schnell zum Sammelnamen für alles wurde, was sich von Corbusier, Gropius, Mies und den Ihren unterschied[20]. Der stringente Nachweis wirklich wesentlicher Gemeinsamkeiten zwischen einem Utopisten wie Taut, einem Dilettanten wie Steiner und einem Konservativen wie Poelzig steht noch aus und ist wahrscheinlich auch nur schwer zu führen. Selbst ein Hauptwerk dieses »Expressionismus«, Poelzigs Entwurf für ein Salzburger Festspielhaus (Abbildung 3), kann mit den »Zukunftskathedralen« des Arbeitsrates für Kunst nur schwer zusammengebracht werden[21]. Trotz ihres auf den ersten Blick vielleicht exzentrischen Aussehens sind Poelzigs Entwürfe exempla konservativer Architektur. Mit Recht hat sich ihr Architekt auf die Salzburger Barocktradition rustikaler Garten- und Grottenbauten berufen: »Ein Festspielhaus in Salzburg ist ganz ein Ding für sich, das bei einem empfindlichen Architekten wahrhaftig nicht in erster Linie technisch praktische Fragen auslöst[22].« Das hätte Taut ähnlich sagen können, und auch die Vorstellung von der Landschaft als Schauplatz und Element der Architektur hätte er geteilt. Durch den Zusammenhang aber bekommen diese Gedanken bei Poelzig eine ganz andere Bedeutung. Nicht die Revolution, die neue Technik oder die demiurgische Schöpferkraft der Architek-

3 H. Poelzig, *1. Entwurf Festspielhaus Salzburg*

tur waren für ihn der Anstoß, sondern die historische Gestalt der Salzburger Kulturlandschaft, die den Architekten: »... in eine Phantastik drängt, die über der ganzen Gegend und ihren Schöpfungen lagert.« Mirabell und Hellbrunn versetzen ihn in »... eine mehr oder minder gelassene Raserei, die ihn an nichts andres denken läßt als wie er dieser Formenwelt etwas Wesengleiches, ja noch eine Steigerung hinzufügen kann[23]«. Zweifellos war diese Sicht Salzburgs von der Zeitstimmung geprägt, die man auch in der Megalomanie der Entwürfe wiedererkennt, deren konservativen Grundcharakter aber hat sie nur verändert, nicht aufgehoben.

Beim Überblick über die derzeit »expressionistisch« genannte Architektur sind deutlich drei Haupttendenzen zu erkennen. Einer in verschiedener Weise der Natur zugewendeten, organischen Richtung, zu der man Finsterlin (Abbildung 4), Steiner, Häring und teilweise auch Mendelsohn (Abbildung 18) zählen kann[24], steht eine konservative Richtung gegenüber, der Poelzig und Höger sowie, wenngleich in geringerem Maße, de Klerk zugerechnet werden können[25]. Taut und seine Freunde schließlich vertreten eine dritte, utopistische Richtung. Es versteht sich von selbst, daß keiner der genannten Architekten durch eine solche Zuordnung schon hinreichend charakterisiert ist, und auch die

4 H. Finsterlin, *Gelber Rundbau,* Entwurf

Unterschiede innerhalb einer Richtung sowie die Überschneidungen sind offenkundig. Trotzdem aber scheint eine derartige Gliederung fruchtbarer als die Suche nach einem gemeinsamen, alle verbindenden »expressionistischen« Element, das ohnehin nur in sehr allgemein und abstrakt formulierbaren formalen Ähnlichkeiten zu finden wäre[26], während die hier vorgeschlagene Gruppierung den Themen und Problemen dieser Bauweisen um einiges näher bleibt.
Trennt man sich von der Vorstellung einer in sich kohärenten »expressionistischen« Architektur, dann wird der Blick auch frei für die Beobachtung, daß die unter diesem Begriff subsumierten Bestrebungen in der europäischen Architektur ihrer Zeit durchaus nicht isoliert stehen. Der Futurismus wurde bereits als Parallele herangezogen[27], aber auch der »Stijl« ist zu nennen und mit ihm der Konstruktivismus, der sich zwar nicht in den Formen, wohl aber in den Zielen und in der Denkweise vielfach mit den deutschen Utopisten berührt[28]. So betrachtet, zeigt sich in den auf den ersten Blick so disparaten avantgardistischen Positionen jener Jahre eine eigene und höchst wichtige Phase in der Geschichte der modernen Architektur, die ihren Höhepunkt in den Jahren von etwa 1917 bis etwa 1923 hat.
Die Bedeutung dieser Phase ist in der Architekturgeschichte oft übersehen worden[29]. Sie besteht darin, daß die Spannung zwischen Utopie und Realität nicht nur literarisch beschworen wurde, sondern auch in die Projekte und die Bauten eingegangen ist. Wie bereits in den neunziger Jahren entstand auch in dieser Periode kein einheitlicher Stil. In der Auswahl und Definition der Probleme aber gab es deutliche und tief reichende Gemeinsamkeiten. Die Aufgaben der Architektur wurden neu formuliert, neuartige Materialien und Konstruktionsverfahren wurden erwogen, eine neue Architekturästhetik entstand, und auch herkömmliche Bauaufgaben wurden neu gedeutet. Prozesse, die normalerweise viele Jahre brauchen, haben in dieser Zeit eine Beschleunigung erfahren, die ebenso ihresgleichen sucht wie der Rang vieler Ergebnisse.
Im einzelnen waren die Ergebnisse dieser Phase auch in Deutschland höchst unterschiedlich. Von den Zukunftsträumen der Künstlerräte spannte sich der Bogen bis zu den Experimenten Mies van der Rohes. Die Pole lagen, trotz vielfacher Querverbindungen, weit voneinander entfernt. Setzte man sich auf der einen Seite fordernd und postulierend über die Wirklichkeit hinweg, so verstand man sich auf der anderen Seite eher als Vorhut, die den Auftrag hatte, neue und, zumindest im Prinzip, auch in absehbarer Zeit begehbare Wege zu erkunden.
Differenziert man nach dem Verhältnis zu Gegenwart und Zukunft, dann ergeben sich auch für die Architektur Unterscheidungen wie die von Ernst Bloch getroffene zwischen Utopischem und Utopistischem: »... das eine bringt sich nur unmittelbar, abstrakt an die Verhältnisse heran, um sie rein aus dem Kopf zu bessern, das andere nahm immerhin dazu auch das Bauzeug von draußen[30].« Das in der echten Utopie sich vollziehende Überholen »... setzt nicht nur Unzufriedene voraus, denen der Lauf, gar Stand der Dinge nicht Genüge tut. Und es setzt nicht nur ein Wünschen und Erwarten voraus, samt der Fähigkeit, Träume nach vorwärts zu haben. Das ist freilich nötig, um Dinge nicht in dem Sinn zu nehmen wie sie sind, indem man sich vor ihnen schlechthin ergibt ... Weiter ist jedoch nötig, daß das Überholen nicht abstrakt bleibt, nur putschhaft vorpreschend oder aber auch ein Glück vormachend, von dem überhaupt nicht gewußt wird, wie man hinlangt. So etwas ist erst Schwärmen und überholt nur scheinbar, obwohl sein Vorwärts besonders heftig aussieht; es überholt aber nicht, sondern überschlägt. Damit dies vermieden wird, dazu muß man allerdings auch mitmachen, freilich nicht die Dinge, wie sie sind, wohl aber wie sie gehen, real möglich gehen könnten, wie ihre Tendenz ist[31].«
So betrachtet, wären manche Arbeiten von Mendelsohn oder sogar von Mies van der Rohe eher als im strengeren Sinne utopisch zu bezeichnen als die Imaginationen des Taut-Kreises oder Finsterlins.

IV

Für den Arbeitsrat freilich war imaginäre Architektur alles andere als utopistisch, sie war die eigentlich wahre Architektur, »... denn wir nennen es nicht Architektur, tausend nützliche Dinge, Wohnhäuser, Büros, Markthallen, Schulen, Wassertürme, Gasometer, Feuerwachen, Fabriken und dergleichen in gefällige Formen zu kleiden[32]«, worin bis 1914 – und schon bald darauf wieder – auch diese Architekten ihre Aufgabe gefunden hatten. Ihren eigenen Anhängern erschien die Utopie keineswegs nur als privater Protest oder gar als Eskapismus. Solchen Vorwürfen hatte Kurt Hiller schon Jahre zuvor entgegengehalten: »Utopismus als Schimpfwort ... und als Spottvokabel war von jeher die Waffe aller Satten, Zufriedenen, Trägen, Privilegierten, Zynischen ... gegen alle Glühenden und Gotterfüllten, gegen alle Empörten und Empörer. ›Das ist utopisch!‹ soll besagen: ›Was ihr da fordert, *kann* niemals erreicht werden‹ – in Wahrheit aber besagt es: ›wir *wollen* nicht, daß ihr's erreicht[33]‹.«
Daß sich aber auch diese Bewegung nicht allein aus Erlösungssehnsucht speiste, sondern auch aus eindeutig ständischen Interessen[34], lehrt die Verschlingung beider Motive noch in den offiziellen Äußerungen der Gruppe: »Die heutigen Architekten müssen den Bau (der Zukunft) vorbereiten. Ihre Arbeit an der Zukunft muß öffentlich ermöglicht und unterstützt werden[35].«
Besonders lehrreich ist eine Passage aus dem Gründungsaufruf des Arbeitsrates: »In der Überzeugung, daß die politische Umwälzung benutzt werden muß zur Befreiung der Kunst von jahrzehntelanger Bevormundung, hat sich in Berlin ein Kreis einheitlich gesinnter Künstler und Kunstfreunde zusammengefunden. Er bestrebt die Sammlung aller verstreuten und sich zersplitternden Kräfte, die über die Wahrung einseitiger Berufsinteressen hinaus am Neuaufbau unseres gesamten Kulturlebens entschlossen mitwirken wollen ... An der Spitze steht der Leitsatz: Kunst und Volk müssen eine Einheit bilden. Die Kunst soll nicht mehr Genuß Weniger, sondern Glück und Leben der Masse sein. Zusammenschluß der Künste unter den Flügeln einer großen Baukunst ist das Ziel ... Als wichtigste Aufgabe der nächsten Zukunft betrachtet der Arbeitsrat den Zusammenschluß ... der Künstler auf der Basis einer gemeinsamen Ausarbeitung eines utopischen Bauprojektes, das in gleichem Maße architektonische wie plastische und malerische Entwürfe umfassen soll[36].« Es wäre sicherlich falsch, solche Texte nur als ständische Ideologie arbeitsloser Architekten abzutun, aber eine Rolle hat dieser Faktor gespielt, denn wie wichtig die Arbeitsbeschaffung war, ergibt sich ohne Kommentar. Aber auch sonst sind die Prioritäten dieses Manifestes aufschlußreich. Die in

Deutschland allgemeine Erwartung einer baldigen Revolution ließ den ursprünglichen Lesern den Zusammenhang zwischen politischer und künstlerischer Veränderung wahrscheinlich zwingender erscheinen, als er faktisch war. Auch ihnen aber hätte auffallen können, daß selbst in diesem Aufruf die politische Umwälzung nicht Thema und Problem der neuen Kunst werden sollte, sondern im Grunde nur ihr Anlaß[37]. Verhindert wurden solche Einsichten bereits durch die übersteigerten Erwartungen einer »neuen Einheit von Leben und Kunst«: »Diese Einheit wird nicht wie in vergangenen Epochen dadurch entstehen, daß Natur die Kunst bestimmt. Sondern die Kunst soll zur Schöpfung des Lebens werden[38].«

Nicht eine neue Gesellschaft war das eigentliche Ziel, sondern der Neuaufbau des Kulturlebens. Nicht zufällig wird ein abstraktes Volk beschworen, mit dem die neue Kunst eine Einheit bilden soll, nicht etwa die gerade entstehende deutsche Republik. Die von den Architekten proklamierte Umwälzung war ästhetischer, auch ethischer, nicht aber sozialer und politischer Art.

Bezeichnenderweise sind politische Begriffe, sofern sie überhaupt vorkommen, ihrer konkreten Bedeutung meist so weit entkleidet, daß sie in ihr Gegenteil umschlagen können[39]. Im Brief eines protestantischen Pfarrers »Vom Heiligen Bau« wird aus Sozialismus eine idealistische, dem kapitalistischen Materialismus konfrontierte Weltanschauung: »Wir haben schon lange angefangen, der kapitalistischen Zeit überdrüssig zu werden. Wir fühlten, daß wir das Ding, die Sache, das Geld und den Zweck nicht mehr beherrschten, sondern daß das alles uns zu seinen Knechten gemacht hatte[40].« Als Heilmittel werden die »Verbannung der Macht« aus Wirtschaft und Staat sowie die »Betonung aller seelischen Werte« vorgeschlagen, deren Quelle der Sozialismus sei, in dem der Autor »Keime zu einer neuen frommen Gesinnung« zu erkennen glaubte.

Die Ohnmacht gegenüber den Problemen der Wirklichkeit durchzieht auch Tauts »Auflösung der Städte«, denjenigen Text, der damals bei weitem die meisten konkreten Vorschläge enthielt. Immer wieder sind die ästhetischen Spekulationen mit Motiven aus dem Repertoire der zeitgenössischen Sozial- und Lebensform durchsetzt[41]. Vor allem die Städte verfallen der Verdammung: »Laßt sie zusammenfallen, die gebauten Gemeinheiten! Steinhäuser machen Steinherzen![42]« Ländliche Kommunen von etwa hundert Häusern sollen entstehen, in denen sich ein besseres Leben fast von selbst einstellen wird. Die Probleme der Technik sind gemeistert, denn diese »... ist jetzt etwas ganz anderes als in der Fabrikschornsteinzeit. Heiligtum zur Aufsaugung der Sonnenenergie ... Der Mensch ist so umgebildet, daß er keine Arbeit tun kann, die nicht Freude ist[43].« »Wissenschaft ist hier nicht Verstandesdressur, sondern Erforschung der Elemente, Wasser, Erde, Licht, Luft, Erkenntnis ihrer Kräfte, ..., und ihre Nutzbarmachung, ihre religiöse Deutung, Astronomie und Astrologie[44].« Schule, Staat und Eigentum sind unbekannte Begriffe, das Zeitalter des Kindes hat begonnen und die Sexualkonventionen sind gefallen[45]. Der Text bietet fast alles, was soziale Phantasie damals vorwegnehmen konnte, die Entwürfe nähern sich besonders bei den Blättern mit expliziter Sexualsymbolik (Abbildung 5) einer neuen »architecture parlante«, aber am Ende wäre auch dieses Utopia in erster Linie Schauplatz für das sich selbst genügende Spiel einer in Glas- und Lichtarchitektur erblühenden Erde (Abbildung 6).

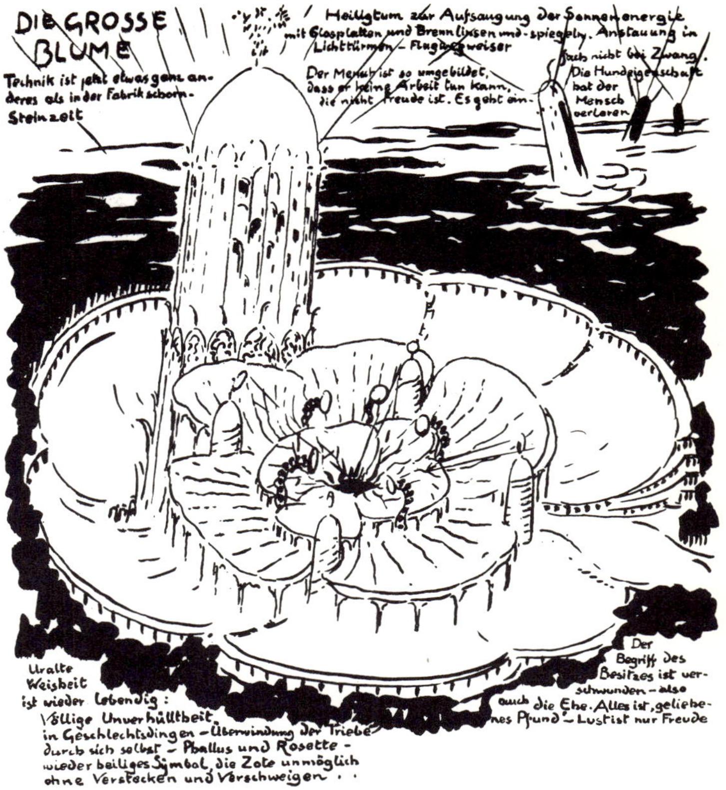

5 B. Taut, *„Die große Blume“*, aus: „Die Auflösung der Städte“

7 B. Taut, *Alpine Architektur*

6 B. Taut, *Der Kristallberg,* aus: „Alpine Architektur"

8 B. Taut, *Tal als Blüte,* aus: „Alpine Architektur"

V

Zwiespältig wie die Stellung einer Architektur, die gerade in der extremsten Selbstgenügsamkeit soziale Verbindlichkeit beanspruchte, ist auch die Stellung derer, die sie hervorbringen. Wie viele andere Texte predigte auch das erste Manifest des Bauhauses das Zurücktreten in die Kollektivität des Handwerks: »Es gibt keinen Wesensunterschied zwischen dem Künstler und dem Handwerker. Der Künstler ist eine Steigerung des Handwerkers. Gnade des Himmels läßt in seltenen Lichtmomenten, die jenseits seines Wollens stehen, unbewußt Kunst aus dem Werk seiner Hand erblühen, die Grundlage des Werkmäßigen aber ist unerläßlich für jeden Künstler[46].« Erst in solchem Zusammenwirken wird »aus Millionen Händen« der Bau der Zukunft entstehen. Er ist »Träger der geistigen Kräfte, Gestalter der Empfindungen der Gesamtheit, die heute schlummern und morgen erwachen«. – »Aber nicht von selbst kommt diese Revolution, kommt dieser Bau. Beide müssen gewollt werden[47].« Und Träger dieses Wollens ist niemand anders als der Architekt, der eben erst im Schoße der mittelalterlichen Baugemeinschaft seine Individualität auslöschen wollte, jetzt aber ohne Zögern in die Reihe derer tritt, die damals den Deutschen Führung und Erlösung versprachen. Zwar müssen auch die Architekten ihre Arbeit »... auf eine breite Basis aller möglichen Voraussetzungen (künstlerische, konstruktive, pekuniäre und soziale) stellen ... um ihren Erscheinungen etwas Dauerndes geben zu können[48].« Ihr Vorbild aber sind die freien Künstler, bei Taut sogar die »geistvollen Kompositionen Kandinskys[49]«.

Die eigene Nichtigkeit wurde immer wieder beteuert, doch dienten auch diese Beteuerungen am Ende nur dazu, den hypertrophen Anspruch der Architektur zu untermauern[50]. Das Mitglied der nach dem Vorbild der Kathedralhütten neu zu gründenden »Bauhöfe« soll zwar seinen verderblichen Individualismus auslöschen, zugleich aber soll es sich auf seinen »... hohen, priesterhaft herrlichen Beruf besinnen und den Schatz zu heben suchen, der in der Tiefe des Menschengemütes ruht[51].« Hilfe von anderen ist dabei nicht erforderlich, soll (und kann) doch der Architekt »... das Bewußtsein und die Kenntnis aller tieferen Empfindungen und Anschauungen in sich tragen, die die Gesamtheit beherrschen, für die er bauen will, freilich nicht allein die ephemeren, das, was man ›Zeitgeist‹ nennt, sondern vielmehr jene noch schlummernden latenten Seelenkräfte des Volkes, die in Glauben, Hoffnung und Wünsche verhüllt, ans Licht streben und im hohen Sinne ›bauen‹ wollen[52].«

Die Frage nach der Legitimation eines von allen unmittelbaren Zwecken abgelösten Bauens wird in den Texten so wenig gelöst, wie die, von wem der Architekt den Auftrag zu diesem Bauen bezieht. Wenn solche Probleme überhaupt gestreift werden, dann ist die Begründung meist in so irrationale Bereiche verlegt, daß sie sich jeder Kritik entzieht: »Bauen ist alles, Liebe, Zeugen, Kampf, Bewegung, Leib, Eltern und Kind und alles Heiligsten heiligstes Symbol[53].« Und selbst die folgenden Äußerungen können noch als typisch gelten: »Es ist tiefste Wahrheit, daß alles andere unwesentlich ist neben dem *Bau-en!* Das Bauen als eine *elementare* Tätigkeit vermag den Menschen zu verwandeln.« – »Eine Gemeinschaft aber, die nicht aus höherer Baulust am Werke ist, die ist matt, zerfallen und arm. Denn was ist letzten Endes die höhere Baulust? Sie ist die tiefste, letzte Lebenskraft[54].«

VI

Für die architektonische Form der Utopie waren die Schriften von Scheerbart die wichtigste Quelle. Von ihm stammen neben vielen Einzelideen auch Ideale wie das des Gläsernen, das des Kosmischen und das des Spiels als der höchsten Steigerung der Architektur wie des Lebens. Die Vorstellungen Scheerbarts sind in viele Einfälle und Aperçus zersplittert und deshalb nur schwer zusammenzufassen. »Das Ausschweifende endlich in die Architektur zu bringen ...[55]«, war eins seiner Ziele, auch um den Preis der Auflösung. Von einer von tausend Scheinwerfern durchleuchteten Lichtstadt ist bei ihm zu lesen[56]; doch war auch sie nur Mittel, ein Endziel zu erreichen, das nur noch mit dem Vokabular des Mystikers zu umschreiben ist: »... das Leben, das ungeheuerliche Leben erfassen, das Leben, das uns in den Sonnenprotuberanzen und in den allmächtigen Ätherschwingungen des Mikrokosmos entgegenrauscht[57]«. Architektonische Metapher und Medium dafür ist das Glas, durch das allein die Architektur sich ins Grenzenlose ausweiten kann: »Wir wollen keine von der Welt vollkommen abschließende Wand – wie die alte Backsteinwand: wir wollen farbenprächtige, durchscheinende doppelte Glaswände haben – überall, wo sie nur angebracht werden könen – besonders in den Staatsgebäuden. Wir wollen Wände haben, die uns nicht abschließen von der großen unendlichen Welt. Das Grenzenlose ist das Größte ... Das Grenzenlose aber ist der unendliche Weltenraum. Von dem wollen wir nicht länger getrennt sein ...[58].« Oder: »Das Glas ist ein völlig neues, reiches Material, in welchem die Materie ein- und umgeschmolzen ist. Von allen Stoffen, die wir haben, wirkt es am elementarsten. Es spiegelt den Himmel und die Sonne, es ist wie lichtes Wasser, und es hat einen Reichtum der Möglichkeiten an Farbe, Form und Charakter, der wirklich nicht zu erschöpfen ist und der keinen Menschen gleichgültig lassen kann ... Das Glas wirkt außermenschlich, als mehr denn menschlich[59].« Einem so verstandenen Glas traute der Erzähler Scheerbart zu, die Menschen nicht nur zu erfreuen, sondern sich von Grund auf zu ändern, so daß alle Mühsal des menschlichen Lebens sich im Lichte der Glasarchitektur auflösen würde. Denn nicht nur schön war für ihn das Glas, es erzeugte auch »... den Zustand eines hellen Bewußtseins, einer kühnen Aktivität und eines Schaffens immer neuer schönerer Werte[60]«. Mehr noch: »... alle Härte, auch die versteckteste, wird die Glasarchitektur aus den Europäern tilgen – und an ihre Stelle setzen Zartheit, Schönheit und Offenheit[61]«. Aus ästhetischen werden unmittelbar praktische Wirkungen: »Die Glasarchitektur bringt die europäische Geistesrevolution«, »... sie macht aus einem beschränkten eitlen Gewohnheitstier einen hellen, wachen, feinen und zarten Menschen[62]«.

Taut hat die beiden letzten Sätze dem »Frühlicht« als Motto vorausgestellt. Während aber solche Passagen bei Scheerbart, gerade in den gelungenen Texten, im Zwischenbereich zwischen Scherz, Satire, Ironie und tieferer Bedeutung angesiedelt sind, strömte ihnen nach 1918 ein Pathos zu, dem sie sich nur selten gewachsen zeigen. Die Transformation, die nötig gewesen wäre, sie für eine solche Befrachtung tragfähig zu machen, ist ausgeblieben, und man wird Oud recht geben müssen, der sich fragte »Ragt aber die reelle Bedeutung, welche Taut ihr (der Dichtung Scheerbarts) zuerkannt hat, nicht über die eigentliche Bedeutung empor? Mir scheint es eine ironisierende dichterische Phantasie, welche bisweilen den Nagel auf den Kopf trifft, aber nur figürlich betrachtet werden muß, mag es dann sein, daß in der Tat auch sehr praktische Anregungen vorhanden sind[63].«

VII

Die Utopisten suchten den Bau der Zukunft auf zwei nahe beieinanderliegenden, aber doch verschiedenen Wegen. Das gemeinsame Ziel hatte Bruno Taut schon 1914 beschrieben: »Bauen wir zusammen an einem großen Bauwerk, das nicht allein Architektur ist, in dem alles, Malerei, Plastik, alles zusammen eine große Architektur bildet und in dem die Architektur wieder in den anderen Künsten aufgeht. Die Architektur soll hier Rahmen und Inhalt, alles zugleich sein[64]« – »Dieses Bauwerk braucht keinen praktischen Zweck zu haben. Auch die Architektur kann sich von utilitaristischen Forderungen loslösen[65].« Unter dem Eindruck Scheerbarts konkretisierte sich bei Taut das Ideal einer absoluten Glasarchitektur, deren Schauplatz nicht allein der Erdball, sondern der ganze Kosmos werden sollte. Seine Gefährten scheinen dagegen mehr an »Volkshäuser« und »Zukunftskathedralen« gedacht zu haben.

Die beiden Vorstellungen sind nicht völlig zu trennen, denn sie haben sich überlagert und oft auch befruchtet. Auch die Kathedralen der Zukunft und des Sozialismus waren Glasbauten. Ihr Vorbild, die Kathedralen des Mittelalters, wurden geschildert (und gesehen), als bestünden sie nur aus Glas und himmelstrebenden Spitzbögen. Man sah in ihnen »erstarrte Zeichen der Geistesglut zur Gemeinschaft[66]«, denen auch der neu zu errichtende Bau ähnlich werden sollte, »Werk unserer Hand, der aufgetürmte Tempel der Gemeinschaft, dessen brausender Rhythmus uns eint[67]«. Selbst den vom Sozialismus, der »neuen Religion der Menschenbrüderschaft« Erfüllten wird als höchste Aufgabe »... der heilige Bau erscheinen, denn sie wollen eine Verkörperung ihrer idealen Gesinnung, ihres Gottesgefühls und der Stätte ihrer frommen Gemeinschaft haben. Ihre Sehnsucht geht auf die Kathedrale, die über ihrem Tagewerk leuchtet und das Gemeine durchglänzt als eine heilige Mahnung für alle Geschlechter[68].« Andere wiederum erblickten gerade in der völligen Selbstgenügsamkeit der Architektur tiefen Sinn. Besonders die Leere des Himmelshauses schien diesen Schülern Meister Eckhardts wichtig, denn nur durch sie wird der Betrachter des »Glücks der Baukunst« teilhaftig und nur so wird seine »Seele leer ... vom Menschlichen und zu einem Gefäß für das Göttliche[69]«.

Wenn überhaupt Einzelheiten über das Aussehen eines solchen Baus preisgegeben werden, dann meist durch Verweise auf die anorganische Natur. So ist der »Dom des unbekannten Gottes« »eine steile Goldglaspyramide, tausendfach kristallisch gezackt[70]«. Der »Traumdomturm«[71] baut sich aus Kristallen auf, das zukünftige »Haus des Himmels« ist »Abbild und Gruß« der Sterne[72], in seinem Inneren hängen Kristalle von der Decke. Das Kristallinische wird zum tertium comparationis zwischen Gotik, Glasarchitektur und Kosmos (Abbildung 7). »Wie sich die Grundidee des neuen Bauens ins Große spannen läßt, so wirkt sie auch durch auf die Kleinelemente eines architektonischen Wesens, ›Allmutter Natur‹ gibt uns in den grotesken Gebilden der verschiedenen Kristalle Architekturgesetze für die kühnsten Glasbauten zu sehen ..., die für den Glasbaumeister der Zukunft ein wundervolles Lehr- und Vergleichsmaterial sein werden[73].«

Im Denken dieser Architekten haben Lehren der Kunstwissenschaft keine geringe Rolle gespielt, denn Riegl und Worringer schienen den avantgardistischen Forderungen die Legitimation zu liefern. Vor allem die Autorität Riegls wurde immer wieder bemüht, obwohl nur wenige ihn gelesen haben können. Die Lehre vom »Kunstwollen« beflügelte die Architekten[74], doch wurde sie bei ihnen völlig ihrer ursprünglichen Bedeutung entkleidet. Denn so wenig definitiv dieser Zentralbegriff bei Riegl auch ist – ein Entschluß, eine Willensentscheidung ist ganz sicher nicht gemeint[75].

Eine erste Verbindung waren »Kunstwollen«, Worringersche Gotik und Scheerbartsche Kosmosarchitektur schon in der »Alpinen Architektur« (Abbildung 6, 7, 8) eingegangen, an der Taut seit 1917 gearbeitet hatte[76]. Die Buchpublikation von 1918 bietet eine Sequenz von Projekten, die in wechselnder Form einige wenige Grundideen paraphrasieren. Die Serie, mit ihrem Verzicht auf eine definitive Entscheidung, ist charakteristisch für einen Autor, der nicht einzelne Bauten entwerfen, sondern in immer neuen Anläufen den Charakter einer künftigen Architektur umschreiben will. Die »Alpine Architektur« zum Beispiel soll nicht nur die nationalen Grenzen überschreiten und so einen neuen Krieg verhindern, sondern auch die Städte auflösen und deren Elend beseitigen. Damit nicht genug, soll sie auch das Gestein der Gebirge so in die Baustrukturen einbeziehen[77], daß eins Moment des anderen wird. Als genüge selbst dies noch nicht, soll durch die Alpine Architektur auch noch das Bedürfnis nach einer neuen Religion gestillt werden. In der Überbauung des Monte Resegone (Abbildung 7 oben) wird diese Aufgabe dem Fachwerk übertragen, durch das die in romantischer Tradition als naturwüchsig verstandene Gotik in die Natur zurückgegliedert wird. Die Gotik Tauts ist freilich nicht die historische, sondern eine Abstraktion aus Fachwerk und Glas, die Tiefe und Gottesnähe nur noch chiffrenhaft evozieren, aber in keiner Weise mehr darstellen kann. In einem Eingeständnis dieser Ohnmacht wird die erste Chiffre ergänzt durch eine zweite, auf die Natur verweisende: Das Tal wird wie eine Blume von Frucht- und Kelchblättern eingefaßt[78] (Abbildung 8).

VIII

Die gewichtigste von Tauts literarischen Arbeiten aus dieser Periode ist die »Stadtkrone«. Ihr Grundgedanke war, daß sich die Erneuerung der Städte weder auf die malerischen Plätze Camillo Sittes noch auf die Verbesserung der Wohnbedingungen würde beschränken können. Das zweite Problem hielt Taut mit der Gartenstadt zumindest prinzipiell für gelöst[79]. Auch die von ihm vorgeschlagenen Wohnbezirke wären der Gartenstadt in wichtigen Zügen ähnlich geworden (Abbildung 9). Der einzige grundsätzliche Unterschied bestand darin, daß Taut statt individuell gestalteter Einzelhäuser Zeilenbauten vorsah, die Platz gespart hätten und zugleich Ausdruck und Stimulans einer kollektiven Lebensform gewesen wären.

Tauts eigentliches Interesse aber galt nicht den Wohnbauten, sondern den öffentlichen. Die Funktionstrennung, die solche Gebäude in einem Sonderbezirk isolierte, hat er stillschweigend anerkannt. Seine eigene Aufgabe sah er in der Gestaltung dieses Bezirks, von der er wußte, daß sie nur aus neuen Funktionen entwickelt werden konnte. Das Vorbild waren alte Städte, die sich um wenige beherrschende Bauwerke, eben die Stadtkrone, zu einem geschlossenen Bild gruppierten, in dem sich, für den Fremden wie für den Bewohner, die Stadtgemeinschaft symbolisierte[80]. Durch analoge Gestaltung der neuen Stadt (Abbildung 10) sollte auch in ihr eine solche Gemeinschaft entstehen. Taut selbst verstand diese Aufgabe nicht als subjektive Setzung, sondern maieutisch: »Eine tiefe Sehnsucht leitet uns alle, wir wollen wieder Städte, in denen wir, nach Aristoteles, nicht bloß sicher und gesund, sondern auch glücklich wohnen können[81].« Auch die Stadt der Reformer aber wäre nach seiner Einsicht nur ein »Rumpf ohne Kopf« geworden[82]. Den Ausweg, die üblichen Bauten zu einem solchen »Kopf« zu stilisieren, lehnte Taut ab. Rathäuser z. B. waren längst Verwaltungszentren geworden, nicht mehr Ausdruck der Bürgerschaft und damit als Symbolbauten untauglich[83]. Staatsbauten wie auf der Akropolis oder den Foren des antiken Rom kamen nach den jüngsten Erfahrungen ebenfalls nicht in Frage[84]. So blieb nur das Gotteshaus, »für alle Zeiten der Bau, zu dem wir hinstreben, der unser tiefstes Gefühl den Menschen und der Welt gegenüber tragen kann«. Auch hier aber gab es Schwierigkeiten, denn ». . . auch die Gottesidee zerfließt, wie die neue Stadt selber« und »die religiöse Konfession hat anscheinend nicht mehr die alte Kraft[85]«. Wenn aber die alten Inhalte nicht mehr substantiell waren, dann mußte man neue suchen. Taut selbst setzte sein Vertrauen in ein »Wort, dem arm und reich folgt, das überall nachklingt und das gleichsam ein Christentum in neuer Form verheißt: der soziale Gedanke[86]«. »Der Sozialismus im unpolitischen, überpolitischen Sinn, fern von jeder Herrschaftsform als die einfache, schlichte Beziehung der Menschen zueinander, schreitet über die Kluft der sich befehdenden Stände und Nationen hinweg und verbindet den Menschen mit dem Menschen. Wenn etwas heute die Stadt krönen kann, so ist es zunächst der Ausdruck dieses Gedankens[87].« Auch diese Formulierungen sind vage und sicherlich keine zureichende Behandlung des Problems. Trotzdem ist das Verdienst Tauts nicht gering, denn für lange Zeit scheint er der einzige unter den bedeutenden Vertretern der modernen Architektur gewesen zu sein, der sich bewußt war, wie notwendig auch dem Städtebau architektonische Symbole sind. Wichtig ist ferner, daß er die Lösung nicht bei herkömmlichen Repräsentationsbauten suchte und daß er erkannt hatte, daß die Aufgabe nicht mit individuellen Erfindungen eines genialen Architekten gelöst werden konnte, sondern nur durch das Sichtbarmachen, Klären und Bestärken objektiv vorhandener und die Menschen bereits verbindender Vorstellungen. Seine eigenen Entwürfe bleiben weit hinter dem von ihm Geforderten zurück, die Berechtigung seiner Postulate aber hat überdauert[88].
Die kritischen und analytischen Partien, die aus heutiger Sicht der wichtigste und aktuellste Teil der »Stadtkrone« sind, dienten Taut vor allem zur Vorbereitung der eigenen Vorschläge. Diese sind schon nach wenigen Jahren von den Stadtmodellen Le Corbusiers (Abbildung 11) verdrängt worden[89]. Auf die Besonderheiten der Corbusierschen Stadt kann hier nicht eingegangen

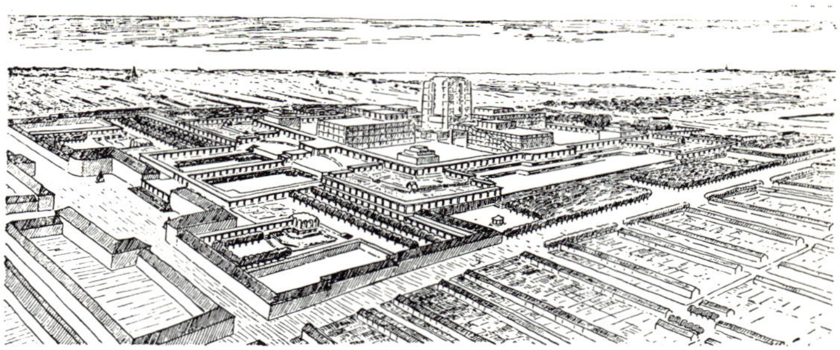

9 B. Taut, *Stadtkrone,* Zentrum und Gartenstädte

werden. Von der Tauts (Abbildung 10) unterscheidet sie sich nicht zuletzt dadurch, daß sie die öffentliche Sphäre auch anschaulich eliminiert, weil der Bautyp des Geschäftshochhauses ohne Veränderung auch für die Bauten der Gemeinschaft verwendet wird. Wie damals nur in New York und Chicago wurde in diesen Plänen zum erstenmal auch für Europa die faktische Dominanz der Wirtschaft auch städtebaulich ausgedrückt. Nach hinreichenden Erfahrungen mit Städten dieser Art sind zwar auch die Tautschen Vorschläge überholt, nicht aber die von ihm erkannten Probleme, die meist nur verdrängt wurden, nicht gelöst.
In den Illustrationen, die Taut seinem Text beigefügt hat, bilden bis in die Details konventionelle Freitreppen, Risalite, Kolonnaden, Ziergärten, Höfe und Rampen aus dem Repertoire absolutistischer Schloßarchitektur den Sockel für die eigentliche Stadtkrone (Abbildung 9). Die historisch mit solchen Formen verbundene Hierarchie soll auch gar nicht verleugnet, sondern nur transformiert und in den Dienst der neuen Idee gestellt werden: »So stuft sich das ganze von oben nach unten herab, ähnlich wie sich die Menschen in ihren Neigungen und in ihrer Veranlagung staffeln. Die Architektur wird kristallisiertes Abbild der Menschenschichtung. . . . Es gibt keine Konflikte, weil immer die Gleichgesinnten zusammenfinden[90].«
Auf diesem Sockel stehen, zu einem Kreuz gefügt, dessen Aura ihnen zum »symbolischen Ausdruck der Erfüllung« verhelfen soll, die Bauten der Stadtkrone: Theater, Musikhalle und Volkshäuser[91]. Die Starrheit dieser Komposition ist Ausdruck eines anscheinend allen Stadtmodellen eigenen Zwangscharakters, der noch in die Erläuterung hineinreicht, in der es heißt, das Zusammentreffen hier lasse die Menschen »fühlen, was sie als Menschen einander zu geben haben und führt den Herdentrieb, die Urkraft des Zusammenschlusses, zur Veredelung[92]«.

10 B. Taut, *Stadtkrone*

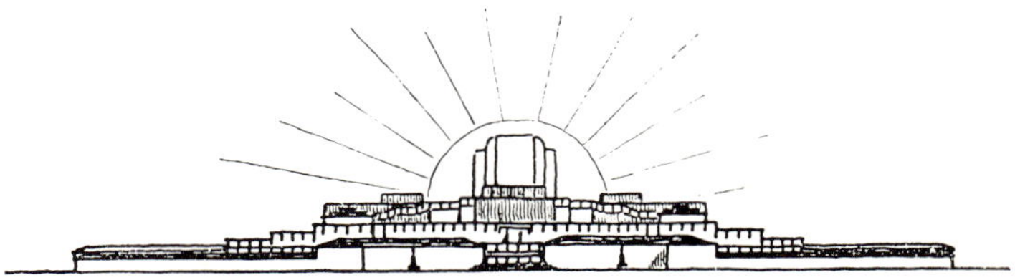

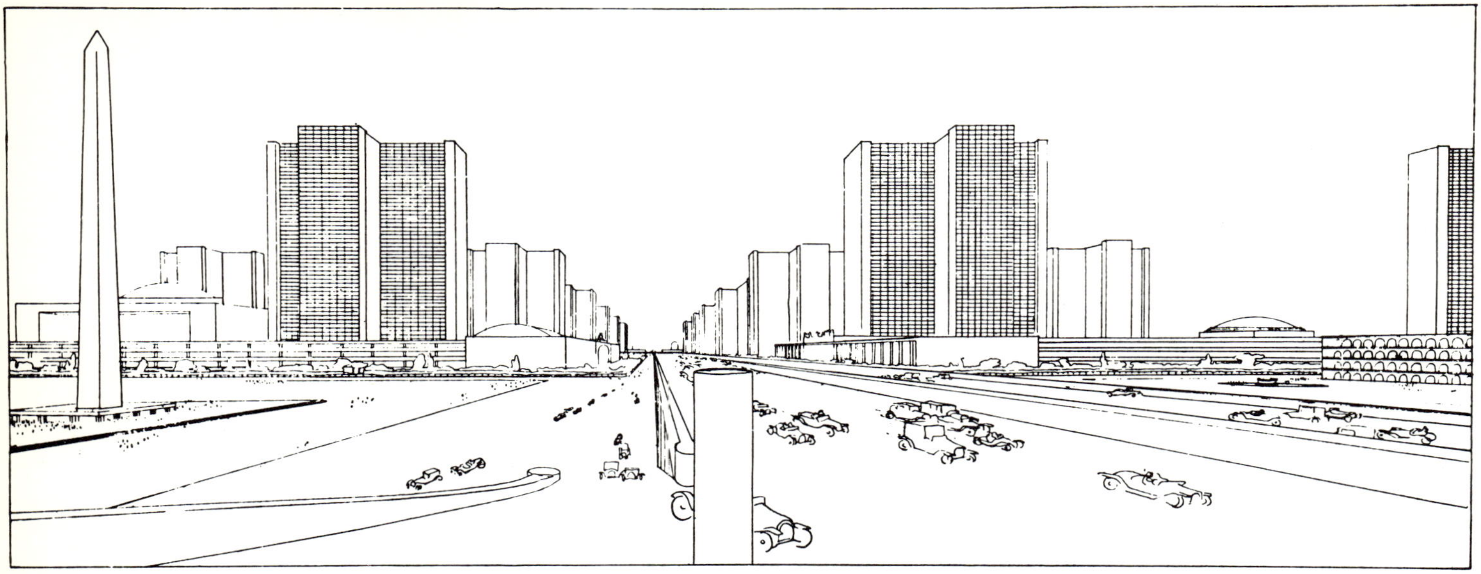

11 Le Corbusier, *Ville Contemporaine,* Zentrum

IX

Das unzureichende Darstellungsvermögen des Architekten muß den Topos der aufgehenden Sonne zu Hilfe nehmen (Abbildung 12), um sich der Gesamtwirkung zu vergewissern, die von dem auf dem Kreuzfuß sich erhebenden allerhöchsten Bauwerk ausgehen sollte, das, »ganz vom Zweck gelöst, als reine Architektur, über dem Ganzen thront. Es ist das Kristallhaus, das aus Glas errichtet ist, dem Baustoff, der Materie und doch mehr als gewöhnliche Materie in seinem schimmernden, transparenten, reflektierenden Wesen bedeutet[93]«. In bewegten Worten wird dieses Kristallhaus geschildert, bei dem Malerei und Plastik sich von ihrer gegenständlichen Beschränkung lösen und mit den Glasteilen zusammenwirken: »In seinem Raum findet ein einsamer Wanderer das reine Glück der Baukunst und ... sieht er zu Füßen seine Stadt und hinter ihr die Sonne auf- und untergehen, nach der diese Stadt und ihr Herz so streng gerichtet ist[94].« Das »Kristallhaus soll Träger eines kosmischen Empfindens werden, einer Religiosität, die nur ehrfürchtig schweigen kann. Es steht aber nicht isoliert da, sondern getragen von Bauten, welche den edleren Regungen des Volkes dienen, und welche weiterhin in Vorhöfen wieder von dem profaneren Getriebe getrennt sind: wie früher Jahrmarkt und Kirchweih von der Kirche, so hier Realistik und Lebensfreude um den Kristall ... Und als ein Farbenmeer breitet sich der Stadtbezirk ringsumher aus, zum Zeichen des Glücks im neuen Leben[95]«.

Eine so angespannte und zugleich völlig abstrakte Idealität, die zudem die Zukunft nicht als – wie immer auch veränderte – Fortsetzung der Gegenwart verstand, sondern als einen Zustand jenseits der Geschichte, konnte nur kurze Zeit Bestand haben. In einem Rundbrief, den Hans Luckhardt im Sommer 1920 schrieb, war der Bann im Grunde schon gebrochen. Der Brief ist eins der bemerkenswertesten Zeugnisse dieser Krise und sei deshalb ausführlich zitiert: »Dem tiefinnerlichen Bestreben nach dem Begreifen des Göttlichen steht der Zug zum Automatischen gegenüber. Die Erfindung des Taylorsystems ist ein typisches Beispiel dafür ... Wir stehen nur vor einer ganz anderen Aufgabe, *diese beiden Pole auszugleichen.* Dabei hilft uns nicht die Gotik, nicht die indische Kunst, da kann nur schöpferisch aus eigener Kraft vorgegangen werden. Aus diesem Geist geboren scheint mir die Idee des Bauhofes, ebenso die gesamte Stadtanlage in der Stadtkrone. Für den Architekten werden dort nicht nur der ideelle Bau zu gestalten sein, sondern auch der Bahnhof, Fabriken usw., wenn auch bei diesen der Ingenieur mitsprechen wird. ... Ich gelange immer mehr zu der Überzeugung, daß *nicht allein der religiöse Bau den Höhepunkt der Architektur darstellt, sondern daß jeder Bau diese Höhe erreicht, wenn er einen Zeitgeist verkörpert, der eine sehr starke Intensität erreicht und menschliche Tiefe besitzt.* Ich glaube, daß ein solcher Zeitgeist vorliegt. Er beruht, wie schon angedeutet, in der Verschmelzung des Seelischen und des Geistigen, auf dem Erkennen der Verstandes- und Gefühlswerte, im Architektonischen auf dem Schaffen *der reinen Form,* die fähig ist, jede Aufgabe mit ihrem tiefsten Inhalt zu erfüllen. *Die reine Form ist die Form, die, losgelöst von allem Dekorativen, aus den Urelementen Gerade, Rund und unbestimmt frei gestaltet, jedem Ausdruck dienen kann,* sei es für einen Kultbau, sei es für eine Fabrik[96].«

Das Ende der imaginären Projekte, das sich in dieser Kritik aus dem eigenen Lager schon ankündigte, bedeutete noch nicht das Ende ihrer Wirkung[97]. In Tauts Siedlungen, die mit Stadtkronen und Alpiner Architektur so gar nichts mehr gemeinsam zu haben scheinen, sind bei näherem Zusehen durchaus noch Motive aus der utopistischen Phase erkennbar: nicht nur im Engagement des Architekten für den sozialen Gedanken, sondern auch in seinen Versuchen, den Bedürfnissen nach architektonischen Symbolen gerecht zu werden. Auch der trotz wechselnder Einkleidung bis ans Ende der Weimarer Republik ungebrochene Glaube der Architekten an ihre Sendung und ihre Möglichkeiten gehört ebenso in diesen Zusammenhang, wie die aus späterer Sicht kaum noch verständlichen Hoffnungen, die in den Gebrauch bestimmter Materialien, vor allem des Glases, gesetzt wurden. Selbst ein des Schwärmertums so wenig verdächtiger Autor wie Ludwig Hilberseimer hat sich noch 1929 auf Scheerbart berufen, als er über Glasarchitektur zu schreiben hatte: »Wir leben zumeist in geschlossenen Räumen. Diese bilden das Milieu, aus dem unsere Kultur herauswächst. Unsere Kultur ist gewissermaßen ein Produkt unserer Architektur. Wollen wir unsere Kultur auf ein höheres Niveau bringen, so sind wir wohl oder übel gezwungen, unsere Architektur umzuwandeln. Und dieses wird uns nur dann möglich sein, wenn wir den Räumen, in denen wir leben, das Geschlossene nehmen. Das aber können wir nur durch Einführung der Glasarchitektur.« Mit diesen Worten sei das »Wesentlichste, was zum Problem der Glasarchitektur zu sagen ist, bereits ausgesprochen . . .[98]«.

Die Distanz zur Architektur des Taut-Kreises dürfte inzwischen unüberbrückbar geworden sein. Die Anerkennung muß dies aber keineswegs verringern. Eine soziologische Studie fand in diesen Versuchen sogar einen ». . . sehr wichtigen, in der Architekturgeschichte erstmalig erscheinenden Grundgedanken . . .: den Versuch der Befreiung des Menschen . . . nicht durch den Entwurf einer idealen Gemeinde, sondern . . . durch die Schaffung neuer, von dem Formenkanon gelöster baulicher Gehäuse. Dem liegt eine Vorstellung vom Menschen zugrunde, die ihn vor allem auch als sinnlich und ästhetisch empfindendes Wesen begreift. Angesichts der heute herrschenden Monotonie rein funktionalistischer Zweckbauten kann man diese Bestrebungen, die sensomotorischen Fähigkeiten des Menschen durch visuelle Vielfalt, durch extreme Tastbarkeit oder durch eine wie immer phantasiereiche Gestalthaftigkeit der Umwelt herauszufordern, nicht leichtfertig als Phantasmagorien beiseite schieben. Wenn auch das fragwürdige und irrationale Moment einer von den Zwecken und der Nützlichkeit abstrahierenden Architektur hier nicht übersehen wird, gilt es doch, die Reflexion auf eine neue Ästhetik als ein legitimes und praktisches Bedürfnis festzuhalten[99]«.

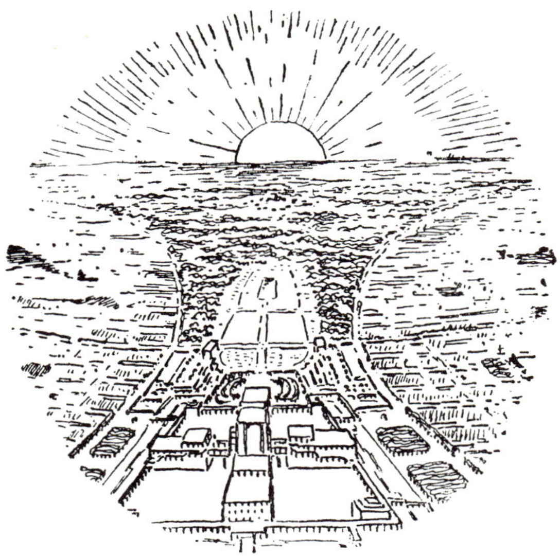

12 B. Taut, *Stadtkrone*

Träume und Experimente

Erich Mendelsohn: Zeichnungen und Bauten 1914–1922

I

Einer der wenigen, die sich, obwohl selbst nicht unmittelbar beteiligt, um ernsthafte Auseinandersetzung mit dem Utopismus bemühten, war Erich Mendelsohn. 1919 sprach er vor dem Arbeitsrat für Kunst über »Das Problem einer neuen Baukunst«, wobei er Themen und Erkenntnisse der Utopisten so modifizierte, daß ein Zusammenhang mit den Experimenten der internationalen Avantgarde sichtbar wurde. Die Ausgangssituation beurteilte Mendelsohn nicht anders als es die meisten seiner Zuhörer getan hätten: »... die Gleichzeitigkeit der revolutionären politischen Entscheidungen und der grundsätzlichen Veränderung der menschlichen Beziehungen in Wirtschaft und Wissenschaft, Religion und Kunst, gibt von vornherein dem Glauben an neue Form Recht und Kontrolle, bezeugt die Gesetzlichkeit neuer Geburt in der Not weltgeschichtlicher Katastrophen[1]«. Aber so vertraut das geklungen haben wird, so bemerkenswert war die Umdeutung. Denn nicht aus kollektiven Entschlüssen sollte die neue Form entstehen, nicht aus einer neuen Religiosität und nicht aus dem Höhenflug der architektonischen Phantasie, sondern aus den Veränderungen, die objektiv sich vollzogen. Nicht zufällig wird Mendelsohn unter diesen der Wirtschaft den ersten, der Kunst den letzten Platz gegeben haben[2].

Nicht Fluchtutopien hielt Mendelsohn für nötig, sondern die Auseinandersetzung mit der Realität: »Für die besonderen Bedingungen der Architektur bedeutet die zeitgeistige Umschichtung: neue Aufgaben durch die veränderten Bauzwecke des Verkehrs, der Wirtschaft und des Kultes, neue Konstruktionsmöglichkeiten in den Baustoffen: Glas – Eisen – Beton[3].« Also keine Überbauung der Alpen, kein neues Haus des Himmels und auch keine Kathedrale des Sozialismus – aber auch noch keine Wohnmaschine, nicht mehr Flucht vor der Realität, aber auch noch nicht kritiklose Anpassung. Wenige haben die Polarität dieses historischen Momentes so gut eingefangen, obwohl auch Mendelsohn die Probleme schnell wieder verengte, da es vor allem darauf ankommen sollte »... daß die jungen Kräfte ihre architektonischen Erlebnisse weder aus der Historie noch vom Himmel herholen, sondern einzig aus der Fruchtbarkeit ihrer eigenen Raumgesichte[4]«.

Erich Mendelsohn glaubte drei Wege zu erkennen, »... die grundverschieden, aber mit dem gleichen Ziel, die parallelen Bahnen ihres Willens noch einmal kreuzen werden[5]«. Für jeden dieser drei Wege sah er eine Entsprechung in der Malerei und in der Skulptur: »Diese Übereinstimmung ... wird auch im endgültigen Werk alle Künste zu einer Einheit wieder zusammenführen. Diese Werkeinheit wird die große Leistung – das Heiligtum einer neuen Welt – ebenso umfassen wie den geringsten Gegenstand unseres täglichen Hauses[6].« Um das große Ziel zu erreichen, schienen alle drei Gruppen nötig: »... die Apostel gläserner Welten, die Analytiker der Raumelemente, die Formsucher aus Material und Konstruktion[7]«.

II

Einer der wichtigsten Vertreter der von ihm beschriebenen Experimente war Erich Mendelsohn selbst. Anders als Mies van der Rohe oder Walter Gropius hat er seine Arbeit im Exil nur in beschränktem Umfang fortführen können. War er noch in den zwanziger Jahren der erfolgreichste unter den modernen deutschen Architekten gewesen, so geriet er schon nach kurzer Zeit so weit in Vergessenheit, daß Siegfried Giedions monumentales Buch sich auf einen versteckten Seitenhieb beschränken konnte, ohne Widerstand zu provozieren[8]. Erst Ende der fünfziger Jahre kam langsam eine Rehabilitation in Gang. Wie wenig man von Mendelsohn noch wußte, zeigt der Erfolg Saarinens, der mit Bauten berühmt werden konnte, die kaum verhüllte Nachbildungen Mendelsohnscher Skizzen waren[9].

Mendelsohn hat sich mehrfach selbst geäußert, und einer seiner Vorträge bot 1923 mit dem Titel »Dynamik und Funktion« eine Generalformel an, die auch für ihren Erfinder verführerisch gewesen ist[10]. Genau besehen erklärt sie jedoch nur wenig. Denn was ist Funktion, was Dynamik und wie ist das Verhältnis beider? Mendelsohn selbst hat nur scheinbar Klarheit geschaffen, als er aus dem Streit zwischen der Amsterdamer Schule und der Gruppe um Oud den Schluß zog, die Funktion sei gewiß das primäre Element, »...aber Funktion ohne sinnlichen Beistrom bleibt Konstruktion. Mehr als je stehe ich zu meinem Versöhnungsprogramm. Beide sind notwendig, beide müssen sich finden ... Die dynamische Funktion, das ›dynamisch Funktionelle‹ ist unklar ... Die funktionale Dynamik ist das Postulat[11]«. Dynamik wäre danach der bestimmende, Funktionalität der spezifizierende Faktor. Weitere Erklärungen fehlen, doch lehrt das Studium der Skizzen und Bauten, daß sich der genaue Inhalt der Formel selbst in der Architektur Mendelsohns immer wieder verändert hat. Zwar blieb eine in irgendeiner Weise dynamische Architektur bis zum Ende der zwanziger Jahre sein Ziel, doch hat sie schon der unterschiedlichen Bauaufgaben wegen sehr verschiedene Formen angenommen.

Begonnen hatte Mendelsohn nicht mit Bauten, sondern mit Skizzen, die ihrer Entstehung und auch ihrer Erscheinung nach nicht das Ergebnis sorgfältig kalkulierender Planung waren, sondern »... Konturfixierungen eines plötzlichen Gesichtes. Ihrer baukünstlerischen Natur nach erscheinen sie unmittelbar als

Ganzes und wollen so gehalten werden[12]«. Nicht um Entwürfe realisierbarer Bauten handelt es sich, sondern um Gebilde einer Einbildungskraft, die nicht in der Lösung bestehender Probleme ihre Aufgabe sah, sondern in der Entwicklung neuer künstlerischer Möglichkeiten.

Die Zeichnungen entstanden meist in Serien. Sie erläutern und präzisieren sich gegenseitig, und erst wenn man sie im Zusammenhang studiert, enthüllt sich ihre Bedeutung. Mit Tusche oder weichem Stift wurden mit breiten Strichen Konturen fixiert, die in sich so stark bewegt sind, daß ihre Bewegtheit auch auf die Zwischenräume zurückwirkt (Abbildung 13)[13]. Das Ergebnis ist eindrucksvoll, nur hätte die so entstandene Dynamik auf keinen Bau übertragen werden können, denn auf dem Bauplatz stand ja gerade dasjenige Kunstmittel nicht zur Verfügung, das die Skizzen vor allem bestimmte: der Kontur. Daß die Dynamik dieser Architektur in erster Linie auf dem Zeichenstil beruhte und nicht auf den gezeichneten Bauten, muß auch Mendelsohn gewußt haben. Offenkundig hat er aber die Realisierbarkeit als ein sekundäres Problem betrachtet angesichts der Aufgabe, Grundzüge einer neuen Baukunst zu entwickeln.

Selbst die Bauaufgaben waren ihm weniger Thema als Anlaß des Entwerfens. Bei den meisten Blättern ist gar nicht auszumachen, wozu der skizzierte Bau dienen könnte, und die gelegentlichen Beischriften sind in vielen Fällen vermutlich nicht weniger nachträgliche Assoziation als viele Bildtitel bei Klee[14]. Oft ist dem Gezeichneten nicht einmal zu entnehmen, ob es sich um das baukünstlerische Äquivalent eines Musikstückes handelt oder um einen Fabrikentwurf[15]. Bezeichnenderweise gelten auch die bisher bekannt gewordenen Äußerungen Mendelsohns vor allem der Darstellungs*weise:* »Industriekomplexe, ich hoffe, auch endlich hinter ihre Darstellung zu kommen, deren Problem mehr im Rhythmus der Strichführung und der ›bewegten Massen‹ liegt als in rein malerischer Lösung. Der Perspektivwinkel hat sicher viel Entscheidendes[16].« In der Regel wählte Mendelsohn die Dreiviertelansicht (Abbildung 14), in der sich Höhe, Länge und Breite am wirkungsvollsten entfalten. Der Steigerung wegen sind manche Bauten außerdem noch auf geschwungene Grundlinien gesetzt[17].

Diese Merkmale findet man vor allem bei den von Mendelsohn selbst veröffentlichten Blättern[18] (Abbildung 13, 14, 15). Überblickt man seine frühen Zeichnungen im ganzen, dann sind zwei Hauptgruppen zu erkennen: die meist kleinformatigen Skizzen aus den Kriegsjahren 1914 bis 1917 und die großen für Ausstellung und Publikation bestimmten Präsentationszeichnungen, die meist von 1919 oder später datieren[19]. Wahrscheinlich hat Mendelsohn sein Studienmaterial vor Ausstellungen oder Büchern noch einmal durchgearbeitet, wobei die späteren Erfahrungen auch in die Umzeichnung früherer Skizzen eingegangen sind. Die Präsentationsblätter hat er anscheinend mit großformatigen Studien vorbereitet[20]. Aus oft tastenden und zögernden Versuchen wurden dabei nicht selten plakativ effektvolle Formeln, deren Brillanz über die Problematik der in ihnen proklamierten Baukunst leicht hinwegtäuschen konnte.

Die Unterschiede zwischen der ersten Skizze und der ausgestellten Zeichnung können beträchtlich sein. Die bei den Skizzen noch häufigeren Grundrisse sind meist ebenso eliminiert wie die Beischriften, die Hinweise auf eine mögliche Nutzung gaben[21]. Umrisse geraten nicht selten zu abbreviierenden Figurationen,

13 E. Mendelsohn, *Ringhochofen,* Entwurf

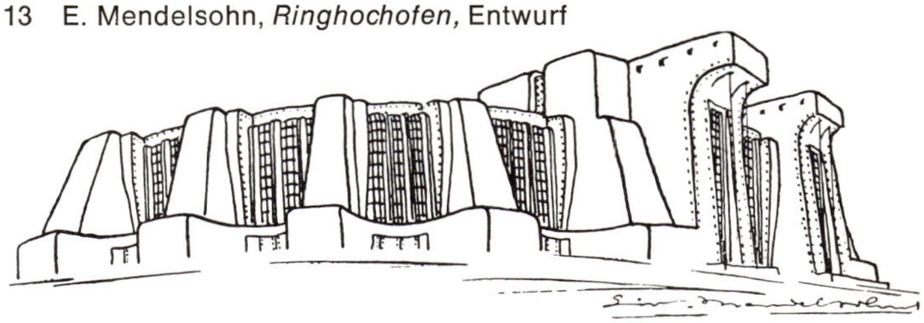

14 E. Mendelsohn, *Zeichnungen*

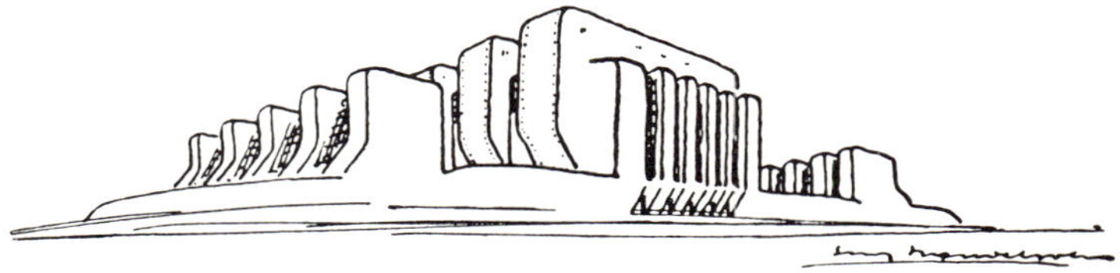

Zentralbahnhof. 1915
Chemische Fabrik. 1914
Karosseriefabrik. 1915

die eher an Kandinsky erinnern als an frühere Architektur. Die behauptete innere Dynamik kann so stark werden, daß sich die Verbindung zwischen den Betonpartien und denen aus Glas und Eisen lockert oder gar löst. Aus Licht und Dunkel entstehen graphische Zusammenhänge, die den architektonischen fast gleichwertig sind und sie in Einzelfällen auch überwältigen. Relativ konkrete Skizzen für einen Fabrikbau verwandeln sich in beinahe abstrakte Improvisationen über das architektonische Thema »Fabrik« (Abbildung 15)[22].

15 E. Mendelsohn, *Filmstudio,* Zeichnung

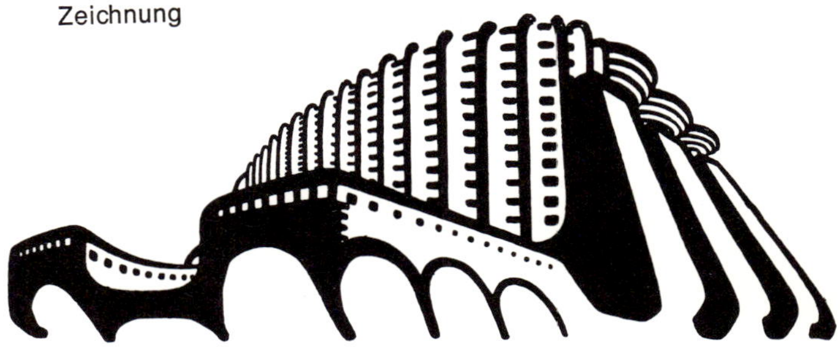

Nicht nur die Möglichkeiten des Materials sollten die Skizzen ausdrücken, sondern auch das Wesen des Zeichners: ». . . von einer Kontur gefaßt – sich biegend, vorspringend und zurückgehend – um die elastische Spannung des Stahl- und Betonbauwerkes zu zeigen und sicher ebensosehr die geistige Spannung des jungen Architekten[23]«. Bereits 1910 hatte Henry van de Velde seinen Essay über »Die Belebung des Stoffes als Prinzip der Schönheit« veröffentlicht, in dem wesentliche Elemente der Mendelsohnschen Zeichnungen vorweggenommen sind: »Jeder Stoff birgt in sich Kräfte und Möglichkeiten, deren dramatischer Sinn und Steigerung innerhalb der Kurve liegen, die ihn vom Zustand lebloser Starrheit zum Leben führen, vom Tod zum Leben! . . . Durch das Wechselspiel von Licht und Schatten geschieht es, durch die Beziehung der Größenverhältnisse von hellen zu dunklen Flächen, der Abstufung der valeurs, die, aufeinanderfolgend, sich unterbrechen, die durch Betonung einzelner Momente den Rhythmus bestimmen; durch die Tatsache, daß die begrenzende Linie das Auge um die Gegenstände, um die Gebäude, die es in sich aufnimmt, herumführt, und durch die Wirkung aller Empfindungen , die durch das Auge in uns hervorgerufen werden, welches die Windungen der Linie verfolgt, der Linie, die den Stoff bearbeitet, aushöhlt, erweitert und zusammendrängt – durch alle diese Vorgänge geschieht die Belebung des ursprünglich toten Stoffes[24].«

Die Linie kann dies aber nur, wenn sie richtig verwendet wird, denn für van de Velde bestand kein Zweifel, daß sie ihre Kraft der Energie dessen entlehne, der sie zieht: »Diese Kraft und diese Energie wirken auf den Mechanismus des Auges in der Weise, daß sie ihm – dem Auge – Richtungen aufzwingen. Diese Richtungen ergänzen sich, verschmelzen miteinander und bilden schließlich bestimmte Formen[25].«

Erst das Zusammenwirken der latenten Belebtheit des Stoffes und der schöpferischen Energie des Künstlers bringt nach van de Velde die Formmöglichkeiten eines Stoffes zutage: »Jeder Stoff ist im Besitz einer Eigenschaft, die nicht weniger wesentlich ist als sein praktischer Wert. Sie liegt in seiner Fähigkeit, auf unsere Sinne erregend zu wirken. Ohne die Vermittlung des Künstlers, ohne das Wunder der Kunst, bleibt diese Fähigkeit unwirksam und ohne Folgen; die Kunst und der Künstler erwekken in ihm gleichzeitig, als sie ihm Leben einflößen, diese Fähigkeit, auf unsere Sinne erregend zu wirken.« Dies geschieht, »sobald die Leidenschaft desjenigen sie (= die Stoffe) berührt und durchdringt, der sie zum Leben erwecken will, der sich zu ihnen hingezogen fühlt, von dem Wunsche beseelt, ihnen Leben zu schenken, ihnen höhere Daseinsmöglichkeiten zu eröffnen[26]«.

Mendelsohn schrieb schon 1914: »Wie der Baustoff die Form verlangt, die seine technische Potenz voll ausnützt, damit die latenten Formmöglichkeiten ans Licht bringt, so wird ein bestimmter, bewußt schaffender oder intuitiv sicherer Formwille sich den Baustoff wählen, durch den dieser Wille bestmöglich zur Tat wird[27].«

III

Sofern die Ikonographie der Zeichnungen überhaupt aufgeklärt werden kann, dominieren Bauten für Industrie und Verkehr, »Industriekomplexe« in Mendelsohns vager, aber gerade deshalb angemessener Terminologie. Von der Industriearchitektur der Vorkriegsjahre sind sie schon durch das Ziel getrennt. So verschieden der Funktionalismus Poelzigs, der Industrieklassizismus von Behrens und der technisch-geometrische Purismus von Gropius auch waren – sie trafen sich in der Definition ihrer Aufgabe: Verbesserung der Arbeits- und der Produktionsbedingungen nach innen, sowie Selbstdarstellung der Industrie nach außen. Mendelsohn dagegen sah seine Industriekomplexe vor allem als Medium für die Darstellung künftiger Architektur.

Die Einzelmotive bezog er zum Teil aus der älteren Ingenieursbaukunst[28], aber nicht die Meisterung der technischen Schwierigkeiten hat Mendelsohn interessiert, sondern deren Spiegelung in der Form. So hat er »dynamische« Teile aus ihrem ursprünglichen Zusammenhang herausgelöst und auch dort noch verwendet, wo sie ihre ursprüngliche Legitimation längst verloren hatten. Dabei trafen die Formen aus dem Bereich der Technik auf solche ganz anderer Herkunft, mit denen sie sich jedoch bruchlos verbanden. Zu nennen sind vor allem die aus der Ornamentik des Jugendstils entstandenen Formen Olbrichs[29]. Dessen Darmstädter Blumenhaus von 1901 (Abbildung 16, 14 oben) zum Beispiel war trotz seines Aussehens kein Betonbau, sondern ein stoffbespanntes Lattengerüst – ein Indiz zumindest, daß Mendelsohns Beton nicht »Gestalter« war, sondern das Medium vorgeprägter Formvorstellungen.

Übereinstimmungen zwischen den Skizzen Mendelsohns und denen von Antonio Sant' Elia sind oft hervorgehoben worden[30], der stringente Beweis einer Abhängigkeit aber ist noch nicht gelungen. Viele Sätze des von Marinetti redigierten, aber unter Sant' Elias Namen veröffentlichten Manifestes der futuristischen Architektur hätte auch Mendelsohn unterschreiben können: »...daß die futuristische Architektur die Architektur der Berechnung, der verwegenen Kühnheit und der Einfachheit ist, daß sie die Architektur des Eisenbetons, des Eisens, des Glases . . . ist – kurz all jener Ersatzstoffe für Holz, Stein und Ziegel, die höchste Elastizität und Leichtigkeit ermöglichen; 2. daß die Architektur somit keine schale Kombination von Zweckmäßigkeit und Nützlichkeit ist, sondern daß sie eine Kunst – das heißt Synthese und Ausdruck – bleibt; 3. daß schräge und elliptische Linien naturgemäß dynamisch sind, daß ihre emotionale Wirkung tausendmal größer ist als die horizontaler und vertikaler Linien und daß keine dynamische Architektur ohne sie bestehen kann; . . . 5. daß – so wie die Alten die Inspiration für ihre Kunst aus den Elementen der Natur nahmen – wir, die wir materiell und geistig ›künstlich‹ sind, die unsere aus den Elementen der modernen mechanischen Welt nehmen müssen, die wir geschaffen haben und deren schönster Ausdruck, deren vollkommenste Synthese, deren wirkungsvollste Vereinheitlichung die Architektur sein muß; . . . 7. daß unter Architektur die Fähigkeit zu verstehen ist, Umwelt und Menschen frei und kühn in Übereinstimmung zu bringen – das heißt die Welt der Dinge zu einem genauen Abbild der geistigen Welt zu machen . . .[31]«.

16 E. M. Olbrich, *Blumenhaus,* zerstört

Bei den Zeichnungen sind Mendelsohn und Sant' Elia der Verzicht auf Grundrisse sowie die Konzentration auf schräg gestellte Monumentalkomplexe gemeinsam, außerdem die Verwendung von Fragmenten symbolischer Konstruktionsformen aus der technischen Großarchitektur des 19. Jahrhunderts. Gemeinsam ist weiterhin, daß beide nicht konkrete Entwürfe liefern. Da der Italiener meist mehrere Gebäude zusammen zeigt und als Thema seiner Studien das Mailand des Jahres 2000 angegeben hatte, wird er oft unter die Urbanisten, ja sogar die Stadtplaner gerechnet. In Wirklichkeit aber reduziert sich seine Urbanistik auf die dramatische Inszenierung von Baukomplexen. Sie ist Stadtästhetik, nicht Stadtplanung. Ein weiterer Unterschied liegt in der beiden Architekten zugesprochenen Dynamik. Trotz aller gegenteiligen Rhetorik erscheint sie bei Sant' Elia nicht *in*, sondern nur *an* den gezeichneten Bauten. In den freigestellten Aufzügen ist sie zu finden und auch auf den umgebenden Straßen, nicht aber in der Struktur der Gebäude, die selbst in ihren Umrissen durchweg gerade, fest und starr sind[32].

IV

Wie die meisten seiner Fachkollegen sah auch Mendelsohn nicht in den Veränderungen der Gesellschaft den seine Arbeit bedingenden und verpflichtenden Faktor, sondern in der Ausbreitung der modernen Technik. Seine Äußerungen gehören zu dem Prozeß der ideologischen Bewältigung und Aneignung der Technik durch die bürgerlichen Schichten, zu denen nach Herkunft oder Beruf auch die Architekten zählten. Dieser Prozeß ist im Deutschland der zwanziger Jahre an vielen Stellen zu beobachten[33]. Trotz des allgemein gewordenen Ja zur Technik und trotz der Konvergenz der einschlägigen Texte war jedoch durchaus nicht immer dasselbe gemeint, wenn von »Technik« die Rede war. Die Faktoren, auf die die Architekten sich schon von Berufs wegen meist bezogen, waren die Rationalisierung, die neuen Technologien und der Verkehr. Innerhalb dieses Bereiches aber wurden den Einzelnen sehr verschiedene Aspekte wichtig. Orientierten sich die einen vor allem an Materialien und Konstruktionsverfahren (so Mendelsohn und Mies), andere wie Corbusier an den durch die Technik ermöglichten neuen Lebensformen[34] und wiederum andere am Formenreiz der technischen Welt wie die Konstruktivisten, so gab es auch einige, die, mit Wright oder Gropius, vor allem den Konsequenzen der maschinellen Produktionsverfahren nachgingen[35].

Die Texte der Zeit sprechen bezeichnenderweise meist nicht von »Technik«, sondern von der »Maschine«. Deren Siegeszug galt den Architekten der modernen Richtung als ebenso unbestreitbar wie die Tatsache, daß durch ihn die aus früheren Epochen überkommenen kulturellen Werte mehr und mehr ihre Verbindlichkeit verloren[36]. An die Stelle nicht mehr anerkannter und oft auch schon nicht mehr verstandener Traditionen schien das Prinzip der Zweckrationalität zu treten, das alle bis dahin bekannten Formen von Autorität und Herrschaft abzulösen und auszulöschen in der Lage schien. In einer so verstandenen historischen Situation sollte die Architektur die objektiv stattfindenden Entwicklungen nicht nur hinnehmen, sondern zu beschleunigen suchen. Sie sollte die durch die Technik eröffneten Möglichkeiten aufgreifen, sie den Menschen nutzbar machen und diesen die technische Welt durch neue Formen auch symbolisch nahebringen.

Am weitesten gelangte die symbolische Bewältigung der Technik in den Arbeiten der sowjetischen Konstruktivisten[37]. Wenn die Berichte nicht trügen, dann war deren Tätigkeit Teil einer weit über die Architektur hinausreichenden Bewegung. In großen, aller Medien sich bedienenden Kampagnen wurden technische Formen als Symbole der neuen sozialistischen Welt den Traditionen des alten Rußland entgegengesetzt. Bei Festen wurden die Massen um riesige Dekorationen aus technoiden Formen versammelt, die ihnen in kleinerem Maßstab auch auf den Bühnen begegneten[38]. Auch Graphikserien haben anscheinend eine große Rolle gespielt, in denen zum Beispiel byzantinische Kuppelkirchen zu Tempeln der »Maschinenanbeter« wurden: Die Engel in den Pendentifs haben statt Köpfen Zahnräder, und der Hochaltar ist Antriebsmotor für die Maschinerie des Tempelinneren[39]. In den industrialisierten Ländern Westeuropas hätten solche Bilder kaum große Wirkung haben können, in dem zurückgebliebenen Rußland aber scheinen viele geglaubt zu haben, daß alle Probleme sich lösen ließen, hätte man nur erst Maschinen statt der unzähligen Kirchen.

In einem 1922 in Berlin gehaltenen Vortrag über neue russische Kunst hat Lissitzky sich zwar gegen den Begriff der Maschinenkunst gewehrt, zugleich aber eine treffende Beschreibung dieses Phänomens gegeben: »Diese Dinge hat man im Westen nach einer oberflächlichen Ähnlichkeit fälschlich Maschinenkunst genannt. Wohl hat die Technik auf den neuen Künstler ihre Wirkung ausgeübt. Wir haben auf einmal gesehen, daß die Plastik unserer Zeit nicht von den Künstlern geschaffen wurde, sondern von dem Ingenieur. Die Vitalität, die Einheitlichkeit, die Exaktheit und vielleicht die Schönheit der Maschine waren eine Mahnung für den Künstler . . . Man hatte nicht gemerkt, daß man doch noch in der Romantik blieb. Man packte das Material, wie man früher das Stilleben ansah, nämlich von seiner Schönheitsseite. Man verwandelte seine elastischen Eigenschaften zu Formenspielen. Zuletzt legte man in das Material schon einen symbolischen Sinn: Das *Eisen* ist stark wie der Wille des Proletariats, das *Glas* ist rein wie sein Gewissen. So hat man einen neuen Körper zusammengebaut, der keine Maschine war, keine Arbeit leistete und nicht direkt einer Utilität diente[40].«

Lissitzkys Bemerkungen knüpften sich an das auch im Westen bekannteste Werk dieser Richtung, an Tatlins Gedenkturm für die III. Internationale. Geschaffen von einem Architekten, dessen technisches Verständnis ungewöhnlich gering war, ist dieses Werk keineswegs Ausdruck neuer konstruktiver Möglichkeiten: »Auf der Suche nach einer Form, die den fortschrittlichen gesellschaftlichen Anschauungen vom Revolutionär-Idealen entsprach, blieb der Schöpfer dieses Turms gänzlich in der Intuition und im bildhaften Denken befangen. Die in eine ›konstruktive Form‹ gekleidete künstlerische Idee des Werkes ermangelt nicht der Symbolik, denn die Spirale ist das Symbol der Revolution und die schräge Achse des Turms verläuft parallel zur Erdachse[41].« Trotzdem hat Tatlin die Grenzen der experimentellen Malerei im Grunde nicht überschritten ». . . und unterscheidet sich nur geringfügig von den konstruktivistischen Tafelbildmalern. Von einer echten Einheit zwischen Form und Zweck des Bauwerkes – eines der Hauptgebote des Konstruktivismus – kann hier keine Rede sein[42]«.

Zu den überzeugendsten Entwürfen gehört der Vorschlag der Brüder Wesnin für das Haus der Leningrader Prawda. Ein Förderturm sollte in die Großstadt verpflanzt werden, an dem zugleich ». . . alles Beiwerk, das die Großstadtstraße dem Bau anklebt, wie Schilder, Reklame, Uhren, Lautsprecher, selbst die Aufzüge im Inneren . . . als gleichwertige Teile in die Gestaltung einbezogen . . .« sind[43]. Noch berühmter ist heute das zur Lenintribüne stilisierte Kranfragment aus der Schule Lissitzkys, in dem sich rednerische und architektonische Agitation verbündet hatten: »Die Geste der ganzen Tribüne sollte die Geste des Redners steigern (Es spricht Lenin)[44].« Auch durch so brillante Erfindungen aber wird der Widerspruch nicht gelöst, in den sich der Konstruktivismus mit solchen Verweisen verstrickte. Der Widerspruch entsteht daraus, daß ein zum ästhetischen Objekt erhobenes und aus seiner Umgebung gelöstes technisches Gebilde nicht mehr rational verständliches Gerät ist, sondern Fetisch wird – ganz besonders in einer historischen Situation, in der seine Verwendung und sein Funktionieren nur den wenigsten bekannt gewesen sein können. Eine solche Verwendung von Maschinen in der Architektur bewirkt, ungeachtet der Absichten der Konstruktivisten, nicht Rationalität, sondern Staunen[45].

Lissitzky und seine Freunde jedoch vertrauten noch 1923 – kaum anders als wenig zuvor die deutschen Utopisten – auf die Fähigkeit der Kunst, unmittelbar auf die Wirklichkeit einzuwirken. Sie »trennten den Begriff der Zweckdienlichkeit, das heißt der Notwendigkeit der Erschaffung neuer Formen, von der Frage ihrer unmittelbaren Gebrauchsfähigkeit. Sie vertraten die Ansicht, daß die neue Form der Hebel ist, der das Leben in Bewegung setzt, wenn sie sich auf Zweckmäßigkeit des Materials und die Ökonomie gründet. Diese neue Form gebiert selbst wieder andere, schon durchaus zweckdienliche Formen und wird rückwirkend durch diese wiederum bereichert, verändert und weiterentwickelt[46]«.

V

In den westlichen Ländern war angesichts der größeren Erfahrung die Einstellung zur Technik etwas weniger enthusiastisch. Jedermann stand ja vor Augen, daß die Technik in ihren bis dahin bekannten Erscheinungsformen die erhoffte Befreiung nicht gebracht hatte. Auch im Westen aber wurde der Zusammenhang zwischen Technik und Wirtschaftsordnung nicht als ein notwendiger angesehen, sondern als ein historischer. Bei Moholy-Nagy heißt es 1922, die Wirklichkeit unseres Jahrhunderts sei die Technologie, »... die Erfindung, Konstruktion und Wartung von Maschinen. Maschinen benutzen heißt, im Geiste des Jahrhunderts handeln«. Die entsprechende Kunst sei die des Konstruktivismus: »Konstruktivismus ist weder proletarisch, noch kapitalistisch. Konstruktivismus steht ganz am Anfang, ohne Klasse, ohne Vorläufer[47].« Viele vertrauten darauf, daß man »die Maschine« nur aus ihren damaligen Bindungen befreien müsse, um ihrer Segnungen teilhaftig zu werden. Über den richtigen Weg freilich gingen die Meinungen auseinander. War Hugo Häring der Auffassung, die Technik müsse vor allem aus dem Bann der Geometrie gelöst werden, um sich voll entfalten zu können, so baute ein sozialistischer Autor auf die Kraft der gesellschaftlichen Veränderung: »Die Maschinerie wird in einer kommunistischen Gesellschaft alle die Wirkungen zeitigen, die ihr an und für sich eigen sind ...«, »... und die vom Kapitalismus entwickelte Produktionstechnik (wird) zur Grundlage einer höheren harmonischen Form der gesellschaftlichen Produktion[48]«.

Erich Mendelsohn hat die durch die Technik hervorgerufenen Umwälzungen in erster Linie geistesgeschichtlich beurteilt und als Beginn einer neuen Harmonie gedeutet. 1923 schrieb er, selten habe sich »... die Ordnung der Welt so eindeutig offenbart, selten nur der Logos des Seins weiter geöffnet als in dieser Zeit des vermeintlichen Chaos[49]«. Mit vielen deutschen Zeitgenossen teilte er die Hoffnung, aus Technik und Natur könne eine neue Synthese entstehen, in der die von der Technik ausgehenden Bedrohungen abgewendet wären. Die in seinen Skizzen erarbeitete Architektur ist wahrscheinlich nur dann ganz zu verstehen, wenn man sie als architektonischen Ausdruck und symbolische Vorwegnahme dieser Synthese interpretiert. Vor allem an den für die Öffentlichkeit bestimmten Blättern fällt auf, daß die Dynamik des Eisenbetons sich nicht in Form von Spannungen ausdrückt, sondern in Form einer durchgängigen inneren Belebtheit, wie wir sie aus der organischen Natur kennen[50].

Die folgenden Hinweise können die Skizzen Mendelsohns nicht zwingend ableiten, aber sie können vielleicht helfen, ihren Gehalt zu formulieren. Es gibt Hinweise, daß eine solche Interpretation Mendelsohn nicht unverständlich gewesen wäre. Einmal umschreibt er seine Skizzen im Juni 1917 als: »Meist ... Tellurisches und Planetarisches« und zwei Monate später heißt es: »Trotz aller Sicherheit in Massenbewegungen und formaler Intuition weiß ich noch alles im Fluß und Spannung ... Ich fühle das volle Leben[51].«

Am angemessensten kann man die Thematik der Mendelsohnschen Zeichnungen mit Formulierungen beschreiben, die Jahre später und in einem anderen Zusammenhang Hugo Häring gefunden hat. Die Geometrie, Härings großer Gegner, zwingt nach seiner Auffassung die Technik, »... sich auf die statik, das heißt auf das ruhende und das starre zu begrenzen, was eine bewußte eingrenzung ist«. »Demgegenüber steht die heutige technik ganz den elastischen konstruktionen zugewandt. Sie betrachtet den bau als lebendigen körper, sie bevorzugt die materialien größter spannungsleistungen ..., sie interessiert sich für die gießbaren massen und sucht baustoffe dauernder elastizität. In ihren konstruktionen ist sie auf dem weg, bauformen der organhaften natur zu verwenden ...[52].« Auch die Maschine erscheint in Härings Interpretation in neuem Licht: »Die maschine ist ein geschöpf organhafter natur, ihr sinn ist leistung, ihr element ist bewegung, kraft und spannung. Sie nähert sich immer mehr der natur, der sie sich in vielen teilen schon vollkommen angleicht und der sie vielleicht eines tages nur noch darin nachstehen wird, daß sie sich nicht selbst erneuern kann wie die natur. Aber nicht nur die maschine gehört der organhaften struktur an, auch alle anderen technischen konstruktionen von den werkzeugen bis zu ingenieurkonstruktionen[53].«

Nur aus solchen Vorstellungen wird man das eigentliche Thema der Zeichnungen verstehen können, obwohl Mendelsohn selbst das Ziel erst 1923 klar formulierte: »Seit der Erkenntnis, daß die von der Wissenschaft bisher getrennten Begriffe Materie und Energie nur verschiedene Zustände desselben Urstoffes sind, daß in der Ordnung der Welt nichts ohne Relativität zum Kosmos, ohne Beziehung zum Ganzen, vor sich geht, verläßt der Ingenieur die mechanische Theorie der toten Maschine und begibt sich wieder in den Pflichtdienst der Natur. Aus Urzuständen findet er gesetzmäßige Zusammenhänge ... – Die Maschine, bisher der gefügige Handlanger der toten Ausbeutung, wird zum konstruktiven Element eines lebendigen Organismus ...[54].« Für die Architekten leitet Mendelsohn aus dieser Beurteilung Forderungen ab, die in einer für die experimentelle Phase charakteristischen Weise zwischen Utopie und Wirklichkeit die Mitte suchen: »Faßt zu, konstruiert, umrechnet die Erde! – Aber *formt* die Welt, die auf euch wartet. – Formt mit der Dynamik eures Blutes die Funktionen ihrer Wirklichkeit, erhebt ihre Funktionen zu dynamischer Überschwenglichkeit[55].« Noch der expressionistische Überschwang, mit dem hier die Worte geballt werden, läßt das Ziel einer neuen Einheit von Technik und Natur erkennen, in der die Technik die Motive liefert, die Natur aber über die Art ihrer Verwendung entscheidet.

VI

Den Versuch, die in den Skizzen projektierte Architektur zu verwirklichen, hat selbst Mendelsohn nur einmal unternommen. Der Einsteinturm, der daraus entstand, ist bei aller historischen Bedeutung auch das Dokument eines Scheiterns. Technisch handelte es sich um die Ummantelung eines Turmteleskops, das mit einem zur Hälfte in die Erde eingesenkten Laboratorium verbunden war (Abbildung 17, 18). Bereits 1917 taucht ein solcher Bau in Mendelsohns Skizzenbüchern auf, und vielleicht war er bereits damals als Denkmal und Ort Einsteinscher Gedanken geplant[56]. Eine konkrete Aufgabe und einen Bauherrn scheint der Architekt aber erst später gefunden zu haben. Die Beziehung zu Einstein ist also in jeder Hinsicht eine allgemeine. Mehr als die allgemeine Identität von Energie und Materie hätte sich architektonisch auch kaum ausdrücken lassen. In diesem Sinne aber hätten mit gleichem Recht auch andere Entwürfe Mendelsohns mit dem Namen Einstein verbunden werden können. Ihnen allen war ja gemeinsam, daß sie nicht nur die Möglichkeiten des Betons zum Ausdruck brachten, sondern ein Weltbild.

18 E. Mendelsohn, *Einsteinturm,* Ansicht

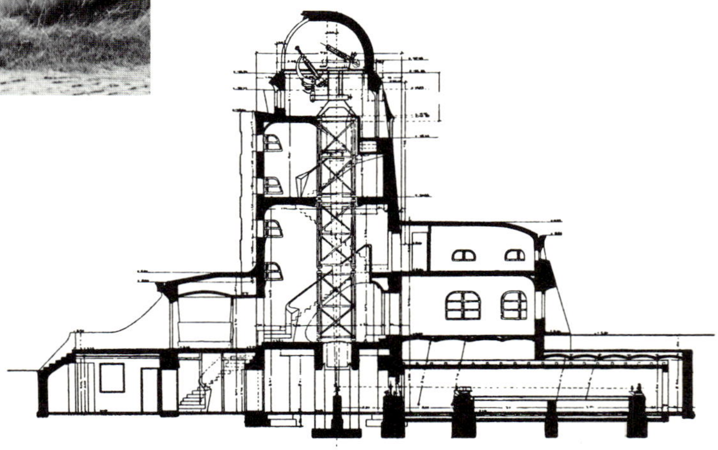

17 E. Mendelsohn, *Einsteinturm,* Querschnitt

19 E. Mendelsohn, *Einsteinturm*, Zeichnung

20 E. Mendelsohn, *Einsteinturm*, Detail

Da die Kunstmittel der Zeichnung (Abbildung 19) auf dem Bauplatz nicht verfügbar waren, mußte Mendelsohn andere Möglichkeiten suchen, die innere Belebtheit des Betons sichtbar zu machen. Er fand sie in der Modellierung der Oberfläche[57] (Abbildung 20). Um die innere Kohärenz des Baus zu zeigen, hat Mendelsohn klare Absetzungen vermieden und alle Übergänge betont. Außerdem achtete er darauf, daß alle Einschlüsse, vor allem die Tür und die Fenster, unregelmäßig gerundete, »organische« Form bekamen. Im ganzen wird die Oberfläche aus ineinander übergehenden und sich nicht isolierenden Einwölbungen gebildet, die eine passive Bewegtheit und damit implizit die Präsenz im Inneren wirksamer Energien verkörpern. Mendelsohn hat nicht die Kragfähigkeit des Betons genutzt und nicht die Möglichkeit, mit einem Minimum an Materie große Distanzen zu überbrücken, sondern die plastische Formbarkeit dieses Materials. Das technische Potential des Eisenbetons wird weder genutzt noch anschaulich demonstriert. Im Gegenteil: Das Material wird zum Medium von Formvorstellungen, die zwar in ihm verwirklicht werden können, die aber keineswegs aus ihm entwickelt worden sind. So ist es nur folgerichtig, daß auch die Dynamik des Einsteinturmes keine technische ist, nicht eine von Schub und Zug wie bei Maillart oder Nervi, sondern eine organische. Eine charakteristische Form sind die Regenrinnen, die nicht angesetzt, eingefügt oder befestigt wirken, sondern so, als seien sie aus dem »Leib« des Bauwerks herausgewachsen wie Äste aus einem Stamm[58]. Trotz aller Anstrengungen des Architekten wird aber der Bau seinem Anspruch nur in wenigen Ansichten gerecht, und zwar von vorn und von der Seite. In anderen Ansichten, vor allem von hinten, enthüllt sich die Belebtheit als ein Oberflächenphänomen[59].

VII

In den Jahren nach dem Einsteinturm zeigt Mendelsohns Architektur mehrere Gesichter[60]. Das Ziel einer »funktionellen Dynamik« ist auch weiterhin erkennbar, der spezifische Inhalt dieses Postulats aber veränderte sich von Bau zu Bau. Movens der Veränderung waren die verhältnismäßig zahlreichen Aufträge, die Mendelsohn nach 1920 zufielen und die ihn zwangen, sich mit den konkreten Problemen von Fabriken, Kaufhäusern und Verwaltungsgebäuden zu beschäftigen.
Am ehesten könnte man noch die Bauten für die Berliner Innenstadt als direktes Weiterführen der Studien verstehen. Zusammen mit Behrens, den Tauts (Abbildung 21) und den Luckhardts wurde 1921 auch Mendelsohn zu einem beschränkten Wettbewerb für ein Bürohaus an der Kemperstraße in Berlin eingeladen (Abbildung 22). Der Grundriß stand bereits fest, ebenso die unterschiedliche Länge der Bautrakte. Auch die Gliederung in mehrere Blöcke war vermutlich Teil der Ausschreibung, denn sie taucht bei allen Einsendungen auf[61]. Mendelsohn unterschied sich von seinen Konkurrenten vor allem dadurch, daß er weder einen einzigen monolithenen Block vorschlug, noch ein bloßes Konglomerat. Sein Entwurf sah vielmehr einen zwar gegliederten, in sich aber kohärenten Komplex vor, der sich in drei Schritten nach oben abstufte. Im Erdgeschoß sollten raumgreifende Träger die

Entfernung überbrücken, den Bau vom Boden abheben und zugleich den Blick auf die Schaufenster freigeben. Zusammen mit den Fensterreihen der nächsten Stockwerke bilden die Träger eine Sockelzone, die den anschaulichen Zusammenhalt des Gebäudes sichert. Differenzierungen waren erst für den Mittelteil vorgesehen, der sich ebenfalls aus drei Stockwerken aufbauen sollte. An der Viktoriastraße wären diese Mittelgeschosse dann in einem Trakt überführt worden, der in Form und Höhe auf die angrenzende Bebauung Rücksicht genommen hätte. Schrittweise nur, aber doch energisch, sollte dann von der Längsfront zu dem Hochhaus an der Ecke übergeleitet werden. Dank der vorkragenden Obergeschosse wäre diese Ausgliederung nach oben verbunden gewesen mit einer Differenzierung nach hinten. Die Mitte hätte sich nicht isoliert, sondern in den oberen Stockwerken wieder zur Straße Bezug genommen[62]. Dazu die Erläuterung des Projektes durch den Architekten: »Architektonische Gestaltung eines gegebenen Grundrisses. Viktoriastraße: Geschlossener Trakt als Anschluß an den Nachbarblock. Pol für die von hier ausgehenden Horizontalen der durchschießenden Deckengesimse. Lang anziehende Bewegung. Bellevuestraße: Kurze Front. Schnell ansteigend zur Hochhausvertikalen im Endpunkt der beiderseitigen Bewegungen, im Blickpunkt von Kemperplatz und Siegesallee[63].« Es ist bezeichnend für Mendelsohn, daß er die Gestaltung des Äußeren nicht aus dem Inneren des Hauses ableitete, sondern aus der städtebaulichen Situation. In seinen Akzenten entspricht der Text dem Stil der Zeichnungen. Beide aber verdecken eine besondere Leistung des Entwurfs: die Sorgfalt nämlich, mit der die Fassade zunächst aus dem Straßenverband herausgelöst, dann aber wieder auf ihn zurückbezogen wird. Text und Zeichnungen hingegen lenken die Aufmerksamkeit auf eine eher problematische Seite des Projektes, auf dessen abstrakte Dynamik, die nur ästhetisch, nicht aber funktional begründet ist.

Die Erfahrungen, die Mendelsohn bei diesem Wettbewerb sammeln konnte, sind kurz darauf seiner Umgestaltung des Mossehauses zugute gekommen[64] (Abbildung 23). Der Bau besaß ein hohes rustiziertes Sockelgeschoß, ein mit Pilastern geschmücktes piano nobile und ein Mezzaningeschoß. Der alte Bestand sollte erhalten bleiben, aber neu umkleidet werden. In Mendelsohns ersten Entwürfen bestand das Sockelgeschoß aus Arkaden, und an der Ecke stand ein hoher, vertikal gegliederter Trakt. Ein weit ins piano nobile hineinreichendes Tor hätte den Bau zur Straße hin geöffnet. In der Ausführung wurde der Eckrisalit zum Zentrum einer nun nicht mehr vertikal, sondern horizontal orientierten Konfiguration, die auch die Flanken mit einschloß. Ausgangspunkt war die ganze Straße, nicht mehr das Haus. Wo die neuen Teile an die alten stießen, war die bestehende Gliederung der Maßstab für die neue, woraus eine kontrastreiche, aber nicht widersprüchliche Verbindung entstand. Schwieriger war die Einbindung des Eckbaues. Mendelsohn rückte den Mittelteil nach vorn und gab ihm eine rahmende Leiste, die ihn abhob, aber zugleich auch die Gliederung der Seitentrakte aufnahm. Von dieser Rahmenleiste gingen andere, flachere aus, die sich zu Rechtecken fügten, die nach innen hin offen waren.

Daß Mendelsohn auch die Tiefengliederung wichtig nahm, lehren die Silhouetten. Das Mossehaus wurde oben von einem breiten Betonband eingefaßt, das sich an den Ecken wie ein Gefieder öffnete. Diese Zone hob das Gebäude aus dem Straßenzug heraus und verschaffte ihm einen prägnanten Umriß. Trotzdem wird man von einem vollen Gelingen auch beim Mossehaus noch nicht sprechen können. Dafür ist die Herausstellung der Zusammenhänge noch zu plakativ, zu wenig vermittelt in den Details. Auch die Verbindung von Dynamik und Funktion ist keineswegs überall überzeugend. Zum Beispiel kann die Auskragung an der Ecke zwar als Überdachung des vergleichsweise kleinen Eingangs legitimiert werden, doch ist sie sicherlich nicht dieses Eingangs wegen eingeführt worden. Vielmehr sollte mit ihrer Hilfe und der der Terracottareliefs die in den Zeichnungen durch Linien erzeugte Dynamik auch auf den Baukörper übertragen werden. Das aber geschah von außen, durch Appliken. Nicht im Inneren des Baus lag die Rechtfertigung für derartige Formen, sondern in der Umgebung. In Mendelsohns Kommentar wird der neue Partner auch genannt. Es ist der Verkehr auf der Straße. In der hymnischen Verklärung des Verkehrs, des Passantenstroms, der Maschinen und des Lärms der Großstadtstraße leben futuristische Motive auf: »... hier ist das Haus kein unbeteiligter Zuschauer der sausenden Autos, des hin- und herflutenden Verkehrs, sondern es ist zum aufnehmenden, mitwirkenden Bewegungselement geworden[65]«.

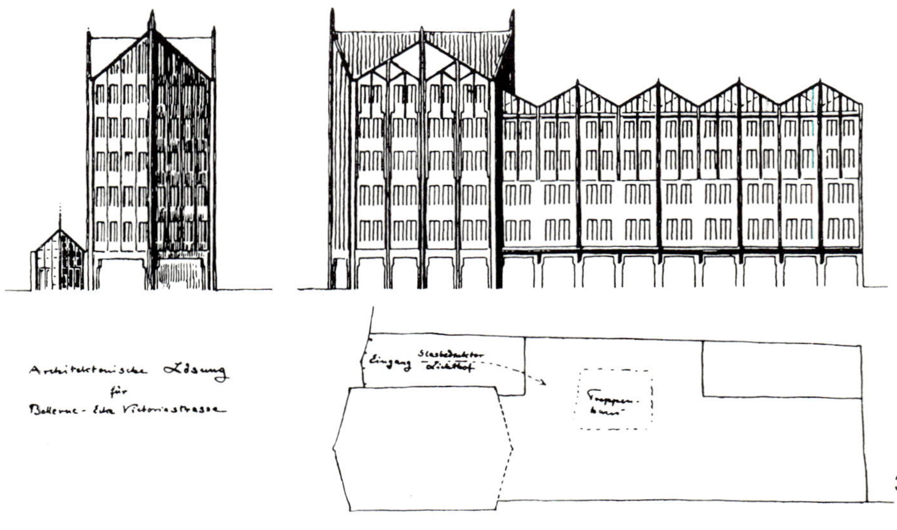

21 B. Taut, *Geschäftshaus am Kemperplatz,* Entwurf

22 E. Mendelsohn, *Geschäftshaus am Kemperplatz,* Entwurf

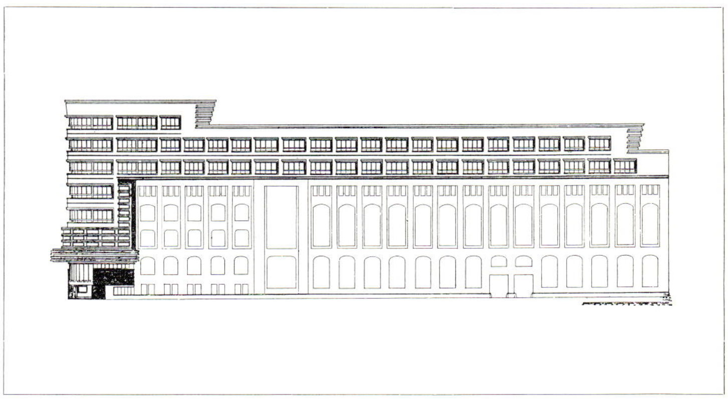

23 E. Mendelsohn, *Mossehaus,* zerstört

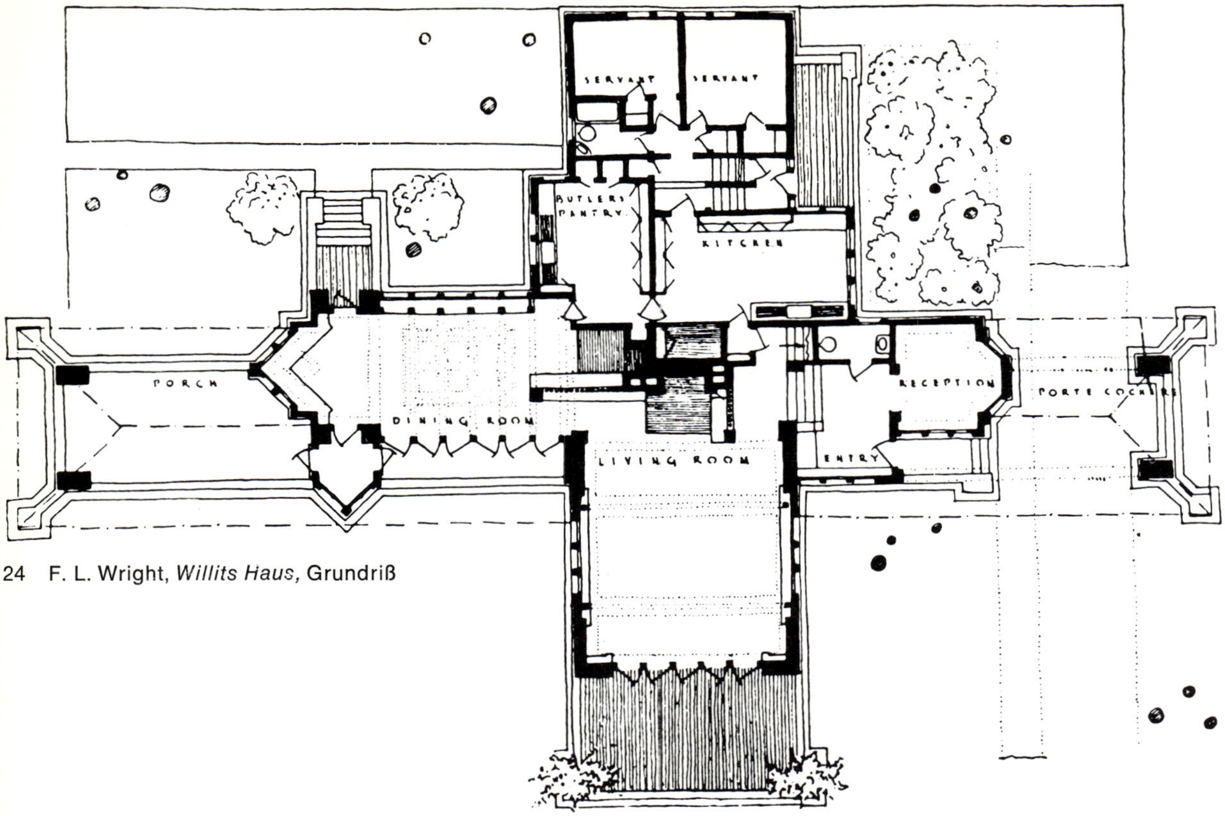

24 F. L. Wright, *Willits Haus,* Grundriß

25 M. v. d. Rohe, *Landhaus aus Backstein,* Grundriß

26 M. v. d. Rohe, *Landhaus aus Backstein,* Entwurf

Träume und Experimente

Mies van der Rohe: Projekte 1921–1923

I

Fünfmal hat Mies zwischen 1921 und 1923 seine Arbeit zu Aufsehen erregenden Projekten zusammengefaßt: in zwei Glashochhäusern, einem Verwaltungsbau in Beton und je einem Landhaus aus Beton und aus Backstein. Mit Ausnahme des ersten Hochhauses handelte es sich in allen Fällen um Idealprojekte, die keine Rücksicht auf einschränkende Umstände verlangten. Anders als bei den eher konventionellen Landhäusern, die Mies in jenen Jahren tatsächlich bauen konnte, war es bei diesen Projekten der Architekt selbst, der die Aufgaben stellte, und er war es auch, der die Probleme definierte. Im Unterschied zu den Utopisten tat er dies nicht allein nach subjektivem Ermessen und auch nicht für ein fernes Utopia, sondern für eine vorhersehbare Zukunft. Ob die drei Hochbauten sofort hätten realisiert werden können, ist höchst fraglich, doch war dies auch nicht behauptet. Das Ziel des Architekten war es, die prinzipielle Möglichkeit zu klären, selbst wenn bis zum Baubeginn noch schwierigere technische Untersuchungen nötig gewesen wären.
Anders als bei den Zeichnungen von Mendelsohn oder Taut ist bei Mies jedes Projekt schon ein Ergebnis. Die Probleme sind zu Ende gedacht, Alternativen bereits ausgeschieden. Darauf beruhten zum großen Teil ihre Autorität und ihre Wirkung. Mies richtete seine Arbeit auf konkrete Bauprobleme, nicht auf so abstrakte Themen, wie das der Maschine als Elemente eines neuen Organismus oder das der Zukunftskathedrale. Er hielt sich an Probleme, die im Rahmen der üblichen Aufgaben eines Architekten lagen und mit dessen fachlichen Voraussetzungen auch lösbar waren. Zusammen mit dem exemplarischen Charakter der Projekte hat auch dieser Zug wesentlich zu ihrem Erfolg beigetragen. Für einige Zeit konnte es sogar scheinen, als sei die Entwicklung der modernen Architektur eine allmähliche Annäherung an die Ziele, die Mies so viel früher gesetzt hatte. Hinzu kamen die handwerkliche Qualität und die formale Vollendung dieser Architektur sowie die eminente Lehrbarkeit ihrer Prinzipien.
Einer der Ausgangspunkte von Mies van der Rohes Studien war die amerikanische Architektur. Vor allem die Bauten von Wright hatte man in der großen Berliner Publikation von 1910 in Europa intensiv studiert[1]. Der Eindruck war außerordentlich, doch hat das Verständnis mit der Faszination nicht immer Schritt gehalten. Die Geschichte von Wrights europäischer Wirkung würde ein eigenes Buch füllen, in dem nicht wenige Kapitel von Mißverständnissen und Fehlinterpretationen zu berichten hätten. Die von den eigenen Problemen geprägten Erwartungen der Europäer, aber auch die Begleittexte und die Zeichenweise Wrights haben eine einseitige Rezeption begünstigt. Eine erste Analyse verdanken wir J. J. Pieter Oud, der bereits 1925 erkannt hatte, daß »... die Formen, in denen Wright seine Ideen ausgedrückt hatte, größere Anziehungskraft zu beweisen schienen als diese Ideen selbst[2]«. Verderblich schien Oud, daß die besonderen amerikanischen Voraussetzungen nicht beachtet wurden, die für Wright galten, aber nicht für seine europäischen Nachahmer, und daß die Nachfolger meist nur die Formen des Außenbaus sahen, nicht aber die Prinzipien der Grundrisse. Oud legte auch dar, daß sich die Wirkung Wrights mit der der architektonischen Kubik verband, die ganz andere Quellen hatte. Beide schienen sich gegenseitig zu bestätigen und eine hat den Erfolg der anderen begünstigt. In Wirklichkeit aber, so Oud, haben sie sich geschadet, weil sich weder die spezifischen Vorzüge Wrights noch die des architektonischen Kubismus so positiv auswirken konnten, wie es nötig gewesen wäre[3]. Einer der wenigen, die in ihrem Wright-Studium nicht bei der Bewunderung der souverän gemeisterten Formensprache stehen blieben, sondern sich auf die Grundrisse konzentrierten, war Mies van der Rohe, der bei Wright lernte, daß ein Haus kein monolithener Block sein muß und auch nicht symmetrisch[4] (Abbildung 24, 25). Außerdem konnte Mies bei Wright studieren, daß die Aufteilung des Inneren in abgeschlossene Zimmer und separate, der Verbindung dieser Zimmer dienende Gänge und Dielen überflüssig wurde, wenn man das Haus nicht mehr einfach als die Summe seiner Einzelräume verstand[5].
Solchen allgemeinen Übereinstimmungen zwischen Wright und Mies stehen jedoch grundsätzliche Unterschiede gegenüber. So fehlt der von Mies gezeichneten Backsteinvilla das ausgeformte Zentrum, von dem aus die Flügel nach außen reichen. Wright hatte ihm mit dem Kamin auch eine Funktion zugewiesen, denn wie in der Frühzeit Amerikas könnte die ganze Familie sich wieder um das gemeinsame Feuer versammeln[6]. Das Haus soll eine bestimmte Art des Zusammenlebens nicht nur ermöglichen, sondern auch darstellen und so zu ihr einladen. Bei Mies gibt es ein solches Zentrum nicht. Sein Haus entwickelt sich nicht von innen nach außen, sondern von außen nach innen. Mies hat Mauerzüge, deren Beginn und Herkunft unklar bleiben, so zusammengeführt, daß jeder sich höchstens mit einem der anderen berührt[7]. Die entstehenden Zwischenräume ersetzen die früheren Zimmer. Bei Wright dagegen bleiben die Zimmer erhalten, wenn sie sich auch gegeneinander öffnen und miteinander kommunizieren. Ihre Besonderheit wird gewahrt, denn bei Wright gibt es statt einer durchlaufenden, überall gleich aussehenden Deckplatte, markante und oft von Zimmer zu Zimmer wechselnde Holzdecken, dank derer die einzelnen Zimmer auch ohne Trennwände erfahrbar bleiben[8].
Ähnlich wie innen verfuhr Wright auch beim Außenbau. Höchst selten nur gibt es bei ihm einen direkten Zugang zum Garten wie bei Mies. Vom Haus gelangt man meistens nur auf Terrassen, die zwar groß und nach drei Seiten hin offen sind, trotzdem aber

unter dem Dach des Hauses bleiben und von niedrigen Mauern eingefaßt werden. Sie sind eine Erweiterung des Hauses, aber kein Übergang zur Umgebung. Das Miessche Haus grenzt aus seiner Umgebung einen Binnenraum aus, bleibt aber nach außen passiv, während der Wrightsche dominiert. So wie das Wechselspiel von Öffnung und Individualisierung der Zimmer das Innere bestimmt, so grundlegend ist außen die Beziehung von Haus und Umgebung. Das entscheidende Element ist das Dach, das für Wright von zentraler Bedeutung war, während es bei Mies nicht selbständig in Erscheinung tritt. Von japanischen Vorbildern inspiriert, nimmt es bei Wright das ganze Haus unter seine Obhut. Diese Aufgabe war zugleich auch Darstellungsthema: Das Haus wird zum Zufluchtsort – »shelter« ist der Ausdruck des Architekten – stilisiert[9]. Dieser Zufluchtsort isoliert sich jedoch nicht, denn nachdem seine Individualität einmal gesichert ist, kann er sich auch wieder öffnen und den Nachbarn mit seinen ausgreifenden Trakten sogar ausdrücklich entgegenkommen[10].

Die Backsteinvilla Mies van der Rohes dagegen hätte auch im Außenbau den Charakter des Zusammengefügten gehabt: Mauerzüge aus Backstein (Abbildung 26), zwischen ihnen die Glaswände der Fenster und der Türen und über beiden die Deckplatten aus Beton. Das Haus ist in erster Linie als Konstruktionsproblem verstanden, bei dem drei Aufgaben zu beachten sind: das Einfassen, das Öffnen und das Abdecken. Jede weitere Differenzierung ist geradezu demonstrativ vermieden, was besonders daran auffällig wird, daß zwischen Türen und Fenstern anschaulich kein Unterschied besteht und beide, als Glaswände, den Backsteinmauern gleichgestellt sind. Die einzige wesentliche Unterscheidung ist die nach der Höhe der einzelnen Bauteile, die die Wirkung des Zusammengefügten noch verstärkt. Zwar weist dies den Bau eindeutig als ein Gefüge von Innenräumen aus, aber deren Form und Zusammenhang sind von außen nicht zu beurteilen. So einleuchtend die Disposition von innen aus sein mag, nach außen wirkt sie vor allem als abstrakte Komposition, deren Teile die Konstruktionselemente des Hauses sind[11].

Die Prairiehäuser von Wright waren architektonisches Äquivalent und Symbol für die Lebensform, die sich in ihnen ausdrücken und verwirklichen sollte. Diese Lebensform wiederum war für Wright der Ausdruck des demokratischen Geistes, den er für die Möglichkeit – wenn auch nicht die Wirklichkeit – Amerikas hielt. Der soziale Ort dieser Lebensform war die amerikanische Vorstadt, die als reines Wohngebiet, fernab der City und der Armenviertel, und dank ihrer großen sozialen Homogenität die Illusion nähren konnte, daß die von dort ferngehaltenen Probleme auch bereits gelöst wären[12].

Das wichtigste Kennzeichen der von Wright propagierten Lebensform war »Individualität als die höchste mögliche Entwicklungsstufe für den Einzelnen, in Übereinstimmung mit einem harmonischen Leben für das Ganze«. Dieses Ganze aber wäre unvollkommen und falsch, wenn es nur durch Verzicht auf Individualität zustande käme, denn »... damit das Ganze vollendet wird, muß es aus individuellen Einheiten bestehen, die in sich selbst groß und stark sind, nicht aus Einheiten, die von außen unter ein Joch gezwungen wurden, sondern aus solchen, die geistig und von innen heraus geeint sind – mit der Möglichkeit, sich jede in ihrer Sphäre frei zu bewegen[13]«. Grundlage der Wrightschen »Soziologie« war die Lehre von der Familie, die er als Gemeinschaft der miteinander unter einem Dach lebenden Menschen verstand. Aus dieser Familie und ihren Nachbarn sollte sich ohne Zwischeninstanz die Gesellschaft aufbauen, die in den Prairiehäusern architektonisch vorweggenommen ist.

Es ist offenkundig, daß es für Mies van der Rohe ein vergleichbares Thema nicht gegeben hat, im Gegenteil: Die von ihm projektierten Lösungen scheinen weltanschaulich und sozial neutral, notwendiges Ergebnis konsequenten architektonischen Denkens. Für ihn war das Haus in erster Linie nicht ein soziales Problem, sondern ein Gebilde aus Fußboden, Wänden und Dach. Diese Elemente, die in der Geschichte höchst unterschiedliche Verbindungen eingegangen waren, wurden nun – funktional wie formal – auf ihre elementare Bedeutung zurückgeführt. Plastische Elemente sind eliminiert, das wichtigste Instrument dieser »Analyse der Raumelemente« sind plane Mauern. Sie hätten besonders im Inneren die Wirkung des Landhauses bestimmt. Beim Betreten eines neuen Bereiches wäre der Blick immer zuerst auf Mauern gefallen, und erst nach dem Eintreten und nach einer Wendung hätte man auch nach außen sehen können[14].

Das Problematische des Miesschen Landhauses ist die Abstraktheit seiner Disposition, denn der Verzicht auf ausdrücklich und sichtbar definierte Funktionen ist durchaus ambivalent: Einerseits entläßt er den Benutzer aus der Abhängigkeit vom Architekten und erlaubt ihm einen freieren Gebrauch seines Hauses. Andererseits aber entzieht sich die Architektur beim Rückzug auf vielfach nutzbare Gehäuse einer ihrer wichtigsten Aufgaben, der, Räume zu definieren, und zwar nicht nur ästhetisch, sondern auch funktional. Streng genommen ist ein solcher Verzicht auch gar nicht möglich, denn noch die reinste »Analyse der Raumelemente« hat soziale Konsequenzen. Das Leben einer größeren Familie wäre in der Backsteinvilla Mies van der Rohes auf die größten Schwierigkeiten gestoßen, und auch jeder andere Bewohner hätte beträchtliche Einschränkungen hinnehmen müssen, hätte er mit seinem Haus nicht in Konflikt kommen wollen. Den herkömmlichen Vorstellungen von Häuslichkeit hätte er ebenso zu entsagen gehabt wie dem Wunsch, in seinem Haus auch seine Individualität auszudrücken. Dabei hätten finanzielle Überlegungen keine Rolle spielen dürfen, denn ohne ein großes Grundstück und eine gepflegte Umgebung ist dieses Haus nicht zu denken. Auch dürfte er sein Haus nicht zur Arbeit benutzen wollen, denn wie allen anderen Bewohnern wäre auch ihm der Rückzug in ein geschlossenes Zimmer verwehrt gewesen. Nur optisch hätte er sich den anderen entziehen können, nicht aber akustisch[15]. 1923 noch mehr als heute, wäre das Haus nur für eine kleine soziale Schicht in Frage gekommen und auch innerhalb dieser Schicht nur für wenige[16].

II

Dem Entwurf für das Landhaus aus Backstein folgte wenig später der für ein Landhaus aus Beton (Abbildung 27). Die Unterschiede sind schon wegen des Materials und der aus diesem entwickelten Konstruktionsweise beträchtlich: »Mit seinem Entwurf für ein Landhaus versucht Mies van der Rohe das Problem des Eisenbetonwohnhauses zu lösen. Der Hauptwohnteil wird von einem zweistieligen Bindersystem getragen. Dieses Konstruktionssystem wird von einer dünnen Eisenbetonhaut umschlossen, die sowohl Wand wie Decke bildet. Aus den Wänden sind Öff-

27 M. v. d. Rohe, *Landhaus aus Beton,* Modell

28 M. v. d. Rohe, *Geschäftshaus aus Eisenbeton,* Entwurf

nungen an den Stellen herausgeschnitten, wo sie zur Beleuchtung und für die Aussicht notwendig sind. Die Unabhängigkeit der Wand von ihrer ehemaligen Tragefunktion ermöglicht jeden beliebigen Ausschnitt, so daß überraschende Wirkungen entstehen, die lastende Körperlichkeit der Baumassen aufgehoben, eine schwebende Leichtigkeit erzielt wird[17].« Wie vor ihm nur Corbusier und ganz anders als Mendelsohn hat Mies nicht die bildnerische Formbarkeit des Eisenbetons genutzt, sondern dessen Kragfähigkeit, die leichte, dünnwandige und auch als solche erkennbare Gehäuse ermöglichte.

Auch Veränderungen in der Disposition sind insofern aus dem Material ableitbar, als nicht mehr Mauern das Grundelement der Gestaltung sind, sondern Gehäuse, die in Backstein so nicht möglich gewesen wären. Wichtiger noch ist die Abkehr von der zentripetalen Anlage der früheren Villa. Aus dem Material war sie nicht zu begründen, als Entwicklungsstufe ist sie jedoch folgerichtig, denn bereits das erste Projekt hatte kein wirkliches Zentrum mehr. Das Betonhaus ist aus einzelnen Trakten aufgebaut, die zu einer asymmetrischen Konfiguration zusammengefügt sind. Wie weit dieser Disposition funktionale Unterschiede zugrunde liegen, könnte nur der Grundriß lehren. Offenkundig ist jedoch, daß sie zu einer engen Verklammerung des Hauses mit dem Bauplatz führt, durch die das Grundstück in den Wohnbereich einbezogen wird.

III

Das dritte Projekt von Mies war ein »Geschäftshaus aus Beton« (Abbildung 28). Der begleitende Text beginnt apodiktisch: »Jede ästhetische Spekulation, jede Doktrin und jeden Formalismus lehnen wir ab.« »Nicht das Gestern, nicht das Morgen, nur das Heute ist formbar.« »Gestaltet die Form aus den Wesen der Aufgabe mit den Mitteln unserer Zeit[18].« Fast alle modernen Architekten der Weimarer Zeit hätten diesen Thesen zustimmen können, denn die Entschiedenheit des Ausdrucks läßt durchaus offen, was mit den scheinbar so eindeutigen Begriffen wirklich gemeint ist. Die Mittel der Zeit etwa, als die Eisen, Beton und Glas genannt werden, waren auch die Mendelsohns. Schon der Seitenhieb auf den Einsteinturm jedoch; »Eisenbetonbauten sind ihrem Wesen nach Skelettbauten. Keine Teigwaren noch Panzertürme[19]«, verweist auf die Vieldeutigkeit eines Materials, auf dessen Wesen sich mit gleichem Recht ja auch Mendelsohn berufen hatte.

Noch weniger klar ist das »Wesen der Aufgabe«, aus dem heraus gestaltet werden soll, denn auch Bürohäuser wurden von anderen Architekten erheblich anders aufgefaßt als von Mies. Als eigener Typus waren sie zuerst in den Vereinigten Staaten entstanden, wo die Bodenpreise in den Innenstädten extrem hoch waren und die wirtschaftliche Konzentration immer häufiger Verwaltungsbauten erforderlich machte. Die Verwaltungsbauten haben zunehmend auch die Repräsentationsaufgaben erfüllt, die in Deutschland vor 1914 die Fabrikbauten wahrgenommen hatten[20]. Schon bei den frühen Verwaltungsbauten war das Aussehen höchst unterschiedlich. In Amerika spannte sich der Bogen von Sullivan bis zu den »cathedrals of commerce« der Woolworthgotik und dem Ausverkauf historischer Architektur, der auch vor dem Mausoleum von Halikarnass als Bekrönung nicht zurückschreckte[21].

Mies hat sich weder auf diese Tradition berufen noch auch auf das Repräsentationsbedürfnis potentieller Auftraggeber. Das heißt jedoch nicht, daß sein Bürohaus nichts darstellt. Er selbst hat vor allem die technischen Fragen hervorgehoben: »Die zweckmäßigste Einteilung der Arbeitsplätze war für die Raumtiefe maßgebend... Ein zweistieliger Rahmen... mit beiderseitiger Konsolauskragung... wurde als das ökonomischste Konstruktionsprinzip ermittelt.« Ein »... Bindersystem trägt die Deckenplatte, die am Ende der Kragarme, senkrecht hochgewinkelt, Außenwand wird und als Rückwand der Regale dient, die aus dem Rauminneren der Übersichtlichkeit wegen in die Außenwände verlegt werden. Über den 2 m hohen Regalen liegt ein bis zur Decke reichendes durchgehendes Fensterband[22]«.

Die technischen Sachverhalte sind in diesen Sätzen zureichend erläutert, nicht aber die baukünstlerischen. Anders als in der zeichnerischen Darstellung hätte man die Konstruktion am ausgeführten Bau nur bei nächtlicher Beleuchtung ausreichend sehen können, denn bei Tageslicht hätten höchstens die über den zurückgesetzten Fenstern sichtbaren Binderenden etwas von ihr verraten. Auch sie aber hätten in dem Augenblick ihre Legitimation verloren, in dem das Innere nicht mehr voll sichtbar gewesen wäre. Ein anderer für die Zeichnung wichtiger Zug ist in dem Text des Architekten überhaupt nicht erwähnt: das deutliche, nach oben zunehmende Vorkragen der Geschosse[23]. Aus der Konstruktion ist es nicht abzuleiten, höchstens aus dem Bestreben, dem Grundstück möglichst viel Nutzfläche abzugewinnen. Vor allem aber wirkte es sich auf das Verhältnis des Baus zu seiner Umgebung aus.

Zu Beginn der zwanziger Jahre hätte ein solches Gebäude schon daraus eine besondere Wirkung gewonnen, daß es an seinem Platz einzigartig gewesen wäre. Daß dieser Kontrast auch Mies wichtig war, lehrt die Darstellungsweise seiner Zeichnung, die in diesem Fall dem Dargestellten durchaus nicht äußerlich ist. Die Zeichnung zeigt das Bürohaus von älterer Architektur umgeben, aus deren Dunkel sich nur Dächer, Erker und Giebel herauslösen. In dieser düsteren Umgebung erscheint das Bürohaus als ein Gebilde nicht nur aus Beton und Glas, sondern auch aus Licht: »Durch durchlaufende, von keinerlei Stützen unterbrochene Fensterbänder bekommt das Bauwerk einen schwebenden Charakter als Ausdruck einer neuen Statik, die die Massen optisch der Schwerkraft entzieht[24].« Dazu trägt bei, daß die Stützen aus dem Boden aufsteigen, ohne daß ihr Fundament gezeigt würde, vor allem aber auch der Gegensatz zu den Nachbarhäusern. Um eine Vorwegnahme späterer, zum Beispiel nächtlicher, Wirkungen kann es sich nicht handeln, denn dafür ist das Pathos zu groß, mit dem dieser Bau Licht in das Dunkel der Großstadtstraße zu bringen verspricht, und außerdem müßten in diesem Falle die Betonwände mindestens so dunkel sein wie die Wände der anderen Häuser.

Zwar war dieser Lichtbau keine Zukunftskathedrale und auch kein Volkshaus, aber offensichtlich war er für seinen Entwerfer doch mehr als nur eine konstruktive Aufgabe: »Das Bürohaus ist ein Haus der Arbeit, der Organisation, der Klarheit, der Ökonomie[25].« Organisation, Klarheit und Ökonomie sind nun aber auch ästhetische Kategorien, die man durchaus auf das von Mies gezeichnete Gebäude anwenden kann. Die Abwesenheit von Giebeln und Erkern wird zur architektonischen Metapher von Ökonomie und von Klarheit, auf die auch das Licht verweist, während die sichtbare Konstruktion schon nach der technischen Erläuterung des Architekten mit Organisation zusammenhängt. Mies hat unter allen seinen Werken diese Zeichnung ausgewählt, um 1924 seinen programmatischen Artikel »Baukunst und Zeitwille!« zu illustrieren[26]. Dort heißt es: »Die Forderungen der Zeit nach Sachlichkeit und Zweckmäßigkeit sind zu erfüllen. Geschieht das großen Sinnes, dann werden die Bauten unserer Tage die Größe tragen, deren die Zeit fähig ist ...« Daß gerade ein Bürohaus Träger dieser Größe werden kann, wird daraus verständlich, daß für Mies der Einzelne immer mehr an Bedeutung verlor: »... sein Schicksal interessiert uns nicht mehr. Die entscheidenden Leistungen auf allen Gebieten zeigen einen objektiven Charakter und ihre Urheber sind meist unbekannt. Hier wird der große anonyme Zug unserer Zeit sichtbar. Unsere Ingenieurbauten sind hierfür typische Beispiele«. Besonders nachdrücklich ist die Konstruktion des Bürohauses am Haupteingang herausgestellt. Die Binderkonstruktion wird mit der Freitreppe zu einer durchaus repräsentativen Vorhalle verbunden, die sich von den bis dahin üblichen nur in den benutzten Formen unterscheidet, nicht in der Wirkung. Sie ist ein Beispiel, wie »... unsere Nutzbauten ins Baukünstlerische hineinwachsen, wenn sie bei ihrer Zweckerfüllung Träger des Zeitwillens sind[27]«.

IV

Am bekanntesten wurden von den Miesschen Projekten die beiden Glashochhäuser (Abbildung 29, 31). Um 1920 waren nur die Zentren der größten amerikanischen Städte von Hochhäusern geprägt. Die Hoffnung jedoch, sie zu spezifischen Symbolen der amerikanischen Demokratie ausbilden zu können, waren längst erloschen. Selbst Louis Sullivan, einst der Prophet dieser Idee, sah in New York und Chicago damals nur noch »Mißgeburten« des wirtschaftlichen Systems[28]. Die zahllosen Hochhausprojekte, die nach 1918 von deutschen Architekten zu Papier gebracht wurden, waren, im Gegensatz zu Amerika, keineswegs die Antwort auf ein drängendes Problem, sondern oft nur das Medium von Exzentrik und Megalomanie. Nicht den beträchtlichen technischen und organisatorischen Schwierigkeiten gingen sie nach, sondern vor allem der Möglichkeit, grandiose Denkmäler zu errichten, die die Türme früherer Rathäuser und Kirchen in den Schatten stellen würden[29].

1919 wurde für einen dreieckigen Bauplatz am Bahnhof Friedrichstraße in Berlin ein Ideenwettbewerb ausgeschrieben. Hunderte haben sich beteiligt, doch fallen fast alle publizierten Einsendungen unter das Verdikt eines zeitgenössischen Kritikers, bei den meisten der schnell auftauchenden Turmhaus-Idealprojekte handelte es sich »... um Nachklänge der Bismarckturm- und Völkerschlacht-Denkmal-Epoche, um Monumentalitätskunstgewerbe[30]«. Einen ungewöhnlichen Entwurf reichte der junge Scharoun ein (Abbildung 30), der seine Baumasse durch Klüfte und Schnitte gliedern wollte. Die in der Zeichnung irritierende Diskrepanz zwischen oben und unten erklärt sich daraus, daß die unteren Partien für den Blick von der Straße her konzipiert waren[31], die oberen aber auf Fernsicht. Auf den Sockel, der in seiner Höhe ungefähr den umgebenden Bauten entspricht, ist eine Kathedrale mit deutscher Einturmfassade vom Typ Straßburg gesetzt – ein sakraler Anspruch, der sich auch in dem Glorienschein manifestiert, der den Bau umgibt.

Weniger anspruchsvoll, dafür aber in sich sehr viel geschlossener, war das Projekt von Poelzig[32]. Auch er nahm in den unteren Geschossen Bezug auf Bahnhof und Straße. Für den oberen Teil dagegen waren Erfordernisse des Inneren wie Raumausnutzung und Beleuchtung maßgebend. Die Disposition des Inneren wird in der Gliederung des Äußeren aufgenommen, zum Beispiel mit den Flurfenstern an den Seiten und der Verstärkung der Stützen bei den Treppenhäusern. Auch dies also war ein »funktionalistischer« Vorschlag, aber einer mit konservativem Akzent, denn aus den Stützen werden Lisenen, Material und Oberfläche bewirken eine turmartige Gesamtwirkung, und von einer Darstellung von »Klarheit, Ökonomie, Organisation« im Sinne Mies van der Rohes kann nicht die Rede sein.

Im Unterschied zu diesem Entwurf, dem sich viele andere an die Seite stellen ließen, war der von Mies dezidiert modern, und zwar sowohl in der Disposition als auch in der ganz auf Glas gegründeten Ästhetik und im Verzicht auf jede historisch ableitbare Form. Zusammen mit einem zweiten Hochhausentwurf, der ein Idealprojekt war, hat Mies seinen Beitrag 1922 in Bruno Tauts »Frühlicht« veröffentlicht[33]. Sein Kommentar würde jedoch eine weit weniger originelle Architektur erwarten lassen als in den Abbildungen gezeigt wurde: »Nur im Bau befindliche Wolken-

29 M. v. d. Rohe, *Hochhaus Friedrichstraße,* Fotomontage mit Straßenbild

30 H. Scharoun, *Hochhaus Friedrichstraße,* Entwurf

kratzer zeigen die kühnen konstruktiven Gedanken, und überwältigend ist dann der Eindruck der hochragenden Stahlskelette.« Nicht um Konstruktion geht es also, sondern um Ästhetik, nur eben nicht um eine herkömmliche, sondern um eine auf moderne Konstruktion gegründete: »Mit der Ausmauerung der Fronten wird ... der konstruktive Gedanke, die notwendige Grundlage für die künstlerische Gestaltung, vernichtet und meist von einem sinnlosen und trivialen Formenspiel überwuchert. Im besten Fall imponiert jetzt nur die tatsächliche Größe, und doch hätten diese Bauten mehr sein können als eine Manifestation unseres technischen Könnens. Allerdings müßte man auf den Versuch verzichten, mit den überlieferten Formen eine neue Aufgabe zu lösen, vielmehr ist aus dem Wesen der neuen Aufgabe heraus die Gestaltung ihrer Form zu versuchen[34].«

Dem Text zufolge war die Lösung relativ einfach, denn »das neuartige konstruktive Prinzip dieser Bauten tritt dann klar hervor, wenn man für die nun nicht mehr tragenden Außenwände Glas verwendet«. Wollte man dies wörtlich nehmen, dann hätte es 1922 eine verfügbare Technologie für solche Außenwände geben müssen. Tatsächlich aber gab es nur in den Vereinigten Staaten eine entwickelte Hochhaustechnik, und die dort übliche »steel cage construction« unterschied sich grundsätzlich von derjenigen, die in den Modellen Mies van der Rohes vorausgesetzt ist[35]. Das wirkt sich vor allem auf den Außenbau aus. Während Mies eine durchgehende Glashaut vorsah, kam es bei den amerikanischen Bauten gerade auf das Wechselspiel von Stahlgerüst und Glasfüllung an. Die Entwürfe Mies van der Rohes sind nicht aus einer vorhandenen Konstruktionsweise entwickelt. Im Gegenteil: die Technik ,auf die der Architekt sich berief, war eine von ihm ad hoc erfundene. Die Ästhetik ging der Technik voraus, nicht umgekehrt[36].

Mies berichtete seinen Lesern von ausgedehnten Versuchen, die ihn erkennen ließen, »... daß es bei der Verwendung von Glas nicht auf eine Wirkung von Licht und Schatten, sondern auf ein reiches Spiel von Lichtreflexen ankam[37]«. Im zweiten Modell sind diese Erfahrungen bereits berücksichtigt: »Bei oberflächlicher Betrachtung erscheint die Umrißlinie des Grundrisses willkürlich, doch ist sie das Ergebnis vieler Versuche am Glasmodell.« Drei Kriterien werden von Mies genannt: »die Belichtung des Gebäudeinneren, die Wirkung der Baumassen im Straßenbild und zuletzt das Spiel der erstrebten Lichtreflexe«. Es ist offenkundig, daß die beiden letzten Punkte die wichtigsten waren, denn die natürliche Beleuchtung des Gebäudes wird durch einen solchen Grundriß eher erschwert. Mit seinen Lichtspielen gerät Mies jedoch in Wiederspruch zu dem wenige Sätze zuvor erhobenen Postulat, das konstruktive Prinzip zum Ausdruck zu bringen. Wie man sich an seinen eigenen Zeichnungen und Fotos klarmachen kann, ist nicht beides zur gleichen Zeit möglich: In den Fotos der (entsprechend ausgeleuchteten!) Modelle sieht man die Konstruktion, aber nicht die Lichtspiele, während man in den Zeichnungen das Licht bewundern, die Konstruktion aber nur erahnen kann[38].

Beide Hochhäuser sind an Plätzen gezeigt, an denen es keine anderen modernen Gebäude gibt, und beide ragen so weit über ihre Umgebung hinaus, daß man ihr kristallines Lichtspiel auch von weit außerhalb der Stadt hätte sehen können. Nicht nur das von Mies erwähnte Straßenbild hätten diese Hochhäuser verändert, sondern die ganze Stadt. Daß diese der eigentliche Bezugsrahmen ist, lehren die Aufrisse. Ohne Übergang und ohne Unterbrechung wären die Glastürme aufgestiegen, ihrer Umgebung in jeder Hinsicht inkommensurabel. Von ihren vielen rechtwinkligen Nachfahren unterscheiden sie sich jedoch dadurch, daß sie nicht isolierte und in sich geschlossene Körper sind, sondern differenzierte und nach den Seiten ausgreifende Komplexe, weithin sichtbare Wahrzeichen und Stadtkronen. Wären mehrere zusammengekommen, dann hätten dank ihrer komplexen Struktur vielfältige formale Beziehungen entstehen können, nicht nur die allein negativ definierten Zwischenräume geometrischer Hochhäuser. Allerdings wäre auch dieses Zusammenwirken insofern abstrakt geblieben, als es sich nur über die alten Häuser hinweg, und damit jenseits der unmittelbaren Lebensbereiche der Stadtbewohner, hätte entfalten können.

Die moralisch-ästhetische Utopie der Taut-Scheerbartschen Glasarchitektur wirkt bei Mies durchaus noch nach, doch ist sie umgeformt in eine technologisch-ästhetische[38]. Trotz ihrer Besonderheit sind die Projekte Mies van der Rohes charakteristisch für die experimentelle Phase, in der sie entstanden: Sie sind utopisch, wenngleich nicht mehr phantastisch in Material und Konstruktion, aber realistisch in der Aufgabe. Von heute aus ist kaum noch zu entscheiden, ob bei diesen Hochhäusern die damals mit dem Glas verbundenen Assoziationen und Bedeutungen dazu benutzt wurden, die Wirkung des Geschäftshauses zu steigern, oder ob die Aufgabe Geschäftshaus nur Anlaß und Alibi war, Glasarchitektur zu bauen. Angesichts der Entstehungszeit scheint die zweite Möglichkeit die wahrscheinlichere zu sein, aber schon 1929 hat Hilberseimer rühmend hervorgehoben, daß sich auf der Glashaut derartiger Bauten »... unabhängig von jeder konstruktiven Teilung, das für die Geschäftszwecke notwendige Reklamebild frei entfalten kann ...[39]«.

31 M. v. d. Rohe
Glashochhaus,
Modell

Aspekte der Stilbildung

I

Wenn die modernen Architekten der Weimarer Republik eins nicht gewollt haben, dann war es ein neuer Stil. Sie sprachen eher von »Sachlichkeit«, von einer »neuen Baugesinnung« oder von der »internationalen Übereinstimmung des neuen Baugedankens[1]«. Der neuen Baukunst, so Hilberseimer in einer Werkbundpublikation von 1927, lagen »nicht Stilprobleme, sondern Bauprobleme« zugrunde: »So wird ... die überraschende Übereinstimmung der äußeren Erscheinungsform dieser Baukunst verständlich. Sie ist keine modische Formenangelegenheit ..., sondern elementarer Ausdruck einer neuen Baugesinnung. Zwar vielfach differenziert durch örtliche und soziale Sonderheiten und durch die Person des Gestalters, im ganzen aber Produkt gleicher Voraussetzungen. Daher die Einheitlichkeit ihrer Erscheinungsformen[2].« Gropius hat für das Bauhaus auch im Rückblick noch Wert darauf gelegt, die »einheitliche Erscheinungsform der Arbeitsergebnisse trotz der Verschiedenheit der zusammenarbeitenden Individualitäten« auf »die objektive Gültigkeit der Bauhauslehre« zurückzuführen, nicht etwa auf einen gemeinsamen Stil[3].
Die Scheu vor dem Wort »Stil« ist zum Teil in einem Mißverständnis begründet, dem zufolge Stil einfach die Summe der Einzelformen einer Zeit ist, die man nach Art der Handbücher und Lexika klassifizieren und dann verwenden oder auch nicht verwenden kann – so wie es in den zwanziger Jahren den Architekten des Historismus vorgeworfen wurde. Wenn Hilberseimer darlegt, daß die neue Baukunst vor allem durch die »Art des Gestaltungsvorgangs« geprägt sei, in dem »das ästhetische Element nicht mehr übergeordnet, Selbstzweck sei, wie bei der den Bauorganismus ignorierenden Fassadenarchitektur«, dann kommt er einer Beschreibung dessen, was ein Stil ist, durchaus nahe. Kennzeichen der neuen Baukunst schien ihm eine Harmonie, die auf dem Gleichgewicht aller Elemente beruhe: »Ihr liegt kein Stilschema zugrunde, sondern sie ist der jeweilige Ausdruck der gegenseitigen Durchdringung aller Elemente unter der Herrschaft eines gestaltenden Willens[4].« Gerade dies aber gehört zu den Kennzeichen eines Stiles, bei dem es sich um Gemeinsamkeiten in der Darstellungs- und Vorstellungsweise handelt, um Kategorien im strengen Sinn, also Bedingungen der Möglichkeit des Vorstellens und Darstellens, von denen die Übereinstimmungen in der Formensprache nur der äußere Ausdruck sind[5]. Für die moderne Architektur hat Walter Curt Behrendt schon 1927 von dem »gewaltigen Schauspiel eines umfassenden Gestaltwandels« gesprochen, »... in dem die *Form unserer Zeit* zur Wirklichkeit geboren wird. Im Ablauf dieses dramatischen Spiels, in dem ... alte ... Überlieferungen zusammenbrechen und neue Konventionen des Denkens und Fühlens entstehen ...« bildeten sich auch neue Formen heraus, »die nach ihren übereinstimmenden Merkmalen als Elemente eines neuen Baustils anzusprechen sind ...[6]«.

Die kunsthistorischen Unterscheidungen von Zeit-, Orts-, Personal- und Gruppenstil[7] umschreiben, wann, wo und für wen die Kategorien eines Stiles jeweils gelten. Müßte man in der Architektur der experimentellen Phase vor allem von Personalstilen sprechen, so wurden seit etwa 1924/25 die Unterschiede geringer. Von einem Lokalstil läßt sich schon wegen der vielen Übereinstimmungen mit ausländischen Architekten nicht sprechen, ebensowenig aber auch von einem Zeitstil, denn die Mehrheit der deutschen Architekten blieb konservativ. Das 1932 »International Style[8]« getaufte Phänomen ist ein Gruppenstil, dessen Normen und Implikationen innerhalb der Gruppe unangefochten galten und als selbstverständlich vorausgesetzt wurden, während sie von außen als willkürliche, wenn nicht gar abstruse Setzungen erschienen[8].

II

Wie eng die Formen dieses Gruppenstils mit ästhetischen, weltanschaulichen und auch gesellschaftlichen Vorstellungen verknüpft waren, sieht man besonders gut in der Zeit seiner Entstehung. Wegen der stark eingeschränkten Bautätigkeit ist der Beginn der Veränderungen am frühesten in der Kritik zu erkennen. Ein radikaler Bruch fand jedoch schon deshalb nicht statt, weil viele Axiome der früheren Phase in Kraft blieben. Vor allem blieb das Vertrauen unerschüttert, daß eine neue Architektur auch eine neue Welt herbeiführen würde. Die Folgerungen waren allerdings verschieden. Immer kleiner wurde die Gruppe derjenigen, die in Kritik und Veränderung der Wirklichkeit den richtigen Weg sahen, immer zahlreicher dagegen wurden die, die für Anpassung oder gar Unterwerfung plädierten. Einer ihrer Sprecher war Mies, der schon Anfang 1924 meinte: »Das ganze Streben unserer Zeit ist auf das Profane gerichtet. Die Bemühungen der Mystiker werden Episode bleiben. Trotz einer Vertiefung unserer Lebensbegriffe werden wir keine Kathedralen bauen. Auch die große Geste der Romantiker bedeutet uns nichts, denn wir spüren dahinter die Leere der Form. Unsere Zeit ist unpathetisch, wir schätzen nicht den großen Schwung, sondern die Vernunft und das Reale[9].«
Bei einigen Kritikern wurde die Wende zur Konversion. Adolf Behne hatte 1918 proklamiert: »Die Vorstellung, daß die Architektur eine sogenannte Nutzkunst sei, ist so fest eingedrungen in die Gehirne der Europäer, daß hier alle Welt konsterniert ist, wenn diese Auffassung bestritten und die Behauptung gewagt wird, daß die Architektur eine freie, aus eigenen und tiefen Quellen schöpfende, die Welt verherrlichende, großartige Kunst ist[10].« Noch 1920 schrieb er: »Wir leisten Zukunftsarbeit, die Gegenwart müssen wir preisgeben[11]«, bereits ein Jahr später aber stand im »Frühlicht« ein Aufsatz, der den Leser gerade vom Gegenteil überzeugen wollte.

Die Ausgangsfrage war einfach: »Was geschieht bei uns und anderwärts in der Architektur? Finden wir in der europäischen Baukunst der Gegenwart neue Ideen ... und welcher Art sind diese etwa[12]?« Poelzigs Salzburger Projekte (Abbildung 3) repräsentierten für Behne: »... die Scheidungslinie zwischen gestern und heute. Naturalismus ist nicht nur dort, wo ein Stück Natur abgemalt wird, sondern überall, wo noch nicht die prinzipielle Spannung des Künstlerischen gegen das Natürliche erkannt wird. Kunst ist das Produkt menschlichen Geistes, steht unter geistiger Verantwortung, ist ein Neues gegenüber dem Naturgewachsenen, gehört zuerst zum Menschen, nicht zu Baum oder Berg oder Wolke oder Stern, und so ist es absurd, ein Kunstwerk derart in die Natur hineinzustellen, als sei es eigentlich nicht ein Menschenwerk, sondern Gottes Schöpfung[13]«. Man spürt, daß er nicht nur Poelzig meint, sondern auch Freunde wie Taut und die eigene Vergangenheit.

Die Utopie reduzierte sich für Behne jetzt auf Entwicklungspsychologie: »Als nach dem Kriegsende die Welle des Utopischen und Romantischen auch die jungen Architekten ergriff, ... war das als Folge der jahrelangen Isolierung, als Reaktion des Gefühls auf die Nutzlosigkeit der geopferten Jahre verständlich. Aber wohl alle Utopisten haben sich inzwischen vom Kult des Phantastischen zum Lebendigen und zur Selbstbesinnung zurückgefunden[14].«

Vertreter des Neuen war für Behne Johan J. Pieter Oud (Abbildung 40), der »das Lebensgefühl unserer Epoche«, zum Ausgang nehme, das bestimmt sei »... durch den Anspruch des Geistes, frei und ebenbürtig zur Natur zu stehen. Eines der Mittel zur Freiheit des Geistes ist die Maschine. Oud flieht nicht aus der Gegenwart, sondern er spürt ihren Sinn und bejaht ihn[15]«. Besonders drei Züge waren Behne an Oud wichtig: 1. die Verwendung von Ergebnissen der modernen Malerei »als Übergang von der naturhaft zufälligen zur geistigen, notwendigen Form«, 2. die Befreiung von traditionellen Formen und vom Ornament, und 3. die positive Stellung zur Technik: »Weit entfernt, sich gegen ihren revolutionierenden Einfluß zu stemmen, erkennt er ihre berechtigte Macht und die neuen Möglichkeiten, die sie für den Architekten bietet[16].« Es folgt die Versicherung, Oud predige keineswegs einen »... platten Rationalismus. Sein Ziel einer auf den Notwendigkeiten des modernen Lebens basierten, sachlichen Baukunst, die ihre Aufgabe, in vollkommener, überpersönlicher Hingabe, frei von allen Stimmungen und Launen erfüllen will – unter Bejahung aller neuen Errungenschaften der Technik als einer Formung geistiger Organismen ... – geht über die Möglichkeiten eines bloßen Rationalismus weit hinaus ..., nicht aber mit einem stolzen Sprung in das unkontrollierbar Phantastische, sondern unter phrasenloser Rechenschaftslegung über alle Beschlüsse[17]«.

Holländische Einflüsse haben auch bei der 1921 beginnenden Krise des Bauhauses eine Rolle gespielt, zu deren wichtigsten Dokumenten das Manifest Oskar Schlemmers zur Bauhausausstellung von 1923 gehört. Zwar scheinen die selbstkritischen Einsichten, die es enthält, kein großes Echo gefunden zu haben, doch kann das ihren objektiven Wert nicht mindern. Gleich zu Beginn hält Schlemmer fest, daß hinter dem Streben nach dem Gesamtkunstwerk noch ein anderes, verleugnetes Motiv wirksam war: »... die Erfüllung ist der Stil, und nie war der Wille zum Stil mächtiger als ... heute[18]«. Das Bauhaus sei »Gradmesser der Erschütterungen des politischen und geistigen Lebens der Zeit, und die Geschichte des Bauhauses wird zur Geschichte gegenwärtiger Kunst«. In Schlemmers rückblickender Beurteilung wurde das Bauhaus, »... gegründet nach der Katastrophe des Krieges, im Chaos der Revolution und zur Zeit der Hochblüte einer gefühlsbeladenen, explosiven Kunst, ... zunächst ... Sammelpunkt derer, die zukunftsgläubig-himmelstürmend die Kathedrale des Sozialismus bauen wollen. Die Triumphe von Industrie und Technik vor dem Krieg und deren Orgie im Zeichen der Vernichtung während dessen rief jene leidenschaftliche Romantik wach, die flammender Protest war gegen Materialismus und Mechanisierung von Kunst und Leben. Die Not der Zeit war auch die Not der Geister. Ein Kult des Unbewußten, Undeutbaren, ein Hang zu Mystik und Sektiererei, entsprang dem Suchen nach den letzten Dingen, die in einer Welt voll Zweifel und Zerrissenheit um ihren Sinn gebracht zu werden drohten«. Die Gebilde aber, »fessellos und unerlöst zugleich«, mußten »... der proklamierten Synthese, außer der Einheit des Bildes selbst, alles schuldig bleiben[19]«.

Befreiung aus dieser Situation versprach ein neuer Glaube: »Amerikanismus auf Europa übertragen, die Neue in die Alte Welt gekeilt, Tod der Vergangenheit, dem Mondschein und der Seele, so schreitet mit Eroberergeste die Gegenwart einher. Vernunft und Wissenschaft ... sind die Regenten, und der Ingenieur ist der gelassene Vollstrecker der unbegrenzten Möglichkeiten[20].« Dieser Situationsbeschreibung folgen Einsichten, die für die Zeit höchst ungewöhnlich sind, zumindest im Lager der Künstler und Architekten: »Konstruktion und Mechanismus sind die Elemente und Macht und Geld die Diktatoren der modernen Phänomene aus Eisen, Beton, Glas, Elektrizität. Geschwindigkeit des Starren, Entmaterialisierung der Materie, Organisation des Unorganischen erzeugen Wunder der Abstraktion. Gegründet auf Naturgesetze sind sie das Werk des Geistes zur Bezwingung der Natur, gegründet auf die Macht des Kapitals ein Werk des Menschen gegen Menschen. Tempo und Hochspannung des Merkantilen machen Zweck und Nutzen zum Maßstab aller Wirkung[21].« In einem dritten Schritt entwarf Schlemmer dann ein wenig präzises Programm der Synthese: »Zusammenfassung, Steigerung und Verdichtung alles Positiven zur starken Mitte«, und vertröstet seine Leser im übrigen auf die Zukunft: »Wir können heute nicht mehr tun, als den Plan des Ganzen zu überdenken, Grund zu legen und die Bausteine zu bereiten. Aber wir sind, wir wollen und wir schaffen[22]!«

Behne konnte 1921 schon eine ganze Reihe von Architekten nennen, deren »... Arbeit von einer starken ethischen Idee getragen wird. Es ist der kollektive überindividuelle Gedanke, der in ihr mächtig ist. Jene Architekten untersuchen, welche Aufgaben zeitgemäß sind und stellen sich entscheidende Themen aus dem Gefühl ihrer sozialen Verantwortung zur Bearbeitung[23]«.

Daß Behne gerade Oud als Vertreter des Neuen herausstellte, war nicht ohne Berechtigung, denn Oud hatte die neuen Ideen als einer der ersten verkündet und in seinen Entwürfen mit der neuen, vom Stijl entwickelten Ästhetik verbunden. Diese Ästhetik, die zugleich auch eine Weltanschauung war, wurde in einer für die Zeit charakteristischen Weise von Gegensatzpaaren bestimmt, die in immer neuen Wendungen die Konsequenzen der neuen Wirtschaftsformen zu formulieren versuchten. Die einzelnen Begriffspaare drücken das freilich nur mittelbar aus, denn explizit ging es um Gegensätze wie den von Geist und Natur, Tragik und Harmonik, Form und Chaos, Kunst und Leben, Kollektiv und Individuum[24]. Die wichtigsten Komponenten dieses Denkens[25] kann man vereinfachend um fünf Hauptthesen gruppieren: 1. Die Erscheinungen der Wirklichkeit verdecken eine prästabilierte Harmonie der Welt, die sich auf Gleichgewichtsbeziehungen gründet, während die Wirklichkeit von Individuen und deren Konflikten bestimmt wird. Daraus entsteht Tragik[26]. 2. Aufgabe der Kunst ist es, diese prästabilierte Harmonie sichtbar zu machen und so zu ihrer Verwirklichung beizutragen[27]. 3. Die Kunst kann dies aber nur, wenn sie nicht mimetisch ist. Sie muß vielmehr – wie Mondrians Malerei – auf elementare Verhältnisse, Farben und Formen gegründet werden[28]. 4. Die Prinzipien dieser Malerei sind auf die Architektur zu übertragen[29]. 5. Die Prinzipien der dann entstehenden Architektur werden mit der Zweckrationalität der Technik und der modernen Produktionsformen konvergieren. Kunst und Architektur werden zu Mittlern zwischen der ursprünglichen Weltharmonie und dem Wesen der modernen Zeit[30].

Tertium comparationis war die elementare Geometrie der rektangulären Formen[31], für die schon im Zusammenhang mit Malevitch festgestellt wurde: »... daß sich zwischen der malerischen Struktur des Funktionsplanes und der Rauminhalte, des Gebäudes und den rhythmisch komplizierten abstrakten Kompositionen aus rechtwinkligen geometrischen Volumina eine ziemlich überraschende Parallele ziehen läßt. Die Gesetzmäßigkeit der suprematischen Übungen Malewitschs, welche auf die Verwendung rechtwinkliger Formen beschränkt geblieben waren, entsprach der Logik der am meisten verbreiteten konstruktiv-technischen Strukturen. Gerade deshalb haben sich Malewitschs Architektona als eine Art formaler Kompositions-›Algebra‹ für die funktionale und konstruktive Architektur erwiesen[32]«.

Die einzelnen Thesen des Stijl werden in Deutschland kaum überall in ihrem vollen Umfang bekannt gewesen sein[33]. Das heißt jedoch nicht, daß sie ohne Wirkung geblieben wären. So wird man den missionarischen Eifer und den welterlösenden Anspruch, mit dem der neue Stil oft propagiert wurde, nur dann verstehen, wenn man ihre Herkunft berücksichtigt. Für die Verbreitung der Stijl-Ideen in Deutschland war das Bauhaus die wichtigste Zwischenstation[34]. Als Theo van Doesburg sie in Weimar vortrug, befand sich das Bauhaus in einer Krise. Die neuen Ideen waren einerseits von der ersten Bauhauskonzeption verschieden genug, um als Alternative zu erscheinen, sie waren andererseits aber auch ähnlich genug, um ohne offenen Bruch den Übergang von der utopischen Mystik der Frühzeit zu der neuen Mystik der Maschine zu ermöglichen[35]. Noch nach Jahren spürt man den Einfluß des Stijl, wenn Gropius schreibt, »... daß ... die Revolution des künstlerischen Geistes elementare Erkenntnisse für die neue Gestaltung brachte, wie die technische Umwälzung neue Werkzeuge für ihre Erfüllung. Alle Anstrengungen galt der Durchdringung beider Geistgruppen, der Befreiung des schöpferischen Menschen aus seiner Weltabgeschiedenheit durch seine Verbindung mit der realen Werkwelt und gleichzeitig der Auflockerung und Erweiterung des starren, fast nur materiell gerichteten Geistes in der Wirtschaft. Dieser Gedanke der Einheit aller gestalterischen Arbeit in der Beziehung zum Leben selbst, im Gegensatz zum l'art pour l'art ebenso wie zu dem noch gefährlicheren Gedanken einer ›Wirtschaft als Selbstzweck‹ beherrschte die Arbeit des Bauhauses[36]«.

Die Ausstrahlungskraft der Stijlästhetik beruhte vermutlich darauf, daß sie – ähnlich wie wenig später die Corbusiers – isoliert entwickelte Vorstellungen zu verknüpfen erlaubte, die damals die Avantgarde beschäftigten. Besonders wichtig war die behauptete Konvergenz der neuen Formenwelt mit Grundprinzipien der Welt der modernen Technik[37]. Auch Behne hat diesen Gedanken in seinem Aufsatz von 1921 aufgegriffen und ihn so gewendet, daß sich aus ihm die eigentliche Legitimation des neuen Bauens ergeben konnte: »Die Rationalisierung und Sozialisierung der Bauwirtschaft führt notwendig auch zu künstlerischen Konsequenzen ... da eben der Gedanke der Rationalisierung der neue bestimmende Charakter ist, gleichviel ob man vom Ökonomischen, Ethischen oder Ästhetischen ausgeht. Das Baugewerbe muß, um rationeller zu werden, über die im Grunde immer noch herrschende Handwerks-Verfassung hinausgeführt werden. Normalisation und Typisierung möglichst zahlreicher Bauteile verlangt heute schon die Not! Viele sträuben sich gegen solche Typisierung aus ›künstlerischen Gründen‹, aber sie sind im Irrtum. Denn auch vom Künstlerischen aus ist die Typisierung ein Fortschritt, da die maschinell gewonnene Form in ihrer Exaktheit, Reinheit, Strenge und Sachlichkeit uns ästhetisch besser zugehört als die individuell handwerkliche Form ...[38].«

Behne konnte nicht wissen, daß der Soziologe der von ihm zitierten Zweckrationalität solche Vergleiche sehr skeptisch beurteilte. Bei der Definition dessen, was Wirtschaft sei, kommt M. Weber auch auf den Unterschied zur Kunst zu sprechen. Sein Ergebnis: »... die Durchführung des künstlerischen Prinzips der ›Ökonomie der Mittel‹ hat mit Wirtschaften nichts zu tun und ist, an Rentabilitätsmaßstäben gemessen, ein oft höchst unökonomisches Produkt immer erneuter und vereinfachender Umschaffensarbeit[39]«.

Im Denken der deutschen Architekten war Behnes Analogieschluß jedoch keine Ausnahme. Schon 1911 hatte H. Muthesius der Hauptversammlung des Werkbundes vorgetragen: »In der modernen sozialen und wirtschaftlichen Organisation ist eine scharfe Tendenz der Unterordnung unter leitende Gesichtspunkte, der straffen Einordnung jedes Einzelelementes, der Zurückstellung des Nebensächlichen gegen das Hauptsächliche vorhanden. Diese soziale und wirtschaftliche Organisationstendenz hat aber eine geistige Verwandtschaft mit der formalen Organisationstendenz unserer künstlerischen Bewegung[40].« Behne hat später statt der disziplinierenden die kathartische Wirkung dieses Prozesses herausgestellt: »Ein Prozeß der Säuberung geht dem Prozeß der Sammlung notwendig parallel, so wie auch in der modernen Wirtschaft Konzentration von Arbeitsteilung unzertrennlich ist[41].« Daß diese Entscheidung nicht in der Hand der Architekten lag, und daß sie auch längst gefallen war, kommt nur in Nebensätzen zum Vorschein, so in der Bemerkung, die Mächte der Rationalisierung seien so »überaus stark, daß sich ihnen auch die Kunst nicht entziehen kann[42]«.

III

Wie jeder andere Stil ist auch der des Neuen Bauens am leichtesten durch das zu charakterisieren, was ihm fehlt: Es gibt keine Säulen, keine spitzen Dächer, keine selbständigen und als solche erkennbaren Ornamente. Außerdem fehlen Sockel und geböschte Ecken, betonte Übergänge und Abschlüsse. Es fehlen alle diejenigen Formen, die die Vorstellung vom Bau als einem auf der Erde aufruhenden, in sich festen und starken Körper begründen. Die Tektonik, kurz vor dem Ersten Weltkrieg das beherrschende Formprinzip, ist preisgegeben[42].
Man kann sich die Veränderungen auch an den Urteilen der zwanziger Jahre über Peter Behrens' Turbinenhalle (Abbildung 32) klarmachen. Hatten die Kritiker der Vorkriegszeit die »herrscherliche Gebärde«, die »Machtempfindung«[43] der Bauherren und auch die Konstruktionsgerechtigkeit gerühmt, so wurde nun gerade der Teil des Baus getadelt, in dem diese Züge sich am deutlichsten ausdrückten: die Fassade und besonders deren Ecke. Mendelsohn polemisierte: »Er (Behrens) verklebte den Spannungsausdruck der Halle mit der Steifheit des mehrfach gebrochenen Tempel-Tympanons, schmälerte die gegossene Fülle der Betoneckpfeiler durch horizontale Steinfugenschnitte und verzerrt ihren statischen Gehalt durch widersprechende Begrenzungen[44].« In Wirklichkeit ist jedoch gerade der Umriß des Tympanums, der die Binderkonstruktion des Inneren spiegelt, nicht willkürlich, und die Metallrahmung außen erinnert auch ausdrücklich an diesen Sachverhalt. Noch schärfer als Mendelsohn urteilte Hilberseimer: »Peter Behrens, irregeleitet von dem imperialistischen Machtbewußtsein der Vorkriegszeit und gehemmt durch klassizistische Einflüsse, glaubte seiner Turbinenhalle der AEG ..., einem sonst kraftvollen Bauwerk, eine Fassade anfügen zu müssen.« – »Aber diese mit hieratischer Schwere wirkenden gequaderten Eckpfeiler sind gar keine Pfeiler. Sie werden, wie aus dem Grundriß hervorgeht, aus einer dünnen Eisenbetonschale gebildet, sind ein Versuch, die neuen technischen Möglichkeiten als ein Mittel zu benutzen, um archaisierende Wirkung zu erzielen, eine typische Fassadenangelegenheit, ein Symbolisierenwollen ungeklärter Empfindungen, nicht vorhandener Kräfte, ein Überordnenwollen des Repräsentativen über das organisch Charakteristische[45].« Das sind gewichtige Vorwürfe, nur treffen sie keineswegs alle zu. So versinnbildlicht die Verjüngung der Ecke recht deutlich die Statik der Binderkonstruktion, die Oberfläche läßt keinen Zweifel am Schalencharakter des Betons, und die vielzitierten Fugen sind mit Metallbändern ausgelegt, so daß selbst sie an den technischen Charakter dieses Baus erinnern. Das Sehen und Urteilen hatte sich aber in fünfzehn Jahren so verändert, daß solche Züge selbst von Fachleuten übersehen wurden. Vergleicht man die kaum weniger programmatische Eckbildung am Werkstättentrakt des Bauhauses (Abbildung 33), dann ist offenkundig, daß nicht mehr der fest gegründete Bau das Ideal war, sondern das leichte, gewichtlose Gehäuse. Die Fenster sind meist so weit nach vorn genommen, daß Laibungen nicht entstehen und die Wände noch dünner wirken, als sie ohnehin schon sind. Die vielen Fenster an den Ecken und um Ecken herum, gehören, zusammen mit den dünnen Stützen und dem flachen Dach, zu den Leitmotiven des Stils, die vor allem von den Mitläufern nicht weniger häufig und nicht weniger ornamental verwendet wurden als historisierende Formen von ihren wilhelminischen Vorgängern.

32 P. Behrens, *AEG Turbinenhalle,* Berlin

33 W. Gropius, *Bauhaus,* Werkstättentrakt

Verworfen wurden in der Regel auch die »natürlichen« Materialien Holz, Klinker und Haustein. An ihre Stelle traten industriell hergestellte wie Stahl, Glas und Beton. Wo immer es möglich war, erschien Metall, besonders an solchen Stellen, die vorher oft in die Repräsentation einbezogen waren wie Zäunen, Türen oder Balkons. Wo sie faktisch vorhanden waren, wurden natürliche Materialien gelegentlich unter weißem oder stark buntem Putz verborgen, damit die Wirkung von Technizität auch dort entstand, wo sie den konstruktiven Sachverhalten gar nicht entsprach. Die formale Wirkung war wichtiger als die immer wieder beschworene Materialgerechtigkeit.

Die vielleicht beste Charakteristik des Stils findet sich in Passagen, die man schon 1933 in Richard Hamanns »Geschichte der Kunst« lesen konnte: »Die neueste ›sachliche‹ Architektur befreit radikaler als alle Architektur bisher von jedem Ausdruck des Menschlichen und Repräsentativen, indem mit Hilfe ganz neuer statischer Möglichkeiten, die Eisen und Beton als Baumaterial gewähren, die funktionellen Kräfte und körperlichen Analogien von Tragen und Lasten nun nicht mehr nach außen in Erscheinung zu treten brauchen, sondern alle außen zutage tretenden Flächen nichts mehr sein wollen als Raumabschluß, Raumbedekkung, Raumgestaltung. – Raum verstanden als brauchbare Verweil- und Bewegungssphäre des Menschen. Man verzichtet auf eine Fassade, das heißt einen symmetrischen, frontalen, vom Giebel- oder Pyramidendach gekrönten Körper, der sich nach außen zeigt wie ein repräsentierender Mensch, verzichtet möglichst auf alle turm- und gliedartigen Vertikalen, die Haltung und Würde und damit Stolz symbolisieren, verzichtet auf die Wärme und Gemütlichkeit eines Daches, das an die Form einer Kopfbedeckung erinnert. Der Verzicht auf eine Fassade und Symmetrie erlaubt wiederum, den praktischen Bedürfnissen entsprechend, die Baukuben in verschiedener Größe, vor- und rückspringend, aufsteigend und absinkend, zu gruppieren. Indem man zwischen festen Mauerstreifen Fensterstreifen durchführt, die unverbunden durch Horizontalglieder jedem Ausdruck von Tragen und Lasten, ja überhaupt nur von Schweregefühl, wie der Mensch es von der Haltung seines Körpers her kennt, verleugnen, wird der Betrachter gezwungen, auch diese Gebäudeteile rein als Fläche, als praktische Raumabschlüsse oder Lichtöffnungen zu sehen. Der Bau verliert sein Oben und Unten, wird wie eine Kiste umkehrbar, hört auf, wie ein Mensch auf dem Boden zu stehen oder zu liegen, wird zur Sache[46].«

Zu dem neuen Stil gehörte auch eine neue, wenngleich mehr bildlich als begrifflich formulierte Vorstellung vom Wesen des Menschen. Beim Wohnhaus zum Beispiel prägt sie sich weniger in den meist gar nicht sehr revolutionären Grundrissen aus als in den Formen. Diese Formen freilich werden in ihrer Bedeutung durch die Bauaufgaben präzisiert, an denen sie erscheinen – und umgekehrt. So ändert sich der Charakter eines Hauses grundlegend, wenn es – bei gleichbleibendem Grundriß – statt in traditionellen in modernen Formen gebaut wird. Erst dann (aber auch *schon* dann) »werden Haus und Wohnung des modernen Menschen genauso gut Ausdruck unseres Lebensgefühls und Erfüllung von Lebensbedürfnissen und Lebensvorgängen sein wie das gute Haus alter Zeiten[47]«. Das neue Haus ist »klar, sachlich, bequem, wesentlich, sparsam, beglückend, strahlend, hell, entlastend[48]«. Reinheit, Technizität, Klarheit, Offenheit, Sachlichkeit, Modernität und Weltoffenheit – alles Merkmale des neuen Stils – sind auch soziale Kategorien. Wer sich ein solches Haus baut, der wendet sich zugleich von den bisherigen lokalen und historischen Vorbildern ab und sucht Anschluß an eine nicht von Natur und Tradition, sondern von Technik und Zweckrationalität geprägte, internationale Welt.

Aus dieser Welt stammen die Formen seines Hauses, und auf sie wirken sie wieder zurück. Hamann hebt hervor, daß die Stockwerke ganz rein und unverhüllt in Erscheinung treten: »Zugleich wird es möglich, mit Fensterbändern jeder Größe zu arbeiten und den Bau zu durchleuchten, wie es der praktische Zweck einer industriellen Tätigkeit und das Zusammenarbeiten vieler Menschen in einem Raum erfordert.« Sachlichkeit also und kühles Ausnutzen der neuen Möglichkeiten. Schon im nächsten Satz aber zeigt sich der utopische Kern dieser Sachlichkeit, die, kaum anders als die Propheten Scheerbarts, mit ihrer Architektur die Gesellschaft zu verändern glaubt: »Ein neuer Begriff von Öffentlichkeit bildet sich, nicht mehr der der geöffneten gastlichen Portale, die, den Bau allseitig öffnend, über die Zugänglichkeit der Räume hinwegtäuschen, sondern der Allsichtbarkeit des öffentlichen Getriebes, das auch Gegenstand öffentlichen Interesses sein muß . . . die gemeinsame Arbeit vieler Menschen findet in den nur durch Glasscheiben, Windschutz, Geräuschfänger unterteilten Einheitsräumen ihren Ausdruck[49].«

G. F. Hartlaub hat in einem Aufsatz über das »Ethos der neuen Baukunst«, auch von deren »sittlicher Idee« gehandelt: »Fragt man die Architekten . . ., für welche ›Idee‹ sie am Ende gestalten, aus welchem Glauben sie schaffen, so wird man . . . eine Antwort bekommen, die von einer gewissen Übereinstimmung der Meinungen zeugt . . . Der Baumeister heute fühlt sich verantwortlich für den *Menschen,* und zwar für den freien, lebendigen Menschen schlechthin, dessen Dasein nicht mehr unter den ungeheuren Lebenshemmungen des Dogmatisch-Metaphysischen und des Dynastischen steht. Diesem Menschen würdigen Raum für Wohnung, Arbeit und Feier zu schaffen, seinen Bedürfnissen zu dienen, nicht der Verkörperung der Schicksalslast irgendwelcher übergeordneter Gewalten: das ist das hohe Ziel einer Baugestaltung, ja einer Kunstsprache überhaupt, die nicht einschüchtern, sondern einladen will[50].«

IV

Stile sind komplizierte Wirkungszusammenhänge, deren Faktoren ebensowenig dauernd konstant bleiben wie die Wechselbeziehungen dieser Faktoren. Schon die Unterschiede von Künstler zu Künstler, aber auch von Werk zu Werk, lehren, daß die Kategorien eines Stils keine starren Determinanten sind, die unmittelbar jedes einzelne Gebilde bestimmen, und daß auch keineswegs alle Faktoren, die einen Stil ausmachen, auch bei jedem einzelnen der ihm zugehörigen Werke eine Rolle spielen müssen[51]. Für das Problem der Stilgenese folgt daraus, daß es anders behandelt werden muß als das der Entstehung eines einzelnen, eindeutig gegebenen und definierten Werkes. Nur für dieses wird sich präzisieren lassen, wie groß und von welcher Art die Einwirkung der einzelnen Faktoren gewesen ist, während man bei der Analyse eines Gruppenstils kaum mehr erreichen können wird als die allgemeine Angabe, welche Faktoren überhaupt eine Rolle gespielt haben.

Für den Stil des Neuen Bauens ergibt sich schon aus den zitierten Äußerungen von Behne und Schlemmer, wie wichtig eine zunächst nur negativ wirksame Entwicklung gewesen ist: die Abkehr vom Utopismus und vom Expressionismus, die zwar bestimmte, was man nicht mehr wollte, aber keineswegs schon festlegte, was an die Stelle des Verworfenen treten sollte. Erst das entstehende Vakuum führte zur Umschau nach Alternativen und zu einer Aufnahmebereitschaft für vorher nicht oder nur wenig beachtete Phänomene. Von der Bedeutung des Stijl war bereits die Rede, doch wurden daneben auch andere Avantgardisten wichtig, vor allem die Konstruktivisten und der junge Corbusier, die alle schon vor 1923 in Deutschland bekannt waren[52]. Eine detaillierte Rezeptionsgeschichte, die hier nicht möglich ist, würde aller Wahrscheinlichkeit nach ergeben, daß die Bedeutung dieser Anregungen und Einflüsse nicht allein in den Einzelformen bestanden hat, sondern auch in den allgemeinen ästhetischen und weltanschaulichen Zielen, die als Bestätigung, Bestärkung oder auch Vorwegnahme der eigenen Bemühungen verstanden wurden. Fast allen Architekten, die bei der Stilbildung des Neuen Bauens eine Rolle gespielt haben, ist ja gemeinsam, daß sie in enger Verbindung mit der abstrakten Malerei standen und sich auch theoretisch um neue Möglichkeiten bemühten[53].

Gleichzeitig mit der Rezeption der ausländischen Avantgarde begann sich ein neuer historischer Kanon herauszubilden, der das Neue Bauen auch geschichtlich zu legitimieren schien. Anonyme Zweckbauten wie die von Gropius schon 1912 gepriesenen amerikanischen Silos kamen ebenso zu Ehren wie die Chicagoer Hochhäuser, die Eisenkonstruktionen des 19. Jahrhunderts und eine neue Auswahl von Vorkriegsbauten, in der nicht mehr Behrens oder Hoffmann dominierten, sondern Loos, Wagner und Sant' Elia, das Faguswerk und die Jahrhunderthalle in Breslau[54].

Die Vermittlung der zunächst ja keineswegs miteinander in Verbindung stehenden Faktoren des neuen Stils und das Herausarbeiten der Gemeinsamkeiten und Anknüpfungspunkte geschah durch die Publizistik[55]. Da sich die Architekten fast alle aktiv beteiligten und diese Tätigkeit ein wesentlicher, mit ihrem Bauen aufs engste verschränkter Teil ihrer Arbeit gewesen ist, ist der Zusammenhang offenkundig. Allerdings kann die Publizistik ebensowenig zur alleinigen Ursache des neuen Stils erklärt werden wie etwa die Malerei oder der Ingenieurbau, denn Publizistik kann ihren Gegenstand ja nicht frei erschaffen. Ihre Einwirkung ist weniger eine ursächliche als die eines Katalysators, durch den Vorhandenes in neue Zusammenhänge gebracht wird und neue Verbindungen eingehen kann.

Eine ähnliche Funktion hatten auch Ausstellungen, wie die des Bauhauses von 1923, wo eine begleitende Fotoschau die »Internationale Architektur« für einen größeren Kreis zum ersten Male sichtbar gemacht und damit die »Übereinstimmung des neuen Baugedankens« zugleich dokumentiert und gefördert hat. Oud und Corbusier waren zu sehen, daneben konstruktivistische Projekte und eindrucksvolle Fotos von Silos und anonymen Industriebauten aus der neu zusammengestellten Ahnengalerie der neuen Architektur. Daß die Resultate der ersten Jahre das Ziel der Bauhausarbeit noch lange nicht erreichten, haben auch wohlgesonnene Kritiker moniert. Für sie aber konnte diese Einschränkung »... nichts daran ... ändern, daß hier zur Neugestaltung unseres künftigen kulturellen Daseins ein energischer Versuch gemacht ist. ... Ein Gemeinsames verbindet die Bauten der jungen Deutschen, Holländer, Tschechen, Dänen, Russen und Franzosen: Die Tendenz zu einer letzten Geschlossenheit, Sachlichkeit und Klarheit, die dem Geist unseres Zeitalters ungleich näher ist als alle ›utopische‹ und ›expressionistische‹ Architektur[56]«.

Nimmt man die Jahreswende 1923/24 als Stichtag, dann gab es auch damals schon wichtige deutsche Beiträge zu dem sich bildenden neuen Stil: von Gropius unter anderem die Exponate der Weimarer Ausstellung, den Entwurf für das Haus Kallenbach und seine Einsendung zu der Chicago Tribune-Konkurrenz, für die auch Max Taut, Hilberseimer und Hannes Meyer Entwürfe vorbereitet hatten; von Mies van der Rohe gab es die oben beschriebenen Idealprojekte und von Mendelsohn unter anderem die Hutfabrik in Luckenwalde, die Villa Sternfeld und das Doppelhaus am Karolingerplatz. Die Phase der Stilbildung ging ihrem Ende entgegen, und schon 1925/26 entstand mit den Dessauer Bauhausbauten eines der Hauptwerke des neuen Stils.

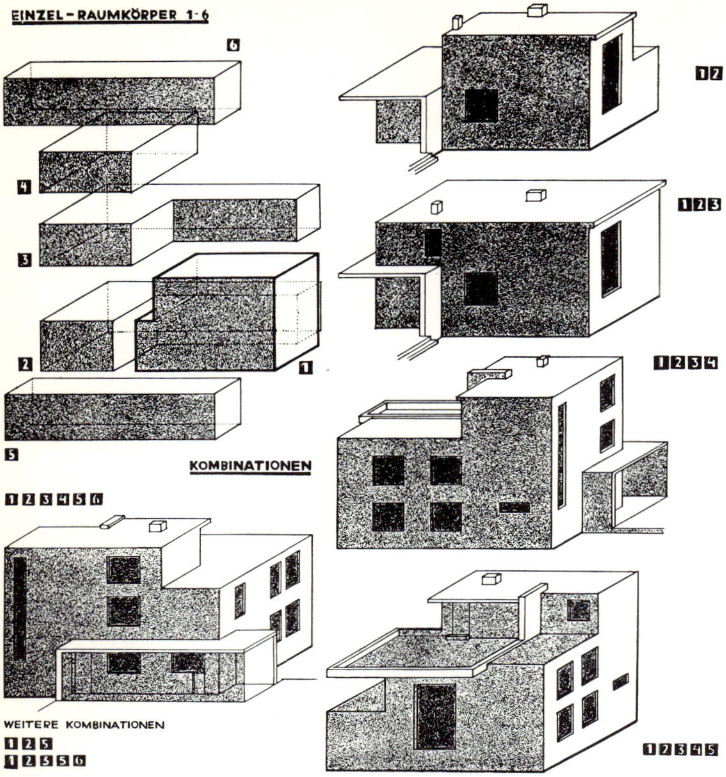

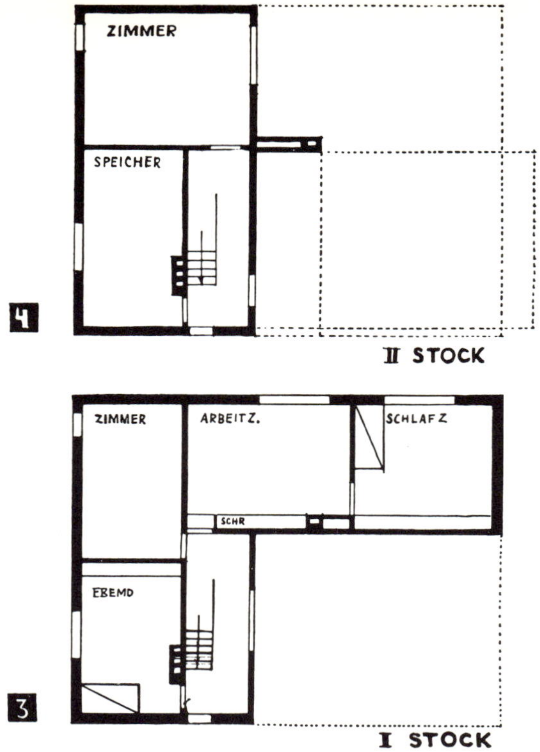

34 W. Gropius, *„Baukasten im Großen"*

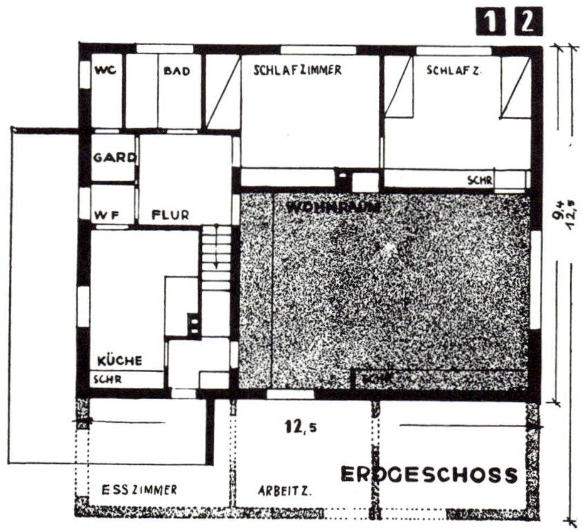

35 W. Gropius, *Grundrisse von Serienhäusern*

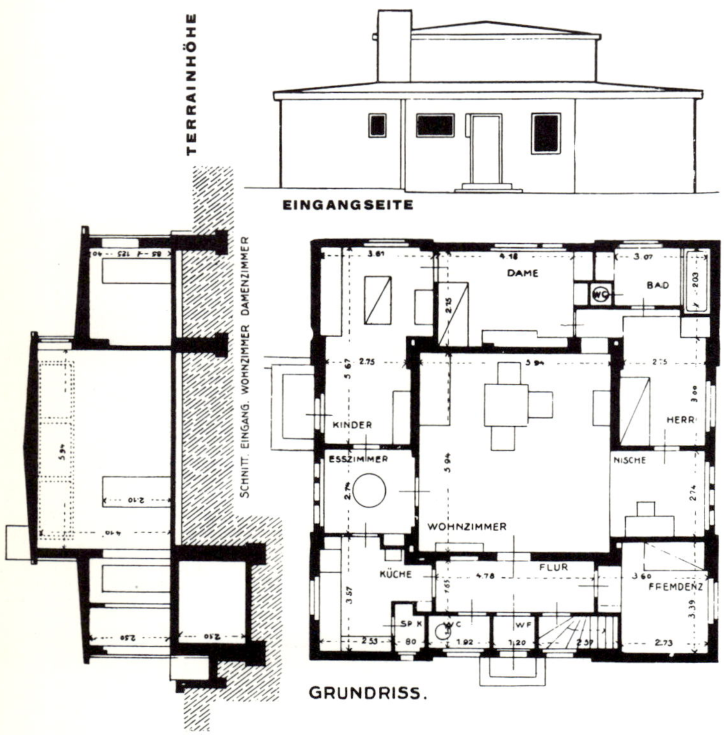

37 G. Muche, *Versuchshaus,* zerstört

Walter Gropius 1920–1925

I

Das Verhältnis der einzelnen Architekten zum Stil ihrer Gruppe, ihres Landes oder ihrer Zeit ist auch in der modernen Architektur nicht konstant gewesen. Frank Lloyd Wright und Walter Gropius verkörperten im Alter die beiden Extreme, die bei bedeutenden Architekten möglich waren. Während Wright in seinen letzten Jahren geradezu unter einem Zwang zu stehen schien, immer neu die Unerschöpflichkeit einer nonkonformistischen Erfindungskraft zu beweisen, hat Gropius sich in das Teamwork einer Gruppe zurückgezogen, in der sich seine Individualität verlor[1]. Auch 1920, 1930 oder 1950 waren die Bauten von Corbusier oder Wright in erster Linie Werke ihrer Architekten, die von Gropius dagegen Bauten ihrer Zeit und einer bestimmten Entwicklungsstufe.

Gropius' wichtigster Einzelbeitrag war unbestreitbar das Bauhaus, und zwar die Institution nicht weniger als die Bauten, die er in Dessau für sie errichtete. Ausführlich auf das Bauhaus einzugehen, hieße den Rahmen dieses Buches sprengen, ist aber auch nicht erforderlich, denn die architektonische Arbeit des Bauhauses erreichte nicht einmal den Umfang eines kleinen Architektenœuvres und außerdem fehlte ihr gerade das Revolutionäre, das ihr oft unterstellt wurde[2]. Die Bedeutung des Bauhauses lag nicht so sehr in der Erfindung und Entwicklung des Neuen, sondern in der Verbindung und Ausweitung des Vorhandenen, und diese Verbindung war es, die die große Wirkung begründete, die in den zwanziger Jahren vom Bauhaus ausgegangen ist. Dort wurden die isolierten Ansätze der Avantgarde zu einem neuen Zusammenhang verknüpft, in dem Formvorstellungen des Kubismus, des Stijl und der Konstruktivisten ebenso ein Echo fanden wie die utopischen Ziele des Arbeitsrates und die Arbeit des Deutschen Werkbundes vor 1914. Was ursprünglich das exponierte Programm von Einzelnen oder kleinen Gruppen war, trat am Bauhaus in einen größeren Zusammenhang, das dadurch »... die Sammelstätte und auch wieder der Ausgangspunkt geworden« ist »für das, was man gemeinhin ›neue Baugesinnung‹ nennen kann[3]«. Spiritus rector dieses Prozesses war ohne Zweifel Walter Gropius, doch konnte auch er seine Aufgabe nur in Zusammenarbeit mit den anderen Bauhausmeistern erfüllen. Eine erste Bilanz der Bauhausarbeit zog die durch äußeren Druck erzwungene Ausstellung von 1923. Sie war die erste in einer Kette von Veranstaltungen, durch die das Bauhaus für die Beteiligten und vor allem für die Öffentlichkeit zum institutionellen Symbol moderner Architektur wurde.

Für den architektonisch interessierten Besucher mußten in Weimar neben der Fotoausstellung vor allem das neue Direktorenzimmer (Abbildung 36); der sogenannte »Baukasten« (Abbildung 34, 35) und das Musterhaus (Abbildung 37) von Interesse sein.

Das Direktorenzimmer war eine Umsetzung Stijlscher Bildräume in die dritte Dimension, ein Gesamtkunstwerk nicht nur aus Architektur, Malerei und Skulptur, sondern auch aus Kunsthandwerk und Gerät. Nicht nebeneinander waren diese Elemente gezeigt, sondern in wechselseitiger Durchdringung der Sphären: Geräte wie der Sessel wurden zu Bildwerken, abstrakte Bildwerke, wie die an der Decke zu Geräten.

In anderer Weise synthetisch war der »Baukasten im Großen« (Abbildung 34), mit dem Gropius vorführen wollte, wie sich eine möglichst große Typisierung der Einzelelemente mit einer möglichst großen Variabilität des Ganzen verbinden ließ. Indirekt demonstrierte der Baukasten aber auch den engen Zusammen-

36 W. Gropius, *Direktorzimmer*, früher Bauhaus Weimar

hang zwischen der kubischen Architekturästhetik und der modernen Präfabrikation. Schon die Illustrationen lehren, wie groß die Bedeutung formaler Gesichtspunkte gewesen ist. Noch an den Grundrissen (Abbildung 35) ist zu erkennen, daß es nicht Funktionseinheiten waren, die zueinandergefügt wurden, sondern Kuben, und den vorgezogenen, teilweise auch um die Ecken herumgeführten Platten ist die Herkunft von der Kunst des Stijl noch deutlich anzusehen.

Aufschlußreich ist in diesem Zusammenhang ein Aufsatz vom Juni 1924, zu dem Gropius durch Angriffe Paul Westheims provoziert worden war[4]. Das Leitthema mußte jedem Leser des »Stijl« vertraut sein, ging es doch darum, der »wieder aufdämmernden Erkenntnis des Zusammenhanges aller Dinge und Erscheinungen« gerecht zu werden, was nur möglich war, wenn man »auf den tiefsten Urgrund des Dinges und des menschlichen Geistes, der es ordnet...« zurückging. Die ersten »Zeichen einer neuen Gestaltungseinheit, aus dem Kern der Dinge entstehend, werden erkennbar[5]«. Kunst und Technik bilden eine Einheit, und das Handwerk »wird in dieser Werkeinheit das Versuchsfeld für die industrielle Produktion«. Handwerkliche Vorbildung bleibt deshalb für den Schaffenden unentbehrlich, denn sie »stärkt nicht nur seine unmittelbare räumliche Vorstellungskraft, sondern stellt auch eine unbewußte Beziehung seines Wesens mit den Stoffen und Gesetzen der Natur her, sie verwurzelt sein ganzes Schaffen im Elementaren; die Technik wird ihm nun ihrem Wesen nach vertraut...[6]«. Zugleich wird eine »Grammatik des Gestaltens« gefordert, mit »Regeln des Rhythmus, der Proportion, des Hell, des Dunkels, des Gleichgewichts, des vollen und leeren Raumes«. Eine solche Theorie »ist das wichtigste objektive Mittel zur kollektiven Gestaltungsarbeit...«.

Kaum das gelungenste, für die Bauhäusler aber sicherlich das wichtigste Exponat war das Musterhaus[7] (Abbildung 37). Entworfen hatte es Georg Muche, der sich eines höchst traditionellen Baugedankens bediente, als er einem lagernden Quader von quadratischem Grundriß einen zentralen Würfel einfügte. Das Musterhaus, das für eine Siedlung gedacht war, reiht sich damit typologisch in eine lange Reihe von Villen ein. Um den Zentralraum des Mittelblocks sind Nutzräume angelegt, auf die sich alle wichtigen Funktionen verteilen. Für den Mittelraum, der schon im Grundriß so groß ist wie alle übrigen Räume zusammen, bleibt außer einem abstrakten »Wohnen« kaum eine Aufgabe. Bezeichnenderweise blieb er trotz der bedrängenden Enge in den Nebenräumen fast leer, das Nachwirken des Tautschen Ideals eines von Zwecken möglichst entlasteten ist »höchsten Raumes« unverkennbar.

Im Außenbau war vor allem das Zusammenspiel der Kuben mit den zwar regelmäßigen, aber demonstrativ asymmetrisch disponierten Rechtecken der Fenster und der Türen wirksam. Gemessen an Mies oder Corbusier war das Ergebnis ungeschickt, aber den Erbauern selbst lag auch weniger das Gebäude am Herzen als dessen Ausstattung. An dieser wiederum war ihnen weniger das einzelne Stück wichtig, das in der Regel mehr von angestrengter Bemühung zeugte als von Gelingen, als vielmehr der Versuch, ein ganzes Haus, einschließlich der Heizkörper, des Spülbeckens und der Lichtschalter einheitlich zu gestalten. Anders als in der Generation Hortas oder van de Veldes sollte aber nicht ein individuelles Kunstwerk entstehen, sondern das Muster eines serienmäßig herstellbaren Industrieproduktes, das bis ins Detail aus Fertigwaren bestand. Es ist bezeichnend für die historische Situation, in der das Musterhaus entstand, daß solche Produkte noch kaum verfügbar waren und die standardisierten Fertigwaren von den Künstlern des Bauhauses erst in mühsamer Arbeit entworfen werden mußten.

II

Gropius war bereits im Arbeitsrat für Kunst einer der führenden Köpfe gewesen und hatte 1919 sogar Taut in der Leitung abgelöst[8]. Die engen Verbindungen zwischen dem Arbeitsrat und dem frühen Bauhaus sind oft behandelt worden, und dabei ist auch auf die Entwicklung von Gropius neues Licht gefallen[9]. Beharrung und Wandel scheinen sich in seinem Denken in einer sehr merkwürdigen Weise verschränkt zu haben. Seine Formulierungen können sich bis zur Selbstverleugnung der Zeitstimmung und der Gelegenheit anpassen. Zugleich aber wiederholen sich seit 1910 bestimmte Gedankengänge, die zwar in immer neue Konstellationen gerückt, in sich selbst aber kaum noch modifiziert werden. Diese Eigenart hat sich bis in die schriftstellerische Technik ausgewirkt, für die die wechselnde Kombination vorformulierter Passagen charakteristisch ist[10].

Bei der Lektüre der schon aus diesem Grunde wenig übersichtlichen Schriften von Gropius prägen sich die in häufig wiederkehrende Formulierungen gefaßten Leitthemen stärker ein als die jeweilige Konstellation. Zwar können auch die Grundgedanken in wechselnden Zusammenhängen Modifikationen durchmachen, fundamental verändert werden sie jedoch nicht. Solche Leitmotive sind das sozialreformerische Engagement, die Vorstellung vom Wesen »des Menschen« und die positive Bewertung der Technik. Neben den inhaltlichen Konstanten des Gropiusschen Denkens gibt es auch strukturelle. Zu ihnen rechnet zum Beispiel die imperativische Verbindung eigentlich konkurrierender, oft sogar kontradiktorischer Gedanken, die mehr durch das Pathos der Formulierung zusammengehalten werden als durch die Kraft des Arguments. Man kann sich diese Eigenart selbst an einem so grundlegenden Text wie den »Grundzügen der Bauhausproduktion« von 1926 noch klarmachen, in dem die Lösung des Konfliktes von Typisierung und Individualisierung, über dem sich 1914 schon der Werkbund zerstritten hatte[11], eher beschworen als begründet wird: »Die Lebensbedürfnisse der Mehrzahl der Menschen sind in der Hauptsache gleichartig... Die Typen schaffende Maschine ist ein wirksames Mittel, das Individuum durch mechanische Hilfskräfte... von eigener materieller Arbeit zur Befriedigung der Lebensbedürfnisse zu befreien und ihm vervielfältigte Erzeugnisse billiger und besser als von Hand gefertigt zu verschaffen. Eine Vergewaltigung des Individuums durch die Typisierung ist nicht zu befürchten...[12].« Auch solche Beschwörungen aber konnten die genannten Probleme nur verdecken, nicht lösen. Und selbst das später eingeführte Argument, man sei ja erst auf dem Wege, verliert an Kraft, wenn es an die Stelle der Begründung das Postulat setzt: »Daß wir noch nicht Meister dieser neuen Mittel sind, und das Individuum infolgedessen unter ihnen leiden muß, ist kein stichhaltiger Einwand gegen ihre Notwendigkeit. Aber je mehr wir aus Gründen der Vernunft dazu getrieben werden, unsere Arbeit zu mechanisieren, um so notwendiger muß das Schöpferische in jedem Individuum gepflegt und entwickelt werden, denn alle Mechanisierung kann in ihrer

letzten Auswirkung nur den einen Sinn haben, das menschliche Individuum von materieller Arbeit zur Befriedigung seiner Lebensbedürfnisse zu entlasten, damit Geist und Hand für die höhere Leistung frei werden[13].«
Das Festhalten an im Grunde kontradiktorischen Thesen war vermutlich eine der wichtigsten Voraussetzungen für die integrierende Wirkung, die in den zwanziger Jahren von Gropius ausging. Selbst wer mit dem Apologeten der »neuen Maschinenkultur« nicht einig war, konnte sich dem Anwalt des Künstlertums verbunden fühlen, der geschrieben hatte, daß viel wesentlicher als die »... funktionsbetonte Ökonomie ... die geistige Leistung einer neuen räumlichen Vision im baulichen Schaffensprozeß« sei, und der außerdem erklärte: »Während also die Praxis des Bauens Problem der Konstruktion und des Materials ist, beruht das Wesen der Architektur auf der Beherrschung der Raumproblematik[14].«

III

Gropius war schon früh für ein neues Berufsbild eingetreten, das den Architekten nicht mehr primär als Künstler verstand, sondern seine Aufgabe darin sah, »... die mannigfaltigen formalen, technischen, sozialen und wirtschaftlichen Probleme zu vereinigen, die im Zusammenhang mit dem Bauen auftauchen[15]«. Ergänzt man diese Aufgaben um die des Lehrers und des Publizisten, dann ergibt sich eine treffende Charakterisierung von Walter Gropius. Zwar hätte die moderne Architektur der zwanziger Jahre ohne ihn vermutlich nicht sehr verschieden ausgesehen, ihr Selbstverständnis aber, ihr Verhältnis zur Öffentlichkeit und ihre Beziehung zum Ausland wären sicherlich anders gewesen[16].
Verglichen mit Gropius waren die übrigen Architekten alle einseitig. Zwar gab es auf jedem Einzelgebiet andere, die ihm überlegen waren, aber keiner hat so viele und verschiedene Probleme gleichzeitig verfolgt wie er. Die Leistung von Gropius besteht weniger im Entwurf neuer Möglichkeiten als in der Synthese der vorhandenen. Bezeichnenderweise gibt es von ihm auch keine Idealentwürfe. Von spektakulären Vorschlägen im Stile Corbusiers hat er sich ebenso ferngehalten, wie von dem freudlosen Utilitarismus eines Hilberseimer. Am besten hat Benevolo mit seiner Formel von der »Überwindung der Avantgarde« die architekturgeschichtliche Stellung von Gropius getroffen[17].
Als Gropius das Bauhaus verließ, löste sich die von ihm verkörperte Synthese auch dort. In der Person der beiden Nachfolger lernte das Bauhaus zwei extreme Möglichkeiten kennen: den engen Funktionalismus von Hannes Meyer und die Verabsolutierung der Form durch Mies van der Rohe.
Architektonischer Ausdruck und bedeutendstes Zeugnis der von Gropius erstrebten Synthese waren die Bauten in Dessau[18]. Dem erklärten Willen von Gropius entgegen war die Synthese jedoch in erster Linie eine stilistische: »Seit dem Dessauer Bauhaus gibt es so etwas wie einen die verschiedenen Aufgaben integrierenden Stil, der die unterschiedlichen Ansprüche einer je nach Aufgaben angemessenen Sprache der Architektur aufhob und – wie wir heute sehen – nivellierte. Wohnbau, Industriebau, öffentliche Architektur – für sie alle gab es nun ein weitgehend identisches architektonisches Vokabular, das jeder Aufgabe angemessen war, weil es nichts Unterscheidendes im Sinne verschiedenartiger Lebensbereiche mitzuteilen hatte[19].«

Der im Bauhaus erreichten Vereinheitlichung war bei Gropius eine Reihe sehr unterschiedlicher Bauten und Entwürfe vorausgegangen. Von der späteren Kritik in den Hintergrund gedrängt und fast vergessen, sind sie erst in jüngster Zeit wieder beachtet worden[20]. In der Mehrzahl handelt es sich um Villen (Abbildung 38, 39). Im Vergleich zu Wright oder Corbusier hat Gropius das Problem sehr eng gefaßt, denn er hat in diesen Arbeiten keine neue Wohn- und Lebensform gesucht und auch keine Neudefinition des Begriffes Haus wie Mies. Das Problem, das Gropius beschäftigte, war das der Form. Die Frage ist, worin es für ihn bestanden hat. Eine These besagt, diese Projekte bewiesen, »... daß Gropius' Formensprache noch immer den je ›angemessenen‹, nach Aufgabe und Rang unterscheidenden Ausdruck suchte, daß sie deshalb bei aller Neuerung und Modernität in verschiedene Richtungen gehen konnte, also keineswegs einheitlich war[21]«. Gegen diese Erklärung spricht jedoch, daß sich die Gestalt der Bauten sehr viel stärker nach dem jeweils gewählten Vorbild richtet als nach Kriterien der Angemessenheit. Es scheint vielmehr, daß in diesen Bauten und Entwürfen eine weitere, bisher nicht in vollem Umfange erkannte Dimension des Gropiusschen Schaffens sichtbar wird, die für einige Jahre gleichberechtigt neben der Lehre, der Publizistik und der Bauforschung stand: die Suche nach einem neuen Stil. Das Auffällige an den Häusern der Jahre 1921–25 ist ja, daß sie nacheinander eine Reihe der damals zugänglichen Formmöglichkeiten ausprobierten, und zwar relativ unabhängig von Material, Konstruktion oder Funktion, die bei den Villen keineswegs so unterschiedlich gewesen sein können, daß sie die extreme formale Vielfalt erklären würden[22]. Sieht man die Bauten so, dann wird verständlich, warum Gropius und die ihm nahestehende Literatur sie der Vergessenheit überantworten wollten.

Die stilistischen Quellen sind von Haus zu Haus verschieden, liegen aber immer in der modernen Architektur. Auf das Vorbild von Wright, das ja schon der Aufgabe wegen nahe lag, ist bereits hingewiesen worden und ebenso auch auf Peter Behrens, der vor allem für die früheren Entwürfe wichtig war. Zu ergänzen sind für das Haus Otte (Abbildung 39) ein Hinweis auf Oud (Abbildung 40) und für das Fröbelhaus ein Hinweis auf Mendelsohn[23].
Obwohl das Interesse des Architekten sich ganz offenkundig auf Stilfragen konzentrierte, müssen die Schwächen dieser Entwürfe überraschen. So werden beim Haus Otte Oudsche Formen aufgenommen und beim Haus Kallenbach (Abbildung 38) ergreift der Formalismus sogar den Grundriß. Dieser »... erscheint als ein imperativischer Hinweis auf die neue Geltung der Primärformen, aus denen das komplizierte stereometrische Gebilde des Raumkörpers entsteht. Sobald das schmückende Ornament eliminiert war, wurde der Baukörper selbst mit seinen mannigfaltigen Seiten und Kanten ornamental[24]«. Daß sie den Bau in mehrere Teile zerlegen und diese dann zusammenfügen, ist allen diesen Grundrissen gemeinsam[25]. Es ist gut möglich, daß Gropius selbst dieses Verfahren als eine Weiterführung Wrightscher Grundrißbildung verstand. Im Wesen aber können diese Grundrisse sich schon deshalb nur in sehr beschränktem Umfang auf Wright berufen, weil die Zusammenfügung der Teile bei ihnen im Grunde von außen her geschieht. Bei Gropius werden Räume addiert, es entstehen Aggregate, nicht aber funktional wie for-

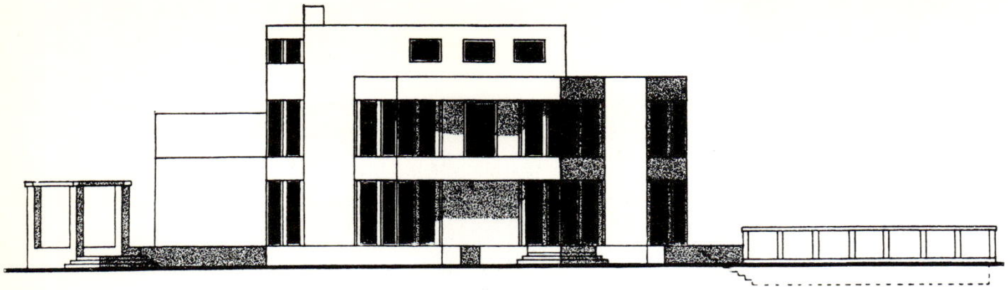

mal gleichermaßen durchgebildete Zusammenhänge wie bei Wright[26]. Die Dialektik, die bei Wright sowohl die Beziehung der Teile eines Hauses zueinander bestimmt als auch dessen Verhältnis zur Umgebung, sucht man bei Gropius vergebens. Sie kann sich schon deshalb nicht entwickeln, weil die Lockerung der Grundrisse immer wieder durch verhehlte Symmetrie und Repräsentationsformen gehemmt wird[27]. In diesen Unsicherheiten und Formalismen wirkt sich aus, daß sich Gropius nur auf die formalen Resultate seiner Vorbilder bezog, nicht aber auf deren Fragen, die allein diese Resultate begründen könnten.

Formexperimente, wenn auch auf ungleich höherem Niveau, sind auch noch die Dessauer Meisterhäuser (Abbildung 41), nur orientierte sich Gropius bei ihnen nicht an bestehenden Bauten, sondern an der Architekturästhetik abstrakter Maler. Das Haus des Direktors (Abbildung 2, 42) bot als Einfamilienhaus die günstigsten Bedingungen. Wie die anderen Meisterhäuser steht es in einem Kieferngehölz, doch war dessen Grün bei allen nur die Kulisse für das Kunstgebilde Haus. Diensträume wie Bad und Speisekammer liegen zur Straße, der das Haus mit der Geschlossenheit des Umrisses und der strengen Binnengliederung auch anschaulich den Rücken kehrt (Abbildung 2). Nur spartanisch kleine Fenster durchbrechen die abweisende Außenwand. Auch ohne die Formen herkömmlicher Repräsentation hält das Haus an der üblichen Trennung von innen und außen fest. Die Seitenfassaden sind relativ untergeordnet, bemerkenswert ist erst wieder die Gartenseite (Abbildung 42), die aus reinen Kuben komponiert ist, deren Flächen und Kanten auch Elemente eines abstrakten Bildwerkes sein könnten.

Wie bereits die Maler des Stijl, so hatte auch Malevitch (Abbildung 43) die Prinzipien seiner Kunst für die Architektur fruchtbar machen wollen[28]. In den zu diesem Zweck angefertigten Zeichnungen und Modellen wurden aus den Rechtecken seiner Malerei dreidimensionale Kuben. Die in Malevitchs »Architectona« konzipierte Architektur sollte aus langen, meist gegeneinander verschobenen Quadern bestehen, die sich außerdem in der Farbe voneinander abhoben[29]. Ein ähnliches Zusammenspiel findet man bei den Dessauer Meisterhäusern. Aber anders als bei Malevitch sind die Kuben dort nicht nur gegeneinander verschoben oder hintereinander gestaffelt. Sie durchdringen sich vielmehr. Eine solche Durchdringung aber war das Problem, um das die Versuche Doesburgs kreisten. Andererseits war das Grundelement der Stijl-Architektur nicht der Kubus, sondern die Fläche[30]. Zugespitzt könnte man deshalb sagen, daß Gropius die Elemente von Malevitch nach den Prinzipien Doesburgs verwendet

38 W. Gropius, *Haus Kallenbach,* Entwurf

hat. Auch damit aber sind die Meisterhäuser nur unvollkommen charakterisiert, denn schon in der Qualität der Komposition überragen sie die Modelle der Maler, und zwar in der Sicherheit der Proportionierung und des Auswägens der Kuben ebenso wie im Wechselspiel von Putz und Glas, Hell und Dunkel, offenen und geschlossenen Partien. Daß beim Außenbau formale Gesichtspunkte den Ausschlag geben, lehrt der vorkragende Trakt über der Gartenterrasse, der offensichtlich als kompositorisches Äquivalent zu dem »Raumkubus« darunter verstanden ist. In der Malerei, wo beide in der Bildfläche einen Halt hätten, entstünde daraus kein Problem, bei einem Bauwerk jedoch ist dies ein Relikt des gleichen Formalismus, der auch bei den Villen anzutreffen war.

39 W. Gropius, *Haus Otte,* Berlin

40 J. J. P. Oud, *Wohnhaus,* Entwurf

42 W. Gropius, *Haus Gropius, Gartenseite,* Dessau

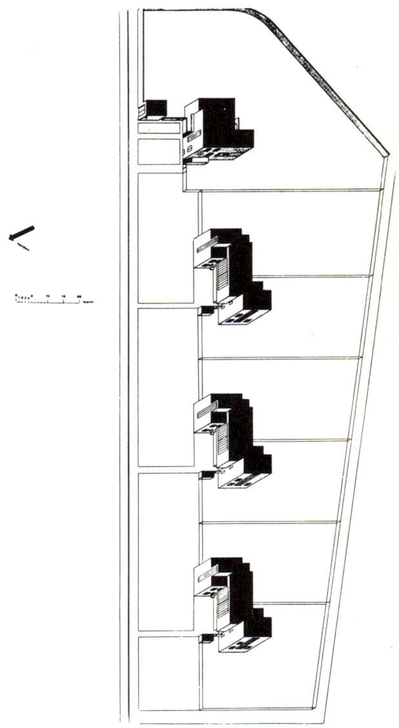

41 W. Gropius, *Meisterhäuser,* Dessau

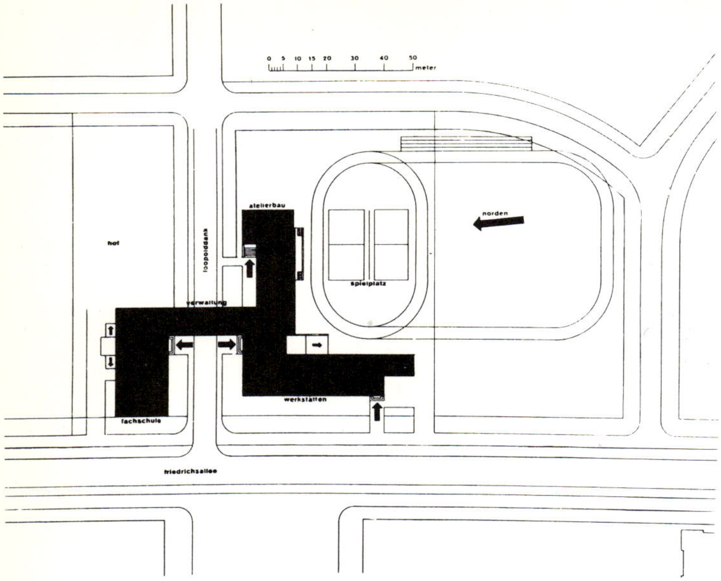

44 W. Gropius, *Bauhaus Dessau,* Grundriß

45 W. Gropius, *Bauhaus Dessau,* Luftaufnahme

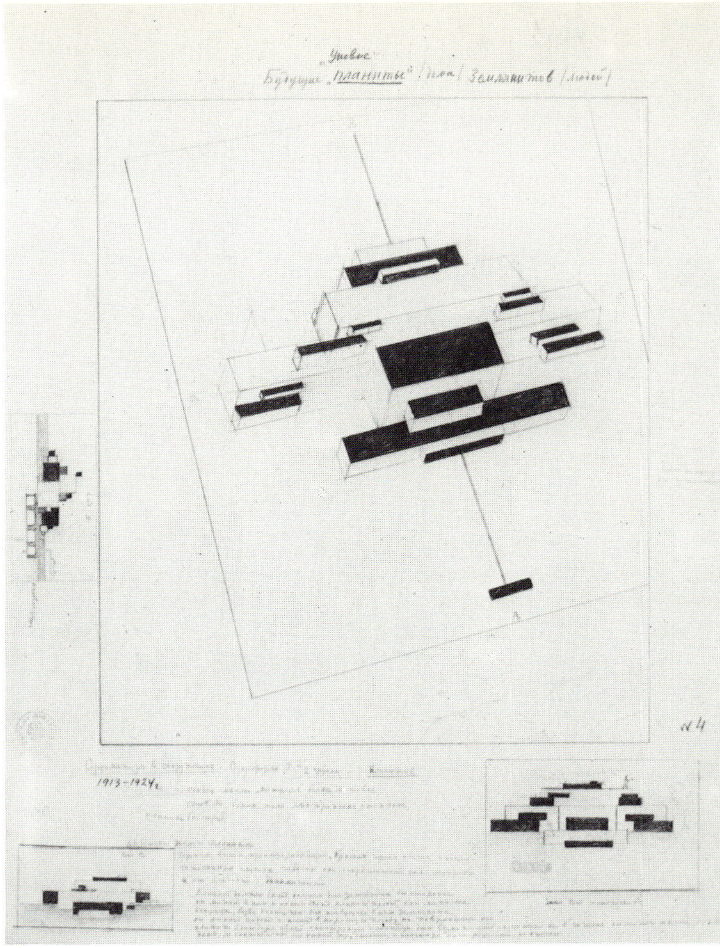

43 K. Malevitch, *Haus,* Entwurf

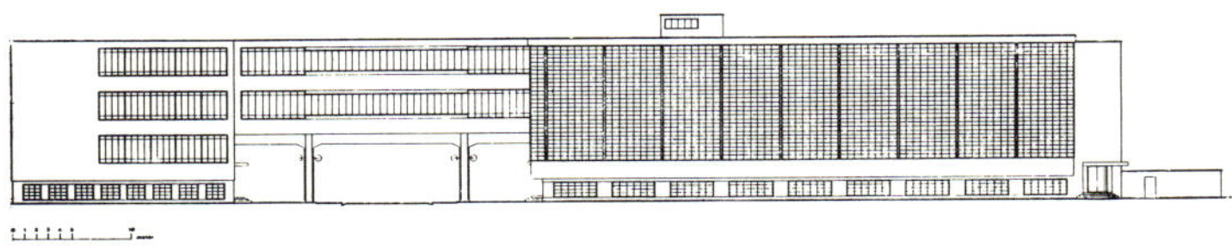

46 W. Gropius, *Bauhaus Dessau von Westen*

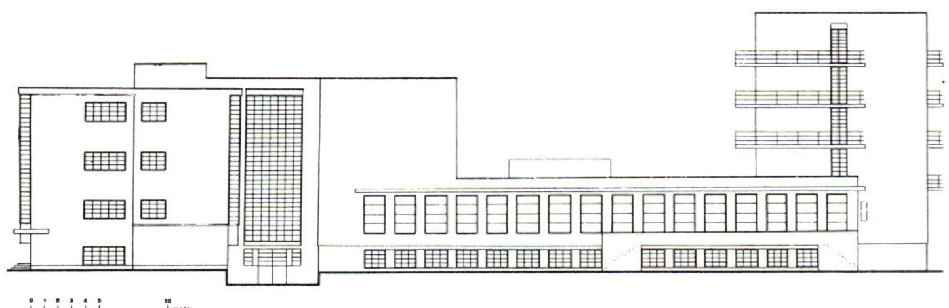

47 W. Gropius, *Bauhaus Dessau von Norden*

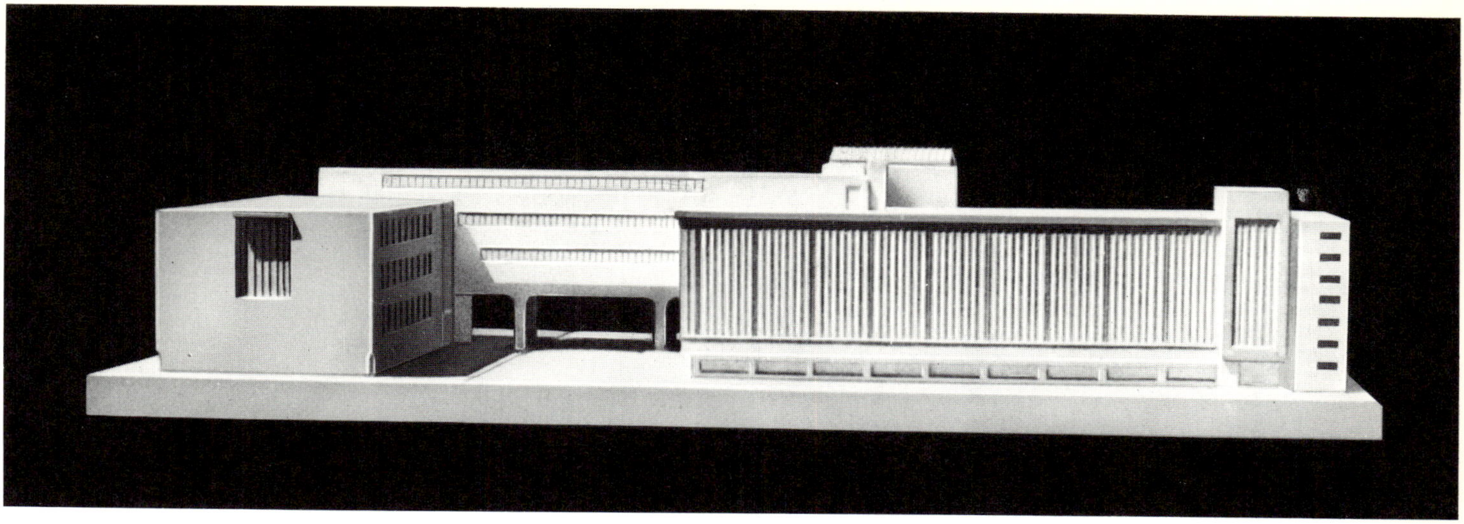

48 W. Gropius, *Modell für Bauhaus Dessau*

IV

Das wichtigste Werk des Architekten Gropius sind unbestritten die Dessauer Schulbauten, die 1925/26 in kürzester Zeit entworfen und auch errichtet wurden[31]. Der funktionalistischen Ästhetik und auch seinen früheren Bauten entsprechend[32], entschied sich Gropius nicht für einen einzigen Block, sondern für einen Gebäudekomplex (Abbildung 44, 45). Nach seiner Analyse verlangte der Auftrag einen Wohnbau für Studenten, einen Werkstättenbau und einen Schulbau, dazwischen Verbindungstrakte für die Verwaltung und die Gemeinschaftseinrichtungen. Das Bauhaus stand auf freiem Gelände, an der Kreuzung der Friedrichstraße mit einer kleinen Nebenstraße, an die Gropius im Süden die Werkstätten legte und im Norden die Fachschule. Überbrückt wird die Straße von einem Querbau, der im ersten Stock die Verwaltung beherbergte und im zweiten die Abteilung für Architektur. Im Osten liegt der Atelierblock, der durch einen niedrigen Flügel für Küche, Aula und Kantine mit den Werkstätten verbunden ist. Im Nordosten lag ein Hof, im Südosten zwischen Werkstätten und Ateliers, sollte ein Sportgelände entstehen.

Die Anlage ist regelmäßig, aber nicht symmetrisch, was 1925, als es in Deutschland nur sehr wenig moderne Architektur zu sehen gab, noch etwas Besonderes und Aussagekräftiges war: »Der typische Bau der Renaissance, des Barock, zeigt die symmetrische Fassade, auf deren Mittelachse der Zuweg führt. Das Bild, das sich dem nahenden Beschauer bietet, ist flächig, zweidimensional. Ein aus dem heutigen Geist entstandener Bau wendet sich von der repräsentativen Erscheinungsform der Symmetriefassade ab. Man muß rund um diesen Bau herumgehen, um seine Körperlichkeit und die Funktion seiner Glieder zu erfassen[33].« Bei dem Dessauer Grundstück wäre ein solches Herumgehen jedoch praktisch kaum möglich gewesen, allein das Flugzeug, auf das sich Gropius konsequenterweise auch beruft, hätte einen Überblick gewährt: »Die Verkehrswege in der Luft erheben eine neue Forderung an die Erbauer von Häusern und Städten: Auch das Bild aus der Vogelschau, das der Mensch früherer Zeiten nicht zu Gesicht bekam, bewußt zu gestalten[34].« Faktisch ist beim Bauhaus die Vogelschau nicht nur eine zusätzliche Ansicht, sondern überhaupt die einzige, in der die funktionalen Zusammenhänge anschaulich werden. Vom Boden aus sind sie nur mit großen Schwierigkeiten zu entschlüsseln, aber bei der Asymmetrie kam es ja auch nicht allein auf Funktionalität an, sondern ebensosehr auf Kontrast zur Vergangenheit.

Heute, nachdem diese Bauten unzählige Male nachgeahmt worden sind, hat ihr Aussehen nichts Ungewöhnliches mehr, aber so selbstverständlich wie man es hinzunehmen geneigt ist, ist es keineswegs. Das Äußere der einzelnen Trakte ist weder völlig frei erfunden noch zwangsläufiges Resultat der Funktion. Zum Beispiel war es durchaus nicht notwendig, daß den Werkstätten ein curtain wall (Abbildung 33, 46) vorgehängt wurde. Der Grund – so provozierend dies klingt – ist vermutlich in der Tradition zu suchen. Gemeint ist allerdings nicht die Tradition der älteren Baukunst, sondern die gerade entstehende der modernen Architektur. Gropius hatte als Ausstellungsleiter und Publizist intensiv daran gearbeitet, die vielfältigen Ansätze einer veränderten Baukunst zu einer in sich logischen Vorgeschichte des Neuen Bauens zu stilisieren und dieses dadurch auch historisch zu legitimieren. Das hat sich auch auf sein Bauhaus ausgewirkt, denn nur wer mit dieser Tradition vertraut ist, wird das Aussehen der einzelnen Teile verstehen können. Dem Atelierhaus zum Beispiel ist ein Wohnhaus vorausgegangen, das Gropius kurz zuvor in Jena errichtet hatte[35]. Tertium comparationis war das Wohnen. Von den beiden konkurrierenden Zwecken eines Ateliers, das ja auch Arbeitsplatz ist, wurde Wohnen hier als der wichtigere definiert. Das Vorbild für den Werkstättentrakt ist in der Fabrik von Gropius für die Werkbundausstellung von 1914 leicht zu finden[36]. Tertium comparationis war in diesem Fall etwas relativ Allgemeines: in beiden Bauten wurde produziert. Der Fachschultrakt war im Modell noch von dem für die Verwaltung unterschieden und wurde erst in der Ausführung angeglichen (Abbildung 46, 48). Vorbild für sein Aussehen waren Gebäude wie das Miessche Verwaltungshaus aus Beton (Abbildung 28) von 1923[32]. In der

Erscheinung des Gesamtkomplexes dominieren also Bauformen aus dem Bereich von Industrie und Verwaltung, nicht – wie oft bei früheren Kunstschulen – solche aus dem Bereich der Tempel, Paläste und Schlösser.
Nicht die spezifische Dessauer Aufgabe entschied über das Aussehen der Trakte, sondern die Gattung, der der Architekt sie zuwies. Bei einiger Vertrautheit mit der neuen Architektur wird man mit der Bestimmung der allgemeinen Funktion der einzelnen Teile keine unüberwindbaren Schwierigkeiten haben. Diese Vertrautheit aber ist ebenso erforderlich wie in früheren Epochen. Die Angemessenheit der Gestalt der neuen Bauwerke ist keine absolute, sondern nur eine relative. Wie bei älterer Architektur das decorum, gilt auch sie nur im Rahmen eines bestimmten historischen Erfahrungshorizontes, der auf Konvention und Vereinbarung nicht weniger angewiesen ist als der früherer Zeiten.
Dem ausgeführten Bau war 1925 ein Modell (Abbildung 48) vorausgegangen, dessen Grundprinzip die Verknüpfung relativ selbständiger Einzelbauten zu einem asymmetrischen Gesamtgrundriß war. Kompositorisch war das Modell der Ausführung erheblich unterlegen, in der funktionalen Physiognomik der Teile aber war es stringenter. Was ihm fehlte, war vor allem die Integration der Teilbauten zu einem Komplex. Wenn das Bauhausgebäude die Ziele, die in ihm verfolgt wurden, auch architektonisch ausdrücken sollte, dann mußte der Zusammenhang der Teilbauten deutlicher werden und tatsächlich scheint der zweite Arbeitsgang vor allem diesen Problemen gegolten zu haben.
Die kompositorischen Mittel hat Benevolo bereits analysiert: »Man sieht, wie die Komposition der Fassaden nie am Rande des Mauerfeldes haltmacht, sondern sich nach den benachbarten Fassaden hin verlängert, entweder durch ein Übergangselement – etwa die Balkone, die um die Ecke des Studentenwohnheims laufen – oder durch eine gewollte Asymmetrie, die anderswo wieder ausgeglichen wird. Es ist, als existierten die Bauelemente nur kraft dieser gegenseitigen Beziehungen: deswegen vermeidet es Gropius, ihre Eigengesetzlichkeit durch eine ihre physische Beschaffenheit hervorhebende Behandlung zu betonen, und greift hauptsächlich auf zwei Materialien zurück: auf Glas in einer Metallumrahmung für die ausgesparten Flächen und auf weißen Verputz für die Mauerteile[38].« Aber nicht nur durch solche Mittel wird die Integration bewirkt, sondern auch durch das Ineinandergreifen der Bauteile, zum Beispiel der Aula, die sich sowohl in den Atelier- als auch in den Werkstatt-Trakt hineinschiebt (Abbildung 47).
So klar derartige Überlegungen am Bau abzulesen sind, so wenig Platz haben sie in den Erläuterungen des Architekten, die immer wieder funktionale Gesichtspunkte herausstellen: »Ziel für die Organisation eines guten Grundrisses: Richtige Ausnutzung der Sonnenlage, kurze, zeitsparende Verkehrswege, klare Trennung der einzelnen Abteilungen des Organismus, Variationsmöglichkeiten der Raumfolgen für etwa notwendige Organisationsveränderungen mit Hilfe sinnreicher Achsenteilung ... Entscheidend für die Beurteilung eines Bauwerks bleibt die Feststellung, ob der Architekt und Ingenieur mit einem geringsten Aufwand an Zeit und Material ein Instrument geschaffen hat, das funktioniert, das heißt das dem geforderten Lebenszweck vollendet dient, wobei diesem Lebenszweck sowohl seelische wie materielle Forderungen zugrunde liegen können[39].« Wie sich die Generalklausel des letzten Satzes auf die Dessauer Bauten auswirkt, hat Gropius nicht gesagt, und es bleibt deshalb fraglich, ob er die folgenden Überlegungen akzeptiert hätte, die von einer Beobachtung Reyner Banhams ausgehen: »Der Entschluß, ... die Gebäude auf diese Weise zu arrangieren, scheint eine fast abstrakte, für ein ideales Terrain getroffene Entscheidung zu sein. Nicht völlig abstrakt freilich, denn hinter der architektonischen steckt eine – und zwar etwas überraschende – soziale Entscheidung: die Straße, die den Baugrund in zwei Teile zerlegt, teilt auch das Gebäude trotz der Überbrückung in zwei deutlich voneinander unterschiedene Hälften, auf der einen Seite liegt das Bauhaus, auf der anderen die Fachschule der Stadt Dessau, jeder Komplex mit einem separaten Eingang; das deutet fast daraufhin, daß die ›hochmütige Mauer zwischen Handwerkern und Künstlern‹ erneut aufgerichtet worden war[40].«
Wenn eine solche »Ikonographie« für das Bauhaus überhaupt sinnvoll ist, dann muß sie noch einen Schritt weitergeführt werden. Es bleibt ja nicht bei der Trennung, sondern Fachschule und Bauhaus werden auch wieder verklammert, und zwar durch den Trakt, in dem Verwaltung und Architekturabteilung untergebracht waren[41] (Abbildung 45). Dieser Quertrakt greift so in das Schulgebäude ein, daß die für beide Anstalten gleich wichtige Bibliothek das Gelenk bildet. Die Verschiedenheit bleibt allerdings erkennbar, denn dank einer aufgesetzten niedrigen Mauer wirkt die Traufline des Verwaltungsbaus etwas höher. Vergleichbar ist, wie auf der »Bauhausseite« Werkstätten und Ateliers mittels eines Traktes verbunden werden, der vielleicht nicht zufällig die Gemeinschaftseinrichtungen enthält (Abbildung 47). Isoliert betrachtet, mag weder der Plazierung der Bauteile noch ihrer formalen Verschränkung besonderes Gewicht zukommen, gemeinsam aber bewirken diese Züge einen Zusammenhalt, der dem Modell noch fehlte und der sich auch nicht auf das Formale beschränkte, sondern möglicherweise sogar ein symbolischer war.

Form und Zweck: Hugo Häring und Adolf Behne

I

Liest man in den Texten des Neuen Bauens, dann trifft man wieder und wieder auf die These, es gäbe überhaupt kein eigenes Form- oder gar Stilproblem, denn die Schönheit, so Bruno Taut 1928, »entsteht aus der direkten Beziehung zwischen Bau und Zweck, aus den natürlichen Eigenschaften des Materials und aus der Eleganz der Konstruktion[1]«. In Wirklichkeit aber bestand weder über das Wesen so wichtiger Materialien wie Glas und Beton Übereinstimmung noch über deren richtige Verwendung in der Konstruktion. Auch das Verhältnis von Material und Konstruktion zueinander und zum Zweck war alles andere als konfliktfrei. Taut hat den Konflikt zugunsten des Zwecks entschieden, den er gleichsetzte mit Benutzbarkeit[2], aber für Mies van der Rohe hatte zweifellos die Eleganz der Konstruktion den Vorrang. Die schwierigste Aufgabe wäre gewesen, sich darüber zu einigen, was den eigentlichen Zweck eines Bauwerks ausmache, oder auch nur die »bestmögliche Benutzbarkeit«. In vielen Fällen dürfte, streng genommen, überhaupt keine Lösung möglich sein, weil die dafür notwendige »... eindeutige Aufgabenstellung zumeist a priori nicht vorhanden ist. Die Forderungen sind oft so komplex, ja einander widersprechend, daß eine charakteristische Form nicht gefunden werden kann, ... Funktionalismus als Gestaltungsmethode zur Findung einer spezifischen Gestalt in der Architektur ist ... nur dann möglich, wenn die komplexe Problematik der Aufgabenstellung zugunsten einer eindeutigen, aber einseitigen Auffassung der Aufgabe eingeschränkt wird. Und diese Entscheidung ... ist von verschiedenen Faktoren abhängig: den Zeitumständen, der Herkunft und Entwicklung des Architekten und dem Ort, an dem sie getroffen wird[3]«. In der Regel wird die Entscheidung nur zum Teil eine bewußte sein, denn auch Architekten können nur in den Kategorien ihrer Zeit und ihrer Gruppe denken oder entwerfen, und zu diesen Kategorien gehören nicht zuletzt auch die des jeweiligen Stils. Diese Erkenntnis, die selbst in der heutigen Funktionalismuskritik noch oft vernachlässigt wird, ist bereits in den zwanziger Jahren gewonnen worden, und zwar in den Arbeiten von Hugo Häring und Adolf Behne[4].

II

Obwohl die Bauten von Häring nur in einer kurzen Periode zwischen 1919 und 1925 besonderes Interesse beanspruchen können[5], wurde er nach dem Zweiten Weltkrieg von manchen Kritikern zum Propheten einer »organischen« Baukunst ausgerufen, die allein die Menschen von der Tyrannei des Funktionalismus erlösen könne[6]. Die Anwälte des Organischen übersahen jedoch, daß in diesem Streit zwei Begriffe zu Gegensätzen stilisiert wurden, die lange Zeit zusammengehört hatten – auch bei Hugo Häring, der seinem ersten bedeutenden Entwurf, das Kennwert »Funktionale Form« gegeben hatte[7]. Erst später kam es bei Häring – wie vorher schon bei Wright – zu einer Trennung der Begriffe »funktional« und »organisch«. Ursprünglich war auch bei ihm Zweckgerechtigkeit das übergeordnete Ziel, nicht »Organik[8]«.

Sein wichtigster Bau ist das Gut Garkau, das er 1924 in der Nähe von Lübeck zu errichten begann[9] (Abbildung 49, 50). An den ausgeführten Teilen ist vor allem das Viehhaus auffällig, dessen Form Häring in einem eigenen Aufsatz erläutert hat: »Die gestalt dieses baues ist... gewonnen worden, indem das ziel gesetzt wurde, die form zu finden, welche den ansprüchen an die leistungserfüllungen des bauwerks am einfachsten und unmittelbarsten entsprach, Für einflüsse anderer art, für volkskunst, bodenständige traditionen, sachsenpferdgekrönte giebel etwa, war hier natürlich kein raum; gleichwohl steht der bau auf dem boden und in der landschaft mit größerer innerer zugehörigkeit als danebenliegende alte bauten[10].« Das aber geht über ein im engen Sinne funktionelles Programm weit hinaus, denn Rücksicht auf die Landschaft mag ästhetisch und ideologisch notwendig sein – mit Viehzucht hat sie nichts zu tun.

Die Funktionsgerechtigkeit des Inneren ist Häring auch von dem letzten, zum Abbruch entschlossenen Besitzer Garkaus bestätigt worden[11]. Nach außen zeigt die Betonkonstruktion eine Backsteinverkleidung, die den Anschluß an holsteinische Traditionen herstellt. Oben wird der Backstein von einer Holzverschalung abgelöst, deren Grün auf die umliegenden Wiesen und Gehölze Bezug nimmt (Abbildung 51). Weder sein Platz noch die Kulturlandschaft in der er steht, sind für diesen Bau gleichgültig. Selbst das »stehen auf dem boden und in der landschaft« von dem Häring spricht, ist in der Architektur aufgenommen: dem Boden folgen die Horizontalen des Backsteingeschosses, während die abwechslungsreichen Silhouetten mit den umliegenden Hügelrücken in Vergleich treten.

Heute wird man die Bedeutung des Baues eher in solchen Zügen suchen als in der perfekten Zweckerfüllung. Darin aber verbirgt sich ein Problem, denn diese Züge sind ja gerade diejenigen, die sich keineswegs zwingend aus der Aufgabe »Viehhaus« ergeben hatten. Eben dort aber, wo der Bau Anspruch auf Zweckgerechtigkeit und damit Rationalität erhebt, entstand das Gegenteil: Von innen, vom Hof, sind Gruppierung und Form der Gebäude durchaus verständlich, zumal die Menschen dort mit dem Hof und seinen Arbeitsabläufen vertraut sind. Ganz anders aber ist es beim Außenbau, der sich ja vor allem an Menschen wendet, die den Hof nicht von innen kennen. Für sie sind die Funktionsabläufe im Inneren, die das Äußere des Viehhauses bestimmen, nicht nachvollziehbar. Wäre hier nicht durch den Bezug auf die Landschaft ein neuer Gesichtspunkt ins Spiel gekommen, dann wäre die funktionsbedingte Asymmetrie des Gutes nur als Willkür aufzufassen gewesen.

Auch der Grundriß der Gesamtanlage ist fragwürdig, denn organisch, wie oft behauptet wurde, ist das Gut nur ex negativo, durch die programmatische Abwendung von Symmetrie und Rechtwinkligkeit[12]. Vor allem am Wohngebäude wirken die unregelmäßigen Züge eher als formale Variation. Schon leichte Verschiebungen und die Begradigung der vielen keineswegs zwingenden Krümmungen ergäben einen herkömmlichen Grundriß. Problematisch sind besonders die Stellen des Übergangs und die, an denen verschiedene Bauteile aufeinandertreffen. In natürlichen Organismen entsprächen ihnen die Gelenke, für die Häring weder funktional noch künstlerisch ein Äquivalent finden konnte[13].

III

In seinen Schriften hat Häring das Ideal der Zweck- und Materialgerechtigkeit in den Mittelpunkt gestellt: »Das neue bauen zeigt baustoffe und konstruktionen in ihrer wesenhaftigkeit, ohne sie aus anderen formprinzipien heraus umzubilden, und es versucht, das ausdrucksproblem aus diesen gegebenheiten heraus zu erschöpfen[14].« Gegenpol war für Häring schon ab 1925 nicht mehr das Bauen der Gründerzeit und auch nicht das der konservativen Architekten, sondern das von Le Corbusier, der ». . . in der geometrisierung das höhere prinzip suchend, . . . zum ziel hat, gerade diese geometrisierung aufs deutlichste zum ausdruck zu bringen[15]«. Von Corbusiers Architektur behauptet Häring, sie beschäftige sich ». . . nicht nur nicht mit der erschöpfung des materials nach der seite seiner wesenhaftigkeit, sondern sie beschäftigt sich nur mit seiner oberfläche und vorzugsweise mit seiner dekorativen wirkung. Die intellektuelle klarheit des geometrischen und das interesse an einer formalen schönheit erscheint in diesem falle wichtiger als die logik der gebrauchsform und die ausschöpfung ihrer wesensform[16]«.
Dem komplexen und von inneren Widersprüchen durchaus nicht freien Architekturprogramm, das Le Corbusier in »Vers une architecture« entwickelt hatte, wird diese Einschätzung sicherlich nicht ganz gerecht. Vielen späteren Urteilen hat sie jedoch die Einsicht voraus, daß formale Gesichtspunkte für Le Corbusier wichtiger waren als die im engeren Sinne funktionalen. Irrig wird Härings Urteil da, wo er die Geometrisierung als das bestimmende Prinzip der Corbusierschen Architektur hinstellt, denn für Corbusier waren geometrische wie technische Formen Material der Gestaltung, nicht aber deren Prinzip. Das kommt selbst in der vereinfachenden Formel noch zum Ausdruck, die Architektur als Spiel definiert, als ». . . le jeu savant magnifique et correct des volumes assemblés sous la lumière[17]«. Corbusiers Theorie war in Einklang mit seiner Praxis, wenn sie postulierte, die Durchbildung der Form sei frei von jedem Zwang: »Es handelt sich dabei nicht mehr um Herkommen oder Überlieferung, noch um Anpassung an die Bedürfnisse des Gebrauchs. Die Durchbildung der Form ist reine Schöpfung des Geistes, sie ruft den gestaltenden Künstler auf den Plan[18].«
Treffend wird Härings Kritik immer dann, wenn sie darlegt, wie sehr die Vorliebe Corbusiers für die primären Formen der Geometrie sich bis in die Definition des Zweckes auswirkt. Allerdings ist Härings Berufung auf »das Leben« mit allen ihren Konsequenzen nicht weniger Vor-Urteil als Corbusiers Liebe zur Geometrie. 1925 hat Häring seine Gedanken folgendermaßen formuliert: »Nun sind die formen der sachlichen ansprüche, als vom leben gestaltet, von elementarer art und von einer naturhaften, nicht dem menschen entstammenden ursprünglichkeit, während die formen, die um eines ausdrucks willen den dingen gegeben werden, von einer abgeleiteten gesetzmäßigkeit sind . . . So sind also die ersteren formen, obwohl dauernden modifikationen durch äußere umstände unterworfen, doch in wahrheit ewige und unzerstörbare, weil vom leben ewig neugeborene gestaltungen, während die formen, die um ihres ausdrucks willen entstanden, der vergänglichkeit, dem wandel und der menschlichen erkenntnis ausgesetzt sind. Dies bedeutet andererseits, daß die formen der zweckerfüllung auch auf eine naturhafte weise... entstehen, während die formen, die um eines ausdrucks willen geschaffen wurden, einer psychischen konstitution entstammen und deshalb im höchsten masse subjektiv und unbestimmbar sind[19].«
Die Aufgabe der Architektur konnte deshalb für Häring nicht im Erschaffen neuer Formen bestehen, sondern nur in der »gestaltfindung«: »Wir wollen die dinge aufsuchen und sie ihre eigene gestalt entfalten lassen«, oder: »Nicht unsere individualität haben wir zu gestalten, sondern die individualität der dinge.« Voraussetzung dafür war jedoch eine neue Einstellung, bei der die »ansprüche an einen ausdruck« sich in Einklang befanden mit den »ansprüchen an eine zweckerfüllung«. Nur wenn dies geschieht, kann sich die »gestaltwerdung der dinge« vollziehen, auf die allein es ankam. Bisher, so Häring, wurde dieser Prozeß durch die Geometrie verhindert, unter deren Herrschaft »den dingen eine form von außen gegeben wird, die ihrer inneren gestaltwerdung entgegensteht«. Im Prinzip, so glaubte Häring, war eine solche Wendung bereits im Gange: »Wir haben . . . die entdeckung gemacht, daß viele dinge einer reinen zweckerfüllung bereits eine gestalt besitzen, die unseren ansprüchen an einen ausdruck vollkommen genügt«, und zwar um so mehr, je besser diese Dinge den Ansprüchen »einer reinen zweckerfüllung entsprechen[20]«. Darüber hinaus entsprach »der ausdruck dieser dinge einer neuen geistigkeit«. »Wir bekannten uns zu dem ausdruck, den maschinen, schiffe, autos, flugzeuge und tausend geräte und instrumente haben.« Ganz anders als Corbusier, aber ähnlich wie Mendelsohn in seinen Skizzen, sah Häring die Gebilde der Technik nicht in erster Linie als Ergebnis menschlicher Intelligenz, sondern als Produkte des Lebens selbst, mit Formen »von elementarer Art und von einer naturhaften, nicht dem menschen entstammenden ursprünglichkeit[21]«.
An solchen Vorstellungen zeigt sich aber, daß auch »gestaltfindung« und »gestaltwerdung« der Dinge in letzter Instanz von einer Veränderung in den »ansprüchen an den ausdruck« abhängig sind, von einer veränderten Weltanschauung also und einer auf sie gegründeten Ästhetik.
In Härings weiterer Entwicklung haben sich die mit der Lebensphilosophie verbundenen Züge verstärkt, während die an der Realität seiner Gegenwart orientierten schwächer wurden. Bei diesem Prozeß verwandelte sich in Härings Denken das Problem einer hier und jetzt zu erarbeitenden Zweckgerechtigkeit zu einem Kampf zwischen den Mächten »der Geometrie« und »des Lebens«, der in einer der konkreten Geschichte enthobenen Sphäre der Ideen ausgetragen wird. Zwei Zitate von 1925 und 1932 sollen die Veränderung dokumentieren. 1925: »Wollen wir also forderungen stellen für die gestaltfindung der dinge, so müssen wir zunächst forderungen stellen für die gestaltfindung

49 H. Häring, *Kühlhaus*, Gut Garkau

50 H. Häring, *Stallgebäude*, Gut Garkau (rechter Teil später angefügt)

51 *Gut Garkau* (rechter Teil von Häring)

eines neuen lebens, einer neuen gesellschaft. Denn wir können den sinn des einzelnen nicht bestimmen, solange wir nicht den sinn des ganzen kennen, dem dieses einzelne angehört. Forderten wir also für die gestaltfindung der einzelnen dinge, daß sie den weg der natur gehe, so müssen wir ergänzen oder vielmehr eigentlich vorausschicken, daß wir auch für die gestaltwerdung eines neuen lebens, einer neuen gesellschaft, für unsere menschwerdung fordern, daß sie den weg der natur gehe und nicht gegen sie[22].« 1932 ist aus solchen, ohnehin schon sehr abstrakten Forderungen die Feststellung geworden: »Mit dem erlöschen der macht der geometrie verschwindet aber auch die kraft der architektur, der die geometrie das leben geschenkt hatte, und an ihrer stelle wagt sich allmählich das bauen wieder hervor, das so lange von der architektur verdrängt worden war. In der architektur stellt sich die geometrie nur selbst dar und erhebt die gesetzmäßigkeit, die sie selbst schuf, zum ur- und grundgesetz aller formung im raum. Das bauen hingegen steht im dienst eines leistungsauftrages, es geht nicht von formen aus, sondern endet in einer form – es dient nicht der verherrlichung geistiger konstruktionen, sondern der erfüllung des lebens[23].«
Die Fragwürdigkeit von Härings Konzeption ist offenkundig. Ihre prinzipielle Bedeutung wird aber dadurch noch nicht aufgehoben, denn die liegt weniger in den einzelnen Thesen als in der Erkenntnis, wie sehr auch die Analyse und Definition des Zwecks durch ästhetische und weltanschauliche Motive präjudiziert wird.

IV

Noch um einiges weiter als Härings Überlegungen führt Adolf Behnes Buch über den »Modernen Zweckbau«, das 1923 entstand[24]. Behne hat die Entwicklung der modernen Architektur in der Weimarer Republik in allen ihren Wendungen publizistisch begleitet und zeitweise vermutlich auch beeinflußt. Seine zahllosen Schriften sind sowohl wegen ihrer Urteile über einzelne Architekten und Bauten lesenswert, als auch wegen ihrer grundsätzlichen Passagen. Besonders in diesen war Behne sowohl seinen Kritiker-Kollegen als auch den Architekten oft weit überlegen. Evident wird dies, wenn man den »Modernen Zweckbau« mit dem ungleich erfolgreicheren Buch vergleicht, das gleichzeitig mit ihm entstand, mit der »Internationalen Baukunst« von Walter Gropius[25].
Den entscheidenden Faktor für die Veränderung von Architektur sah Behne im Widerstreit von *firmitas* und *venustas*. Die Form, einmal verbindlich und damit konventionell geworden, sah er als das retardierende Moment, die sich in der Regel schneller wandelnde Funktion als das auflösende und weitertreibende: »Die Formgesetze wechselten von Zeit zu Zeit. Dennoch sind sie – in der Entstehung allen Bauens doch fraglos das sekundäre Moment – in der Entwicklungsgeschichte ... das härtere, starrere, festere Prinzip geworden[26].« Von ihren Entstehungsbedingungen abgelöst, bekommt die Form so großes Eigengewicht, daß die Rücksicht auf sie die Rücksicht auf den Zweck überwältigt. Form und Zweck treten in Widerstreit, es kommt zu Konflikten: »Das Zurückgehen auf den Zweck wirkt ... revolutionierend, wirft tyrannisch gewordene Formen ab ...[27].« »Der Charakter als Werkzeug macht den Bau zu einem Relativum, der Charakter als Spielzeug macht ihn zu einem Absolutum. Zwischen beiden Spannungen muß sich der Bau im Gleichgewicht halten[28].«

Ein Überblick über die Vorstufen des modernen Zweckbaus führt Behne zu dem Ergebnis, der sicherste Weg zur »absolut sachlichen, notwendigen, außerästhetischen Gestaltung« sei die »Anpassung an die technischen und ökonomischen Funktionen, die bei konsequenter Arbeit tatsächlich zu einer Auflösung des Formbegriffs führen mußte. Der Bau wurde so bedingungslos zu einem Werkzeug[29]«. Zugleich schien Behne die Anpassung an eine Funktion auch innere Einheit zu verbürgen. Der Bau: »... wird organischer, indem er die alten Konventionen und Formalismen der Repräsentation verläßt, die ebensoviele Hemmungen bei dem Zustandekommen der notwendigen Gestalt sind[30]«.
Bis zu diesem Punkt gelangten auch andere Texte der Zeit. Was Behne jedoch auszeichnet, ist seine Differenzierung der möglichen Grundtypen. Die Systematik ist nicht immer zwingend, und auch über die Benennung kann man streiten, um so wertvoller aber sind die Kriterien. Mit Blick auf Häring erläutert Behne diejenige Richtung des Funktionalismus, die sich an der organischen Natur orientiert. Ihr formales Leitmotiv, sei die Kurve: »Der Ablauf des organischen Lebens kennt keine rechten Winkel und keine Geraden. Und da der Funktionalist sich immer auf den Ablauf des Lebens berufen wird als das grandioseste Beispiel eines reinen Funktionalismus, so ist seine Neigung zur Kurve sehr verständlich. Immer wird die Gerade sich der letzten Anpassung an die Beweglichkeit und Flüssigkeit der Funktion entgegenstellen. Sie ermöglicht nur eine allgemeine ungefähre Anpassung, keine absolute. Der konsequente Funktionalist wird also nicht die Gerade, sondern die Kurve als Ausgangspunkt ansehen müssen ...[31].«
Behnes erste Unterscheidung gilt den Funktionalisten im engeren Sinne und denen, die er Utilitaristen nennt: »Die Ergebnisse beider berühren sich hier und dort, kommen aber aus ganz verschiedenen Einstellungen. Dem Funktionalisten handelt es sich um die Lösung einer allgemein bedeutsamen Aufgabe unserer Kultur, während sich der Utilitarist nur fragt: ›wie handele ich prinzipiell am praktischsten[32]‹?« Beide berufen sich auf Zwecke, nur meinen sie nicht dasselbe, denn der Funktionalist »... sieht sie nicht als etwas Fertiges, Unabänderliches, starr Gegebenes, sondern als ein Mittel, durch ihre Erweiterung und Verfeinerung, ihre Intensivierung und Sublimierung, den Menschen zu ergreifen und zu formen. Jeder erfüllte Zweck ist ihm ein Hebel, einen neuen, feiner gearteten Menschen zu gewinnen. Die Bewohner seines Hauses haben alles zur Hand – und der Architekt hat die Bewohner in der Hand – durch die Zwecke. Ebensosehr schafft der Architekt den Zweck wie der Zweck den Architekten[33]«.
Aber auch gegen einen solchen Funktionalismus gibt es schwerwiegende Einwände. So einleuchtend er scheinen mag, solange nur eine einzige Einheit zu gestalten ist, so groß werden die Schwierigkeiten, wenn mehrere Einheiten zu verbinden sind, denn dann »... wird sich ein weit größerer Verlust an Raum ergeben, als beim Zusammenordnen rechtwinkliger Räume, die viel besser ineinanderpassen[34]«. Der zweite, und wichtigere, Einwand war der, daß ein konsequenter und deshalb individualisierender Funktionalismus Veränderungen in der Nutzung eines Baus nicht nur nicht berücksichtigt, sondern sogar erschwert. Behnes Beispiel sind die trichterförmigen Korridore von Häring und Scharoun, die in dem Moment antifunktional werden, wo »... durch einen Besitzer- oder Bestimmungswechsel der Verkehr andere Voraussetzungen findet, wobei dann gerade dort

der stärkste Verkehr würde sein können, wo er dem Plan nach am schwächsten zu sein hat[35]«. Das grundsätzliche Problem besteht darin, daß das Einzelne »... für die Lebensansprüche der Gesellschaft nicht genügt, ja sich gegen sie verschließt, weil es zugespitzt ist auf Einmaligkeit in Raum und Zeit und auf Persönlichkeit, nicht aber offen ist für Dauer, Wandel und Vielheit ...[36]«. Deshalb ist für Behne die Frage durchaus offen, ob nicht »... die mechanischen Gebilde der Rechtwinkligkeit sozial die funktional richtigeren sind[37]«.

Neben dem Funktionalisten und dem Utilitaristen beschreibt Behne noch einen dritten, durch Corbusier repräsentierten Typus, den des Rationalisten. Seine Besonderheit zeigt sich an der Stellung zur Maschine. Sieht der Funktionalist in ihr »das bewegliche Werkzeug, die vollkommene Annäherung an das Organische«, und der Utilitarist »das ökonomische Prinzip: Arbeits-, Kraft- und Zeitersparnis«, so sieht Behnes Rationalist in ihr vor allem »die schmucke, knappe, moderne elegante Form[38]«. Diese Einschätzung wirkt sich nicht nur auf den Stil aus, sondern ist auch der Grund für die »Betonung des Typischen, allgemein Gültigen, die Forderung der Norm ..., die Le Corbusier grundlegend von den Funktionalisten unterscheidet«. Dadurch aber, so meinte Behne, würde Corbusiers Architektur zwar nicht immer dem Einzelnen gerecht, wohl aber der Gesellschaft im ganzen.

V

Behne hat seine Überlegungen zum Problem der Funktionalität später noch weitergeführt. Sein Ausgangspunkt war das in der zweiten Hälfte der zwanziger Jahre verbreitete Verständnis von »Sachlichkeit« in der Architektur. Die Verbindung mit der »Neuen Sachlichkeit« der Malerei lehnte er ebenso ab[39] wie die Verengung der ursprünglichen Bedeutung und die daraus entstandenen Mißverständnisse: »Sachlichkeit bedeutet ja nicht, wie die meisten glauben, Trockenheit, Nüchternheit, Lösung aus bloß rechnerischem Verstande – o nein! Sachlichkeit bedeutet ganz einfach die auf die Sache eingestellte Lösung. Was aber ist die Sache? Jede Sache ist Knüpfpunkt in den Beziehungen zwischen Mensch und Mensch. Wer also die Sache wirklich erfassen will, faßt und gestaltet nicht nur den einzelnen Menschen und seine Wünsche, sondern faßt und gestaltet das wichtigste von allem: die *Beziehung* zwischen den Menschen[40].«

Präzisiert werden diese Sätze durch Überlegungen, die Behne im gleichen Jahr, 1927, in einem Buch über Max Taut publizierte. Die Beobachtung, daß die verschiedensten Architekten sich für höchst unterschiedliche Lösungen »auf den Zweck und seine Erfüllung« berufen, brachte ihn zu der Einsicht, daß »der Begriff des Zweckes, so eindeutig und endgültig er zu sein scheint«, ein gleitender sei und die Berufung auf ihn »das Denken nicht entbehrlich« mache[41]. Behne weist darauf hin, wie vielen Einzelzwecken ein Bau zu genügen habe, die kontrolliert und gegeneinander abgewogen werden mußten: »Dazu gehört ein diszipliniertes Denken. Wir nennen es Sachlichkeit. ... Sachlichkeit bedeutet verantwortetes Denken, bedeutet ein Schaffen, das alle Zwecke mit und aus der Phantasie erfüllt. Denn es gehört Phantasie dazu, den Zweck dort zu fassen, wo er seinen revolutionären Sinn enthüllt.« Die Kapitel über das Wohnen, den Siedlungsbau und die Urbanistik werden zeigen, daß Behne mit diesen Beobachtungen ein Grundproblem des Neuen Bauens ans Licht gebracht hat, denn »gerade die Setzung des wahren Zweckes ist eine wesentliche Leistung des Architekten[42]«, denn »der Architekt soll nicht nur überlieferte, gegebene Zwecke erfüllen. Er soll neue und höhere Zwecke setzen[43]«, und daraus ergibt sich auch ein wesentliches Kriterium zu seiner Beurteilung: »An seiner Deutung des Zweckbegriffes erkennt man den Rang eines Architekten[44].«

Die „Neue Wohnung"

„Befreites Wohnen": Ziele und Hoffnungen

I

»Befreites Wohnen« war der Titel eines kleinen Buches von Siegfried Giedion, das 1929 herauskam. Es war nur eine von vielen Publikationen, die sich damals dieses Themas annahmen, aber nur selten wurden deren Ziele so treffend formuliert, wie in diesem Titel. Auch das Umschlagbild ist lehrreich: Es zeigt nicht etwa einen Innenraum, sondern den Ausblick auf einen Balkon und auf diesem ein müßiges mittelständisches Paar. Über den Umschlag verteilt wiederholen sich immer wieder drei Forderungen: »Licht, Licht, Licht«; »Luft, Luft, Luft« und »Öffnung, Öffnung, Öffnung«. Wer das Buch aufschlägt, findet schon auf der ersten Seite eine Unabhängigkeitserklärung: »*Wir wollen befreit sein:* vom Haus mit dem Ewigkeitswert und seiner Folge / vom Haus mit der teuren Miete / vom Haus mit den dicken Mauern und seiner Folge / vom Haus als Monument / vom Haus, das durch seinen Unterhalt versklavt / vom Haus, das die Arbeitskraft der Frau verschlingt.« Es folgt ein ästhetisches Bekenntnis: »*Schönheit? Schön* ist ein Haus, das unserem Lebensgefühl entspricht. Dieses verlangt *Licht, Luft, Bewegung, Öffnung* / . . . / schön ist ein Haus, das gestattet, in Berührung mit Himmel und Baumkronen zu leben / schön ist ein Haus, das an der Stelle von Schatten (Fensterpfeiler) Licht hat (Fensterwände) / schön ist ein Haus, dessen Räume kein Gefühl von *Eingesperrtsein* aufkommen lassen / . . .[1].« Das sind Leitmotive nicht nur dieses Buches, und auch für die folgenden Forderungen könnte man viele Parallelstellen zitieren: »Wir brauchen heute ein Haus, das sich in seiner ganzen Struktur im Gleichklang mit einem durch Sport, Gymnastik, sinngemäße Lebensweise befreiten Körpergefühl befindet: leicht, lichtdurchlassend, beweglich. Es ist nur eine selbstverständliche Folge, daß dieses *geöffnete* Haus auch eine Widerspiegelung des heutigen seelischen Zustandes bedeutet: Es gibt keine isolierten Angelegenheiten mehr. Die Dinge durchdringen sich[2].«

II

Die Bemühungen um ein neues Wohnen, das ein neues Leben zugleich ausdrücken und bewirken sollte, waren vielfältig. Während man sie bis zum 1. Weltkrieg noch relativ isoliert studieren kann, sind sie in den zwanziger Jahren vom Siedlungsbau, der Stadtplanung und auch von der neuen Industrieform nur schwer zu trennen. Auch der soziale Zusammenhang veränderte sich, denn statt der anspruchsvollen Einzelzimmer und -wohnungen des Jugendstils rückten nun die Wohnbedingungen der Mehrheit in den Vordergrund: »Während früher die Wohnansprüche der Oberschicht das Vorbild abgaben, so daß das Haus des Kleinbürgers in einer in allen Teilen proportionalen, höchst unzweckmäßigen Verkleinerung der Villa bestand, beispielsweise also der Salon sein Korrelat in der selten benützten ›guten Stube‹ hatte, ist jetzt umgekehrt die Wohnung für das Existenzminimum zur Richtschnur, ja zum Ausgangspunkt für den Gestaltungswillen geworden[3].« Allerdings sind diese Bemühungen in der Praxis schon deshalb nicht über erste Versuche hinausgekommen, weil nur wenige Jahre zur Verfügung standen und weil außerdem gerade bei der billigen Mietwohnung die Zeit und die Mittel fehlten, die eigentlich nötigen Untersuchungen und Experimente auch wirklich durchzuführen[4].

Für den Historiker ist das Phänomen der »Neuen Wohnung« nur schwer zu fassen, und zwar aus sachlichen wie aus methodischen Gründen. Schwierigkeiten macht bereits die Beschaffung und Auswahl des Materials, denn über die Art, wie in den zwanziger Jahren tatsächlich gewohnt wurde, ist nur wenig Zuverlässiges zu erfahren, doch scheint die vom Neuen Bauen propagierte Wohnform auf kleine Gruppen beschränkt geblieben zu sein. Werner Gräff, einer der Wortführer, meinte 1927 zwar, es könne nicht bestritten werden, »daß im Laufe der Jahrzehnte die Lebensart nicht nur einer intellektuellen Elite, sondern in Ansätzen auch bereits die der großen Masse (insbesondere der jüngeren Generation) weitgehende Wandlung erfahren« habe, doch auch er mußte einräumen: »Klare neue Wohnformen konnten sich bis heute noch nicht herausbilden«, obwohl nach seiner Meinung »schon die sinnfälligsten Faktoren: gesteigerter Sinn für Luft, Farbe und Mechanik, Drang zu sportlicher Betätigung, soziale Umschichtung«, und auch die wirtschaftlichen Nöte »zu starken Umbildungen des Wohnwesens« führen müßten[5].

Die Suche nach neuen Wohnformen war selbstverständlich weder auf Deutschland beschränkt noch auf die Zeit der Weimarer Republik, denn schon bei der vom Kunstgewerbe ausgehenden Reform der neunziger Jahre hatte sie im Mittelpunkt gestanden. Deren Beschränkung auf kleine Gruppen des Bürgertums präjudizierte ihre Aufgaben wie ihre Wirksamkeit, doch hat die Arbeit der neunziger Jahre auch zu allgemein wichtigen Ergebnissen geführt, denn in den Häusern vom Hoffmann, Olbrich oder van de Velde konnten Probleme geklärt und zumindest exemplarisch gelöst werden, für deren Studium sonst keine Möglichkeit bestand[6]. Charakteristischerweise begannen diese Versuche meist innen, bei der Einrichtung, um von dort auf das ganze Zimmer überzugreifen und von diesem dann auf das Haus. Finanzielle Restriktionen spielten in der Regel keine wesentliche Rolle[7], aber gerade mit ihnen hatte der Architekt von Siedlungen und Wohnungen in der Weimarer Republik tagtäglich zu kämpfen. Deshalb war es in den zwanziger Jahren auch meist der Architekt, der begann, Möbel zu entwerfen, nicht umgekehrt, denn nun mußten die Möbel den oft winzigen Zimmern angepaßt werden, nicht mehr die Zimmer frei entworfenen Möbeln.

Vor dem ersten Weltkrieg war das Übergewicht des Kunsthandwerks oft so stark, daß selbst bei van de Velde, dessen Schriften die radikalsten Forderungen nach Funktionalität enthalten, die Einrichtung zum Selbstzweck werden und das ideale Zimmer als Symphonie von Formen beschrieben werden konnte[8]. Es war dann nur folgerichtig, wenn die Damen des Hauses van de Velde eigens entworfene Kleider tragen mußten, die mit der Symphonie der Möbel in Einklang waren.
Die große Leistung dieser Zeit waren in Europa die Brüsseler Häuser von Victor Horta. Schon 1893 hatte er dem Eisen Eingang in die Wohnarchitektur verschafft, und zwar nicht mehr nur als dem konstruktiven Hilfsmittel, als das es längst bekannt war, sondern als sichtbarem Bestandteil selbst der Fassaden, die sich nach außen wölben und dabei Innen und Außen, Haus und Straße, zwar nicht verschmelzen, aber doch aufeinander beziehen[9]. Deshalb verliert bei Horta die Fassade zwei Funktionen, die noch bei van de Velde wichtig waren: private und öffentliche Sphäre zu trennen und auf der Trennmauer Repräsentation zu entfalten. Wie gleichzeitig nur noch Wright, hat Horta die Konzeption des Hauses als eines Aggregats geschlossener Zimmer aufgegeben zugunsten kommunizierender Bereiche[10]. Deren differenzierende Ausgliederung erfolgte nicht nur in der Breite und in der Tiefe, sondern auch in der Höhe. Das Mittel dazu fand Horta in den Treppen und besonders in den zu kleinen Plätzen erweiterten Treppenabsätzen. Die Binnengliederung der gegeneinander geöffneten Bezirke geschieht durch Mauern, Stützen und Möbel, aber auch durch Licht- und Dunkelzonen. Diese Disposition verband sich mit der Horta eigenen Freiheit in den Einzelformen zur Darstellung einer neuen Weise ›befreiten Wohnens‹.

III

Auch in den zwanziger Jahren haben die Bemühungen um das Einzelhaus nicht aufgehört. Von den Entwürfen Mies van der Rohes (Abbildung 26, 27) war bereits die Rede und auch davon, daß die Probleme bei ihm enger gefaßt waren als bei Wright oder Horta, weil sein Thema das Architekturgebilde ›Haus‹ war, weniger eine Lebensform. Ein Gegenpol zu Mies, wenn auch auf ungleich niedrigerem Niveau, war Hermann Finsterlin[11] (Abbildung 4). Den »genialen Erfindungen des Erdgeistes« nachspürend, sollten sich seine Adepten »... im Innenraum des neuen Hauses ... nicht nur als Insasse einer märchenhaften Kristalldruse fühlen, sondern als interner Bewohner eines Organismus, wandernd von Organ zu Organ, ein gebender und empfangender Symbiote eines ›fossilen Riesenmutterleibes‹[12]«. Ein solches Ziel dürfte prinzipiell unerreichbar sein, Finsterlin selbst ist aber bereits an der Begrenztheit seiner künstlerischen Einbildungskraft gescheitert. Dem Anspruch einer Formung von innen heraus widerspricht bei seinen Skizzen und Modellen schon der Augenschein, denn statt der aktiven Belebtheit von Organismen findet man nur Formen der Passivität. Bewegt sind höchstens die Silhouetten, während die Oberfläche von passiven, durch Einwirkung von außen entstandene Rundungen bestimmt wird. In dem ›Stilspiel‹ von 1921, einem ›Lehr-, Spiel- und Versuchsbaukasten‹, der organische Architektur aus Fertigteilen zu basteln erlauben sollte, enthüllen die Finsterlinschen Postulate endgültig ihre Unverbindlichkeit[13]. Häuser, die sich nicht an bizarren Einzelformen, sondern an Strukturen der organischen Natur

52 H. Häring, *Wohnhausentwurf,* Grundriß

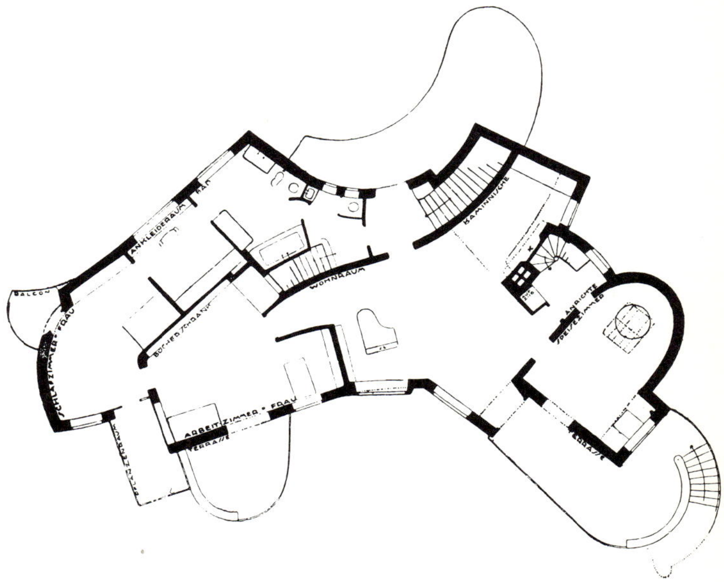

inspirierten, gab es am ehesten noch bei Gaudi, dessen Casa Battlò sich schon im Grundriß als ein Zellenbau zu erkennen gibt und dies auch in der Bildung von Türen, Fenstern und Möbeln, sowie in der Knochen- und Knorpelstrukturen nachgebildeten Fassade sehen läßt[14].
Ausdruck einer funktional begründeten Organik sollten die Grundrisse sein, die um 1923 von Hugo Häring entwickelt wurden (Abbildung 52). Sie dokumentieren sein Bestreben: »... ein haus ganz als ein organhaftes gebilde zu entwickeln, es aus der form der leistungserfüllung heraus zu züchten, das haus als die weitere haut des menschen, ... also als organ zu sehen[15]«. Auch bei ihm aber waren mehr die Einzelformen als die Strukturprinzipien der Natur vorbildlich. So sieht man auf einem frühen Skizzenblatt Grundrisse, die ein Schneckenhaus nachbilden, und auch an späteren Entwürfen ist leicht zu erkennen, wie mechanisch, durch rein formale Variationen, bei ihm ›organische‹ Grundrisse gewonnen wurden[16]. Wirklich neue, den Konzeptionen von Wright (Abbildung 24) oder Horta vergleichbare Definitionen des Einzelhauses sind in den zwanziger Jahren nur von Corbusier und Mies van der Rohe erarbeitet worden.
Über die allgemeine Situation in Deutschland geben die Bemerkungen Aufschluß, mit denen Haus Eckstein 1929 einen Abbildungsband mit deutschen Einfamilienhäusern einleitete. Eckstein hebt die Vielfalt der Lösungen hervor, die er interpretieren möchte als »... Spiegel der kulturellen Situation unserer in einer tiefgreifenden geistigen Umwandlung und Veränderung der gesellschaftlichen Struktur begriffenen Zeit[17].« Er beschreibt eine Situation, in der sich die grundsätzlichen Positionen bereits zu verwischen begannen und auch die Avantgarde schon Gegenstand der Nachahmung wurde: »Die ersten Schlachten für die neue Baukunst sind geschlagen; es liegen längst sichere Resultate, Erfolge und Enttäuschungen vor, die für die Arbeit der letzten Zeit bereits und weiter in der Zukunft entscheidend sind.« Im ganzen glaubte Eckstein zwei »Formungstendenzen« zu erkennen, »... die zwar in Wirklichkeit einander mannigfach über-

schneiden, in der grundsätzlichen Problemstellung aber scharf entgegengesetzt sind: hier bewußtes Anknüpfen an gute Tradition und Anpassung traditioneller Wohnformen an die veränderten Wohnbedürfnisse; – dort der Wille, in voller Unbefangenheit aller Überlieferung gegenüber dem Wohnhaus eine den technisch-wirtschaftlich-sozialen Bedingnissen und dem neuen Lebensgefühl der Gegenwart adäquate neue, ja zukunftsformende Gestalt zu geben. Nebenher läuft eine formalistische Architektur, die gleicherweise historische wie moderne Formen zu dekorativen Zwecken mißbraucht«. Sie »... spielt mit flachem Dach, langem Fensterband, Betonplatte wie der Schaufensterdekorateur mit Warenatrappen, ornamentiert mit ornamentlosen Flächen, nicht minder pathetisch und kunstgewerblich wie die Leute der Pseudoklassik, und erfindet unermüdlich neue Putz- und Klinkerornamente[18]«. In einer solchen Lage, so sagt Eckstein mit Recht, reicht die Stilzugehörigkeit eines Hauses zu seiner Beurteilung weniger aus denn je: »Ein sicherer Maßstab für die Qualität eines modernen Baus ist der Grad der Vorurteilslosigkeit aller Form gegenüber, historischer wie modern-modischer ... « Ecksteins Sympathie galt trotzdem der Moderne, denn: »Die größte Freiheit der Grundrißgestaltung, ein wirkliches Bauen von innen nach außen, d. h. aus dem Wohnorganismus heraus ohne Rücksicht auf eine repräsentative schon ausgerichtete Fassade, ist erst mit der an keine Tradition mehr gebundenen eigentlichen modernen Architektur gewonnen worden, und so das Ziel, dem heutigen Menschen ein seiner entspannten Menschlichkeit würdiges Haus zu schaffen, näher gerückt[19].«

IV

Selbst in den Formulierungen Ecksteins klingt die leidenschaftliche Diskussion um das »Neue Wohnen« noch nach, die in der zweiten Hälfte der zwanziger Jahre geführt worden war. Deren eigentliches Thema war aber nicht das individuelle Wohnhaus, sondern die Wohnung des Angestellten und des Arbeiters, von der meist stillschweigend vorausgesetzt wurde, daß sie in einer Siedlung lag. Nicht um das Wohnen der Privilegierten ging der Streit, sondern um diejenigen, in deren Hinterhof Zilles bitteres Diktum, man könne einen Menschen mit einer Wohnung genauso gut töten, wie mit einer Axt[20], tägliche Erfahrung war. Nicht um Luxus konnte es dabei gehen und auch nicht um eine Selbstbestätigung des Architektentalentes, sondern nur um »... ein Minimum an *modus vivendi* an stelle eines *modus non moriendi*« (Gropius)[21].
Das Zwiespältige so vieler gut gemeinter Bemühungen rührte daher, daß ihnen fundamentale Voraussetzungen fehlten. Man erkannte, »... daß die Formprobleme der gestaltenden Arbeit ... nur im Zusammenhang mit jenen übergeordneten Problemen behandelt werden können, die in der Gestaltung einer neuen Arbeitsordnung und der Bildung neuer Lebensformen bestehen. Wie soll der Architekt den Grundriß des Wohnbaus gestalten, solange es an einem allgemein gültigen Wohnprogramm fehlt, solange die Wohnsitten nicht endgültig geklärt sind und feste Arbeits- und Lebensformen sich noch nicht wieder herausgebildet haben[22]?« Auch nach mehreren Jahren der Diskussion konnte Hilberseimer nur »ein verstärktes soziales Verantwortungsgefühl, die Forderungen der Hygieniker und die Wünsche der Hausfrauen« als neue Faktoren benennen[23].
Die Autoren, die sich an der Debatte beteiligten, scheinen vor allem zwei Ziele verfolgt zu haben: Sie wollten begründen, daß und warum ein Neues Wohnen auch für die Arbeiterschaft notwendig sei, und sie wollten beschreiben, wie dieses Neue Wohnen aussehen sollte. Schriften, bei denen das erste Ziel im Vordergrund stand, argumentierten meist mit der Wohnungsnot und mit dem »sozialen Gedanken«, während explizit politische Argumente wie das folgende selten waren: »Die politische Macht der proletarischen Schichten ist derartig gewachsen, daß sich heute auch das Kapital selbst das sozialistische Wohnungsprogramm angeeignet hat und zu seiner Verwirklichung beizutragen gezwungen ist[24].«
Die Architekten hatten vor allem die technischen und wirtschaftlichen Probleme im Auge: »Die Rationalisierung auf allen Gebieten unseres Lebens hat auch vor der Wohnungsfrage nicht Halt gemacht. Wenn die wirtschaftlichen Verhältnisse unserer Zeit jede Verschwendung verbieten und die Erzielung größter Wirkungen mit den kleinsten Mitteln erfordern, so heißt das für den Bau von Wohnungen wie für den Wohnbetrieb selbst, die Verwendung solcher Materialien und technischen Einrichtungen, die auf eine Verbilligung der Wohnungsanlagen und des Wohnbetriebs sowie auf die Vereinfachung der Hauswirtschaft und eine Verbesserung des Wohnens selbst abzielen[25].« Die Architekten der zwanziger Jahre wollten in dieser Lage weder resignieren noch den aussichtslosen Versuch unternehmen, bürgerliche Wohnformen so lange zu reduzieren, bis sie auch in die Siedlungen paßten. Die Verpflichtung auf den »sozialen Gedanken« wurde Ausgangspunkt einer neuen, von der des Bürgertums ausdrücklich verschiedenen Wohnform: »Wenn heute die starken Mächte versiegt sind, die früher impulsgebend waren, so ist in der Idee der sozialen Verbundenheit ein geistiges Wirkungszentrum herangereift von gleicher Tragkraft und Reichweite ... Eine neue Form des Bauens ist zum Leben erwacht. Daß sie vom sozial orientierten Wohnungsbau kommt, sich an diesem Teilgebiet entwickelt hat, ist keine Schwäche, sondern gerade darin liegt ihre Stärke ... Noch ist die neue Wohnform nicht ausgereift, geschweige denn ohne weiteres praktisch verwendbar. Aber die großen Züge prägen sich schon aus: Das Weite, ineinanderfließend Freigeöffnete, das innerlich Reine, Schlichte und Phrasenabwehrende[26].«
In größerem Umfang ließen sich solche Ziele nur im Rahmen öffentlicher Bauvorhaben verwirklichen. Die aber wurden nicht um der Erprobung neuer Lebensformen willen errichtet, sondern aus sehr viel pragmatischeren Überlegungen. Im Geleitwort zu einer offiziösen Publikation über den deutschen Wohnungsbau nach dem Kriege schrieb der Präsident des Deutschen Städtetages 1928 unter anderem: »Das Wohnungsproblem war zusammen mit dem erst später auftauchenden Arbeitsproblem das große politische Massenproblem und damit zugleich ein besonders wichtiger Teil der sozialen Frage überhaupt geworden. Die Erhaltung der Volksgesundheit und Volkskraft, die Erhaltung der Arbeitskraft, ja letzten Endes die Erreichung einer bestimmten Kulturhöhe, die Entwicklung eines staatspolitischen Bewußtseins, hängt untrennbar von der Befriedigung der Bedürfnisse nach menschenwürdigem Wohnen ab[27].« Unter dem Druck dieser Wohnungnot, so sah es der Präsident, war in Deutschland das Neue Wohnen entstanden: »Der Begriff ›heimatlos‹, der vor dem Kriege – namentlich in der Großstadt, vielfach aber auch auf dem

Lande – vielen Tausenden in dumpfen Mietskasernen unausrottbar ins Herz gegraben worden ist, sie verbittert und staatsfeindlich gemacht hat, wird den Bewohnern dieser Wohnungen fremd sein und fremd bleiben. Den Mietern und Besitzern dieser neuen Heimstätten muß, ob gewollt oder ungewollt (sic!), ein neues Vaterland entstehen, das zur Staatsbejahung führt. Würde es gelingen, dieses neue Vaterland vielen Zehntausenden deutscher Staatsbürger durch eine solche neue Wohnung unter tragbarer Miete zu bereiten, so wäre damit eine der wichtigsten Voraussetzungen geschaffen, um unserem armen und verarmten Vaterland zu einem neuen Aufstieg zu verhelfen[28].« Während die politischen Motive für den Wohnungsbau verhältnismäßig selten genannt wurden, hat man die wirtschaftlichen – gelegentlich sogar unter Berufung auf Erfahrungen aus der Tierhaltung – immer wieder ausgesprochen: »Arbeit und Wohnung müssen sich gegenseitig in ihrem Qualitätsbegriff ergänzen und steigern. Nur der Arbeiter wird auf die Dauer qualitativ besondere Arbeit leisten, wird Freude an seiner Arbeit haben und die größte Leistungsfähigkeit besitzen, dessen wohnliche Verhältnisse gesund und geordnet sind[29].« Selbst ein Architekt wie Ernst May hat ähnlich argumentiert: »Die Erkenntnis hat sich heute allgemein verbreitet, daß eine befriedigende Lösung der Wohnungsfrage von so ausschlaggebender Bedeutung für die Erhaltung unserer Volkskraft ist, daß mit allen Mitteln daraufhin gearbeitet werden muß, eine möglichst große Anzahl von Menschen der Segnungen einer gesunden Wohnung teilhaftig werden zu lassen[30].«

V

Selbst wenn die Notwendigkeit des Wohnungsbaus anerkannt war, blieb noch immer die Frage, wie die Wohnungen aussehen sollten. Nicht zufällig hat Rading die folgenden Sätze gesperrt drucken lassen: »Es wird die allerwichtigste theoretische Aufgabe der nächsten Jahre sein, das Wohnproblem der Zeit unabhängig von Wirtschaft und Zahl zu untersuchen und anschließend die allerwichtigste praktische, der Wirtschaft diese Ergebnisse anzupassen[31].« In der Wirklichkeit der Weimarer Republik geschah jedoch die Anpassung meist schon lange, bevor die theoretische Untersuchung überhaupt in Gang gekommen war. Den Ausschlag gab in der Regel das fehlende Geld, doch spielte auch die Rückständigkeit des Bauwesens eine Rolle, die nicht nur Gropius immer wieder beklagt hat: »Die Technik kennt zum Teil noch nicht die für den gesamten Hausbau zu lösenden Aufgaben, da ihr dieses Gebiet noch neu ist und sie meist nur vom spezialistischen Standpunkt aus an dieses Problem herantritt[32].« Als Nothelfer bot Gropius seinen eigenen Stand an: »Wer sonst als der Architekt wäre dazu berufen, diese Mängel aufzuzeigen und die Forderungen an die Industrie klar zu formulieren[33].« »Wir Architekten müssen *die Probleme stellen*, kraft unseres Überblicks über die zahllosen Zweige gewerblicher und wissenschaftlicher Fähigkeit, die der Bau umfaßt, und dadurch bestimmenden Einfluß auf den Gang der Entwicklung des neuen Bauens nehmen[34].«
Selbst wenn die Architekten über die nötigen Qualifikationen verfügt hätten, wären sie beim Wohnungsbau in Schwierigkeiten geraten. Wohl die größte, sicherlich aber diejenige, die dem Neuen Bauen gerade die zu Feinden machte, denen es vor allem dienen wollte, erwuchs aus den Wohnerwartungen und -gewohnheiten. Diese waren so verschieden von dem, was die Architekten als richtig erkannt zu haben glaubten, daß Rading schon 1926 resignierte: »Die Wohngewohnheit ist Schicksal geworden, die Reform wenigstens in den ersten Schritten nur durchzusetzen von wenigen, ohne die große Masse[35].« Eine Aufklärungsbroschüre von Werner Gräff, die an eben diese Masse sich wandte, hielt ihr unter der Überschrift »Verwirrte Situation« den Spiegel vor: »Die Große Masse, die mehr oder minder Mangel leidet, ist nichtsdestoweniger von einer Vorstellung von Wohlstand und Wohlleben beherrscht, für die ihr die ›bürgerliche Wohnung‹ von gestern Symbol ist. Das Ideal des Wohnens, das sich diese Leute erträumen, ist dementsprechend geformt[36].« Die meisten damaligen Wohnungen erschienen Gräff grotesk: »Es ihren Insassen klarzumachen, ist aber schon darum kaum möglich, weil sie mit zäher Liebe an ihrem Ideal hängen, und dies um so eher tun, als auch die geringe Stufe, die sie erreicht haben, sie bereits schwere Opfer gekostet hat. So sind sie zu einer sehr unvollkommenen und sehr unzweckmäßigen Wohnart verurteilt[37].« Gräff war mit seiner Klage nicht allein; auch Hilberseimer schreibt von dem Mangel an Klarheit und Eindeutigkeit in den Wünschen der Hausfrauen, » . . . die nicht objektiv begründet sind, sondern von subjektiven Anschauungen ausgehen[38]«. Er war allerdings optimistischer und begründete den Mangel damit, daß » . . . die Frauen sich erst seit kurzer Zeit mit den für sie einschneidenden Fragen beschäftigen beginnen[39]«. Bei Gräff heißt es: » . . . ist sich die Masse der Bevölkerung über die Richtung ihres Wohnwillens gegenwärtig noch nicht klar, so kann man doch wohl ihre Sinne schärfen, Vorurteile lösen, Instinkte wecken und die Regungen sorgfältig beobachten[40]«.
So oft der Konflikt benannt wurde, so wenig geschah zu seiner Lösung. Theoretisch war leicht einzusehen, daß Architekten und Bauherren von den Bewohnern zu lernen hatten und nicht einfach den Unverstand »der Masse« beklagen durften. Auf der anderen Seite war aber auch einleuchtend, daß die Mieter ihre Gewohnheiten hätten überprüfen und vielleicht auch ändern sollen, und zwar in ihrem eigenen Interesse, nicht in dem der Architekten. Selbst darüber war noch Einverständnis möglich, daß Architekt und Einrichter auch ohne ausdrücklichen Auftrag an diesen Problemen zu arbeiten hatten, aber diese Arbeit führte andererseits schnell zu dem, was Behne schon 1930 als die »diktatorische Methode« anprangerte: »Es ist ganz gewiß richtig, daß die Schuld an dem Nichtzustandekommen genauso auf seiten des Mieters liegt wie auf der Seite des Architekten . . . Aber die Tatsache bleibt bestehen, daß der Architekt noch immer viel zu hoch hinaus will. Im Grunde denkt er noch immer: die Siedlung, das ist mein Werk, meine Idee, mein Produkt, und ich werde dieses zur größten künstlerischen Vollkommenheit treiben . . . die Menschen müssen sich dann einpassen. Aber die Siedlung ist erst mit den Menschen komplett, und wenn in einer Siedlung außen der letzte Stahl-, Glas- und Flachdachschick herrscht, und innen stehen Plüschmöbel mit Muscheln, und gegen Morgen- und Abendsonne sind schön mit Schleifen in der Mitte geraffte Gardinen und auch Lambrequins und Stores, dann ist wieder etwas Wesentliches nicht richtig[41].« Bei einer anderen modernen Siedlung wurde 1930 das »Exerzierplatzmäßige« beklagt. Das Ganze habe ». . . die Geste des Zwangs und der Numerierung, es hat den gesteigerten Ausdruck einer sehr fatalen und ebenso diskutablen Mechanisierung des Menschen . . . Der Arbei-

ter, der Handwerker, der kleine Beamte usw., sie dürfen nicht einfach Objekt der Siedlungsgestaltung sein. Denn sie sind ja nicht nur durch die Mittel, die sie aufbringen, sondern auch durch ihren Anspruch auf persönliches Glück, wenn auch im engsten Rahmen, die eigentlichen Bauherren, und es ist nur selbstverständliches Recht, wenn man die Lebensform, die Besonderheiten des Daseins und auch die Wünsche des Bauherren nach Möglichkeit berücksichtigt[42]«.
Wenn Hilberseimer in dieser Situation auf die Gesellschaft als den eigentlichen Auftraggeber rekurrierte, dann war das sicher richtig, aber es war keine Lösung, denn auch Hilberseimer konnte weder Kriterien noch Instanzen namhaft machen, die im Konfliktfall entscheiden würden: »Das Grundproblem der Haus- und Wohnformen ... ist ein gesellschaftliches. Sie werden jeweils andere sein, je nachdem die Gesellschatf die Tendenz hat, die Familie zu erhalten, aufzulösen oder dem einzelnen die Wahl der Lebensform zu überlassen. Also auch hier, wie bei allem Bauen, tritt zunächst das Bauherrenproblem als bestimmend in den Vordergrund, wobei unter Bauherr allerdings nicht der zufällige Auftraggeber, sondern die Gesellschaft als Bauherr zu verstehen ist. Aufgabe des Architekten aber ist es, die ihm durch die Gesellschaft gestellten Aufgaben so vollkommen wie möglich zu erfüllen, und einziges Kriterium einer solchen Lösung ist der Grad der Vollkommenheit. Darüber hinaus hat der Architekt die Aufgabe, als *Architekt* neue Möglichkeiten aufzuzeigen, die, wenn sie auch den gesellschaftlichen Anschauungen zunächst widersprechen sollten, zukünftige Lösungen vorbereiten[43].«
Die Auseinandersetzung um das Neue Wohnen konzentriert sich auf die Architektur-Publizistik, in der sich nur wenige Stimmen zum Anwalt der Bewohner machten. In der Regel blieben die Architekten unter sich, was ihrer Neigung zur diktatorischen Methode nur allzu günstig war. Unterschiedlich waren allein die besonderen Inhalte des Diktats, die vor allem ästhetische sein konnten, aber auch soziale. Vor der ersten Tendenz hat bereits Gräff seine Leser gewarnt: »Eine Neuerscheinung des letzten Jahrzehnts ist der Raum als moderne Komposition, in dem jedes Stück seinen genau vorgeschriebenen Platz hat. Mit Recht wurde darauf hingewiesen, daß der Mensch in solcher Komposition störe[44].« Nicht weniger bedenklich stimmen aber auch diejenigen Programme, die eine »wesentliche Lebensbereicherung« ausgerechnet aus der Rationalisierung des Bauwesens ableiten wollten: »Der Ablauf des täglichen Lebens wird so in einer Weise organisiert, daß in ihm außerdem ein großer erzieherischer Wert liegt. Die kollektive Lebenskameradschaft zwingt zu einer gegenseitigen Hilfsbereitschaft und Disziplin[45].«

VI

Die Entwicklung neuer Wohnformen war eine Aufgabe, auf die die Architekten im Grunde nicht vorbereitet sein konnten, denn weder waren sie selbst dafür ausgebildet, noch konnten sie sich von anderen verbindlichen Rat holen. Nicht um die Erfüllung bestehender Bedürfnisse handelte es sich ja, sondern um die Aufdeckung vielleicht latent vorhandener, meist aber nur für die Zukunft antizipierbarer. Und diese neuen Wohnformen sollten auch noch allgemeine Geltung haben, nicht etwa nur für einen bestimmten Bauherren, mit dem man gemeinsam eine Konzeption hätte erarbeiten können. So blieben die Architekten und Publizisten meist unter sich. Schnell entstand ein relativ großes Maß an Übereinstimmung, das allerdings nicht so sehr einer Klärung der Probleme zu verdanken war, als der Gemeinsamkeit oft ungeprüfter und durchweg sehr zeitgebundener Annahmen und Hoffnungen. Hinzu kam, daß es auch bei den modernen Architekten oft an einem klaren Ziel fehlte: »Nur wenige besitzen hierzu ein genügendes Maß von Offenheit, Freiheit und visionärer Kraft – dem Rest kann es im gegenwärtigen, entscheidenden Moment nur zur Mitläuferschaft langen[46].« Wo die eigenen Argumente schwächer wurden, konnte man sich aber immer noch dadurch legitimiert fühlen, daß die Wohnreform ja Teil umfassender gesellschaftlicher Veränderungen war: »Die Notwendigkeit einer neuen Einstellung zur Familie, ... die Souveränität des Menschen über Dingliches, die im Entstehen begriffenen Änderungen im Gemeinschaftsleben sind Probleme, deren Entwicklung gleichlaufend mit denen der Entwicklung einer neuen Wohnform sind ...[47].«
Am größten war die Übereinstimmung in den schriftlichen Äußerungen. Immer wieder findet man in ihnen das Postulat einer Rationalisierung von Wohnung und Haushalt und außerdem die Forderung, die Wohnung solle Ausdruck eines der modernen Gesellschaft angemessenen Lebensgefühls sein[48]. Beide Ziele standen in Widerspruch zu den meist noch ungebrochenen Vorstellungen der Zeitgenossen: »Das Haus ist oft Maßstab des Wohlstandes, an dem ein Bürger den anderen mißt ... Für den, der redlich und klar denkt, ist das Haus Gebrauchsgegenstand. Für neunzig vom Hundert, für den Bürger, ist es etwas anderes: es ist Repräsentation. Dahinter verbirgt sich der Stolz, zu zeigen, was man sich leisten kann, das falsche Bestreben, einen anderen Menschen zu überbieten, noch größer, prunkvoller und kostbarer zu wohnen als der Nachbar[49].« Wohnungsnot und Wirtschaftskrise aber sollten die Menschen zwingen, »einer ökonomischen Lebensweise zuliebe[50]« Gewohnheiten und Traditionen preiszugeben: »Die beste Wohnung wird die sein, die zu einem vollkommenen Gebrauchsgegenstand geworden ist und damit die Widerstände des alltäglichen Lebens auf ein Minimum reduziert. Das wird dann erreicht sein, wenn die Wohnung, die früher repräsentativ war und heute ziemlich beschränkt ist, so organisiert wird, daß die einzelnen Räume und ihre Einrichtung ihren Zweck und ihrer Funktion entsprechend durchgebildet sind[51].«
Was aber Zweck bedeutet und was Funktion, das wird auch hier keineswegs ermittelt, sondern dekretiert. Repräsentation, nun als asozial gegeißelt, könnte ja durchaus eine Funktion sein, ebenso wie die Abschirmung einer Privatsphäre, Geborgenheit und die viel geschmähte »Gemütlichkeit«. Das Axiom, daß die Sphäre von Technik, und Zweckrationalität in sich selbst vernünftig sei und deshalb auf alle Bereiche übertragen werden müsse, war bezeichnend für die auch bei der Wohnreform wirksame »Architektenzuversicht, die überhaupt nicht aus Politik, sondern aus technoid fortgeschrittenem Können und dem Willen zu seiner Anwendung erwachsen ist ...[52]«: »Die Technik, deren präzisen und ökonomischen Gestaltungsprinzipien wir die zeitgemäßen Verkehrsmittel verdanken, hat unser Denken allmählich so durchdrungen und unsere Phantasie in eine neue Richtung gelenkt, daß diese Vorstellungen unsere Umwelt und unser gesamtes Leben immer einheitlicher mit einem neuen Formeneinklang erfüllen[53].« Corbusiers Formel von der »machine à habiter«, dem Haus als einem Instrument zum Wohnen, war in der

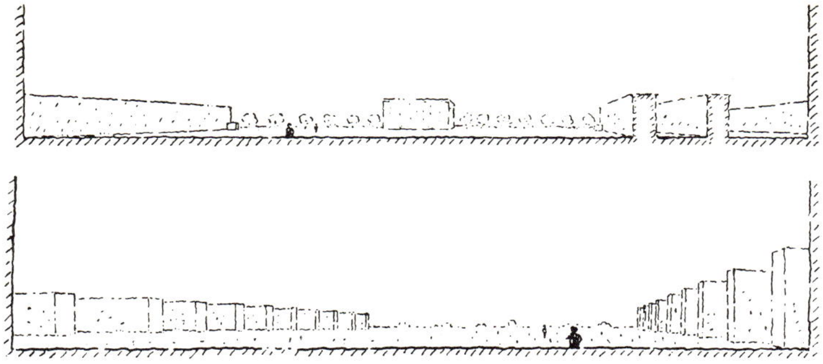

54 A. Rading, *Städtische Bebauung,* Entwurf

53 H. Scharoun, *Wohnzimmer,* Haus Scharoun Weißenhofsiedlung Stuttgart

Übersetzung zur »Wohnmaschine« geworden[54], was bei Anhängern wie Gegnern des Neuen Bauens schnell zu grundlegenden Miß-verständnissen geführt hat. Schon 1928 hat Behne sich dagegen verwahrt: »Mißverständlich wird die Bezeichnung aber, wenn man die Maschine als einen stilistischen Begriff nimmt und glaubt, das Haus, die Wohnung, das Möbel müsse in einem falsch verstandenen Konstruktivismus glatt, kalt, poliert und blank wie eine Maschine aussehen. Damit kämen wir nur auf eine neue Abart des Jugendstils . . .[55].«

Im Grunde legitimierte sich das Neue auch gar nicht so sehr durch seine erwiesene Überlegenheit, sondern durch den Kontrast zu einem vermeintlich schlechteren Alten. Nur so kann man verstehen, welch weitgehende Hoffnungen sich allein an das Verschwinden der Steinfassaden knüpften: »Früher war das Haus eine Burg, verschlossen gegen außen. Heute sehnen wir uns nach Entspannung, einem Hineinleben in die Natur. Wir öffnen Räume nach dem Garten und nach der Gesellschaft hin. Dadurch schaffen wir im Gegensatz zur geschlossenen Erscheinung früherer Bauten den Eindruck des Leichten, Geöffneten, Gelösten[56]« (Abbildung 53). Von einer solchen Wohnung glaubte man, sie könne ». . . die Sehnsucht des Menschen von heute erfüllen und in ihr offenbar werden ein *neues Ethos,* ein *neues Gemeinschaftsgefühl,* eine *neue Naturverbundenheit,* die den Geist befreit aus Dumpfheit und Enge und ihn löst durch enge Verbindung mit der Umwelt, die *neue Einfachheit und Sparsamkeit,* die durch Beschränkung auf Notwendiges und Wesentliches zu höchster Entfaltung der Persönlichkeit führt und den Menschen wieder das Maß der Dinge werden läßt[57]«. Zwar ist in solchen Texten von Zukunftskathedralen und kosmischen Architekturspielen nicht mehr die Rede, aber trotzdem ist die Nähe von Taut und Scheerbart spürbarer, als den Autoren lieb gewesen wäre. Schon Scheerbarts Glas sollte ja den Menschen mit der Natur und den Mitmenschen verbinden, ihn reinigen und läutern. Die Formen der utopistischen Phase waren längst überholt, die Hoffnungen aber überdauerten. Nur selten und nur am Rande war in den Texten auch davon die Rede, daß in diesen geöffneten Häusern arbeitende Menschen leben würden: »Wir sind Freiluftmenschen und brauchen Sonne und Heligkeit, wir sind durch den Kampf ums tägliche Brot über Gebühr angespannt und unsere Nerven brauchen im Haus dringende Ruhe. Unsere Wohnung soll, so gut dies möglich ist, Sanatoriumswirkung haben[58].«

Selbst die Gestalt der Städte sollte dem neuen Wohnkonzept gemäß verändert werden: »Es ist nötig, die Städte aufzulockern, einfach als Folge einer Wohnauffassung, die nicht mehr versucht, die Wohnung als nach außen Abgeschlossenes und nach innen Gerichtetes zu sehen (Abbildung 54). Es ist diese Auflockerung eine natürliche Folge der Ausstrahlung der Wohnung nach außen, des Inbeziehungsetzens zur Natur. Statt der Selbstbeschlossenheit des Städters eine Öffnung zum Raum, zum All . . .[59].« »Dahin ist letzten Endes unsere Wohnung zu entwickeln, Teil dieses unendlich großen Organismus der Natur, aus der Einheit des Lebens nicht zu lösen . . .[60].«

Nur der aus der Utopie weiterwirkende Glaube an die weltverändernde Kraft neuer Formen kann ein solches Pathos begründen. Trotz des pragmatischen und technischen Habitus dieser Schriften waren sie von historisch und politisch zunehmend fragwürdigen Hoffnungen getragen. Aus der Emigration hat Ernst Bloch bittere Anklage erhoben. »Der begonnene Grundzug der neuen Baukunst war Offenheit: sie brach die dunklen Steinhöhlen, sie öffnete Blickfelder durch leichte Glaswände, doch dieser Ausgleichswille mit der äußeren Welt war zweifelsohne verfrüht. Die Entinnerlichung wurde Hohlheit, die südliche Lust zur Außenwelt wurde, beim gegenwärtigen Anblick der kapitalistischen Außenwelt kein Glück. Denn nichts Gutes geschieht hier auf der Straße, an der Sonne; die offene Tür, die riesig geöffneten Fenster sind im Zeitalter des Faschismus bedrohlich . . . die Glastüre bis zum Boden setzt wirklichen Sonnenschein voraus, der hereinblickt und eindringt, keine Gestapo[61].« Schon 1929 war am Bauhaus die Sorge aufgetaucht, man baue sich ». . . praktische fiktionen der ordnung und übersichtlichkeit vor, während das leben in unberechenbaren wucherungen gegen unsere konstruktionen antreibt[62]«.

VII

Die Reform der Wohnung, das war schon eine Erkenntnis der neunziger Jahre gewesen, verlangte auch eine Reform der Einrichtung. In vielen Broschüren konnte der Interessierte sich Rat holen, bis ins Detail gehende Vorschläge wurden ihm unterbreitet und sogar Preis und Firmenadresse konnte er erfahren, wenn es sich um wenig verbreitete Artikel handelte[63]. Immer wieder wurde ihm vor Augen geführt, daß er sich daran gewöhnen müsse, »... nicht nur das Einzelstück zu sehen, sondern den Sinn für das Zusammenwirken aller Räume und aller Gegenstände (und des Bewohners dazu) auszubilden – und die Wohnung doch nicht als eine starre Form zu betrachten, sondern als eine organische[64]«. Diese Form aber, und das war der prinzipielle Unterschied zu den neunziger Jahren, war nicht mehr das aufs höchste individualisierte Interieur, nicht mehr das »Etui« eines bestimmten Menschen in einer bestimmten Situation[65]. Im Gegenteil: »Eine Wohnung, in der lebendige Menschen leben, muß deren wechselnden Bedürfnissen und Ansprüchen genügen können. Sie muß also möglichst leicht Veränderungen ertragen. Sie darf nicht einem strengen Käfig gleichen[66].« Daß dabei die schichten- und altersspezifischen Bedürfnisse mittelständischer Kleinfamilien zur absoluten Norm erhoben wurden[67], ist selbst dem kritischen Gräff entgangen: »Das Bedürfnis nach freierer Beweglichkeit, das für den modernen Menschen kennzeichnend ist, läßt ihn auch jenen Hang zum Überstabilen ablegen, von dem unsere Vorfahren besessen waren, und der in der Pseudostabilität der burgenmäßigen Wohnbauten von früher und heute seinen Ausdruck fand. Er will große Fenster – keine Schießscharten. Und die Möbel leicht – nicht als Barrikaden. Je leichter sie sind, desto weniger stören sie im Raum[68].«

Ästhetische Gesichtspunkte, die Gräff allerdings nicht ausdrücklich als solche einführte, sondern als »Forderung der Sinne«[69], werden auch bei anderen Autoren immer wieder als die eigentlich bestimmenden erkennbar: »Die Möbel und ihre Anordnung sollen so sein, daß die Möglichkeit einer leichten Ausübung aller Lebensfunktionen gewährleistet wird und eine möglichst große freie und unbeschattete Stelle zu ungehinderter Bewegung übrigbleibt. Außerdem sollen die Möbel die einheitliche Wirkung der Wandflächen und des Raumes nicht beeinträchtigen und nicht zuviel Schatten verbreiten, sondern im Gegenteil die Wirkung des ganzen Bildes heben. Die Möbel selbst müssen in Form und Material miteinander und mit dem Raum harmonieren[70].«

Alexander Klein hat 1928 in einem ausführlichen Aufsatz dargelegt, wie die übliche Berliner $3^1/_2$-Zimmerwohnung bei gleicher Grundfläche aussehen könnte, würde man sie den neuen Forderungen anpassen (Abbildung 55, 56). Besonders hervorgehoben ist »die Bedeutung klarer Trennung von Wohn- und Schlafgruppe und der Transformierung zweier Räume der Wohngruppe mit ausgesprochenen Funktionen in einen großen Wohnraum für alle Funktionen (Essen, Wohnen, Arbeiten, Ruhen), außerdem die Bedeutung richtiger Verteilung der Möbel[71]«. Seine Alternativlösung bietet, so Klein, wesentliche Vorteile, die herkömmliche Wohnungscharakteristik nur viele Nachteile: »1. Keine einheitliche Orientierung der Räume; 2. Keine Gruppierung der Räume; 3. Umständliche Verbindung zwischen den Räumen der Eßgruppe (Küche-Eßraum) und denen der Schlafgruppe (Schlafräume, Bad, WC); 4. Keine Bewegungsfreiheit wegen ungünstiger Möbelaufstellung; 5. Verschattung eines Schlafraumes durch die Laube; 6. Ungünstige Belichtungsverhältnisse durch Anordnung von 2 und 3 Lichtöffnungen in einem Raum bei geringer Frontlänge. Keine ruhigen Sitz- und Arbeitsplätze. In der Diele sechs Türen; daher ist dieselbe nicht auszunutzen.« Dagegen Kleins Vorschlag: »Hauptziele: Ordnung und Weiträumigkeit. 1. Klare Zerlegung der Wohnräume in 2 Hauptgruppen: a) Wohn-Eß-Kochgruppe mit Anschluß an die Laube, b) Schlafgruppe mit Anschluß an das Bad und WC; 2. Zusammenfassung des Wohnraumes und des Eßraumes, Trennungsmöglichkeit durch Vorhang oder Klapptür; 3. Küche zugunsten des Hauptraumes möglichst klein; 4. Kleideraufbewahrung in einem besonderen, durch eine verglaste Tür belichteten Schrankraum; 5. Verbindung zwischen Laube und Küche (Durchreiche); die Laube verdunkelt keine Haupträume; Anordnung der Bettstellen in schwächer belichteten Zimmerteilen, der gut belichtete Teil ist freie Bewegungsfläche; 7. Konzertierte Möbelstellung, an den Wänden keine hohen Gegenstände, da die Kleider- und Wirtschaftsschränke eingebaut sind[72].«

Zwei weitere Gegenüberstellungen betreffen die Verkehrs- und die Bewegungsfläche. Zur Verkehrsfläche (Abbildung 57) der herkömmlichen Wohnung heißt es: »Fast die ganze Fläche der Diele dient dem Verkehr. Die Aufstellung der vorgesehenen Möbel ist nicht möglich; der Gang zur Laube ist beengt und umständlich. Das Vorbeigehen belästigt die Sitzenden.« In der von Klein vorgesehenen Verteilung dagegen (Abbildung 58) »... wird nur ein Streifen für den Verkehr benötigt. An den Wänden können Möbel gestellt werden. Der Zugang zur Laube ist geradlinig und frei. Keine Möbelstücke brauchen umgangen zu werden[73]«. Zu den üblichen Bewegungsflächen (Abbildung 59) meinte Klein: »Durch ungeeignete Möbelstellung sind die freien Flächen zersplittert und zur Hälfte in rückwärtigen, schlechter belichteten Zimmerteilen gelegen. Ihre gegenseitige Verbindung ist verwickelt.« Bei ihm dagegen (Abbildung 60) seien »die nach Aufstellung der Hauptmöbel verbleibenden Flächen zu größeren Flächen zusammengefaßt, liegen in den gut belichteten Teilen der Räume und sind untereinander günstig verbunden[74]«.

VIII

Das Instrumentarium zur Reform der Wohnungen glaubte man dank Rationalisierung und Typenbildung bereits zu besitzen, denn »äußerste Typisierung der Konstruktion bringt nicht Starrheit, sondern Lockerung der Wohnformen, macht individuelles Wohnen wieder möglich[75]«. Die Beschränkung auf Normen und Standards sollte auch eine Auflösung all derjenigen alten Bauteile bewirken, »... die in das Baugefüge unnötige Starrheit bringen ... Der Architekt oder der Bewohner vermag, ohne daß die Kostenfrage wesentlich tangiert wird, sich in weitaus größerem Maße als früher den individuellen Bedürfnissen ... anzupassen[76]«. Auf diese Weise kann auch das Kernproblem des modernen Hauses gelöst werden, das ein anderer Autor darin sah, eine große Wohnfläche zu schaffen, die im Bedarfsfall auch unterteilt werden könne: »Dieser Wohnraum vermittelt auch im bescheidensten Haus das Gefühl von schöner Weiträumigkeit und Freiheit, das früher nur die Häuser der Reichen auszeichnete[77].«

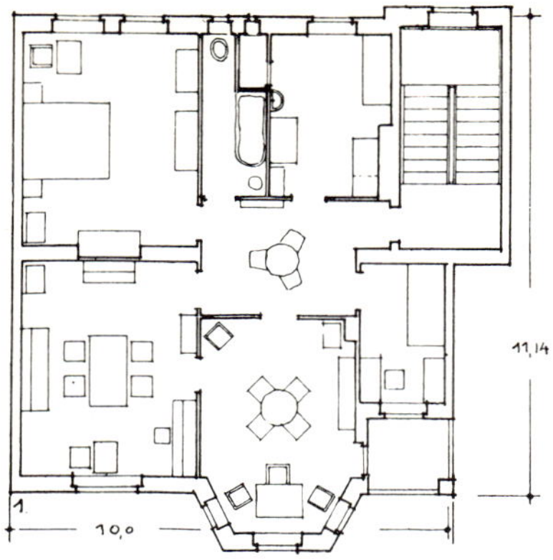

55 A. Klein, *Möblierung einer traditionellen Wohnung*

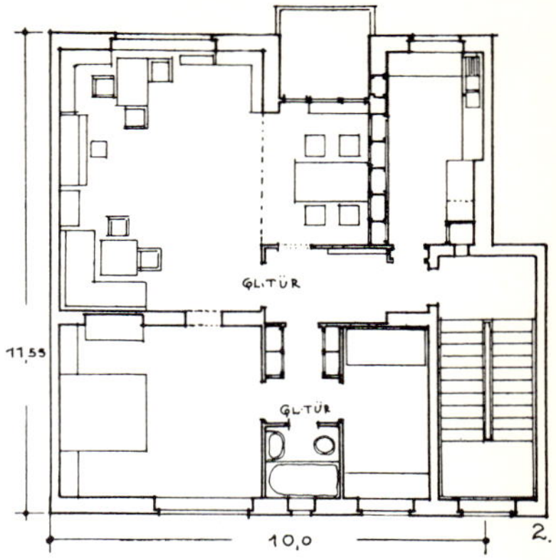

56 A. Klein, *Möblierung einer modernisierten Wohnung*

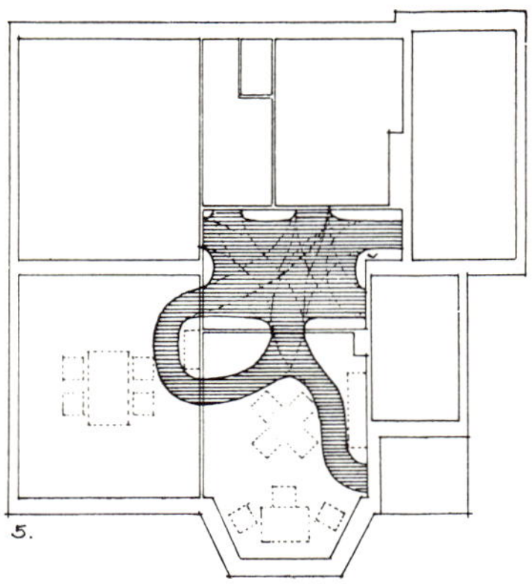

57 A. Klein, *Verkehrsflächen einer traditionellen Wohnung*

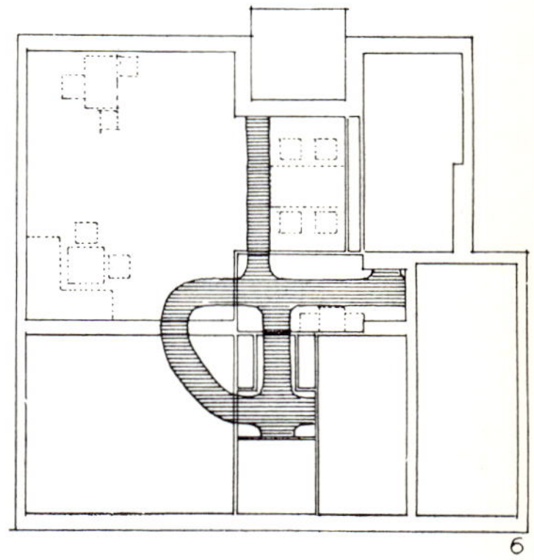

58 A. Klein, *Verkehrsflächen einer modernisierten Wohnung*

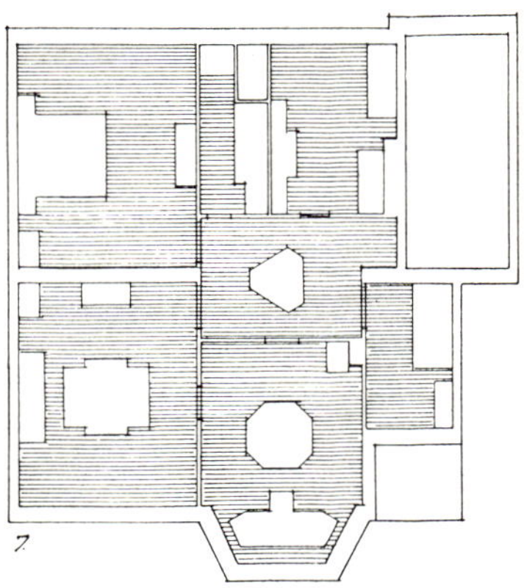

59 A. Klein, *Freiflächen einer traditionellen Wohnung*

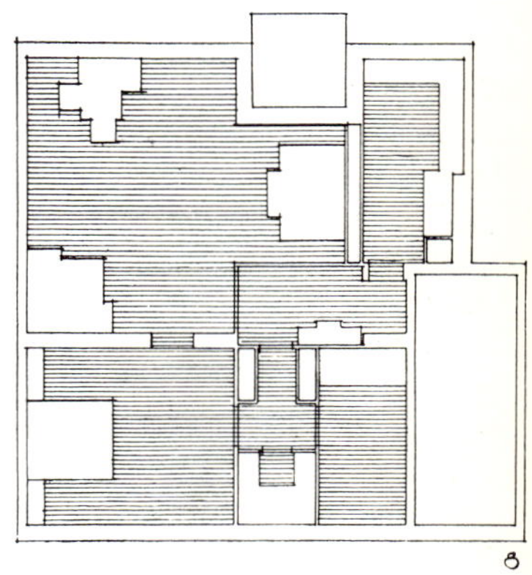

60 A. Klein, *Freiflächen einer modernisierten Wohnung*

61 *Weißenhofsiedlung*, Stuttgart

Stuttgart-Weißenhof: Streit um eine Ausstellung

I

Zum Katalysator der Bemühungen um ein neues Wohnen wurde die 1927 vom Deutschen Werkbund ausgerichtete Ausstellung am Weißenhof in Stuttgart (Abbildung 61), deren Oberleitung in den Händen Mies van der Rohes lag[1]. An der publizistischen Diskussion um das Neue Wohnen hatte Mies sich nicht beteiligt, doch hatten seine Landhaus-Projekte das neue Programm in vielen Punkten vorweggenommen. Es entsprach immer der Denkweise von Mies, neben den technischen vor allem die baukünstlerischen Probleme herauszustellen, doch war dies angesichts der unreflektierten Hoffnungen, »befreites Wohnen« werde sich dank der Rationalisierung gewissermaßen von selbst ergeben, 1927 auch objektiv notwendig geworden. Solchen Auffassungen stellte Mies die These entgegen, »... daß das Problem der neuen Wohnung ein baukünstlerisches Problem ist, trotz seiner technischen und wirtschaftlichen Seite. Es ist kein komplexives Problem und deshalb nur durch schöpferische Kräfte, nicht aber mit rechnerischen oder organisatorischen Mitteln zu lösen. Aus diesem Glauben heraus habe ich trotz aller heute gültigen Schlagworte wie ›Rationalisierung‹ und ›Typisierung‹ es für notwendig gehalten, die in Stuttgart gestellten Aufgaben aus der Atmosphäre des Einseitigen und Doktrinären herauszuheben. Ich war bemüht, das Problem umfassend zu beleuchten und habe darum die charakteristischen Vertreter der modernen Bewegung aufgefordert, zu dem Wohnproblem Stellung zu nehmen[2]«. Auch das offizielle Programm insistierte: »Rationalisierung und Typisierung sind nur Mittel, dürfen niemals Ziel sein. Das Problem der Neuen Wohnung ist im Grunde ein geistiges Problem und der Kampf um die neue Wohnung nur ein Glied in dem Kampf um neue Lebensformen[3].« Das Denken in den Kategorien von gegebenen Problemen einerseits und dazu Stellung nehmenden Persönlichkeiten andererseits hat bei Mies oft problematische Züge. Der spezifischen Situation von 1927 war es jedoch angemessen, denn weder von der publizistischen Debatte noch von der Standardisierung war damals ein wesentlicher Fortschritt zu erwarten, sondern nur von exemplarischen Lösungen, die ihrerseits wiederum Gegenstand der Kritik und Ausgangspunkt neuer Versuche werden konnten.

In den Erläuterungen der Architekten haben die Forderungen von Mies nur ein geringes Echo gefunden, Experiment aber waren die Stuttgarter Häuser alle. Nur Poelzig wollte dem »geistigen Arbeiter«, dem sein Stuttgarter Haus zugedacht war, »eine Umstellung auf völlig neuartige Wohnverhältnisse« nicht zumuten[4]. In ihren Texten sind die Architekten vor allem auf die konstruktiven Probleme eingegangen, seltener auf die sozialen. Von wenigen Ausnahmen abgesehen, bauten sie – als wäre das selbstverständlich – für gut situierte Mieter, wie man schon an den fast überall vorgesehenen Mädchenzimmern sieht. Bestätigt wird dieser Eindruck durch die Liste der ersten Bewohner, die fast nur Akademikerfamilien aufführt und in der Regel nur solche, die wenigstens eine Hausangestellte beschäftigen konnten[5]. Der Sachverhalt ist symptomatisch, denn tatsächlich waren nur in einem solchen Rahmen die Bedingungen für ein befreites Wohnen gegeben – so oft in den Programmen auch von Arbeitern die Rede sein mochte[6] (vgl. Abbildung 53 mit 72, 73).

II

Die Siedlung am Weißenhof war die erste umfassende Selbstdarstellung des Neuen Bauens. Auch ohne Detailvorschriften war sie als Einheit gedacht, nicht nur als Versammlung interessanter Einzelhäuser. Die Stilkonventionen waren innerhalb der progressiven Gruppen bereits so stark, daß eine einheitliche Erscheinungsweise von vornherein erwartet werden konnte. Darüber hinaus wollte Mies die Bauten aber auch städtebaulich zu einer Einheit verbinden, und zwar zu einem nur durch Fußwege erschlossenen reinen Wohnbezirk. Die Häuser sollten ursprünglich auf Trassen stehen, die Rücksicht auf die Hanglage des Geländes nahmen[7]. Im Inneren wären die Geländeunterschiede durch Terrassen überbrückt worden, die die Häuser zwar als Einzelbauten betont, zugleich aber auch das Teil der Siedlung definiert hätten. Heute ist die ursprünglich beabsichtigte Wirkung nur noch teilweise zu rekonstruieren. Erhalten blieb jedoch die Schauseite der Siedlung zur Stadt, die nicht nur formal interessant ist, sondern auch ikonographisch, denn der Platz der wichtigsten Häuser scheint durchaus nicht zufällig zu sein: Den exponiertesten Platz hat mit Corbusier auch der hervorragendste der beteiligten Architekten[8]. Auf der Gegenseite steht, schon durch seine Höhe herausgehoben, das Haus eines der Väter des Neuen Bauens, das von Peter Behrens, der auch der Lehrer von Mies gewesen war. Dazwischen liegen die übrigen Häuser, überragt von dem Appartementhaus des Ausstellungsdirektors.

Hätte Mies seinen ersten Entwurf verwirklichen können, dann wäre die Kritik an dieser »Vorstadt Jerusalems«[9] sicherlich noch schärfer ausgefallen als sie es ohnehin schon war. Zwar hatte Mies auf das Gelände Rücksicht genommen, nicht aber auf die lokale Bautradition. Die Beziehung zur Landschaft war auch für ihn ein Wert, aber er verstand darunter nicht Einpassung, sondern komplementäres Widerspiel. Eine Einpassung verhinderten schon die Materialien, die Farben und, in geringem Grade, auch die kubischen Formen. Nach den Modellfotos war vor allem die ursprüngliche Planung von Mies ästhetisch ohne Makel, doch wird man heute auch den Bund für Heimatschutz wieder besser verstehen, der gegen die »schwere Schädigung des Landschaftsbildes von Stuttgart« protestierte[10]. Und ebenso wird man die

Einwände eines Stuttgarter Städtebauers nicht mehr ohne weiteres als reaktionär abtun, der gegen die »nüchternen Würfel« Bedenken erhob, die »hart im Bilde der weichen und schmiegsamen Linien der Stuttgarter Landschaft« stehen[11]. Trotzdem aber wird man im ganzen auch heute noch dem Kritiker Recht geben müssen, der befand: »Die Bauten stehen im großen und ganzen bildhaft zueinander und passen sich dem breiten Höhenzug maßstäblich wie lagehaft wohl an; hierin eine ungleich bessere Lösung als der größte Teil des bisherigen Stuttgarter Höhenbebauung[12].«

Auch in diesem Fall sind ästhetische und weltanschauliche Motive aufs engste verflochten, und wichtiger noch als die Härte, mit der das »Konglomerat von nüchternen Würfeln« sich von der Landschaft abhob, war dem konservativen Kritiker, daß »nichts mit Klima und Boden verwachsen« war und alles nur »erborgt, zufällig und fremd« wirkte. Für ihn war es auch selbstverständlich, die Weißenhofsiedlung auf bereits bekannte Architektur zurückzuführen, was folgerichtig nur zur Verurteilung führen konnte, fehlte doch in Stuttgart alles, was »den märchenhaften kubischen Städten des Südens den magischen Zauber gibt: die Herbe des Baukörpers, die Herbe der Vegetation, der Landschaft. Felsen, Meer und vor allem die Sonne des Südens, die alles verschmelzende Glut des Lichts[13]«. Für die modernen Architekten war es wiederum genauso selbstverständlich, ihre Bauten nicht auf den Ort oder die Landschaft zu beziehen, sondern auf die international sich durchsetzende Industriegesellschaft: »Das Wohnhaus hat immer, in jeder Gegend, in jeder Stadt, einen eigenen Typus gezeigt, und zwar darum, weil die vorhandenen Materialien, die Lebensgewohnheiten, verschieden waren. Der moderne Mensch fährt immer schneller von Ort zu Ort, Lebensgewohnheiten und Weltanschauung gleichen sich infolge des Verkehrs immer mehr aus, so daß die Aufgabe des Wohnungsbaus ihren lokalen provinziellen Charakter verliert[14].«

III

Was den Zeitgenossen am Weißenhof am meisten auffiel und worauf sie am stärksten reagierten, waren nicht die Wohnprogramme und nicht die konstruktiven Experimente, sondern die Formen. Wenn es 1927 in Deutschland überhaupt moderne Architektur zu sehen gab, dann handelte es sich um isolierte Werke einzelner Architekten oder aber um Großsiedlungen, die von vornherein eine große Einheitlichkeit erwarten ließen. In Stuttgart dagegen hatten sich mehr als zehn Architekten aus verschiedenen Ländern zusammengefunden, deren Häuser trotz aller Verschiedenheit als Produkte der gleichen Denkweise erschienen. Der Eindruck einer internationalen Übereinstimmung muß 1927, als die Erwartungen noch fast ausschließlich von traditioneller Architektur geprägt waren, außerordentlich intensiv gewesen sein, zumal die Gemeinsamkeiten durch den Kontrast zum Gewohnten größer schienen, als sie in Wirklichkeit waren.

Daß sich die Reaktion der Besucher vor allem an den Formen entzündete, war keineswegs unangemessen, denn in den Formen kamen das zugrundeliegende »Lebensgefühl« und die neuen Ziele sehr viel klarer und unmittelbarer zum Ausdruck als etwa in den Grundrissen. Nicht nur die aus der heimischen Tradition vertrauten Materialien wurden vermißt, sondern überhaupt alle »natürlichen« Werkstoffe. Dafür gab es Glas, Metall und weißen Putz in Fülle. Nicht die gewohnten Farben erwarteten den Besucher, sondern die »künstlichste« von allen, das Weiß, und nicht an bekannter Architektur orientierten sich die Umrisse, sondern an der dem großen Publikum noch immer fremden, wenn nicht gar unbekannten abstrakten Malerei. Durch diese Formen erst erhielt die in der Raumverteilung, im Grundriß und im Querschnitt sichtbar werdende Wohnform ihren spezifischen Sinn, denn erst durch die Formen kamen die Charakteristika zutage, die ein wohlwollender Kritiker dem Weißenhof zugute hielt: »... das Weite, ineinanderfließend Freigeöffnete, das innerlich Reinliche, Schlichte und Phrasenabwehrende«. Diese Werte gingen sofort verloren, wenn die Häuser – selbst bei gleichem Grundriß und gleichem Querschnitt! – in herkömmlichen Materialien und in herkömmlichen Formen nachgebaut würden.

Vorgeschrieben war in Stuttgart nur das flache Dach, das von den Besuchern auch sogleich als Bekenntnis verstanden wurde, da mit ihm nicht nur ein lange bewährtes Mittel zur Individualisierung des Hauses verschwand, sondern auch das ganze Assoziationsfeld vom Haus als einem Unterschlupf und Obdach. Verweigert wurden auch die anderen Formen, die dieses Assoziationsfeld ergänzen, indem sie das Haus anschaulich fest auf den Boden stellen und seinen Bewohnern hinter dicken Mauern Schutz gewähren. Zwar standen nur die Häuser Corbusiers (Abbildung 62) auf dünnen Stelzen, doch fehlten auch bei den anderen die gewohnten Böschungen und Sockel. Türen, Treppen und Zäune, beim bürgerlichen Wohnbau gediegen und solide aus Schmiedeeisen oder Holz gefertigt, fehlten entweder ganz oder hatten demonstrativ technisch-instrumentalen Charakter.

Ganz anders war der Habitus von Wohnhäusern konservativer Architekten, unter denen sich die Bauten Schmitthenners durch ihre Qualität besonders auszeichnen[15] (Abbildung 1, 128). Schmitthenner hat in den Einzelformen historische Bezüge vermieden und seinen Häusern durch den Verzicht auf auffällige Details fast immer den Charakter des Selbstverständlichen zu geben verstanden. Sie wirken ruhig, gefestigt und dank der Symmetrie der Türen und der Fenster als außen wie innen wohlgeordnet. Im konventionellen Sinne repräsentative Formen sind betont weggelassen, was freilich dann doch wieder ein Mittel der Repräsentation wird, deren Thema allerdings nicht mehr Macht und Status sind, sondern Schlichtheit, Gediegenheit, Zurückhaltung: »Unter einer Schar eitel und billig aufgeputzter Menschen kann man nur bestehen durch Bescheidenheit, ... in der Anstand immer beschlossen liegt[16].« Die Häuser sind in der Regel von Pflanzen und Bäumen umgeben, die wie absichtslos, »natürlich«, um sie verteilt sind. Bei einem der Schmitthennerschen Höfe war der Boden »... aus roten Sandsteinplatten mit breiten Grasfugen ... gemacht, eine spinnendünne Decke ist über den Raum gespannt, in zwei oder drei Jahren ist ein Rebdach daraus geworden und zum Überfluß springt ein kleiner dünner Wasserstrahl in ein Seitenbecken, das eben mit dem Plattenboden liegt. Dem Rationalisten läuft es kalt über den Rücken. Das erinnert ihn denn doch zu sehr an Eichendorff oder gar an Gottfried Keller, falls er den Anfang des Grünen Heinrich kennen sollte: ›das Höfchen, das die Heimat umschließt‹. Was hat das mit der schwer erkämpften Sachlichkeit zu tun, was mit der internationalen Gültigkeit der neuen Form? Ganz recht, damit hat es ganz und gar nichts zu tun[17]«.

Die Frage, ob Offenheit oder Geschlossenheit dem Wohnhause angemessen sei, wurde zu einem der Leitmotive der zeitgenössischen Weißenhof-Literatur. In einer zusammenfassenden, auch andere Autoren einbeziehenden Kritik hat Rudolf Pfister sich sogar auf ein »Urgefühl der Menschheit« berufen wollen, als er schrieb: »Es ist kein mittelalterliches Rudiment, jenes Gefühl des Umschlossenseins, des Geborgenseins, des Alleinseins mit jener höheren Welt, das den Mönch in seiner Zelle, den Mann in seinem stillen Arbeitszimmer, den Bergsteiger auf einsamem Gipfel und den Wanderer im tiefen Walde erfüllt und aus dem die heiligsten Ströme echten Menschentums fließen[18].« Auf der Gegenseite sprach Richard Döcker auch für seine Kollegen, wenn er feststellte: »Wohnen ist heute mehr denn je eingestellt auf den Zusammenhang mit Licht, Sonne, Luft. Das Wohnhaus erhält daher große Fenster, dünne Pfeiler, wärmehaltige Wände. Das Wohnzimmer hat meist direkten Ausgang nach dem Freien, um einen unmittelbaren Zusammenhang, um ein Sichöffnen nach außen zu erreichen, im Gegensatz zu dem Sichabschließen des alten und heutigen Wohnbegriffen ungenügenden Hauses[19].« Ganz radikale Gegner des Neuen Bauens haben hinter solchen Zielen sogar politische Motive vermutet. So erschien 1928 unter dem Titel »Neuzeitliche Wohnbaukunst und deutsche Selbstbesinnung« ein Aufsatz, in dem unter anderem gefragt wird: »Ist bewußt oder unbewußt nicht sehr oft die politische Sorge am Werke, daß aus deutschen Räumen deutscher Verinnerlichung dermaleinst dem politischen Radikalismus ... Gegner erwachsen könnten, die den kollektivistischen Bestrebungen des modernen Lebens einen veredelnden deutsch-bürgerlichen ... Individualismus entgegenstellen könnten[20]?«

IV

Vergleicht man das Raumprogramm und den Grundriß der Häuser am Weißenhof genauer, dann liegen die Übereinstimmungen vor allem in dem, was ihnen felt. Sie haben weder Salon noch Herrenzimmer, und auch ein Vestibül oder ein ansehnliches Treppenhaus sucht man vergebens. Ein konservativer Bauherr hätte außerdem die symmetische Anlage und die repräsentativen Zimmerfluchten vermißt. Die Räume gruppieren sich in der Regel zu Funktionseinheiten, zum Beispiel die Diensträume um das Wohnzimmer[21]. Dieses ist durchweg ungewöhnlich groß und meistens noch um einen Eßplatz erweitert, der an die Stelle des Speisezimmers trat. Oft war das Wohnzimmer von zwei Seiten beleuchtet, um in diesem zentralen Raum möglichst viel Licht, Luft und Sonne zu vereinen.
Die Einrichtung und die Wirkung der Zimmer sind nach den Fotos nur noch in den allgemeinsten Zügen zu beurteilen (Abbildung 53), doch scheint der Charakter des Inneren dem des Äußeren sehr ähnlich gewesen zu sein. Auch innen dominierten technische Materialien über natürliche, leichte Gebilde über schwere. Das Funktionieren des Hauses demonstrierten sichtbare Heizkörper und freigelegte Leitungen. Dafür fehlte, was eine Wohnung für die meisten Menschen erst wohnlich macht: die Teppiche und die Vorhänge, die Lüster und die Spiegel, die Bilder und die Topfblumen. Auch die Vitrinen und Bücherschränke, in denen man die Schätze der Familie hätte bewundern können, waren verbannt. Daß Wände keine Verschalung und Türen weder Rahmung noch Schwelle hatten, verstand sich von selbst[22].

Die Möbel gäben Stoff für ein zweites Buch, das sich zu einer Untersuchung des gesamten Design der zwanziger Jahre ausweiten würde. Im ganzen zeigt ihre Entwicklung ähnliche Tendenzen wie die der Architektur. Noch stärker als bei dieser war bei den Möbeln die Betonung des Geräthaften, für das die bürgerliche Garnitur die negative Folie abgab: »Das ›komplette Herrenzimmer‹ und das ›komplette Schlafzimmer‹ sind zum kompletten Unsinn geworden. Sicher entstanden sie ursprünglich aus dem Bestreben, einen gewissen Zusammenhang zu erreichen, aber sie wurden bald lediglich zum Vorwand eines Geschäftstricks, nämlich: dem Käufer mit notwendigen Gegenständen zugleich auch solche zu verkaufen, die er eigentlich nicht braucht[23].« Selbst um den gleichen Tisch standen nicht selten verschiedene Sitzgelegenheiten, bei Gropius zum Beispiel nicht nur Stühle, sondern auch Hocker und Sessel[24]. Austauschbar und beweglich sollte das Mobiliar sein, dem Bewohner zur freien Verfügung, nicht ihn einengend. Auch für den Weißenhof treffen die Sätze zu, mit denen 1933 Richard Hamann solche Einrichtungen beschrieb: »Man öffnet die Wände mit großen Fenstern wie die eines Operationssaales und verjagt mit dem hellen, bis in die letzten Winkel dringenden Licht alle Stimmungen, alle Dämmerungen, alle Orte zum Träumen. Man stattet es aus mit Apparaten und Maschinen, und gibt den Betten, den Stühlen, die früher standen, die Arme öffneten, uns empfingen, die also selber eine Art Humanität besaßen und Gemütlichkeit um sich verbreiteten, mit Stahlrohren und Gurten den Charakter von Apparaten, die man auf- und niederklappen kann, die keinen Platz mehr zu beanspruchen haben als Mitbewohner, sondern weggestellt oder hervorgeholt werden, je nachdem sie gebraucht werden[25].« Hermann Muthesius dagegen sah solche Wohnungen schon 1926 dadurch charakterisiert, »daß Möbel, die bisher als ganz einfache Dinge aufgefaßt wurden, jetzt aussehen, als handele es sich um schwierigste Ingenieurprobleme ...[26]«. Wie stark die Emotionen waren, sieht man auch daran ,daß selbst Werner Hegemann grobes Geschütz auffuhr, um das Innere der Weißenhofhäuser zu attackieren. Ihm schien »... das meiste von dem, was man in den modernistischen Bauschöpfungen zu sehen bekommt, in der Tat nicht für Frauen von Herzens- und Geistesbildung, sondern für die Figuren eines Phantasiefilmes von Dr. Caligari oder für die weiblichen Insassen eines literarischen Cafés geschaffen zu sein[27]«.

V

Die schärfste Ablehnung provozierten in Stuttgart die Häuser von Le Corbusier (Abbildung 62). Ihre Stellung »... auf dem äußersten Flügel der Weißenhofsiedlung wirkt geradezu symbolisch. Sind diese Bauten doch im Vergleich mit allen anderen etwas völlig Neuartiges[28]«. Das Gefühl des Umschlossenseins, jenes »Urgefühl der Menschheit, das nur mit ihr selbst untergehen kann, trotz Tanzdiele, trotz Radio, Kino und Charleston und der großen Glasfenster Le Corbusiers« werde, so Pfister, »eines Tages übermächtig hervorbrechen ... und wenn dann die Häuser Le Corbusiers noch stehen sollten, werden sie umfallen wie Pappschachteln vor dem Winde[29]«. Für Pfister, und er stand mit solchen Äußerungen durchaus nicht allein, war »... das Haus auf Stelzen ein Symbol für den Mangel an Erdverbundenheit, für ein modernes entgöttertes Wolkenkuckucksheim. In solchen Häu-

62 Le Corbusier, *Wohnhäuser,* Weißenhofsiedlung Stuttgart

64 J. J. P. Oud, *Siedlungshäuser,* Weißenhofsiedlung Stuttgart

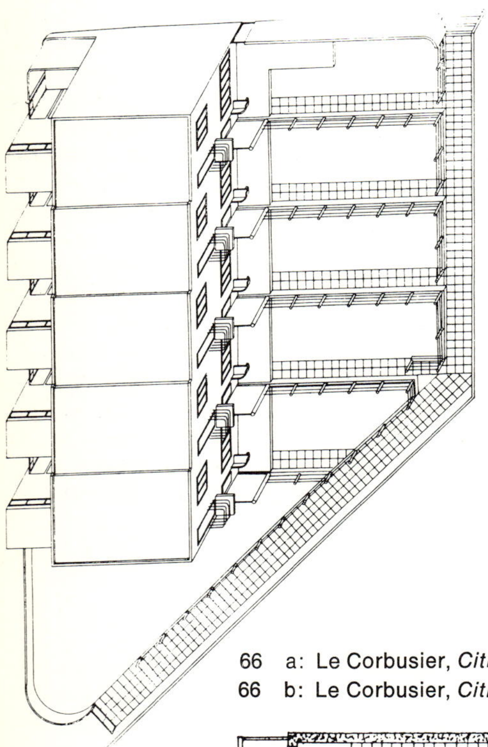

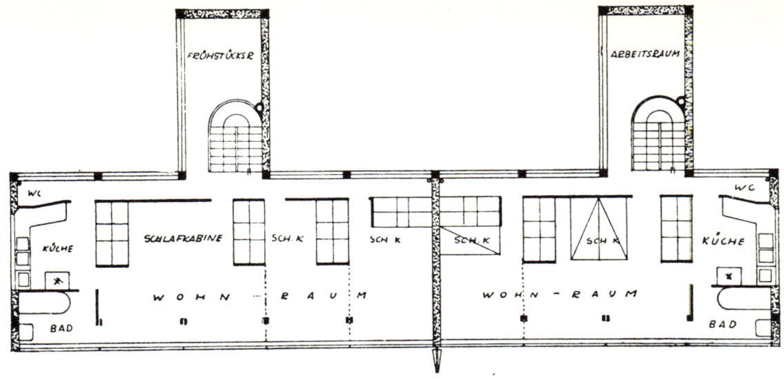

63 Le Corbusier, *Doppelhaus, Grundriß 2. Geschoß,* Stuttgart

65 a: J. J. P. Oud, *Siedlungshäuser Stuttgart,* Erdgeschoß
65 b: J. J. P. Oud, *Siedlungshäuser Stuttgart,* Obergeschoß

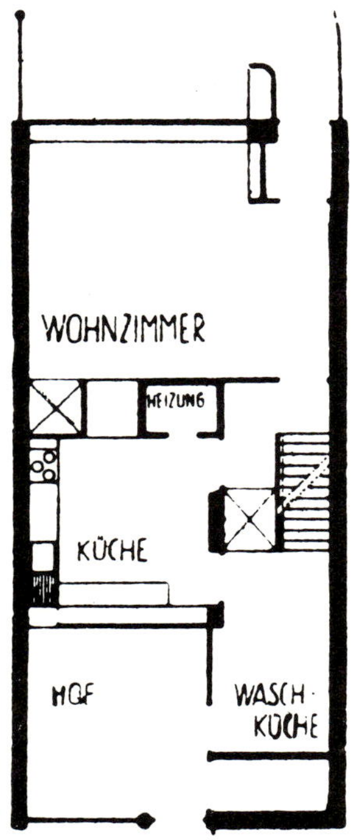

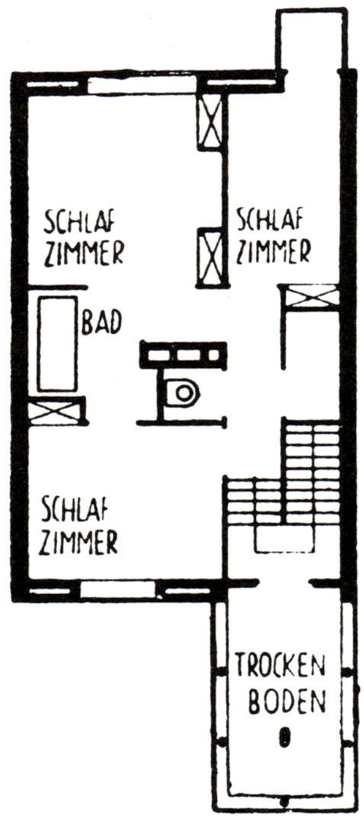

66 a: Le Corbusier, *Citrohan-Haus Stuttgart,* 2. Geschoß
66 b: Le Corbusier, *Citrohan-Haus Stuttgart,* 3. Geschoß

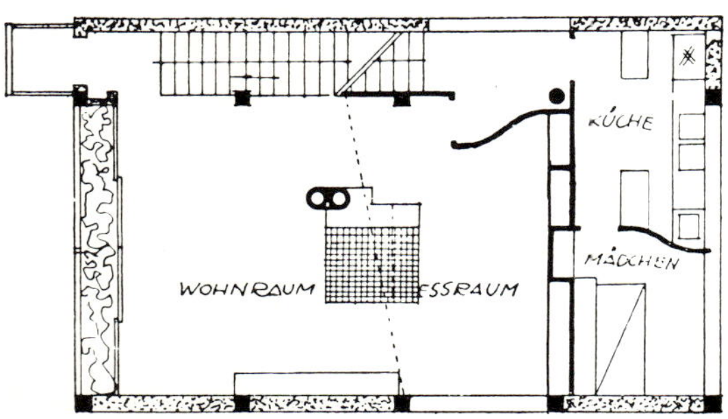

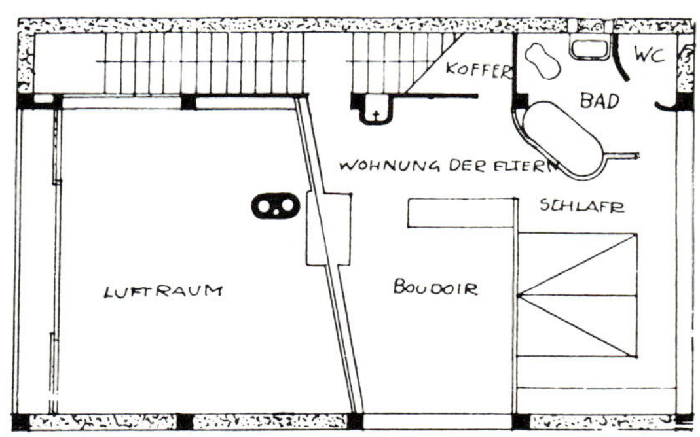

sern können nur Menschen seichter Oberflächlichkeit heranwachsen, die des Lebens Werte auf den Spitzen ihrer Finger tragen[30]«. Der Haß auf Corbusier war jedoch oft scharfsichtiger als die Bewunderung. Die Gegner erkannten sehr viel klarer, in wie hohem Maße die Wohnbauten Corbusiers darstellenden Charakter haben. Weder sind sie im üblichen Sinne funktional, noch sind sie einfach spielerisch, und gerade in ihren exponierten Gebilden hat man es nicht mit Capricen zu tun, sondern mit der Darstellung einer Lebensform.

Daß Corbusiers Bewunderung der Technik vor allem eine ästhetische war, nicht die des Ingenieurs, ist unbestreitbar[31]. Bei genauerem Zusehen erkennt man jedoch schnell, daß sich Corbusier gar nicht für die gesamte Technik interessierte, sondern nur für einen bestimmten Bereich: nicht für die Krane und Fördertürme der Konstruktivisten und auch nicht für die Betongebilde Mendelsohns, sondern für Schlafwagen, Überseedampfer, Flugzeuge, Automobile und die Ausstattung von Bistros[32]. Aus diesem Bereich hat er unmittelbare Anregungen bezogen, wenn er dem ersten Stock der Villa in Garches das Aussehen eines Zwischendocks gab und dem Dachgarten das einer Kommandobrücke[33]. Dickköpfig fast hat er bei seinem Stuttgarter Doppelhaus darauf bestanden, daß der Gang nachts nicht breiter sein sollte als in den Schlafwagen der internationalen Züge[34] (Abbildung 63). Das großzügige, wenn auch nicht eben zwingend erforderliche Arbeits- bzw. Frühstückszimmer im gleichen Haus ist dagegen eine Anleihe aus dem Bereich des Künstlerateliers[35].

Die Sphäre der Schlafwagen, Flugzeuge, Automobile, Luxusdampfer und Künstlerateliers, auf die sich Corbusiers Wohnarchitektur bis in die frühen dreißiger Jahre immer wieder berief[36], war eine Sphäre des Konsums, nicht eine der Produktion. Sie ist vor allem sozial definiert, als die Sphäre einer Lebensform, zu der Muße, Reisen, Luxus und im Komfort dienstbar gemachte Technik als Selbstverständlichkeit gehörten: »Unser modernes Leben, die Welt unseres Tuns ... hat sich seine Dinge geschaffen: die Kleidung, den Füller, die Rasierklinge, die Schreibmaschine, das Telefon, die wundervollen Büromöbel ..., den Gilette-Rasierapparat und die englische Pfeife, den Melonenhut und die Limousine, den Ozeandampfer und das Flugzeug[37].« Eine solche »manière de vivre libereé des sujétions artificielles[38]« darzustellen und zu ermöglichen, war das Ziel und der Sinn dieser Häuser, und erst dieses Ziel erklärt die Einzelformen. In der Wirklichkeit waren solche Häuser nur Inseln in einer geplanten und verwalteten Welt, doch auch davon zeigt Corbusiers œuvre die Spuren, denn selbst in seinen eigenen Stadtmodellen war für derartige Villen kein Platz. Wer in den Genuß seiner Privatarchitektur hätte kommen wollen, hätte nur da bauen dürfen, wo der Stadtplaner Corbusier keinen Einfluß gehabt hätte[39].

Auch in Zeitschriften, die der modernen Architektur gegenüber aufgeschlossen waren, wurden Corbusiers Stuttgarter Bauten heftig angegriffen. Als sein Antipode galt Oud, an dem die Fähigkeit gerühmt wurde, die alltäglichen Tätigkeiten einer Familie auch auf engstem Raum optimal zu organisieren[40] (Abbildung 64). Für Menschen mit konventionellen Gewohnheiten und Erwartungen waren Ouds Wohnungen zweifellos ungewöhnlich rationell, während Corbusier zahlreiche und schwerwiegende Fehler vorgehalten werden konnten. Oud versuchte, allen Einzeltätigkeiten einen eigenen Bereich, nach Möglichkeit sogar einen eigenen Raum zu geben, was sich im Grundriß an der Angleichung der Zimmergrößen ablesen läßt (Abbildung 65 a, b). Dagegen waren die Räume Corbusiers entweder sehr viel größer oder aber erheblich kleiner (Abbildung 66 a, b). Eng spezialisierten Kleinräumen wie den Waschzellen stehen große Bereiche gegenüber, die nur allgemein definiert sind und für verschiedene Einzelfunktionen genutzt werden können[41].

Die Kritik machte es sich jedoch zu leicht, sähe sie darin nur die subjektive Willkür des Architekten, denn auch die Grundrisse Corbusiers haben einen eindeutigen Sozialcharakter, nur sind sie nicht aus der Lebensweise normaler Familien entwickelt, sondern aus der avantgardistischer Intellektueller bürgerlicher Prägung. In der zeitgenössischen Polemik ist das bereits klar formuliert worden, klarer vielleicht, als selbst Corbusier es gekonnt hätte: »Wenn der Wohntypus dem Menschentypus entsprechen soll, so kann man sich als Bewohner der Corbusierschen Häuser nur eine bestimmte Art von Intellektuellen denken, jene Sonderlinge, welche unbeschwert von ›historischem Ballast‹ unsentimental, freizügig und heimatlos, von allen Bindungen sich lösend, solch ein Nomadenzelt aus Eisen und Beton vielleicht bewohnen möchten, das trotz seiner materiellen Härte nicht fest und schwer mit der Erde verwachsen und verwurzelt, nicht bodenständig ist . . . Gewiß, der Intellektuelle ist eine Form des heutigen Menschen, aber ist er *der* Typus, dessen Ansprüche und Bedürfnisse die Form des Wohnungsbaus bestimmen sollen[42]?«

67 M. v. d. Rohe, *Appartmenthaus,* Weißenhofsiedlung Stuttgart

69 M. v. d. Rohe, *Wohnblock Afrikanische Straße,* Berlin

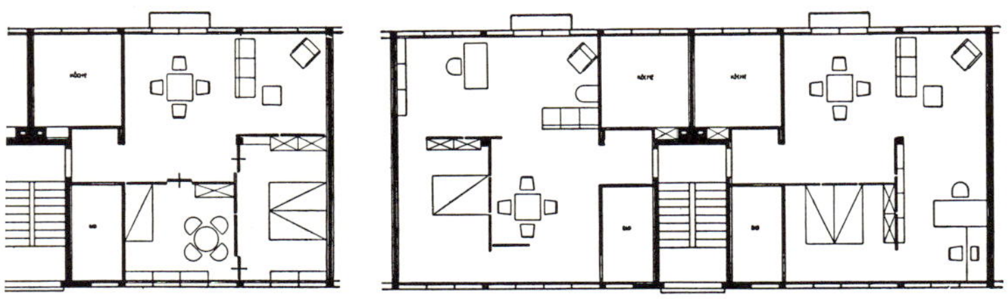

68 M. v. d. Rohe, *Appartmenthaus Stuttgart,* variable Grundrisse

Die „Neue Wohnung"

Mies van der Rohe

I

Mies van der Rohe war nicht nur der Leiter der Stuttgarter Ausstellung, sondern auch der Architekt eines ihrer besten Häuser (Abbildung 67). Es zeichnet sich durch seine Formsicherheit aus und auch dadurch, daß es ohne avantgardistische Anstrengung eine gleichermaßen neue wie praktikable Wohnform verwirklichte. Typologisch hält sich der Miessche Appartementblock von den Einfamilienhäusern der Siedlung ebenso fern wie von den Villen Corbusiers, und anders als das Stuttgarter Mietshaus von Behrens war das von Mies kein Einzelgebilde, sondern hätte auch zum Element einer Siedlungszeile werden können. Mies selbst hat vor allem die Disposition der Wohnungen hervorgehoben, bei der die technischen Möglichkeiten zur Befriedigung wechselnder Bedürfnisse eingesetzt wurden: »Wirtschaftliche Gründe fordern heute beim Bau von Mietwohnungen Rationalisierung und Typisierung ihrer Herstellung. Diese immer steigende Differenzierung unserer Wohnbedürfnisse aber fordert auf der anderen Seite größte Freiheit der Benützungsart. Es wird in Zukunft notwendig sein, beiden Tendenzen gerecht zu werden. Der Skelettbau ist hierzu das geeignete Konstruktionssystem. Er ermöglicht eine rationelle Herstellung und läßt der inneren Raumaufteilung jede Freiheit. Beschränkt man sich darauf, lediglich Küche und Bad ihrer Installation wegen als konstante Räume auszubilden, und entschließt man sich dann noch, die übrige Wohnfläche mit verstellbaren Wänden aufzuteilen, so glaube ich, daß mit diesen Mitteln jedem berechtigten Wohnanspruch genügt werden kann.« Die Grundrisse, die zwei der vielen Variationsmöglichkeiten vorstellen, zeigen, daß Mies dieser Forderung auch gerecht geworden ist[1] (Abbildung 68).
Einige Einzelformen können auf Corbusier zurückverfolgt werden, doch sind sie nicht einfach übernommen. Die formalen und funktionalen Zuspitzungen Corbusiers sind normalisiert: nicht lange schmale Fensterbänder, sondern breite Einzelfenster, die zwar eng aneinander gerückt, aber eben doch getrennt sind; Balkons nicht als kubische Gehäuse, die unvermittelt, den Erfordernissen des Inneren (oder dem Einfall des Architekten) folgend, nach außen springen, sondern als Kragplatten mit Geländern; Dachaufbauten nicht mehr als Zitate von Ozeandampfern, sondern als Dächer. Die Ausführung ist sorgfältig, jede Einzelheit ausformend, nicht improvisatorisch[2].

II

Der Bau in Stuttgart bot bessere, aber auch teuerere Wohnungen als sie in Siedlungen möglich waren. Im Gegensatz zu Corbusier, der seine Villen als »laboratoires« ansah, in denen formuliert und erprobt werden konnte, was sonst nicht möglich war[3], hat Mies keine Anstrengungen gemacht, die teils historisch, teils wirtschaftlich begründeten Grenzen zwischen den Bauaufgaben aufzuheben. Dagegen hatte Corbusier in Pessac Ergebnisse der Villenarchitektur auf den Siedlungsbau übertragen und gleichzeitig eine Villa entworfen, die ausschließlich aus Elementen bestand, die auch in Pessac vorkommen[4]. Zwischen dem Stuttgarter Bau von Mies und dessen Siedlungsblöcken an der Afrikanischen Straße im Berliner Wedding (Abbildung 69) gibt es dagegen außer der Perfektion des Details kaum Gemeinsames[5]. Die Wohnungen, die die spartanischen Blocks im Wedding beherbergen, haben relativ konventionelle Grundrisse. Das Können des Architekten äußert sich vor allem in der Verteilung der Fenster, für die neben der Rücksicht auf das Innere auch der sorgsame Balancierung der Formen in der Wandfläche maßgebend war. Die Bildung der Details ist ausgezeichnet, doch kann auch sie die Monotonie der nur äußerlich, durch Balkons, verknüpften Blocks nicht mildern.
Ebenso groß wie zu den Siedlungsbauten ist vom Stuttgarter Appartementhaus der Abstand zu den Villen von Mies. Schon bei den Idealentwürfen der früheren zwanziger Jahre (Abbildung 25, 27) hatte weniger die Wohnform im Vordergrund gestanden als die Analyse der Elemente des Hauses und ihres Verhältnisses zueinander. Funktionelle Erwägungen sind Mies deshalb keineswegs fremd gewesen, nur war sein Funktionalismus kein spezifizierender, sondern ein verallgemeinernder. Er suchte nach Grundtypen, deren Grundlage die Konstruktion war. Die einzelnen Bauten verstand er als Variation und Modifikation solcher Typen, und vor allem im Spätwerk wurde für die Gestalt eines Gebäudes immer mehr der Konstruktionstypus maßgebend, immer weniger der spezifische Gebrauch[6]. Ein solches Funktionsverständnis war dem Künstler Mies höchst günstig, denn je weniger Festlegungen bestanden, desto freier war er in der Komposition.

Der Respekt vor gesetzten Grenzen, verbunden mit radikalen Vorschlägen bei Einzelfragen, prägt auch die schriftlichen Äußerungen von Mies. Bereits 1924 hatte er der Architektur die Aufgabe gestellt, den »Zeitwillen« in Form zu fassen, nicht, ihn zu verändern. Das Kernproblem sah er in der Industrialisierung des Bauwesens: »Gelingt es uns, diese Industrialisierung durchzuführen, dann werden sich die technischen, wirtschaftlichen, sozialen und auch künstlerischen Fragen leichter lösen lassen[7].« 1927 äußerte sich Mies auch zum Problem der Form. Hatte er noch 1924 bestritten, daß hier überhaupt ein eigenes Problem vorläge, so wandte er sich nun nicht mehr gegen die Form »... sondern nur gegen die Form als Ziel[8]«. Die Abstraktionsstufe wurde noch einmal höher, denn nicht mehr der »Zeitwille« sollte maßgebend sein, sondern die ahistorische Instanz des Lebens: »Das Leben ist uns das Entscheidende. In seiner ganzen Fülle, in seinen geistigen und realen Bindungen[9].« Für Mies war es nun genug, »... die geistige und reale Situation, in der wir stehen, aufzuhellen, sichtbar zu machen, ihre Strömungen zu ordnen und dadurch zu führen[10]«. In diesem Rahmen müssen sich auch »die schöpferischen Kräfte« halten, denen »alles andere« überlassen werden soll. Leben und Geist treten auseinander. Ihr Zusammenhang wird proklamiert, aber nicht erklärt, obwohl die moderne Architektur auch damals schon hätte lehren können, wie konfliktträchtig ein solches Nebeneinander war. Konsequent zog Mies sich auf den Schaffensprozeß des Architekten zurück, dem er einen Wert an sich zusprechen wollte. Nicht auf das kritisierbare Resultat sollte es ankommen, sondern auf »... den Ansatz des Gestaltungsprozesses. Gerade dieser zeigt, ob vom Leben her die Form gefunden wurde oder um ihrer selbst willen[11]«.
Mit anderen, weniger grundsätzlichen und deshalb auch weniger abstrakten Äußerungen von Mies sind diese Thesen nicht immer ohne weiteres zu vereinbaren. 1931 schrieb er im Programm für die Berliner Bauausstellung: »Die Wohnung unserer Zeit gibt es noch nicht. Die veränderten Lebensbedürfnisse aber fordern ihre Realisierung. Voraussetzung dieser Realisierung ist das klare Herausarbeiten der wirklichen Wohnbedürfnisse... Eine weitere Aufgabe wird es sein, die geeigneten Mittel für die Befriedigung der neuen Wohnbedürfnisse aufzuzeigen[12].« Studiert man aber die Bauten, dann bleibt eine Kluft. Beim Barcelona-Pavillon (Abbildung 70) hatte Mies die Prinzipien seines Entwurfs für ein Backsteinlandhaus (Abbildung 25) dadurch radikalisiert, daß er die Grenze zwischen innen und außen aufgehoben und das Verhältnis des Baus zu seiner Umgebung in der gleichen Weise gestaltet hatte wie das der Bereiche im Inneren. In Brünn hat er für einen derartigen Innenraum (Abbildung 76) sogar einen Bauherren gefunden, aber als eine Befriedigung von Wohn*bedürfnissen* wird man auch das Haus Tugendhat nicht verstehen können. Andererseits heißt das nicht, daß dessen Form einfach »um ihrer selbst willen« entwickelt worden sei, denn diese von Mies selbst formulierte Alternative ist auf seine Bauten keineswegs ohne weiteres anwendbar. Erhellender ist die große Wertschätzung, fast Verabsolutierung des »Gestaltungsprozesses«. Dessen Gegenstand sind ja bei den Wohnbauten zweifellos die Relationen der Räume zueinander, ihre Trennung, Verbindung und Entfaltung. Bei der Verwirklichung aber tendieren die Mittel, mit denen diese Gliederung bewirkt wird, immer wieder dazu, sich zu verselbständigen und ein Eigenleben zu führen.

III

Von allen Bauten Mies van der Rohes ist der Pavillon für die Weltausstellung in Barcelona wohl am berühmtesten geworden (Abbildung 70, 71). Einhellig wird er als eines der vollendetsten Werke des Neuen Bauens gepriesen, obwohl Abbildungen die Wirkung, die von ihm ausgegangen sein muß, nur in beschränktem Umfang wiedergeben können. Alles an diesem Bau muß edel gewesen sein, das Material nicht weniger als die Ausstattung, das Maß nicht weniger als die Form. Ein Travertinsockel enthob ihn dem Getriebe der Ausstellung, und nur über Stufen konnte der Besucher den Bezirk dieser Architektur erreichen, die nicht allein aus dem eigentlichen Pavillon bestand, sondern auch aus den zwei Wasserbecken und den Nebenräumen.
Den Zusammenhang dieses Bezirks sicherte der durchlaufende Travertin des Bodens, mit dem hinter dem Becken auch die Wand verkleidet war. Regelmäßig gereihte Stützen trugen die flache Dachplatte, die den Pavillon ausgrenzte. An mehreren Stellen reichte das Dach über die äußeren Stützen und über die Außenmauern hinaus. Den entstehenden Raum unterteilten Trennwände aus Glas und Onyx. Mit den Stützen hatten sie keine Verbindung, denn ihre Aufgabe war das Gliedern, nicht das Tragen. Es entstanden Zwischenräume, die nicht mehr überdacht und überdachte Bereiche, die an den Seiten nicht mehr geschlossen waren. Jede Wand war ein Einzelstück, und wo wirklich einmal zwei aufeinandertrafen, da waren sie aus verschiedenem Material (Abbildung 72).
Der Pavillon war, in den Worten von Justus Bier, »... ein Gebäude ohne Zweck, wenigstens ohne ersichtlichen, greifbaren, sich aufdrängenden Zweck. Ein Bau, der Repräsentation gewidmet, leerer Raum und eben darum Raum an sich, Architektur als freie Kunst, Ausdruck geistiger Verpflichtung«. Eben deshalb aber weise er auch neue Wege, »... denen für die fernere Entwicklung der Architektur entscheidende Bedeutung zukommen kann. Er zeigt, daß Repräsentation ohne falsche Pathetik möglich ist, daß Adel und belebte Fülle der Erscheinung keiner dekorativen Zutaten bedarf, daß mit den strengen Mitteln der neuen Architektur ein großer Reichtum an räumlichen Erlebnissen möglich ist, ein außerordentlich bewegter Wechsel der Gefühle im Durchschreiten der Räume hervorgerufen werden kann[13]«.
Sieht man den Pavillon als das Haus, das er nach Typus und Einrichtung ja gewesen ist, und fragt man nach der Benutzbarkeit, dann ist das Ergebnis weniger positiv, denn nur für die ästhetische Kontemplation während eines vorübergehenden Besuchs war dieser Bau entworfen, nicht für dauernden Aufenthalt. Die in eine Ecke abgedrängten Diensträume, die ein Bewohnen theoretisch nicht ausschließen, waren Konzession. Faktisch war eine Figur von Kolbe der einzige Bewohner. Die Architektur wurde sich selbst zum Thema, und zwar konstruktiv nicht weniger als kompositionell. Selbst die Einzelelemente scheinen durch ihre Stellung und die außerordentliche Seltenheit und Kostbarkeit des Materials den Charakter ausgestellter Preziosen angenommen zu haben[14], und zwar die Trennwände (Abbildung 72) nicht weniger als die Marmorwand hinter dem inneren Becken, das seinerseits vor allem dazu diente, eben diese Marmorwand zu spiegeln. Wie weit diese Verselbständigung der Teile gegangen ist, kann man den Fotos nicht entnehmen. Die Gefährdung dieser Architektur aber, der Narzissmus, ist auch in den Fotos noch zu

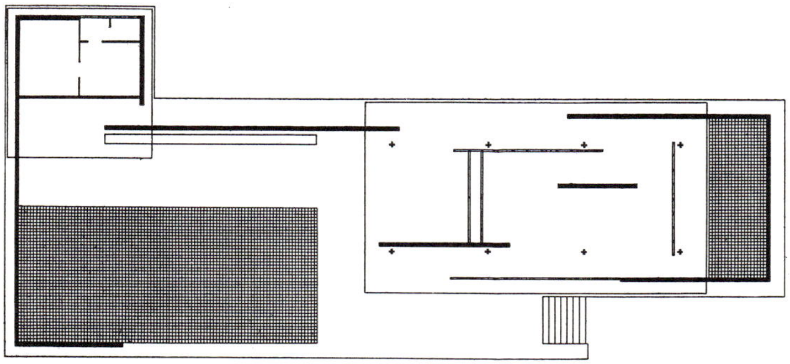

70 M. v. d. Rohe, *Deutscher Pavillon,* Weltausstellung Barcelona (zerstört)

71 M. v. d. Rohe, *Pavillon Barcelona,* Grundriß

72 M. v. d. Rohe, *Pavillon Barcelona,* Innenraum

erkennen. Wie weit andere Gliederungsmittel dieser Gefahr entgegengewirkt haben, ist heute nicht mehr festzustellen. Nach Platz waren die Wände so gestellt, ». . . daß sie *eine Folge* von offenen, wechselnd stark beleuchteten Räumen bilden, die *man im Durchschreiten genießt*. Völliger Mangel der Axialität und des überkommenen Raumabschlusses, Transparenz der Wände, die nach dem Inneren zunehmende Dämmerung, die mit überraschender Fülle hereinflutenden Sonnenlichts in einzelnen Teilen kontrastiert, die Größe der ungebrochenen Flächen, die herbe Schönheit der Farben (zum Beispiel honigfarbener Onyx, schwarzer Veloursteppich, vernickelte Metallmöbel mit weißen Glacélederkissen) verbinden sich zu einem seltsam feierlichen Eindruck[15]«.

IV

Das Haus Tugendhat (Abbildung 73) in Brünn hat gleich nach Erscheinen der Pläne und Fotos große Beachtung gefunden. Genetisch gesehen vereinigten sich bei ihm Ergebnisse des Barcelona-Pavillons mit solchen, die Mies in einer erneuten Auseinandersetzung mit Corbusier gewonnen haben muß[16]. Weder mit dem Pavillon noch mit Corbusier kann die Villa jedoch unmittelbar verglichen werden, da Mies in Brünn einem ungewöhnlichen Bauplatz Rechnung zu tragen hatte (Abbildung 74). Die Lage am Hügel führte zu einer Gliederung in zwei Geschosse, in deren oberem sich der Eingang und die Schlafräume befinden, während die Wohnräume in das tiefere Hauptgeschoß (Abbildung 75) gelegt sind, das nach der Straße hin gar nicht in Erscheinung tritt. Die Außenwand des Wohn- und Eßbezirks ist ganz aus Glas, und zwei dieser Flächen können wie Autofenster heruntergelassen werden. Zum Haus gehören außerdem eine Terrasse und eine breite Freitreppe zum Garten.

Wie bei den Villen Corbusiers ist der freie Grundriß einem durch Anbauten und Aufsätze erweiterten Kubus einbeschrieben. Dieser Kubus aber ist vielfach geöffnet, und zwar nicht allein für das Auge, denn nicht nur das Bild der Außenwelt wird Teil der Architektur, sondern bei herabgelassener Außenwand auch die Luft, der Wind und das Rauschen der Blätter.

Im Kern des Hauses (Abbildung 75, 76) sind großzügig bemessene Funktionsbereiche gegeneinander versetzt: die Orte des Wirtschaftens, die des Wohnens, die des Lesens und die des Speisens. Ihren Platz bestimmten weder subjektive Willkür noch strenge Notwendigkeit, sondern Verschiebungen innerhalb eines Modulsystems, das im Fugenmuster der Terrasse sichtbar wird. Nicht die erfindende und definierende Tätigkeit des Architekten sollte – wie bei Corbusier – den Eindruck bestimmen, sondern scheinbar objektive Verhältnisse. Das gilt auch für die Gliederungselemente, die nicht eigens erfunden wirken, sondern als vorgegeben. Die Rundungen zum Beispiel folgen alle einem Halbkreis und wirken deshalb mehr als autonome Formen denn als Instrumente des Gebrauchs. Im Gegensatz zu Corbusier sind auch die Einzelformen nicht als ad hoc eingeführtes Gerät gezeigt, sondern mit dem Anspruch auf Endgültigkeit. Wegen ihrer formalen Vollendung und des edlen Chroms geraten Mies selbst die Stützen, die Corbusier Gelegenheit gaben, an den Gehäuse- und Gerätecharakter des Hauses zu erinnern[17], zu Gebilden abstrakter Skulptur, die mit den ebenso vollendet gestalteten Möbeln mehr verbindet als mit den Decken, die sie tragen (Abbildung 77).

Aber nicht nur im Gesamtcharakter gibt es wesentliche Unterschiede zwischen Mies und Corbusier, sondern auch in der Anlage. Für Corbusier war das Haus ein Gehäuse, innerhalb dessen er auch zwischen den Stockwerken nach Gutdünken verfahren konnte[18]. Für Mies dagegen wurde die Kontinuität von Decke und Fußboden mehr und mehr zur Grundlage der architektonischen Komposition. Justus Bier hat bereits für den Barcelona-Pavillon die Bedeutung der Decke hervorgehoben: »Decke und Wand sind ohne engere Beziehung, unbekümmert um die Raumabschneidungen überdacht, die auf ihren schlanken Stützen schwebende Deckenplatte das große Mittelteil der Terrasse. So wird für den die Räume Durchwandelnden der Eindruck der Raumeinheit unbedingt gewahrt, jeder Eindruck bleibt in die Folge gebunden, auch im Detail spricht das Ganze als ein phantastisch gefügtes Raumkunstwerk den Geist des Besuchers an[19].« Im einzelnen wechselt die Bewertung von Decke und Boden auch bei Mies von Bau zu Bau. So kann der Boden durch Fugenmuster betont werden, während die Decke ohne Binnengliederung bleibt. Da die Materialien in der Regel verschieden sind, wird die konstruktive Beziehung von Stützen, Boden und Ecke optisch meist aufgelöst. Die Stützen treten in Beziehung zu den anderen Objekten im Raum, vor allem zu den Möbeln. Wie schon in Barcelona entfaltet sich auch in Brünn die Komposition nicht in die Höhe, sondern in die Weite, so daß sie auch Terrassen und Höfe einbeziehen kann. Innen sind sowohl die Räume als auch die Möbel durchwegs erheblich breiter als hoch. Man betrat im Haus Tugendhat nicht geschlossene Räume, sondern bewegte sich in wechselnden Konstellationen von Wänden, Stützen und Möbeln.

Daß eine derartige Interpretation die Intentionen des Architekten keineswegs verfehlt, lehren die Zeichnungen und Collagen, die Mies seit diesen Jahren angefertigt hat[20]. Besonders aufschlußreich sind die Bleistiftskizzen (Abbildung 78), in denen die Dekken oft überhaupt nicht mehr angegeben sind. Nicht durch ihre Grenze werden die Räume definiert, sondern durch die Gebilde, die sie beherbergen. Wohl zum erstenmal in der neueren Architektur ist nicht die feste Raumeinheit Grundlage der Gestaltung, sondern das Zusammenwirken verselbständigter Elemente der Binnengliederung: der Trennwände, der Stützen, der Möbel, der Skulpturen und der Vorhangflächen, vor allem aber auch der Bilder, gleichgültig ob sie von Malern gemalt sind, oder sich beim Ausblick aus dem Haus ergeben.

Corbusier hat in seinen Villen besonders solche Bauteile neu gestaltet, an denen sich in der herkömmlichen Architektur Repräsentation zu entfalten pflegte. Treppen außen konnten bei ihm zu Rampen werden, die im Inneren zu Wendeltreppen aus der Schiffsarchitektur. Mies dagegen hat seine Freitreppe so stilisiert, daß sie den Besucher gelassenen, aber auch gemessenen Schrittes in den Garten führt[21]. Ein Gegenstück erfand Corbusier für die Villa Stein in Garches, wo die Treppe in ihre Bestandteile zerlegt, von der Terrasse abgesetzt und dann wie eine fahrbare Anlegebrücke wieder von außen an sie herangerückt ist. Auf fragiler Stütze bietet sie einen Aufgang und, einer Reeling gleich, auch ein Geländer zum Festhalten, mehr aber nicht – und gerade darin besteht das ästhetische Raffinement.

An solchen Details, die auch seinen Bewunderern oft ein Ärgernis sind, läßt sich der eminent rhetorische Charakter von Corbusiers Architektur erkennen: ». . . indem er ein Ding formt, zeigt

73 M. v. d. Rohe, *Haus Tugendhat,* Brünn

74 M. v. d. Rohe, *Haus Tugendhat,* Querschnitt

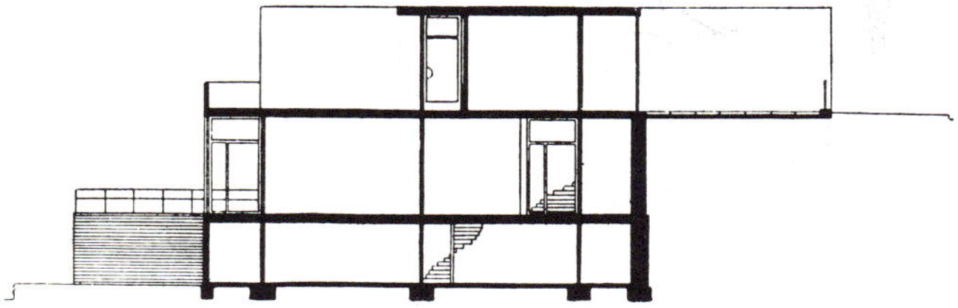

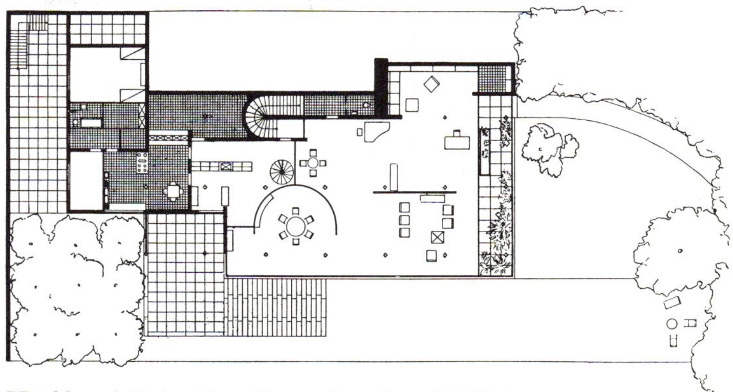

75 M. v. d. Rohe, *Haus Tugendhat,* Grundriß Wohngeschoß

77 M. v. d. Rohe, *Haus Tugendhat,* Wohngeschoß

76 M. v. d. Rohe, *Haus Tugendhat,* Wohn- und Arbeitsraum

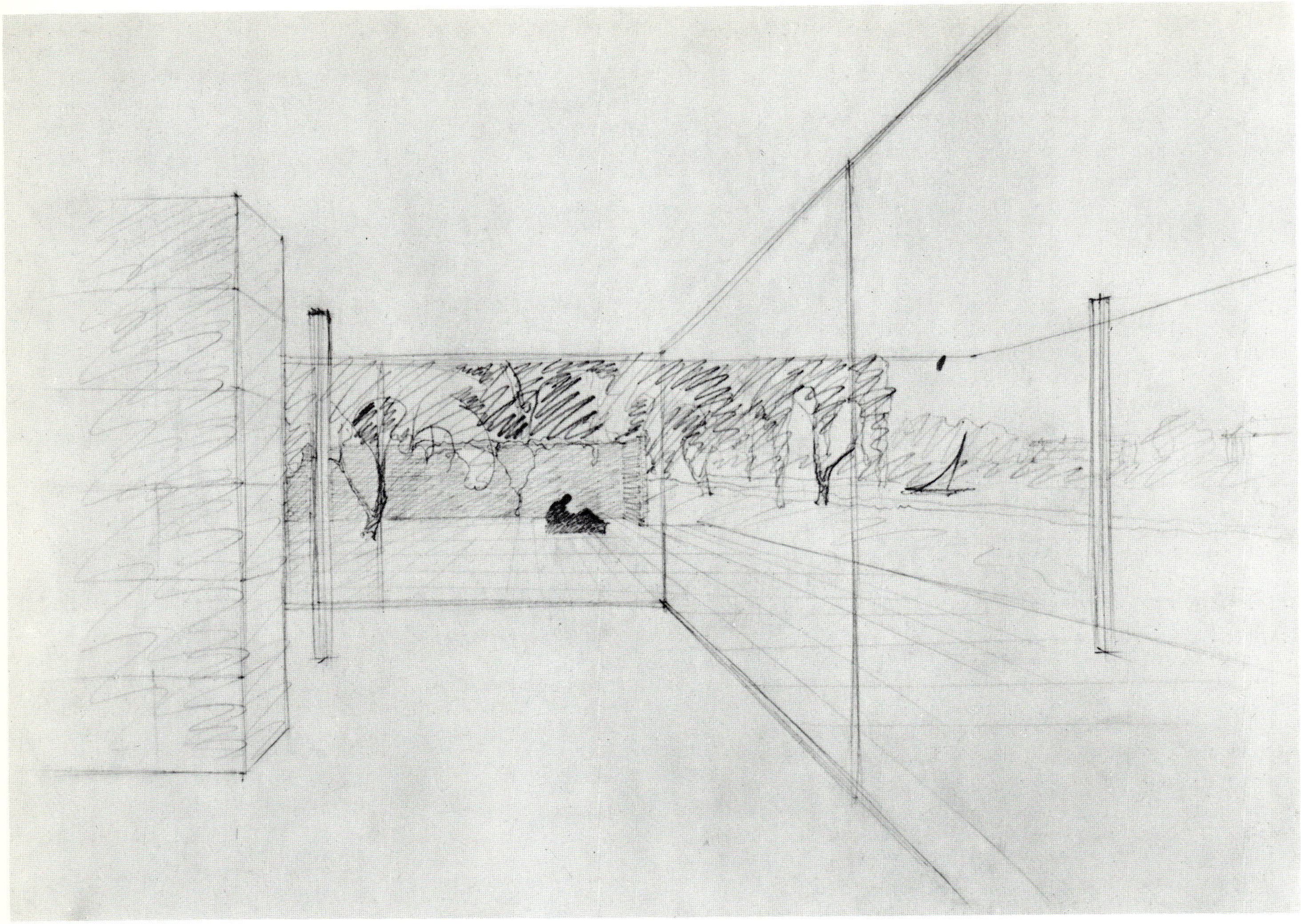

78 M. v. d. Rohe, *Haus Hubbe*, Zeichnung

er ausdrücklich, mit Ausführlichkeit und mit aller möglichen Eleganz, wie das gemacht ist. Und da er weiß, daß das Außerordentliche am meisten wirkt, wenn es wie mühelos hervorgebracht ist, bedient er sich mit Vorliebe des höchsten Glanzes, der größten Kontraste ... mit solcher Leichtigkeit, als ob alles dies nicht und keines Aufhebens wert wäre, oder er schminkt das Allerordinärste durch die kostbarsten Mittel auf, wiederum so, als ob sich dies ganz und gar gehöre[22]«. – »Es liegt der Wert dessen, was er bietet, ganz und gar in seinen Fähigkeiten, in seiner Eleganz, seiner Anmut, seiner Kraft, seinem Stil, das Leben zu schmücken, aufleuchten zu lassen. Sind doch die Dinge, mit denen er wirkt – Pose, Geste, Farbe, Licht – Stücke auch der Alltagswelt, nur aus ihren Ansätzen und über sie hinaus unendlich gesteigert und damit zu etwas Neuem gemacht[23].«

Immer wieder führt Le Corbusier vor, wie er, Corbusier, bei diesem besonderen Bau diese besondere Aufgabe in dieser besonderen Weise definiert und gelöst hat. Immer wieder bezieht er sich dabei, ironisch und provozierend, manchmal aber auch nur spielerisch, auf die Erwartungen seiner Umwelt. Das Ziel von Mies hingegen war gerade das Verschwinden der Subjektivität des Architekten. Das Werk sollte nicht Dokument und Spur von dessen Tätigkeit sein, sondern von objektiver Gültigkeit. Viele Züge tragen dazu bei, vor allem die Stilisierung aller Formen ins Allgemeine: Überall dominieren beim Haus Tugendhat querrechteckige Formen, die sich nicht nur in der Gestalt, sondern auch in den Dimensionen einander annähern. Und so wie die Formen keine Spuren der Erfindung mehr zeigen, so zeigt die perfekte Ausführung keine der Herstellung.

Corbusiers Architektur lebt nicht zuletzt vom Moment der Überraschung, der enttäuschten, umgelenkten, gelegentlich aber auch überreichlich befriedigten Erwartung. Dazu gehören unerwartete Zitate und Anspielungen ebenso wie ungewöhnliche Definitionen vertrauter Aufgaben und Auffassungen[24]. Bei Corbusier gibt es Nutzungen, die verweigert, aber auch solche, die aufgedrängt werden. Der Bewohner kann sie annehmen oder verwerfen, in jedem Falle aber muß er sich aktiv verhalten. Das Miessche Haus hingegen tritt dem Bewohner schon wegen der Endgültigkeit und Perfektion seiner Gestalt fordernd gegenüber. Alle Zusammenhänge sind ausgeformt, kaum, daß der Bewohner überhaupt zugelassen wird. Die Autonomie der Architektur hat Harmonien und Balancen entstehen lassen, die für den Benutzer zum Zwang werden können.

Solche Fragen sind bereits in dem Streit um die Bewohnbarkeit des Hauses laut geworden, der 1931 in der Zeitschrift »Die Form« ausgetragen wurde. W. Riezler hatte den Hauptraum der Villa geradezu hymnisch gepriesen: »Es ist ein Raum, der weder eine unmittelbar als Ganzes faßbare Grundform noch eine entschiedene Begrenzung besitzt. Er öffnet sich in riesigen Glasscheiben (die durch Motorkraft versenkbar sind) nach der freien Natur und ist in sich noch durch freistehende Wände gegliedert. Alles Statische, in sich Ruhende, tritt zurück hinter der Dynamik dieser ineinandergleitenden Raumteile, deren Rhythmus seine Lösung erst im Freien, im Einswerden mit dem Allraum der Natur findet. Der Raum ist, wenn man so will, ›atonal‹ oder ›polytonal‹ im Sinne der modernen Musik wie auch der Malerei, und daher Ausdruck eines allgemeinsten Lebensgefühls, in dem sich wie in der Philosophie ein völlig neues Weltbild ankündigt[25].« Roger Ginsburger hingegen erwartete von diesem Raum »Staunen« und »Benommensein« wie in einer Kirche: »... kann man den Tisch aus dem Zentrum der halbkreisförmigen Eßnische herausnehmen oder den Teppich von einer Onyxwand wegnehmen, ohne eine Heiligtumsschändung zu begehen, ohne daß die ganze Stimmung zerrissen ist? Nein, man kann es nicht[26]«. In solchen Zügen enthüllt sich auch der Sozialcharakter eines solchen Hauses, der freilich weit weniger evident und wohl auch weniger ausgeprägt ist als bei Wright oder bei Corbusier. Nur wenigen wäre ein solches Haus erreichbar gewesen, schon aus finanziellen Gründen. Aber auch von denen, die das Geld hätten aufbringen können, wäre diese Architektur nur den wenigsten annehmbar gewesen, denn die Charakteristika des Baus werden implizit als Eigenschaft und Verhaltensweise auch von dessen Bewohnern verlangt: Vollendung und Beschränkung, Maß und Vornehmheit, Geschmack.

V

Der nächste Schritt war das Einfamilienhaus für die Deutsche Bauausstellung 1931 in Berlin (Abbildung 79, 80): »Das konstruktive System ist völlig regelmäßig: Es besteht aus acht Feldern mit einer Seitenlänge von 5 x 6 Metern und einem 3 Meter breiten Dachüberstand auf allen Seiten. Aber die Wand- und Glasflächen sind von diesem Konstruktionssystem unabhängig, und sie sind es, welche die verschiedenen Zonen des Hauses bestimmen. Außer für das Badezimmer und die Zimmer der Dienstboten gibt es im Haus keine Türen. Der Raumabschluß ist ersetzt durch ein Engerwerden des Raumes zwischen parallelen

79 M. v. d. Rohe, *Wohnhaus,* Bauausstellung 1931, Berlin (zerstört)

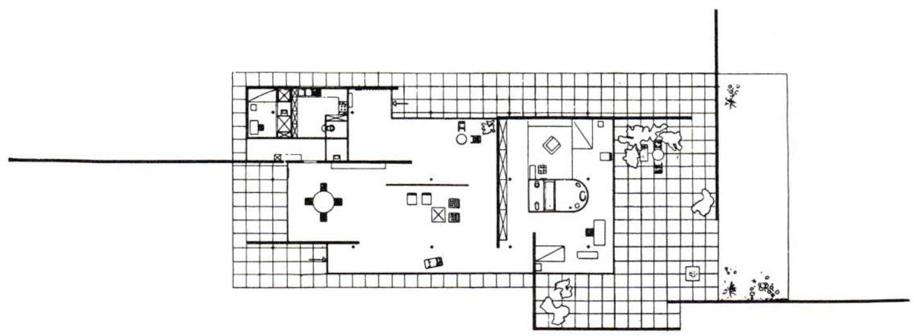

80 M. v. d. Rohe, *Wohnhaus,* Bauausstellung 1931, Berlin

Wandschirmen. Dadurch wird der zusammenhängende Fluß der Räume erhalten[27].« Die kontinuierliche Umschließung durch einen geschlossenen Kubus – wie noch in Brünn – war aufgegeben. Die Glas- und Mauerwände, die das Haus unterteilten, verbanden es auch mit den Terrassen und den Gartenräumen. Die Aufteilung des Inneren dagegen folgte den für Brünn entwickelten Prinzipien. Stärker noch als dort wurden Möbel und Trennwände zur Binnengliederung benutzt. Aber je reicher das Zusammenspiel dieser Wände mit den Möbeln wurde, desto geringer wurden die Eingriffsmöglichkeiten der Bewohner, deretwegen der »freie« Grundriß ursprünglich entwickelt worden war. Wenn überhaupt variiert werden konnte, dann nur um den Preis gestörter Harmonie und verunklärter Funktionsbestimmungen, und schon durch geringe Abweichungen würde die Offenheit des Hauses zur Leere.

Die Ausstellung von 1931 galt eigentlich der Kleinwohnung, die im Laufe der Wirtschaftskrise zum wichtigsten Problem der Architekten wurde. Neben den dafür vorgeschlagenen Lösungen nahmen das Haus von Mies und ein verwandtes von Lily Reich eine Sonderstellung ein, die viele Besucher befremdete: »Viele haben dieses Nebeneinander nicht verstehen können und den Erbauern vorgeworfen, daß sie neben den Proletariergrundriß ein modernes Luxusgebilde stellen.« Trotzdem seien diese Häuser unentbehrlich, denn in ihnen sei ». . . nichts Geringeres gegeben als eine große in die Zukunft hineingestellte Zielsetzung für das Wohnproblem. In den Kleinwohnungen kommen die realen Faktoren der Wirtschaft und der augenblicklichen baulichen Situation als wesentliche mitgestaltende Faktoren zum Ausdruck... Da es aber Aufgabe der Ausstellung war, wenigstens an einigen Punkten deutlich die Forderung zu zeigen, und zwar die Forderung in einem rein geistigen Sinn, so entstanden diese beiden Häuser«. Aber auch die Problematik Miesscher Architektur kommt, dem Autor sicherlich unbewußt, zum Ausdruck: »Wer bei diesen Häusern nach dem Bauherren fragt und ihm real und leibhaftig als Typus einer besonderen Klasse sieht, versteht diese Ausstellung falsch, denn der Bauherr ist schlechthin der neue Mensch. Das Haus von Mies bedeutet eine rein geistige Zielsetzung nicht nur für den Wohnungsbau, sondern für die moderne Baugestaltung überhaupt[28].«

Noch in der Struktur des Baus ist diese Problematik zu erkennen: und zwar in den Mauern, die ihn nach außen abschirmen (Abbildung 80), weil ihm ein ausgesonderter und womöglich noch erhöhter Bezirk wie dem Barcelona-Pavillon nicht zur Verfügung stand. Diese Mauern verhindern, wofür dieser Haustypus eigentlich entwickelt war: den Übergang von innen nach außen und die Kommunikation mit der Umgebung und mit der Natur. Der Versuch, die Raumkonzeption des Barcelona-Pavillons auch auf einem normalen Baugrund zu verwirklichen, könnte nur dann gelingen, wenn wesentliche Elemente der Konzeption preisgegeben würden. Nur in Arkadien wären solche Häuser auch außerhalb eines Schutzbezirkes möglich, in der Wirklichkeit der Weimarer Republik hätten allein die Besitzer opulenter Grundstücke in den Genuß solcher Architektur kommen können.

Mies van der Rohe hat jedoch nicht resigniert, sondern nach Möglichkeiten gesucht, seine Hausform auch unter den gegebenen Bedingungen fruchtbar zu machen. Die Atriumshäuser, mit denen er sich ab 1931 intensiv beschäftigte, entwickelten innerhalb eines durch Mauern abgeschirmten und nach außen nicht mehr kommunizierenden Bezirks Inseln eines im Sinne der Miesschen Wohnkonzeption freien Privatdaseins. Aber diese Privatexistenz bleibt hinter Mauern isoliert, keine Tür verbindet den eigenen Bezirk mit dem des Nachbarn (Abbildung 81). Trotzdem hat man sie ohne Einschränkung gepriesen: »Was für großartige Lösungen wären die Hofhäuser für unsere Vorstädte! Sie ermöglichen es, im abgeschlossenen Bezirk, in Räumen von erlesener Einfachheit und in der Durchdringung von Innenraum und Grünfläche zu leben[29].« »Die Siedlung von Hofhaustypen führt zu städtebaulichen Anordnungen intimer, abgeschlossener Wohnbezirke. Daraus ergeben sich eigentliche Klausuren, in welchen der einzelne frei und ungestört leben kann[30].« Aber diese Freiheit in der Klausur bekräftigt nur die Isolation, die zu überwinden kein geringes Ziel des Neuen Wohnens gewesen war. Nicht mehr die Weite der Natur und auch nicht das Leben der Piazza bietet sich dem Blick, sondern nur die Mauer um die private Grünfläche.

Kein anderer Architekt des Neuen Bauens hat die allgemeinen Hoffnungen auf ein befreites Wohnen so konsequent und vollkommen in architektonische Strukturen umsetzen, ja durch diese sogar noch erheblich übertreffen können wie Mies van der Rohe. Gerade deshalb aber wird das Utopische dieser Ziele und ihr Scheitern an der Realität auch bei keinem anderen Architekten so evident wie bei ihm. Dieses Scheitern ist nicht subjektiv begründet, im Unvermögen des Architekten, sondern objektiv, in der Situation, in der er arbeitete.

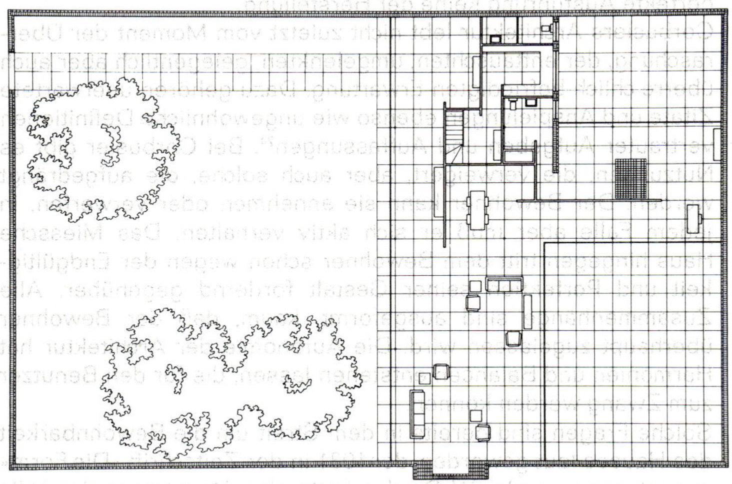

81 M. v. d. Rohe, *Atriumshaus*, Entwurf

Siedlungsbau Aufgaben und Schwierigkeiten

I

Villa, Mietswohnung und Einfamilienhaus waren Aufgaben, die es auch vor 1918 schon gegeben hatte. Im Deutschland der zwanziger Jahre wurden sie teilweise neu definiert, auch neu miteinander verbunden, nicht aber aufgehoben. Radikal veränderte Formen des Wohnens hätten radikal veränderte Formen der Gesellschaft und des Lebens zur Voraussetzung gehabt, und die hat es in der Weimarer Republik nicht gegeben.

Die weitreichendsten Versuche wurden damals in der UdSSR unternommen[1], obwohl auch dort wirtschaftliche Not ein stärkerer Faktor gewesen zu sein scheint als der Sozialismus. Vor allem in den programmatischen Schriften wurden Alternativen zum Individualismus der bürgerlichen Epochen gefordert, die sich auch auf das Wohnen auswirken sollten: »Wenn für den Westen die Aufgabe darin bestand, die durch den Krieg unterbrochene Bautätigkeit, wenn auch unter veränderten technischen und ökonomischen Bedingungen, wiederaufzunehmen, so gilt es bei uns, ein neues soziales Problem von grundlegendem Kulturwert zu lösen. Sämtliche Gegensätze in der Wohnart ... werden bei uns aufgehoben. Dem Sowjetarchitekten wurde die Aufgabe gestellt, einen neuen Typ der Wohnzelle, nicht für einzelne im Konflikt miteinander stehende Individuen (Westen), sondern für die Masse, als Wohnstandard zu schaffen[2].« Lissitzky zufolge sollten dabei auch individuelle Forderungen berücksichtigt werden, aber viel Raum wäre für sie nicht geblieben, denn das Kochen sollte »... aus der eigenen Einzelküche in das gemeinsame Kochlaboratorium verlegt werden, die Hauptmahlzeit in öffentliche Speiseanstalten, die Erziehung der Kinder in den Kindergarten, in die Schule[3]«. Was zunächst nur die Not der Wohnungssuchenden lindern sollte, wurde zur Grundlage auch für die Zukunft: »So wird der Raum, der für das individuelle und intime Leben nötig bleibt, nicht nur aus der heutigen Wohnungsnot herausreduziert, vielmehr auch für die Zukunft. Dafür soll das Allgemeine immer freier in Ausmaß und Gestaltung werden[4].«

Der Ort dieses Allgemeinen waren neben den Gemeinschaftseinrichtungen der Wohnhäuser vor allem die sozialen Clubs, die in der Geschichte ohne direktes Vorbild sind. Ihre Aufgabe war, »... in der inneren und äußeren Gestalt ... unsere Auffassung von der geistigen Form und Ästhetik des sozialen Menschen zum Ausdruck zu bringen«. Durch solche »sozialen Kondensatoren[5]« sollte die Architektur »zum Ausdruck des sozialen Zustandes« und zu einem »Wirkungsfaktor im sozialen Leben[6]« werden.

Als Ernst May 1931 aus eigener Anschauung einen Überblick über das sowjetische Bauen gab, waren die ursprünglichen Hoffnungen bereits erloschen. Auch für den Wohnungsbau war nicht das Ideal eines neuen sozialistischen Menschen maßgebend, sondern die ökonomische Notwendigkeit einer »... Nutzbarmachung aller arbeitsfähigen Menschen im Dienste des Staates, also nicht nur der Männer, sondern auch der Frauen[7]«. – »Das bedeutet, daß alle diejenigen Funktionen, die die Frau bisher im Hause ausübte ... von der öffentlichen Hand übernommen werden müssen: insbesondere die Ernährung und die Kindererziehung[8].« Dadurch lösten sich die familiären Bindungen, die die Grundlage der alten Wohnform waren. May berichtete seinen deutschen Lesern von zwei neuen, die herkömmliche Individualwohnung ergänzenden Typen: der Kollektivwohnung mit gemeinsamer Küche und gemeinsamer Kinderbetreuung und dem Kommunehaus, »... in dem nach optimalen Berechnungen etwa 400 oder bei Zusammenfassung von zwei Elementen 800 Menschen eine vollständige Wohngemeinschaft bilden[9]«.

Nicht des sozialistischen Menschen wegen, sondern um den Gesetzen der in Deutschland herrschenden Wirtschaftsordnung gerecht zu werden, ist Walter Gropius 1929 zu Forderungen gekommen, die denen der sowjetischen Architekten trotz ganz verschiedener Begründung verblüffend ähnlich sind. Seine Studie über »Die soziologischen Grundlagen der Minimalwohnung für die städtische Industriebevölkerung« beginnt mit einer überraschenden Behauptung: »Die Summe der Arbeit, die in den Jahren ... 1918–1928 im Wohnungsbau geleistet worden ist, zeigt, daß die Entwicklung der Minimalwohnung auf einem toten Punkt angekommen ist ... offenbar weil tiefgreifende Änderungen in der gesellschaftlichen Struktur der Völker, die eine neue Zielsetzung für Art und Größe der notwendigen Wohneinheiten verlangen, nicht genügend berücksichtigt wurden[10].«

Gropius traute dem Industriestaat Produktionsformen höherer Art zu, denen die Architektur nicht gerecht werde. Die Naturbeherrschung, so schien ihm, werde allen Menschen ein »kulturwürdiges Leben« ermöglichen: »Der *egoistische* Individualismus wird vom *sozialen* Individualismus abgelöst. Das vollendete Individuum wird das Ziel des Staates, der Aufbau der Gesellschaft das Mittel hierzu ... Über den Begriff der Sippe und der patriarchalischen Familie hinaus wächst der Gedanke an ein selbständiges Individuum und schließlich an einen zukünftigen überindividuellen genossenschaftlichen Zusammenschluß aller Individuen empor[11].« Nicht der Sozialismus sollte das bewirken und nicht die Zukunftskathedrale, sondern die Zweckrationalität der Industrie[12]. Trotzdem lag das Ziel von 1929 nahe bei dem der ersten Bauhausmanifeste, deren utopischer Kern ungeachtet der Verschiedenheit der Argumentation noch wirksam war. Der Unterschied war nur, daß nicht Kunst und Religion das ferne Ziel erreichen helfen sollten, sondern die vom Wirtschaftsleben der Völker ausgehende Idee der Rationalisierung, die beginnt, »... zu einer großen geistigen Bewegung zu werden, indem das Handeln des einzelnen Menschen allmählich in nutzbringenden Zusammenhang mit dem Wohl der Gesamtheit gebracht wird, über den Begriff der wirtschaftlichen Rentabilität zugunsten des einzelnen hinaus. Über den Weg der ›Ratio‹ beginnt das Gemeinschaftsbewußtsein[13]«. Parallel dazu verändern sich – laut Gro-

pius – Struktur und Bedeutung der Familie: »Die Entwicklung zeigt ... ein stetiges Fortschreiten der Vergesellschaftung ehemaliger Familienfunktionen ... und damit werden die ersten Anfänge einer genossenschaftlichen Epoche, die die individuale Rechtsepoche einst ablösen mag, sichtbar[14].« Zugleich vollzieht sich auch die Emanzipation der Frauen, die jedoch im Grunde nur die Rolle wechseln, nicht an Freiheit gewinnen, wie selbst bei Gropius zum Ausdruck kommt: »Die Frau sucht nach Wegen, im schweren Existenzkampf für sich selbst und ihre Familienangehörigen, Zeit für sich und ihre Kinder zu gewinnen, am Erwerbsleben mit teilzunehmen und sich aus der Abhängigkeit vom Manne zu befreien[15].« Auch der Optimismus eines Gropius hatte jedoch Mühe, solchen Entwicklungen positiven Sinn abzugewinnen: »Der Beweggrund zu diesem Prozeß scheint ... nicht allein in wirtschaftlicher Notlage der städtischen Bevölkerung zu liegen, sondern in einer innerlichen Nötigung, die mit der geistigen und wirtschaftlichen Verselbständigung der Frau als ebenbürtigen Partners des Mannes zusammenhängt[16].«
Die Individualisierung im Sinne der Loslösung von der Familie und die Kollektivierung sah Gropius komplementär: »Der Familie bleibt nunmehr, wirtschaftlich gesprochen, nur noch die Funktion der Fortpflanzung und der Zuchtwahl ... Der Familienmoral folgt die Individualmoral mit Anfängen zu kollektivem Denken[17].« Die Folgen für das Wohnen liegen auf der Hand, denn nicht nur das Einzelhaus wird sich überleben, sondern auch die Mietwohnung: »Die innere Struktur der industriellen Familie drängt fort vom Einfamilienhaus zum *vieletagigen Großhaus* und schließlich zum *Großhaushalt*[18]«, dem eigentlichen »Zukunftswohngebilde für die städtische Industriebevölkerung[19]«. In mehreren Untersuchungen und Projekten hat Gropius versucht, diese Hausform durchzusetzen[20]. Der Erfolg war jedoch gering, denn nicht das Großhaus wurde zum Grundelement der Siedlungen, sondern das zu Zeilen gefügte Einfamilienhaus, und selbst wenn höher gebaut wurde, enthielten die Blöcke keine Großhaushalte, sondern herkömmliche Familienwohnungen.

II

Die im Siedlungsbau der Weimarer Republik benutzten Bautypen waren zwar bereits vor 1918 entwickelt worden, doch kamen drei neue Faktoren hinzu: die Formen, die Fertigbauweise und die Bauträger. Dadurch und auch durch die veränderte geschichtliche Lage traten die Siedlungen in eine neue, zeitspezifische Konstellation, in der sie zum Symbol nicht allein des Neuen Bauens, sondern auch des neuen Staates wurden. Vom Publikum scheint diese Identifikation sehr schnell vollzogen worden zu sein, und die Siedlungen waren es, die seine Einstellung zu der neuen Architektur bestimmten, nicht der Pavillon in Barcelona[21]. Für die Architekten war Siedlungsbau schon dem Umfange nach die wichtigste Aufgabe[22]. Im Prinzip war es noch die gleiche wie im 19. Jahrhundert. Schon damals hatte die Industrialisierung Arbeitsplatz und Wohnung getrennt, die Unterbringung der Arbeitermassen war zum Problem geworden. Dessen Lösung blieb in der Frühzeit der Spekulation überlassen – mit den Ergebnissen, die Friedrich Engels beschrieben hat. Besonders in den entwickelten Industrieländern gab es jedoch seit 1840/50 nicht selten Versuche, die katastrophale Situation zu verbessern[23].
Waren es im 19. Jahrhundert meist Philantropen oder Großfirmen gewesen, die sich des Wohnungsproblems annahmen, so übernahmen nun die genossenschaftlich organisierten Wohnungsbaugesellschaften die Führung, zu denen sich, meist nach Ständen getrennt, neben Beamten und Angestellten auch die Arbeiter zusammengeschlossen hatten[24]. Auch sie waren nicht unumstritten, denn ihre Tätigkeit kam zwar nicht mehr einzelnen Unternehmen zugute, wohl aber der wirtschaftlichen und politischen Ordnung im Ganzen[25]. Der Arbeiter lebte zwar objektiv besser als sein Vater, aber seine Abhängigkeit wurde dadurch nicht aufgehoben. Radikale Sozialisten haben deshalb – wie Engels in seinen Aufsätzen »Über die Wohnungsfrage« von 1872 – den Reformismus auf schärfste angegriffen. Betonten zum Beispiel die Proudhonisten die objektiven Verbesserungen, das »Ja«, so hielt Engels ihnen das »Aber« der fortbestehenden Ausbeutung entgegen. Einer der umstrittensten Vorschläge waren schon im 19. Jahrhundert die Nutzgärten, um die auch vor dem Hintergrund der Weltwirtschaftskrise wieder erbittert gestritten wurde. In diesem Streit wurde auch Engels zitiert: »Was die Familie auf ihrem eigenen Gärtchen und Feldchen erarbeitet, das erlaubt die Konkurrenz dem Kapitalisten vom Preis der Arbeitskraft abzuziehen; die Arbeiter müssen jeden Akkordlohn nehmen, weil sie sonst gar nichts erhalten und vom Produkt ihres Landbaus allein nicht leben können, und weil andererseits eben dieser Landbau und Grundbesitz sie an den Ort fesselt, sie hindert, sich nach anderen Beschäftigungen umzusehen[26].«
Auch in der Weimarer Republik ist man über den Grundsatzstreit des 19. Jahrhunderts nicht hinausgelangt. In der Diskussion, die unter anderem auch in der »Form«, der Zeitschrift des Deutschen Werkbundes, ausgetragen wurde, ist eher eine Verschärfung zu beobachten als eine Annäherung. Die extremsten Beiträge waren die von Alexander Schwab. In einem Aufsatz über »Menschenwirtschaft und Raumwirtschaft in Deutschland[27]« vertrat er 1930 die These, daß Deutschlands wirtschaftliche Stärke nicht in Kolonien und Rohstoffen liege, sondern in der Arbeitskraft, und diese Arbeitskraft »... braucht schon zu ihrer physischen und psychischen Reproduktion eine Wohnung, die ein Gegengewicht zu Lärm, Staub, Hast, Einordnungszwang, Nervenbelastung der Fabrik sichert[28]«. – »Das deutsche Industrievolk hat nicht mehr Lust, eine Überzahl von Kindern in eine Welt von Ruß und Lärm zu setzen. Es will für seinen Nachwuchs, der an Zahl abnimmt, Licht und Luft und alle Bedingungen gesunden Wachstums. Und dieser Wille ist eine wirtschaftliche Existenznotwendigkeit: unsere Kinder müssen einst Qualitätsarbeiter von Rang werden, wenn sie leben wollen[29].«
Gegen den herrschenden Reformeifer focht in der »Form« vor allem Roger Ginsburger, der glaubte, daß ein Problem wie das der Arbeitsfreude, gleich allen kulturellen Problemen, »nur durch die Veränderung der gesellschaftlichen Strukturen« zu lösen sei, »... nicht durch Gartenarbeit und auch nicht durch Moralpredigten an die Kapitalisten, sie möchten doch beim Rationalisieren auch an die Arbeitsfreude denken ...[30]«. Das »Kulturgerede der Gebildeten« werde weder die kapitalistische Wirtschaftsordnung zerstören, noch deren Folgen, und es werde auch die Explosion nicht verhindern, »... die bei immer höherer Spannung der Gegensätze notwendigerweise eintritt. Aber es kann diese Lösung hinausschieben mit dem einschläfernden Gifte, das es enthält. Ein

Hinausschieben aber heißt: Leiden für Millionen, Tod an Unterernährung, Krankheit und Terror für Tausende. Ist es das, was sie wollen, die Gebildeten[31]«?

Die deutschen Architekten haben sich diesen Standpunkt nicht zu eigen gemacht. Gerade weil sie sich ihrer sozialen Verantwortung bewußt waren, glaubten sie sich nicht berechtigt, auf die ferne Zukunft der Utopie oder der sozialistischen Revolution zu warten. Adolf Rading dürfte dem Denken der meisten nahe gewesen sein, als er in seinen Überlegungen zum Städtebau und zur Rolle des Architekten grundsätzlich zwei Möglichkeiten unterschied: »Entweder als Realist, heutiges Leben und heutige Wirtschaft als gegeben voraussetzend, die feste Form für beide, weitestgehend ihnen entsprechend, so vernünftig wie möglich zu machen, oder als Idealist, unter Hintansetzung des Menschen, als Einzelpersönlichkeit, die Form für ein neues Gemeinschaftsleben zu suchen[32].« Für Rading war keine der beiden Alternativen zwingend, denn »es wird schwer sein, unsere alte Lebensform von heute auf morgen zu zertrümmern, sie wird aber ebenso wenig unverändert weiterbestehen können. Die Veränderung wird sicherlich in Richtung der neuen Gedanken erfolgen und aus Wechselwirkung alter und neuer Anschauung und Zeit als drei Dimensionen wird eine neue Welt sich aufbauen[33]«. Zwar werde gerade der Stadtplaner gezwungen, im Privateigentum einen Pfeiler der damaligen Wirtschaft anzutasten, andererseits aber beweise Amerika, »... daß es auch innerhalb der heutigen kapitalistischen und Profitwirtschaft durchaus möglich ist, zu gesunderen und vernünftigeren Wohnformen dadurch zu kommen, daß die Einzelwohnung in ihrer massenhaften Zusammenfassung durch ihr restloses Sichtbarmachen bestimmend für die Stadtanlage wird, daß nicht länger mehr ein ganz großer Teil der Stadt im Verborgenen eine Sonderexistenz zu führen hat, die hinter dem sichtbaren Ablauf des Lebens einen dunklen, unkontrollierbaren Unterstrom des Elends bedeutet[34]«.

III

Wer dachte wie Rading, der mußte sich unter den Bedingungen der Weimarer Republik beim Siedlungsbau den Forderungen eines eng gefaßten Funktionalismus beugen, dem die größtmögliche wirtschaftliche Nutzung erstes Gebot war. Mit Gropius mußte er aber auch einräumen, daß »... das Programm der Minimalwohnung naturgemäß nicht dadurch gelöst werden kann, daß man die übliche größere Wohnung lediglich an Zimmerzahl und Nutzfläche reduziert. Vielmehr bedarf es der *neuen Prägung* aufgrund der Kenntnis der natürlichen und gesellschaftsgeschichtlichen Minimumansprüche, die der Schleier der traditionell eingebildeten historischen Ansprüche nicht trüben darf[35]«. Nur Minimalforderungen konnten in den Siedlungen gestellt werden, während die gleichzeitig entwickelten Möglichkeiten eines »Befreiten Wohnens« in der Praxis das Privileg weniger Luxusvillen und Ausstellungsbauten blieben.

Noch im Mai 1927 gab es in Berlin 120000 Wohnungssuchende[36]. Obwohl, nach Martin Wagner, dort allein zwischen November 1927 und Oktober 1928 rund 20300 Wohnungen fertig wurden, hatte sich der Bedarf zwischen Mai 1925 und Mai 1928 von 75000 auf 179000 Wohnungen erhöht[37]. Bei Berücksichtigung aller Faktoren schätzte Wagner den objektiven Fehlbedarf in Berlin für 1929 auf rund 200000 Wohnungen: »Wenn wir diesen Fehlbedarf und den jährlich neu hinzutretenden Bedarf ausgleichen wollen, dann müssen wir immerhin noch 70000 Wohnungen jährlich bauen, um in zehn Jahren die Wohnungsnot in Berlin zu beseitigen[38].« In Frankfurt/Main hatte man 1925 zunächst geplant, zehn Jahre lang jeweils 1200–3000 Wohnungen zu bauen, doch mußte diese Planung schon 1928 revidiert und die Quote auf 4000 Wohnungen pro Jahr erhöht werden[39].

Am günstigsten waren die Voraussetzungen in Frankfurt[40]. Die Notverordnung vom 1. 4. 1924, nach der 44 Prozent der Einnahmen aus der Hauszinssteuer dem Wohnungsbau zufließen sollten, war auch in Frankfurt der Beginn eines umfassenden Wohnungsbauprogramms[41]. Im gleichen Jahr wurde mit Landmann ein Bürgermeister gewählt, der sich auf eine Koalition mit den Sozialdemokraten stützte. Eine seiner ersten und folgenreichsten Maßnahmen war die Berufung Ernst Mays, dem zwei große Aufgaben gestellt wurden: die Erarbeitung eines Generalbebauungsplanes und der Bau von Siedlungen. Siedlungsbauamt, Hochbauamt und Baupolizei wurden ihm unterstellt. Zum Siedlungsbauamt gehörten Abteilungen für Stadtplanung, Regionalplanung und Gartenwesen, während es im Hochbauamt unter anderem auch Abteilungen für Typisierung und Bauberatung gab[42]. Für die Grünanlagen wurde mit Leberecht Migge der damals in Deutschland führende Planer berufen. Im ganzen waren die Bedingungen für May ungewöhnlich vorteilhaft, denn er konnte relativ unabhängig von den bürokratischen Einschränkungen und Schikanen planen, denen sich seine Kollegen in anderen Städten ausgesetzt sahen. Nachdem er dank günstiger Grundstücksverhältnisse von der Bodenspekulation relativ unabhängig war, versuchte May dasselbe auch gegenüber der Bauindustrie. Das Hochbauamt führte eigene Versuche durch und stellte auch selbst Fertigteile her, die billiger waren als die auf dem Markt. Als die Produktion sich eingespielt hatte, konnte in Frankfurt ein zweistöckiges Einfamilienhaus in zwei Tagen errichtet werden[43].

Die Frankfurter Siedlungspolitik war so erfolgreich, daß man dort dem Ziel, auch für die Ärmsten zu bauen, noch am ehesten nahe kam. In der Siedlung Praunheim konnte zu einer Zeit, als ein ungelernter Arbeiter zwischen 150 und 200 Mark verdiente, eine Wohnung immerhin schon für 60 Mark angeboten werden[44]. Aber auch in Frankfurt war die Not so groß, daß für die an sich notwendigen Voruntersuchungen und Experimente keine Zeit blieb[45]. Wenn überhaupt, dann mußte während des Bauens experimentiert werden, und zwar nicht nur architektonisch, sondern auch bei der Bautechnik und bei der Finanzierung. Da die wirtschaftlichen Bedingungen kurzfristig nicht zu verändern waren, reduzierte sich der Spielraum für Planer und Architekten auf die Disposition der Anlage und der Wohnungen sowie auf die Gestaltung der Fassaden. Am begrenzten waren die Möglichkeiten im Inneren (Abbildung 82). Meist waren schon die verfügbaren Flächen so gering, daß kaum die notwendigsten Möbel Platz fanden, ganz zu schweigen von den mühsam ersparten Garnituren, an deren Stelle unpopuläre Einbaumöbel traten (Abbildung 83). In extremen Fällen nahmen die Zimmer den Charakter von Zellen an.

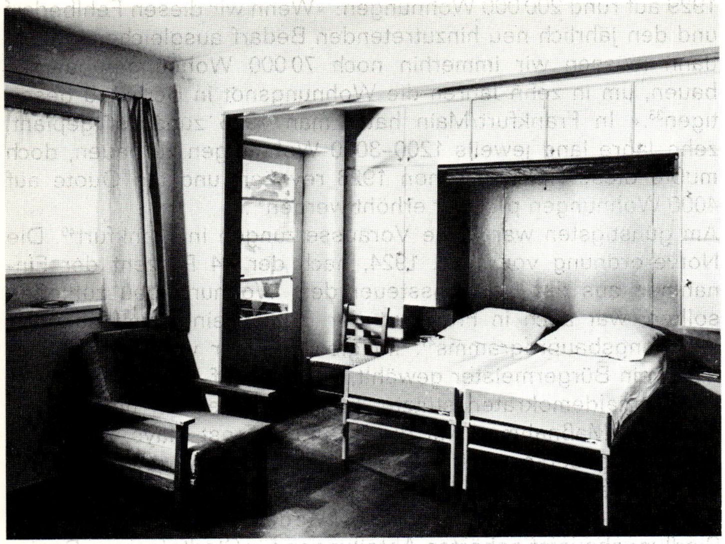

82 E. May, *Wohn- und Schlafzimmer mit Klappbetten*

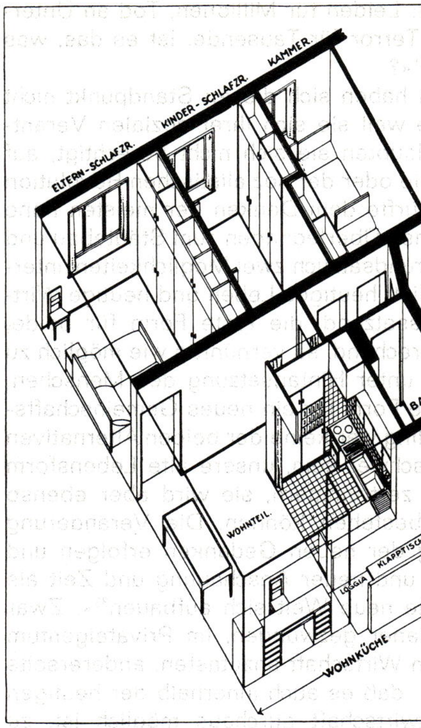

83 A. Klein, *Musterwohnung*, Entwurf

Die Frage nach dem Wohnungsminimum, darin waren sich alle Beteiligten einig, war die »... nach dem elementaren Minimum an Raum, Licht, Luft und Wärme, die der Mensch braucht, um bei der Vollentwicklung seiner Lebensfunktionen durch die Behausung keine Hemmungen zu erfahren, also ein Minimum an *modus vivendi* an Stelle eines modus *non moriendi*[46]«. Sehr viel schien dazu nicht erforderlich, hatten doch Hygieniker festgestellt, »... daß der Mensch, beste Belüftung und Besonnungsmöglichkeit vorausgesetzt, vom biologischen Standpunkt aus nur eine geringe Menge an Wohnraum benötigt, zumal wenn dieser betriebstechnisch richtig organisiert wird[47]«. »Wenn die Zuführung von Licht, Sonne, Luft und Wärme kulturell wichtiger und bei normalen Bodenpreisen auch ökonomischer ist als die Vergrößerung an Raum, so lautet das Gebot: vergrößert die Fenster, verkleinert die Räume, spart eher an Nahrung (sic!) als an Wärme[48].« Die Befreiung, die gerade auch Gropius, trotz solcher Sätze, von der Rationalisierung erhofft und behauptet hat, verkehrt sich so bereits in den programmatischen Schriften in ihr Gegenteil.

Am Ende der zwanziger Jahre können diese Züge allerdings längst nicht mit der heutigen Schärfe hervorgetreten sein, denn damals konnte noch jeder die alten Mietskasernen, gegen die wahrscheinlich auch die Minimalwohnung ein beträchtlicher Fortschritt war. Vielleicht konnten damals auch Unterscheidungen wie die von Ernst May noch realistisch erscheinen, der in einem Aufsatz über »Das soziale Moment in der neuen Baukunst« das Prinzip einer »neuen Wirtschaftlichkeit« zu begründen suchte, die im Dienste der Menschen stehen sollte, nicht in dem des »Kapitals[49]«. Gärten zum Beispiel sollten diesem Prinzip zufolge nicht der Nahrungsmittel wegen angelegt werden, »... sondern vorwiegend aus Gründen der sozialen Wirtschaftlichkeit, um in frischer Luft und Sonne für Körper und Geist nach nervenzerrüttender Arbeit ideale Erholungsstätten zu schaffen. Dort sollen unsere Kinder unter natürlichen Lebensbedingungen zu gesunden und lebensfrohen Staatsbürgern heranwachsen, mit einem »... seelischen Reichtum, der Tausende von ihnen glücklicher machen wird als alle materiellen Güter es vermöchten[50]«.

Siedlungsbau Formprobleme

I

Trotz vieler anderslautender Programme war das Spezifische der Siedlungen des Neuen Bauens weniger der Grundriß und die Ausstattung als die Form. Bei ihr sind die Unterschiede zur konservativen Architektur beträchtlich, während sie bei Grundriß und Ausstattung schon deshalb nur graduelle sein konnten, weil der Spielraum viel zu gering war, als daß differierende Auffassungen sich wirklich hätten auswirken können. Verfolgt man in den Zeitschriften die zahllosen Kontroversen zwischen den beiden Lagern, dann wird klar, daß die Frage nach der Form nicht allein als ästhetische verstanden wurde, sondern als ideologische, »Geschmacksfragen«, so ein Diktum von Bruno Taut, »sind soziale Fragen[1]«. Konservativen und Modernen war die Überzeugung gemeinsam, daß Formen ein sozialer Faktor ersten Ranges sind, der das Leben der Menschen nicht nur widerspiegeln, sondern auch beeinflussen, ja verändern kann, zum Guten wie zum Schlechten.

Voraussetzung für die Siedlungen des Neuen Bauens waren die Gartenstädte, die bis in den Krieg hinein in Deutschland geplant und auch gebaut worden waren. Zu ihnen gehören die Margarethenhöhe in Essen, die Gartenstädte Nürnberg, Hellerau und Karlsruhe, sowie die wohl mit Recht berühmteste, die Gartenstadt Staaken bei Berlin. Zwei Richtungen wurden unterschieden: »Die eine will den Faden der Entwicklung bei der Tradition des Klassizismus anknüpfen und von ihm aus eine neue Entwicklung weiterspinnen.« Im Unterschied zu diesem norddeutschen, unter anderem von Staaken vertretenen Typus, suchte sich die andere Richtung »ihr Ideal in dem natürlichen, im langsamen, aber steten Prozeß gewachsenen Organismus der spätmittelalterlichen Stadt, wie ihn so viele anmutige Städte Süddeutschlands . . . uns vor Augen führen[2]«. Als Beispiel galt die Gartenstadt Nürnberg.

Die Gartenstadt Staaken wurde zwischen 1913 und 1917 von Paul Schmitthenner für die Arbeiter der Spandauer Munitionsfabriken gebaut[3]. Das Areal ist fast rechteckig und hätte sich gut für eine geometrische Anlage geeignet. Rigide Symmetrie hat Schmitthenner aber vermieden. Zwar ist die Regelmäßigkeit stark genug, um die Wirkung des Geordneten und Zusammengehörigen zu bewahren, aber andererseits sorgten Abweichungen und Variationen dafür, daß Staaken nicht den Charakter einer Reißbrettplanung bekam. Fast alle Ideale der Entstehungszeit sind in Staaken berücksichtigt worden: ». . . der Heimatschutz, die Durchgrünung und Einpassung in die Landschaft, die Anknüpfung an die gute Handwerks- und Bautradition um 1800, die Außenraumgestaltung nach Art des landesfürstlichen und pietistischen Städtebaus vor 1800, die Einheitlichkeit der heimischen Baustoffe und Konstruktionen (Backstein, Putz, Biberschwanzdoppeldach, die bündig in der Fläche sitzenden Fenster im Kontrast zu den tiefen Nischen der Haustüren usw.)[4]«.

Aufschlußreich ist nun, wie und wozu Schmitthenner diese Elemente verbunden hat. Streng genommen ist ja schon die Kombination der Haustypen höchst eklektizistisch und alles andere als die ungebrochene Fortsetzung einer Tradition. Nach historischen Kriterien sind die Backsteinhäuser des Marktplatzes (Abbildung 84) und die Wohnhäuser nur schwer auf einen Nenner zu bringen, denn während die einen an norddeutsche und kleinbürgerliche Bautraditionen anschließen, sind die Putzbauten mancher Wohnstraßen (Abbildung 85) im Charakter eher süddeutsch und oft eher mittelständisch bis großbürgerlich[5]. Offenbar war nicht die präzise historische Bedeutung für die Wahl des Typus maßgebend, sondern die Assoziationen, die sich 1913 an ihn knüpften. Als gemeinsamer Grundton blieb der Charakter des Bürgerlichen. Fritz Stahl hat 1920 die glückliche Verbindung von Differenzierung und Vereinheitlichung in Staaken hervorgehoben und die Angleichung genetisch so verschiedener Elemente vor allem darauf zurückgeführt, daß sie alle durch die Hand desselben Architekten gegangen seien: »Es bleibt dann nur zwischen den verschiedenen Typen eine Art von allgemeiner Verwandtschaft notwendig, die am besten dadurch gewährleistet wird, daß derselbe Baukünstler die ganze Siedlung bis in ihre Einzelheiten durchführt[6].«

Daß es sich in Staaken nicht allein um Stilfragen handelte, belegen schon die Straßennamen, die bereits Stahl mit dem Charakter der Siedlung in Verbindung brachte. In »Am Pfarrhof«, »Eichenwinkel«, »Am kurzen Weg« und »Zwischen den Giebeln« drückt sich der Sozialcharakter von Staaken auch sprachlich aus. Daß er mit dem sozialen Status von Munitionsarbeitern identisch sei, wird man nicht behaupten können, aber maßgebend waren ja die Vorstellungen des Reichsamtes des Inneren und seines Architekten Paul Schmitthenner.

II

Noch während des Krieges haben Peter Behrens und Heinrich de Fries 1918 gemeinsam eine Broschüre »Vom sparsamen Bauen« veröffentlicht, die Planungen wie Staaken scharf kritisierte: »Dem Unwesen der Sentimentalität und der falschen Romantik im Aufbau von Kleinsiedlungen nach dem Muster kleiner mitteldeutscher und niederdeutscher Städte muß mit allem Nachdruck entgegengetreten werden. Es ist eine Art gutgemeinten Betrugs und einer wohlwollenden Verlegenheit, die den sachlich begrenzten und organisch genau bestimmten Grundprinzipien der Siedlung diametral gegenübersteht[7].«

Behrens und Fries hatten sich zum Ziel gesetzt, die Kleinwohnung aus der Abhängigkeit von bürgerlichen Wohnformen zu befreien und ihren Bau zu rationalisieren. Ihre Schrift nahm viele spätere Forderungen vorweg, denn sie verlangte nicht nur eine Industrialisierung des Bauwesens und die Konzentration

Abb. 28 Schnitt durch eine Hausanlage im Doppelstockbau.

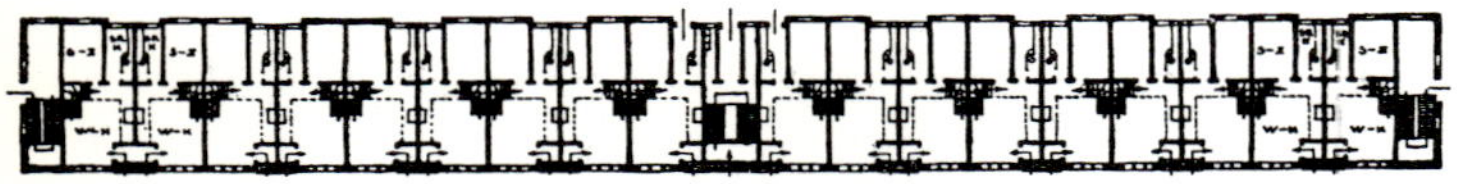

Abb. 29 Unterstock des Erdgeschosses.

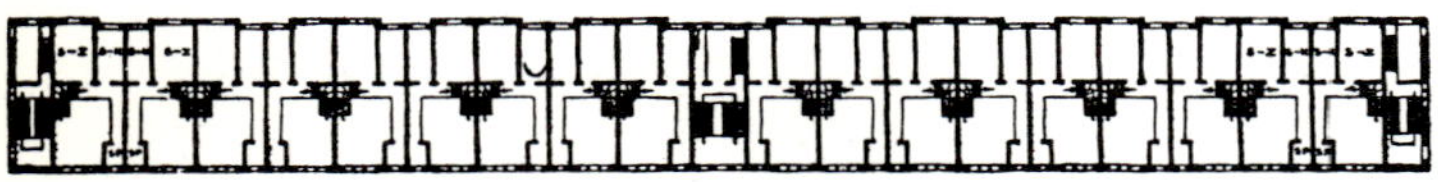

Abb. 30 Oberstock des Erdgeschosses.

86 H. Fries, *Wohnstadt,* Entwurf

bestimmter Aufgaben in Gemeinschaftseinrichtungen wie Gemeinschaftsküchen und -bädern, Kinderhorten, Bibliotheken oder Volksbildungsheimen[8], sondern forderte auch eine Gestalt der Siedlung, die deren Besonderheit gerecht werde: »So können durch organisatorische Zusammenfassung gleichartiger Anlagen im Sinne einer durchgreifenden Zentralisation nicht nur bedeutende Ersparnisse ... erzielt werden, sondern darüber hinaus gleichzeitig Werte von großer sozialer und kultureller Bedeutung für den Aufbau der Zukunft geschaffen werden.« »Die baukünstlerische Gestaltung einer Siedlung kann ... nur auf der Grundlage einer künstlerischen Durchbildung der Ideen und Prinzipien erfolgen, die ihren technischen, wirtschaftlichen und sozialen Aufbau bestimmt haben[9].«

III

Die erste berühmt gewordene Siedlung des Neuen Bauens, der »Italienische Garten« in Celle von 1924, unterschied sich von der üblichen Praxis vor allem durch die Form[10]. Unter dem Eindruck der modernen holländischen Architektur und der Magdeburger Farbexperimente von Bruno Taut gab Otto Haesler bei seinen Vierfamilienhäusern die Geschlossenheit des Baublocks preis. Die etwas niedrigeren und farblich abgesetzten Seitenblöcke, die hauptsächlich Wohnräume enthalten, sehen aus, als wären sie in den Mittelblock hereingeschoben, der Treppenhaus, Trokkenboden und ähnliche Einrichtungen enthält[11]. Erst bei seiner nächsten Celler Siedlung, am »Georgsgarten«, konnte Haesler auch in der Anlage neue Vorstellungen verwirklichen (Abbildung 88). Waschküche und Bad wurden für jeweils einen Block zentralisiert. Die Siedlung besteht aus Zeilen, die Ost-West-Besonnung haben und so angeordnet sind, »daß sie an verbilligten Wohnstraßen, ohne alle Rohrnetze, mit anschließenden breiten Grünanlagen, lagen[12]«. Nur an den Verkehrsstraßen gab es niedrige Randbauten für Handwerker und Geschäfte[13]. Für das gesparte Geld bekam die Siedlung ein Kinderheim und eine Leihbücherei. Eine Besonderheit war die Verbindung der Wohnanlage mit Pachtgärten, für die Leberecht Migge verantwortlich war[14]. Eine vergleichbare Lösung hatte de Fries (Abbildung 86, 87) schon 1919 ins Auge gefaßt, als er die übliche Blockbebauung so zu modifizieren vorschlug, daß Zeilen entstünden, die an den Straßen durch schmalere Verbindungstrakte verknüpft werden und zwischen sich Ruhe- und Parkhöfe haben sollten: »Sämtliche höheren Bauten, die Kleinwohnungen enthalten, erstrecken sich in Nord-Süd-Richtung, haben also vormittags und nachmittags Sonnenlicht. Licht- und Luftzutritt sind ferner gewährleistet durch die große Breite der Parkhöfe mit 40 Meter und die der Ruhehöfe mit 20 Meter Hausabstand. Die Randbebauung nach den breiteren Verkehrsstraßen zu, die den Block umschließen, ist nur noch zwei- oder dreigeschossig[15].«

Neben den praktischen Ergebnissen waren Haesler aber auch die formalen wichtig: »Von entscheidender Bedeutung war, daß ich bei meinem Streben nach Verbilligung und Verbesserung des Wohnens auch die richtige Ausdrucksform des Wohnens gefunden hatte, nämlich eine Wohnung, die soziologisch und hygienisch als Ausdruck unserer Zeit fortschrittlich genug empfunden werden konnte[16].« Wie das geschah, hat Haesler nicht weiter erläutert, aber aus dem historischen Kontext ist klar, daß vor allem die Formen, »frei von Talmikünsten«, diesem Ausdruck dienten. Ein wichtiges Motiv war die regelmäßige Abfolge der Fenster (Abbildung 89) und der Treppenhäuser, an der Zeitgenossen den »Licht-Rhythmus« rühmten, der sich bei nächtlicher Beleuchtung ergab[17]. Das Verhältnis der einzelnen Wohnung zum Ganzen der Siedlung hat sich gegenüber Staaken ins Gegenteil verkehrt: Nicht mehr werden individuelle und als solche erkennbare Einheiten miteinander verbunden, sondern das Ganze hat nun das Primat, und die Einzelelemente kommen nur noch sekundär, in dessen Untergliederung, zum Ausdruck. Bei Haesler, so heißt es 1927, »... ist der Gedanke der organisierten Lebensgemeinschaft einer städtebaulichen Blockeinheit bis in ihre beinahe letzten Konsequenzen durchgeführt[18]«.

IV

Zeilenbau wie Haesler ihn praktizierte, wurde in fast allen theoretischen Äußerungen der Zeit gefordert, denn nur der Zeilenbau wurde den neuen Forderungen nach gleichmäßiger Belüftung und Besonnung aller Wohnungen gerecht, und nur er ermöglichte eine Rationalisierung der Baustelle, da sich Zeilen im Prinzip ja herstellen ließen wie andere Fließbandprodukte auch[19]. Als Bestätigung wurde verstanden, daß keine andere Bauweise so radikal mit der üblichen Blockbebauung brach. Ein Beispiel ist Radings Kommentar zur Berliner Siemensstadt, der mit einer längeren Attacke auf die aus dem absolutistischen Barock stammende Blockbebauung beginnt, der es nur auf Fassaden ankäme, nicht auf das, was dahinter sich abspiele. Das Ergebnis sei, daß der sichtbaren Welt der älteren Städte ein um vieles größere unsichtbare entspräche, die völlig ungeformt sei: »Aus dieser unsichtbaren Welt entspringen alle Übel, mit denen die moderne Großstadt behaftet ist[20].« »Der Bebauungsplan der Siemensstadt versucht grundsätzlich mit diesem System zu brechen. Es gibt nicht mehr eine geformte Welt und eine ungeformte dahinter, sondern ein einheitliches Ganzes von Straße, Wohnung und Grünfläche, das in allen seinen Teilen und von überall her übersehbar ist. Die Straßenfront im alten Sinne ist aufgehoben, die Grünflächen öffnen sich der Straße zu ...[21].«

84 P. Schmitthenner, *Gartenstadt Staaken,* Hauptplatz

85 P. Schmitthenner, *Gartenstadt Staaken,* Straßenansicht

87 H. Fries, *Wohnstadt,* West-Ost-Straße

88 O. Haesler, *Siedlung Georgsgarten,* Celle

89 O. Haesler, *Siedlung Georgsgarten,* Wohnblock mit Kindergarten

91 H. Häring, *Wohnblock,* Berlin-Siemensstadt

90 W. Gropius, *Siedlung Dammerstock*, Grundriß (nur teilweise ausgeführt)

Vor allem in den Versuchssiedlungen der späten zwanziger Jahre, in denen die Probleme des Siedlungsbaus und der Kleinwohnung systematisch und experimentell untersucht werden sollten, dominierte der strenge Zeilenbau[22]. Andere Alternativen wurden gar nicht mehr ernsthaft erwogen[23]. Einer der anspruchsvollsten Versuche war 1929 die Ausstellung »Die Gebrauchswohnung« der Siedlung Dammerstock in Karlsruhe (Abbildung 90), die mit gleichzeitigen Ausstellungen in Breslau und Mühlheim in Verbindung stand. Die Siedlung am Weißenhof von 1927 »war noch in erster Linie Manifestation des neuen Bauens und als solche von internationaler und bleibender Bedeutung. – Breslau und Karlsruhe nun sind schon einen Schritt weiter auf die Linie der praktischen Beispielgebung für ihren lokalen Umkreis[24]«. Wenn die Karlsruher Siedlung heute noch ein allgemeineres Interesse beanspruchen kann, dann weniger wegen ihrer Bauten als wegen der Polemik, die sich an ihr entzündete[25] und in der zum erstenmal in Deutschland eine Art Selbstkritik der modernen Architektur laut wurde.

Den bemerkenswertesten Beitrag hat einmal mehr Adolf Behne geschrieben. Er räumte ein, daß Zeilenbau im Praktischen wie im Technischen keine eklatanten Mängel aufweise, doch richtete sich seine Kritik auch nicht gegen den Zeilenbau an sich, sondern nur gegen dessen Verabsolutierung. Die auch von anderen Kritikern festgestellten ästhetischen Nachteile galten Behne als Indiz einer tiefer liegenden Gefahr, der eines neuen Formalismus. Dieser »... liegt heute nicht mehr so offen im unmittelbar Sichtbaren als im Geistigen, im Denkprozeß, kann sich dann aber auch im Raume nicht verleugnen[26]«. Das Grundproblem sei, daß der Zeilenbau möglichst alles von der Wohnung her lösen und heilen wolle, »... sicherlich in ernstem Bemühen um den Menschen. Aber faktisch wird der Mensch gerade hier zum Begriff, zur Figur. Der Mensch hat zu wohnen, und die genaue Wohndiät wird ihm bis ins einzelne vorgeschrieben. Er hat ... gegen Osten zu Bett zu gehen, gegen Westen zu essen und Mutterns Brief zu beantworten, und die Wohnung wird so organisiert, daß er es faktisch gar nicht anders tun kann. Schließlich ist das Wohnen eine zwar sehr wichtige, aber nicht die einzige Funktion unseres Daseins. Hier in Dammerstock wird der Mensch zum abstrakten Wohnwesen, und über all den so gut gemeinten Vorschriften der Architekten mag er am Ende stöhnen: Hilfe, ich muß wohnen[27]«. Für die Architekten des Dammerstock hörte das Wohnen an der Wohnungstür auf. Sie erkannten nicht, daß das Zusammenfügen der Wohnungen ein ebenso wichtiges Problem gewesen wäre, wie diese Wohnungen selbst und begnügten sich mit deren Montage. Die Folge war nicht die in den Programmen beschworene Befreiung, sondern neuer Zwang. Auch das hat Behne bereits formuliert: »Die Methode des Dammerstock ist eine diktatorische Methode, die Methode des Entweder-Oder ... Indem er das Leben zum Wohnen spezialistisch verengt, verfehlt dieser Siedlungsbau auch das Wohnen ... Dies ist kein Miteinander, sondern ein Auseinander. Eine Siedlung ohne Bindung ist nicht in Ordnung. Ist die Ebene nur groß genug, so kann der Zeilenbau nach Norden und nach Süden kilometerweit auseinanderlaufen. Das heißt, Menschen im laufenden Band verpacken, nicht aber Städtebau. Die Ausgangspunkte des Zeilbaus sind ausgezeichnet und sollen weiterhin nutzbar gemacht werden. Aber er kann Städtebau nur sein, wenn er ein *Mittel* des Städtebaus wird, nicht aber, wenn er an die Stelle des Städtebaus treten will[28].«

V

Unter den vielen deutschen Architekten, die sich in den Dienst des Siedlungsbaus stellten, hat sich Bruno Taut – neben Ernst May – sicherlich am meisten ausgezeichnet. Seine Bedeutung liegt nicht nur im Umfang seiner Tätigkeit, sondern auch in den Zielen, die er sich setzte. Tauts Entwicklung war sehr viel windungsreicher und weit weniger eindeutig als die von Mendelsohn, Gropius oder Mies van der Rohe[29]. Er war primär an Ideen interessiert, nicht an Formen. Zur Ausbildung des neuen Stils hat er kaum etwas beigetragen, und eine Zeitlang glaubte er sogar, sich überhaupt einer stilistischen Festlegung entziehen zu können[30]. Nicht das Einzelhaus, das eine besondere künstlerische Gestaltungskraft verlangte, war seine Stärke, sondern der Siedlungsbau, bei dem es vor allem auf das Gesamtkonzept ankam. Verglichen mit entsprechenden Häusern von Mies van

der Rohe oder auch Gropius zeigt sein eigenes Haus geradezu dilettantische Züge[31], während seine Siedlungen von keinem der beiden erreicht wurden.
Eines der Grundprobleme des Siedlungsbaus war die Gestaltung der Binnenräume, denn allein durch sie konnte der Eindruck einer modernen Kasernierung vermieden werden. Ein naheliegendes und nicht mit zusätzlichen Kosten verbundenes Mittel waren die Balkons. Sie tauchen schon deshalb in allen Siedlungen auf, weil sie einen unmittelbaren Zugang zur Sonne verschafften, außerdem aber wohl auch deshalb, weil die Siedler mit den Balkons eines bis dahin der Oberschicht vorbehaltenen Privilegs teilhaftig wurden. Häring hat die Balkons bei seinem Block in der Siemensstadt (Abbildung 91) zum Ausgangspunkt der ganzen Außengliederung gemacht[32]. Farbe und Material unterscheiden sie vom Putz der Wand, und die Nierenform hebt sie ab vom Block. Die Schmalseiten liegen jeweils zu dem Treppenhaus, zu dem die Wohnung gehört. Dadurch wird der Zusammenhang der in einem Teilblock wohnenden Familien auch außen sichtbar. Gleichzeitig rücken die breiteren Teile der Balkons, wo die Bewohner sich vor allem aufhalten, auseinander. Die entstandenen Untereinheiten werden im Erd- und im Dachgeschoß durch rektanguläre, aber ebenfalls mit Backstein verkleidete Anbauten wieder verbunden. Aus den Balkons entsteht so eine formal wie funktional herausgehobene Sphäre (Abbildung 92), die zwischen den Zeilen und dem umgebenden Grün ebenso vermittelt wie zwischen den einzelnen Teilen eines jeden Blocks. Dieser Zusammenhang ist insofern auch ein sozialer, als durch den halböffentlichen Bereich der Balkons ein Übergang geschaffen ist zwischen der privaten Sphäre der Einzelwohnungen und der öffentlichen der ganzen Siedlung.
Diese Balkons sind ein wichtiges Element dessen, was Taut den »Außenwohnraum« der Siedlungen nannte. Kurt Junghanns hat bereits dargelegt, daß Taut das »grüne Evangelium« nicht bis zur Auflösung des räumlichen Zusammenhangs getrieben hat, da ihm neben der Hygiene auch die »sinnlich einleuchtende Form« als notwendig galt (Abbildung 93), besonders für die Freiräume einer Siedlung: »Der Außenwohnraum sollte die Empfindungen der Behaglichkeit, Beschaulichkeit, der Stille und Harmonie, die die Räume der Wohnung auslösen, ergänzen und vertiefen. Aber ›jene Gefühlswerte können sich nur da einstellen‹ schrieb er, ›wo die Sinne einen faßlichen Raum vorfinden, einen Raum also, dessen Abmessungen Beziehung zueinander haben[33]‹.« Die Anlage einer Siedlung war für Taut deshalb mehr als nur ein Arrangement von Zeilen. Durch Variation der Straßenbreite, der Form und der Länge der Blocks sowie durch Wechsel in den Haustypen hat er die Monotonie des Zeilenbaus vermieden, auch um den Preis, daß der Grad der Sonneneinstrahlung nicht mehr in allen Wohnungen identisch sein konnte. In seinen besten Siedlungen entstanden dadurch echte Binnenräume, nicht nur Abstandsflächen wie bei Haesler[34]. Durch Versetzung und Verschiebung der Zeilen, durch Höfe und auch durch Randbebauung hat Taut immer wieder übersehbare und erfahrbare Zusammenhänge mittlerer Größenordnung geschaffen, die nach der Theorie eigentlich hätten wegfallen müssen[35].
In dieser Hinsicht folgte Taut dem Vorbild Martin Wagners, dessen Lindenhofsiedlung schon 1918–1922 die städtebaulichen Mittel der späteren Berliner Planungen zeigte: »Vorherrschen geschlossener Randbebauung an gekrümmt, geknickt und gradlinig geführten Straßen, großflächige Hofräume mit den Mietergärten, eingestellte Baukörper, Straßenüberbauung, Fußgängerverbindungswege, ein natürlicher Bezugspunkt bzw. eine Mitte für die Siedlung . . . sowie einheitliche Gestaltung der Gebäude unter Beachtung von Straßen- und Gartenseite[36].«
Dies alles sind auch Mittel der Hufeisensiedlung in Berlin-Britz (Abbildung 93), die Taut in Zusammenarbeit mit Martin Wagner konzipiert und ab 1925 auch errichtet hat[37]. Ihre auffälligste und auch von Taut sonst nicht benutzte Erfindung war das Hufeisen in der Mitte. Kreisförmige Zentren gab es ähnlich in anderen deutschen Siedlungen der Zeit, und wie sie nimmt sich auf Luftaufnahmen auch das Hufeisen Tauts extrem formalistisch aus[38]. An Ort und Stelle ist es jedoch überzeugend, weil es nur die Artikulation und Steigerung einer bereits vorhandenen Geländemulde ist (Abbildung 94) und weil es dank der Wäscherei, der Genossenschaftsverwaltung und des Cafés auch eine eigene Aufgabe hat. Kurt Junghanns hat im einzelnen dargelegt, wie Gelände und Architektur sich gegenseitig ergänzen, ». . . wobei das Buschwerk und die Bäume der Hausgärten vor den Erdgeschoßwohnungen wie ein sorgfältig eingefügtes Bindeglied zwischen dem flachen Rasen und der hohen Wand der Bauten wirken[39]«. Junghanns hat weiter analysiert, wie das weite Rund durch die regelmäßig wiederkehrenden Loggien eine harmonische Durchgliederung erfährt, bei der die Fenster und die Trennlinien zwischen den Haussektionen »wie eine zurückhaltende Begleitmelodie dieses Grundmotivs« wirken[40].
Wie immer bei Taut, ist die Farbe eines der wichtigsten Gliederungsmittel. Anders als in den Magdeburger Experimenten, wo sie das Haus zum Träger expressionistischer oder futuristischer Bilder machte[41], trat die Farbe nun in den Dienst der Architektur. Beim Hufeisen steht der weiße Putz ». . . in einem feinen farbigen Kontrast zu Rot und Blau: zum roten Backstein, der die Öffnungen der Loggien einfaßt, die Nahtstellen der Häuser markiert und die Durchgänge heraushebt, und zum kühlen Blau im Inneren der Loggien. Den gleichen Dreiklang zeigt auch die äußere Fassade des Hufeisens: Weiß die Wohngeschosse, blau die durchlaufende Bodenzone, backsteinrot die Hauseingänge, der Sockel und die Schutzkanten . . .[42]«.
Aber nicht nur das Innere seiner Siedlungen wurde Taut zum Thema, sondern auch ihr Verhältnis zur Umgebung. Bei dessen Gestaltung sind neben formalen auch symbolische Bezüge zu beachten. Großzügiger Typenbau, so schrieb damals der Direktor der Gehag, der größten Berliner Baugenossenschaft, ». . . zeigt bei neueren Bauten den Charakter der hinter ihnen stehenden genossenschaftlichen Solidarität. Keine Eigenbrötlerei, sondern große Anlagen aus einem Guß. Wir bauen Häuser für den einfachen Mann . . . Genauso wie er selber soll auch die Architektur des Hauses, in dem er wohnt, zum Beschauer sprechen[43]«.
In Britz grenzte die von Taut gestaltete Siedlung der Gehag an die eines Beamtenbauvereins (Abbildung 95): »Hier gab es das steile Dach mit historisierenden Giebeln und stehenden Dachfenstern, belebende Erker und Haustüren mit Glasfüllungen in leicht barockisierenden Rahmen, Fensterklappläden und schließlich malerisch gekrümmte Straßen mit ausgewählten Blickpunkten wie in einer alten, freundlichen Kleinstadt[44].« Dieser kurz zuvor entstandenen Idylle setzte Taut an der Fritz-Reuter-Allee ». . . eine schmucklose, nur durch einige Lücken unterbrochene Front von insgesamt zweiunddreißig völlig gleichartigen drei-

93 B. Taut, *Siedlung Britz,* Berlin

94 B. Taut, *Siedlung Britz,* Blick in das „Hufeisen“

92 H. Häring, *Wohnblock,* Berlin-Siemensstadt

95 *Siedlung Britz,* Fritz-Reuter-Allee, Südseite

geschossigen Hauseinheiten entgegen. Er gab ihnen auf der Straßenseite eine stark plastische Gliederung durch weit vorgezogene Treppenhäuser, aber außerdem weitgehend geschlossen und abweisend wirkende Mauerflächen durch einheitliche lukenartige Fenster für Treppenhaus, Bad und Dachboden ... diese Häuserwand, die sich wie mit Wehrtürmen vor die Siedlung legte, erhielt damals die Bezeichnung ›Rote Front...[45]‹« (Abbildung 96). Ihre ganze Aussagekraft gewinnt diese Front aber erst durch den Kontrast zu den leuchtend weißen Bauten an der Öffnung des Hufeisens (Abbildung 97), die eine breite Freitreppe flankieren und den »... Blick in die helle Welt der Genossenschaft freigeben...[46]«. Vollständig erschließt sich dieser Blick jedoch erst dem, der die Straße verläßt und das Hufeisen von der Freitreppe oder von den diese flankierenden Terrassen aus überschaut. Der Boden der Anlage liegt am Fuße der Freitreppe um etwa vier Meter niedriger als die Straße und die Bauten. Von diesem Punkt aus, an dem man definitiv die Umgebung verlassen hat, steigt das Gelände nach den Seiten und nach hinten langsam an, wobei aber in der Mitte ein Teich ausgespart bleibt.
Erst im Schutze des Kollektivs gab es Offenheit und Freiheit, erst dort – und nur dort – entstand im Außenwohnraum ein Ort gemeinschaftlichen Lebens. Sicherung nach außen und Entfaltung nach innen sind in Britz gleichermaßen wichtig, denn erst in ihrer Komplementarität erschließt sich das Tautsche Konzept. Angesichts der Wirklichkeit war es illusionär, und genetisch wird man es auch nur dann verstehen, wenn man in ihm das Nachwirken der utopischen Impulse von 1919 erkennt. Noch 1929 war es für Taut eines der Hauptmerkmale der neuen Bewegung überhaupt, daß das Haus als Ganzes wie in seinen Einzelheiten die Abgrenzung und Isolierung verliere: »Wie seine Einzelteile untereinander vom Zusammenspiel leben, so das Haus mit seinen Kameraden. Es ist ein Erzeugnis kollektiver und sozialer Gesinnung. Wiederholung ist also nicht unerwünscht, sondern im Gegenteil das wichtigste Kunstmittel[47].«
Fred Forbat hat dem Problem von »Wohnform und Gemeinschaftsidee« 1929 einen programmatischen Aufsatz gewidmet, der ganz offensichtlich unter dem Eindruck von Tauts Siedlungen geschrieben wurde. Außer Frage stand für ihn, daß

96 B. Taut, *Siedlung Britz,* Fritz-Reuter-Allee, Nordseite

97 B. Taut, *Siedlung Britz,*
Blick von der Fritz-Reuter-Allee in das „Hufeisen"

Arbeitersiedlungen eine »ganz anders geartete geistige Haltung« haben müßten als »eine Wohnansammlung von Kleinbürgern[48]«. »Klassenbewußtsein« beruhe wesentlich auf »Gemeinschaftsgefühl« und zwischen diesem »... und einer möglichen sozialistischen Wohnungspolitik, aber auch einer richtigen wohntechnischen und städtebaulichen Gestaltung einer Arbeitersiedlung, gibt es Wechselwirkungen von ausschlaggebender Bedeutung«. Das Einfamilienhaus, das »sich einer jeden Gemeinschaftsdeutung widersetzt«, hielt Forbat für verwerflich, es sei denn, es wäre ein Einfamilienreihenhaus: »Die Siedlungen Britz und Zehlendorf der Gehag und manche Frankfurter Siedlungen zeugen davon, daß diese Wohnform, obwohl in ihr immer ein kleiner Rest eigenbrötlerischen Ursprungs steckenbleibt, durch richtige *städtebauliche Gestaltung* von diesem individuellen Ursprung weg zu einer Wohngemeinschaft zu heben ist[49].« Das geschieht allerdings nicht von selbst, denn: »Die soziologische Idee einer solchen Wohngemeinschaft bedarf ... einer städtebaulichen Idee, um welche herum sie sich kristallisieren kann[50].« Nicht ein Denkmal und auch keine Stadtkrone kann dieser Kristallisationspunkt werden, sondern nur die architektonische Struktur: »*Der gestaltete gemeinsame Raum,* der schafft die Gemeinschaft einer Siedlung[51].«

Es versteht sich von selbst, daß unter allen deutschen Siedlungen, die von Taut eingeschlossen, im Grunde nur die Hufeisensiedlung diesem Programm gerecht wird. Sie, so Forbat, »... hat es zuwege gebracht, durch die räumliche Anordnung um einen Platz herum, der beim Zugang von Gemeinschaftsanlagen flankiert ist, aus diesen stark exklusiven Einheiten (= des Etagenhauses) eine Gesamtheit von imponierendem kollektivem Geist zu schaffen. Das Verbindende: die breiten offenen Loggien liegen einander zugekehrt mit Blickrichtung nach dem Brennpunkte des *Raumes.* Das Trennende: die einzelnen vertikalen Treppenhäuser sind nach außen gelegt, selbst da aber durch die Rundung des Baukörpers um einen von außen unsichtbaren Brennpunkt, dem sie ihre Achsen zuwenden, zum Kollektiven umgedeutet[52]«. Bruno Taut glaubte, alle Architektur müsse »... die Bedürfnisse nicht bloß erfüllen, sondern ihnen eine erhöhte und bessere Ordnung geben, als sie bisher bekannt war. Der Architekt, der das leistet, wird zu einem Schöpfer ethischer und sozialer Art; die Leute, die ein solches Haus für irgendeinen Zweck gebrauchen, werden durch die Anlage des Hauses zu einer beseren Haltung in ihrem gegenseitigen Umgang und ihren gegenseitigen Beziehungen geführt. Die Architektur wird so zur Schöpferin neuer gesellschaftlicher Formen[53]«.

VI

Ernst May hat sich gleich zu Beginn seiner Frankfurter Tätigkeit für das Prinzip der Trabantenstadt entschieden, das er bereits in einem Breslauer Wettbewerb verfochten hatte[54]. Ähnlich wie die Gartenstadt ist die Trabantenstadt eine relativ selbständige Einheit, die so angelegt wird, daß sie möglichst viele Vorzüge städtischen Lebens mit denen des Lebens auf dem Lande verbindet. Anders aber als die Gartenstadt ist sie nicht unabhängig von der Großstadt und auch nicht gegen diese konzipiert, sondern zu deren Entlastung. In Frankfurt liegen die meisten Anlagen im Norden der Stadt, wo dank der Bodenpolitik der Vorkriegszeit große Gebiete in städtischem Besitz waren[55], so daß der Ring zwar selbständiger, aber sowohl untereinander als mit dem Stadtzentrum kommunizierender Trabantensiedlungen möglich wurde, der für den Frankfurter Norden charakteristisch ist[56].

Es waren vor allem die Erfolge bei der Rationalisierung, die Mays internationalen Ruf begründeten und viele Besucher nach Frankfurt zogen. Diese Rationalisierung machte auch vor der Einrichtung nicht halt, denn durch den Einbau von Wand- und Bettschränken (Abbildung 72), von einklappbaren Badewannen und von Regalen, die alle in Serie hergestellt werden konnten, sanken die Kosten, und außerdem wurde Platz gespart[57]. Das Symbol dieser Bestrebungen war für die Zeitgenossen die »Frankfurter Küche«, die bei einem Maximum an Technik und Rationalisierung mit einem Minimum an Raum auskam[58]. Auch in Frankfurt aber waren die Wohnungen spartanisch, und auch dort mußte man sich mehr nach den Bedingungen der Produktion richten als nach den Bedürfnissen der Bewohner. Dies begünstigte einen minimalistischen Funktionalismus, der so komplexe Phänomene wie das Zusammenleben einer Familie in einer Wohnung in Einzelfunktionen zerlegte, die dann auf ein Minimum reduziert und in ihrer Wechselwirkung gar nicht mehr untersucht wurden. Man kann in diesen Wohnungen zwar kochen, essen und schlafen, die Probleme des Zusammenlebens aber sind ungeklärt, von »befreitem Wohnen« kann ernstlich die Rede nicht sein (Abbildung 72, 76).

Auch Ernst May hat in vielen seiner Frankfurter Planungen die Grenzen des zeitgenössischen Siedlungsbaus nicht überschritten. Unter dem Gesichtspunkt der Gestaltung gibt es jedoch zwei bedeutende Ausnahmen, Praunheim und Römerstadt[59], bei denen der Siedlungsbau eine neue Dimension gewinnt. Diese Dimension sichtbar zu machen, ist allerdings fast unmöglich, denn das Zusammenwirken von Gelände, Landschaft, Architektur und Bepflanzung ist weder in Plänen noch in Fotos adäquat zu erfassen[60].

Wie bei Taut liegt auch bei May die heutige Bedeutung seiner Siedlungen nicht so sehr in den Wohnungen als in der Gesamtanlage. Zwar galt auch in Frankfurt der Grundsatz: »Erst das Haus, dann die Straße«, zugleich aber galt auch: »Städtebau ist Landschaftssteigerung[61]«, und das Grundelement der Anlage war nicht das Einzelhaus, sondern die Häuserzeile. Die Äußerungen von May sind nicht sehr zahlreich und halten sich meist in den Grenzen der damaligen Denkkonventionen. Nur gelegentlich trifft man auf ein Bewußtsein von der Besonderheit des von ihm Gebauten. Zum Beispiel dann, wenn Straßen bei der Erörterung ihrer Farbigkeit als Innenräume bezeichnet werden: »Alle für die Fernwirkung in Frage kommenden Teile sind weiß gehalten, die Innenräume der Straßen und Plätze in blauen und roten Tönen abgesetzt[62].« Zeitgenössische Reproduktionen lehren, daß auch bei der Farbigkeit der jeweilige Block die Grundeinheit der Gestaltung war, nicht etwa das einzelne Haus[63]. Der Zusammenhang der Siedlung blieb also gewahrt, obwohl sich schon wegen der Farb-Variation jede Straße von der nächsten unterschied[64].

Die Bedeutung der Gesamtplanung war so groß, daß viele Einzelmotive überhaupt nur aus ihr verständlich werden. Die Arbeit des Architekten beschränkte sich nicht auf die Binnengliederung des Quartiers, sondern richtete sich auch auf dessen Beziehung zur Landschaft (Abbildung 98). Nur so ist zu erklären, daß die Römerstadt Frankfurt, über das Niddatal hinweg, eine Schauseite zukehrt[65]. Anders als die »Rote Front« Tauts ist diese

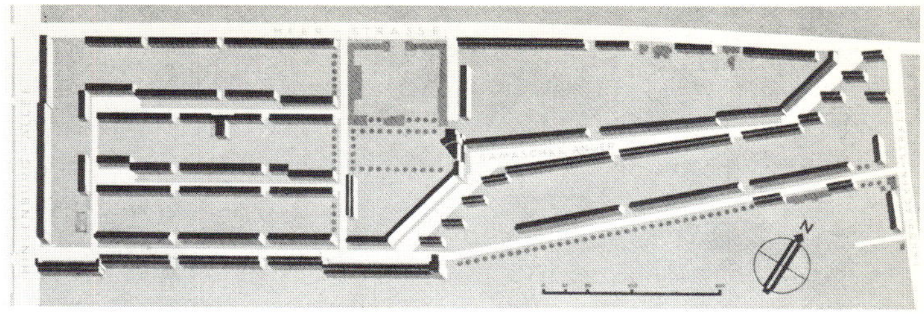

99 E. May, *Siedlung Praunheim,* Frankfurt/M.

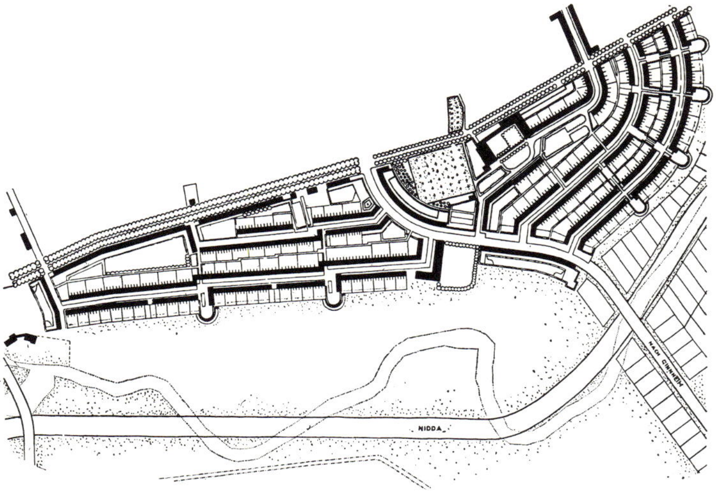

100 E. May, *Siedlung Römerstadt,* Grundriß

98 E. May, *Siedlung Römerstadt,* Frankfurt/M.

Schauseite aber nicht als Bollwerk gestaltet, denn die langgestreckten Wohnzeilen sind in regelmäßigen Abständen von vorspringenden Querbauten unterbrochen (Abbildung 98). Die Siedlung steht auf einer Terrasse, die sich vor den Querbauten glacisförmig zum Niddatal ausrundet. An diesen Stellen gibt es Aussichtspunkte, die den Blick auf das Niddatal und auch auf die Römerstadt selbst freigeben. Daß dies beabsichtigt war, belegen außer dem Augenschein auch die Äußerungen Mays, der die Römerstadt als »Teil der Niddatalbebauung« verstand: »Terrassenförmig staffeln sich die Hauszeilen von dem Siedlungszentrum . . . zur Flußniederung ab.« »In rhythmischen Anständen springen aus der der Nidda zugekehrten Front basteiartige Erweiterungen in den Talboden vor und gewähren einen umfassenden Ausblick auf die Niederungen und das dahinterliegende Stadtbild Frankfurts[66].« Diese Verbindung ist nicht nur eine optische, denn von den Bastionen aus ist das Niddatal über Treppen auch erreichbar, und außerdem hat hier auch die Quererschließung der Siedlung ihren Anfang bzw. ihr Ziel. Optische und funktionale Zusammenhänge wirken derart zusammen, daß sie sich gegenseitig erklären und verstärken.

Zusammen mit der Siedlung Praunheim liegt die Römerstadt am sanft ansteigenden Nordhang des Niddatales, dessen Neigung verhältnismäßig gering ist, so daß man sie leicht hätte überspielen können. May jedoch hat sie gesteigert. Praunheim ist die einfachere von den beiden Anlagen. Der Baugrund ist gut genutzt, und auch die Sonne ist allen Häusern sicher – so, wie das auch bei anderen modernen Architekten der Zeit der Fall gewesen wäre. Spezifisch für May ist die Betonung des Hangs, die der Siedlung Individualität verleiht und sie außerdem mit der Landschaft und mit den Nachbarsiedlungen verbindet. Die Zeilen folgen zunächst der Geländetrasse, um dann abzubrechen, wobei eine sich in schräg gestaffelte kurze Blöcke teilt, die den Hang hinabführen (Abbildung 100). Die Hauptstraße bekommt ein unverwechselbares Aussehen und erleichtert so auch innerhalb der Siedlung noch einmal die Orientierung. Diese Lösung, die am Ort sehr plausibel und selbstverständlich wirkt, ist um so bemerkenswerter, als May mit ganz wenigen präfabrizierten Grundelementen auskommen mußte.

Die Anlage der Römerstadt ist komplexer. Die Siedlung besteht aus zwei Teilen, die durch eine S-förmig den Hang hinabgeführte Straße verknüpft werden, die zugleich auch das Einkaufszentrum beherbergt. Der westliche Teil wird durch eine geschlossene Zeile gegen die Landstraße abgeschirmt. Eine zweite Zeile begleitet in ganzer Länge die Schauseite gegen das Niddatal. Im Osten nimmt die Siedlung eine Wendung des Flusses auf, doch führen auch die Zeilen dort in einem Bogen auf die Ladenstraße zurück, deren Biegung das Viertel nicht durchschneidet, sondern verbindet, und zwar wiederum nicht allein formal, sondern dank der Läden auch funktional. Die Gelenkstelle, an der die oberste Straße des östlichen Teils auf die unterste des westlichen trifft, ist durch ihre Abrundung auch architektonisch hervorgehoben. Ihr gegenüber liegt die wichtigste Gemeinschaftseinrichtung der Römerstadt, die Schule.

Neben den Zeilen sind Straßen und Gärten (Abbildung 101, 102) die wichtigsten Elemente der Siedlungen Mays. Zwar sind auch die Häuser der Römerstadt zu den üblichen Zeilen zusammengefaßt, doch hat bei deren Abstand nicht allein die Besonnung den Ausschlag gegeben. Die Zeilen sind so gegeneinander versetzt, daß vorn Straßen entstehen und hinten Platz für ausgedehnte Gärten gewonnen wird. Die Häuser zeigen den Stil des Neuen Bauens, dem May sich in Frankfurt zugewandt hatte und bestehen als Fertighäuser alle aus den gleichen Grundelementen. Für Abwechslung ließ schon das fehlende Geld keinen Raum. Daß trotzdem keine Monotonie aufkommt, liegt neben der Ausnutzung des Geländes auch an vielen Einzelheiten. So wird die Steigung einer Straße in der Firstlinie aufgegriffen, und Parallelstraßen hat May dadurch voneinander unterschieden, daß er den Rasen immer nur auf eine Seite beschränkte, diese jedoch wechselte (Abbildung 103). Mit jeder Straße wechselt nun auch die Verteilung der Vorbauten, der Türen, der Dächer und selbst der Müllbehälter[67] (Abbildung 104).
Hinter den Häusern erstreckt sich eine breite, von Wegen durchzogene Gartenzone (Abbildung 101), die im Inneren der Römerstadt noch einmal kontinuierliche Grünflächen entstehen läßt. Die Zäune sind so niedrig gehalten, daß sie kaum auffallen und die Gartenzone als geschlossener sowie dank der Wege auch als öffentlicher Bereich wirkt, nicht als Konglomerat von Partikeln privaten Besitzes wie die üblichen Gartenkolonien. Ihre Bedeutung geht deshalb über den wirtschaftlichen Nutzen der Kleingärtnerei hinaus, wenn sich auch gegenüber den Fernzielen ihres Entwerfers Leberecht Migge einige Skepsis melden wird. Nach Migge ». . . dürfte der Gartentyp unserer Zeit, wo er in Reinkultur erscheint, einen starken nützlichen, ja rationellen Zuschnitt haben, als ein zeitbedingtes Äquivalent für den reinen Gartengenuß. Und erst dieses gemeinsame *tätige* Auskosten des individuellen Gartenlebens in seiner ganzen Weite und Tiefe wird dann jene Gartenform zeigen, die über unsere zeitgebundene Zweckform hinaus in Gartenform und Gartenfarbe umgesetzten Zeitgeist bedeutet[68]«.
Historisch kann man die Römerstadt als eine Verbindung definieren, die sowohl Vorstellungen der Gartenstadtbewegung aufgenommen hat, als auch solche des Siedlungsbaus der zwanziger Jahre. Aus dem Siedlungsbau kamen die Zeilen, die Rationalisierung und die architektonische Form, die mit der stilistischen Vielgestaltigkeit der Gartenstadt brach. Besonders die Anlagen von Oud scheinen für Ernst May bis in die Details hinein vorbildlich gewesen zu sein[69]. Der Gartenstadtbewegung verdankte May das Konzept der Trabantenstadt, das sein Lehrer Raymond Unwin[70] entwickelt hatte, und aus der gleichen Tradition dürfte sich auch die hohe Bewertung der Grünanlagen herleiten, die bei May ein wesentlicher Bestandteil der neu geschaffenen Stadtlandschaft sind. Noch im Rückblick hat May für Unwin nur rühmende Worte gefunden: »Wir mögen unter dem heutigen Blickwinkel die städtebaulichen Theorien Unwins als romantisch bezeichnen. Weit wichtiger jedoch als die formale Gestaltung des Gesamtplanes und der einzelnen Bauwerke war die Tatsache, daß es ihm gelang, in seinen Großsiedlungen ein wirkliches Wohnklima zu schaffen, das heißt, die Wohnbauten, Einfamilienhäuser oder Mietblocks in eine menschlich ansprechende Atmosphäre einzubetten, die Gemeinschaftseinrichtungen kultureller und wirtschaftlicher Art in seine Siedlungen einzubeziehen[71].«

105 L. Hilberseimer, *Hochhausstadt*, Ost-West-Straße (Entwurf)

101 E. May, *Siedlung Römerstadt,* Rückseite eines Wohnblocks

102 E. May, *Siedlung Römerstadt,* Verbindungsweg

103 E. May, *Siedlung Römerstadt,* Straße

104 E. May, *Siedlung Römerstadt,* Straße

I

In den Frankfurter Außenbezirken hatte die neue Architektur das Bild der Stadt in einheitlicher Weise verändert. Schon in Berlin aber wurde eine solche Einheitlichkeit ausdrücklich vermißt. Ihr Fehlen galt als Ausdruck der »Mannigfaltigkeit einer werdenden Weltstadt«, in deren »Wohnungsbauten die verschiedensten Auffassungen Architektonischer Gestaltung ihren Ausdruck finden[1]«. Man glaubte, daß »im formalen Ausdruck ... das neue Berlin seine weltstädtische Form noch nicht gefunden« habe[2]. Auch für Berlin wird aber festgestellt, daß die Neubauten »... so etwas bedeuten wie eine Aufheiterung und Verjüngung des zwar nirgends sehr alten, aber unter vielfacher Ungunst der Entwicklung rasch gealterten Stadtbildes[3]«.

Am stärksten war die Veränderung der Städte an der Peripherie. Da der erste Weltkrieg wirkliche Bombardierungen noch nicht kannte und der Kampf an den Reichsgrenzen aufgegeben worden war, waren die deutschen Stadtzentren in der Regel erhalten. Die staatlichen Bauten waren meist in der Kaiserzeit erneuert oder neu erbaut worden, weshalb der Staat in der Weimarer Republik als Bauherr nur eine geringe Rolle gespielt hat[4]. Wenn in den Innenstädten für nicht-kommerzielle Aufgaben überhaupt moderne Architekten herangezogen wurden, dann bei städtischen Bauten oder solchen für politische Organisationen, wie Max Taut für seine hervorragenden Gewerkschaftshäuser[5]. Mit urbanistischen Problemen hatten die modernen Architekten meist nur im Zusammenhang mit den Siedlungen zu tun, was sicherlich ein Grund dafür ist, daß das Bewußtsein von der Komplexität städtebaulicher Probleme in dieser Generation eher geschrumpft als gewachsen ist[6].

Auch neue Stadtkonzepte waren rar. Um so faszinierender mußten deshalb Corbusiers Pläne für eine Stadt der drei Millionen wirken, in denen zum erstenmal eine moderne Metropole Thema einer Idealstadt wurde[7]. Das Problem des Verkehrs schien ebenso gelöst wie das eines Neuen Wohnens, und auch in der Gestalt schien diese in Corbusiers Darstellung strahlend helle und faszinierend klare Stadt eine Alternative zur Tradition zu sein. Vor allem aber präsentierte sich die »Ville Contemporaine« nicht als utopisches Fernziel, sondern als Ausdruck der zunehmend klarer werdenden Entwicklungstendenzen innerhalb der modernen Gesellschaft[8].

Auf Zustimmung konnte Corbusier bei seinen deutschen Kollegen auch deshalb rechnen, weil die »Ville contemporaine« alle Nachteile und Laster der herkömmlichen Stadt zu überwinden versprach[9]. Für die Architekten der zwanziger Jahre war ja noch immer die alte Stadt das Gegenüber, nicht die moderne. In der Beurteilung der alten Stadt kamen zwei Faktoren zusammen: die jahrhundertealte Tradition der Stadtfeindlichkeit und die katastrophalen Zustände in den großen Städten zu Beginn des Jahrhunderts[10]. Tatsächlich speiste sich das Pathos der neuen Urbanistik ja gar nicht so sehr aus der Überlegenheit des Neuen als aus der Ablehnung des Alten; und nicht die leidenschaftslose Analyse war die Leitschnur, sondern das soziale Engagement: »Wenn es möglich wäre, in den vielen deutschen Städten, die ihre Vergangenheit aus weit zurückliegender Zeit herleiten, einmal die ganze abgehetzte, zermürbte, kranke und verdorbene Bevölkerung aus ihren Elendslöchern und muffigen Winkeln herauszutreiben und ans Licht zu ziehen, wenn diese arme, verhungerte, geschlagene und zertretene Masse in Reih und Glied als unabsehbare, schicksalsgebundene Armee stehen würde, dann würde man vermutlich auf alle Traditionswerte pfeifen, mit deren Zerstörung und Beseitigung die Reform unserer Städte verbunden ist. Man würde den Glanz dieser Lokale, Kinos, Theater und öffentlichen Gebäude als nicht mehr erträglich empfinden und nur den einen Wunsch haben, unter die Entwicklung, so wie sie geworden ist, einen Strich zu machen, ganz neue Städte, die wirklich die Ansprüche des Lebens erfüllen, neben die alten zu setzen oder auf deren Trümmern zu erbauen[11].«

Das Problem einer menschenwürdigen Stadt reduzierte sich aus solcher Sicht auf die einfache Alternative von »neu« gegen »alt«. Die Folgen waren schwerwiegend, denn allzu oft wurde die neue Stadt nur das Negativ einiger weniger Merkmale der alten. An Radings ästhetisch-moralischem Urteil über die Städte des 19. Jahrhunderts ist das gut zu erkennen: »Straßen, Straßenwände, dahinterliegendes, nicht sichtbares Labyrinth, verkrampfte und versteifte Körper, die dringend der Auflockerung bedürfen[12].« – »Wir werden nicht mehr Straßen haben, also geordnete Räume und irgendetwas Ungeordnetes dahinter, sondern vollkommene Durchbildung des Ganzen, also in Beziehungssetzen von Bebauung zu Freiflächen, zu Verkehrsbändern, zu Gehbändern etc. ...« »Die Stadt muß aufgelockert werden (Abbildung 54), die Bebauung zu Freiflächen in Beziehung gesetzt und dadurch das Stadtganze zu räumlicher und bildmäßiger Wirkung gebracht werden[13].«

Erst als die Erfahrungen mit aufgelockerten Städten intensiver wurden, erkannten auch die Verfechter des Fortschritts, daß ältere Städte durchaus nicht nur aus Elendsquartieren bestanden und daß selbst Auflockerung und Freiflächen die sozialen Probleme nur verändern, nicht aber lösen konnten. Im Lichte solcher Erfahrungen bedeuten heute Sätze wie der folgende von Gropius genau das Gegenteil dessen, was sie ursprünglich meinten: »Aus der unerbittlichen kritischen Betrachtung des gegenwärtigen Zustands erwuchsen neue Erkenntnisse. Die Not der Städte infolge erschreckend zunehmender Funktionsstörungen ihrer alten kranken Körper verlangt nach Ärzten zu ihrer Heilung ...[14].«

Vor allem von der Trennung der Funktionen erhoffte man sich in den zwanziger Jahren Besserung. Nach der »Charta von Athen« war sie lange Zeit ein Hauptartikel des planerischen Katechismus[15]. Wie die ganze Charta ist jedoch auch dieser Grundsatz das Ergebnis eines Denkens, das aus einseitigen und unzureichenden Analysen weitreichende Schlüsse zog, und diese Schlüsse in einem zweiten Schritt sogar zu Axiomen erhob, aus denen dann wiederum Folgerungen deduziert wurden, die zwar in sich logisch, wegen der unzureichenden Axiome aber von vornherein höchst fragwürdig waren.
Funktionstrennung war in den europäischen Städten schon seit dem Mittelalter eine Selbstverständlichkeit. Nicht sie war der entscheidende Faktor der neuen Städte, sondern deren Größe. Zwar hatte es auch früher Städte mit hohen Einwohnerzahlen gegeben, doch gliederten sie sich faktisch meist in mehrere Teilstädte, und erst bei diesen wurde die Trennung der Funktionen wirksam. Zur Krise kam es, als die Trennung verabsolutiert und ohne Zwischenstufen unmittelbar auf die ganze Großstadt übertragen wurde. Eine solche Trennung legt die Funktionen so definitiv fest, daß sie sich jeder Änderung durch den Gebrauch verweigern und führt zu Funktionseinheiten, die ungleich größer sind als der Lebensbereich eines Menschen. Die Integration durch den Gebrauch, wie sie in der alten Stadt möglich war, ist ausgeschlossen, und da die einzelnen Tätigkeiten der Menschen an weit voneinander entfernten Orten stattfinden müssen, können sie sich nicht mehr überlagern und ergänzen.
Gegenstand der Planung waren in den zwanziger Jahren vor allem solche Probleme, die früher vernachlässigt wurden, besonders die Sozialwohnungen und der Verkehr. Dafür wurden die Probleme, die früher im Vordergrund standen, vernachlässigt. Die Aufmerksamkeit der Planer richtete sich in der Regel entweder auf die Makrostruktur der Gesamtstadt oder aber auf die Mikrostruktur der Wohneinheit. Straße, Quartier und Nachbarschaft aber, also der mittlere Bereich, in dem das Leben der Menschen sich vor allem abspielt und der zwischen Stadt und Einzelwohnung vermittelt, trat in den Hintergrund, wenn er nicht überhaupt der Auflockerung zum Opfer fiel. Städtebau wurde als additives Zusammenfügen verstanden: »Die *Elemente der Stadt* sind: Straßen, Plätze und Grünflächen, die Geschäftsstadt, die Industriestadt und der Friedhof. Die Elemente der *Wohnstadt* sind: das Haus, der Baublock, das Wohnviertel. Die Summe der Einzelhäuser ergibt den Baublock, die Summe der Baublöcke das Wohnviertel[16].«

II

Ein Ergebnis solcher, von Anfang an eingeengter und in den Gesichtspunkten unzureichender Überlegungen waren Modelle wie die von Ludwig Hilberseimer (Abbildung 106, 107). Da ihnen die architektonische Phantasie Corbusiers ebenso fehlte wie dessen brillante Präsentationsweise, treten die negativen Züge besonders kraß und ungeschminkt hervor. Für Hilberseimer war das Stadtkonzept Corbusiers keineswegs radikal genug, da es »... im wesentlichen nur ein Harmonisierungsversuch der bestehenden Großstädte ist. Er (= L. C.) setzt an die Stelle des Chaos die strenge Ordnung eines geometrischen Systems. Er konzentriert nicht, wie es zunächst den Anschein erweckt, sondern ordnet nur, verbessert nur. Ohne prinzipielle Änderung, ohne Neustellung des Problems[17]«.

106 L. Hilberseimer, *Hochhausstadt,* Nord-Süd-Straße (Entwurf)

107 L. Hilberseimer, *City-Bebauung,* Entwurf

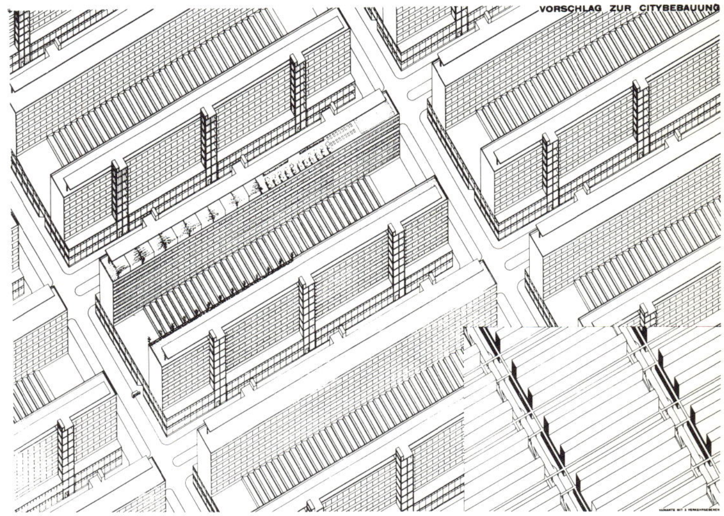

Ein wichtiger Unterschied bestand darin, daß Hilberseimer seine Aufgabe nicht in einer Neuordnung des Verkehrs sah, sondern in dessen »möglichster Unnötigmachung«. Das Instrument dazu war für ihn die »vertikale Hochhausstadt«: »Statt noch weiterer Ausbreitung in der Ebene weitere Konzentration, weitere Zusammenballung. Aufbauen der einzelnen Stadtelemente, funktionell voneinander geschieden, der Höhe nach. Gewissermaßen zwei Städte übereinander. Unten die Geschäftsstadt mit ihrem Autoverkehr. Darüber die Wohnstadt mit ihrem Fußgängerverkehr. Unter der Erde Fern- und Straßenverkehr.« Die Bauten werden in Hochhäusern »blockartig zusammengefaßt, einheitlich organisiert und gestaltet[18]«, die herkömmliche Stadtstruktur wird preisgegeben. Die Bewohner werden auf Gemeinschaftshäuser verwiesen, in denen sie alles erhalten, was sie nach Meinung des Planers zum Leben benötigen. Suchen sie mehr, dann können sie es höchstens in den per Fernbahn erreichbaren Ausflugszielen finden, nicht aber in der Stadt selbst. Für die Abstände der Blocks sollte die Frage »nach der Licht- und Luftzufuhr und

108 Brüder Luckhardt, *Alexanderplatz Berlin,* Modell

nach den Verkehrsmitteln[19]« maßgebend sein. Zwar legte Hilberseimer großen Wert darauf, daß seine Vorschläge »weder Stadtentwürfe noch Normierungsversuche« sein sollten, weil Städte durch Geschichte und Aufgabe geprägte Individualitäten[20] seien, doch bleibt unerfindlich, wo und wie sich in Planungen, die nur aus Wohnzellen und Verkehrsbahnen bestehen (Abbildung 107), eine solche Individualität noch ausdrücken könnte. Es war deshalb nur folgerichtig, daß die Städte Hilberseimers »bei aller individuellen Besonderheit« nur als Teil größerer Einheiten galten[21].

Auch seine Vorschläge gipfelten am Ende in einer Polemik: »Unserem Begriff Stadt liegt einstweilen noch eine an die historische Vergangenheit geknüpfte Ideologie zugrunde.« Die neue Zeit werde aber: ». . . einen vollständig neuartigen Stadttypus hervorbringen, der mit der räumlichen Geschlossenheit, unter welchem Begriff wir uns bisher eine Stadt vorstellen, aufräumen wird[22]«. Als letzte Instanz eines solchen Städtebaus nennt Hilberseimer den »Staatenbau«, dessen Determinanten auch für die Stadt maßgebend sein sollen: ». . . der Staatenbau der Zukunft wird aber in Abhängigkeit von der Bildung der großen Wirtschaftskomplexe vonstatten gehen[23]«.

In seiner Denkweise, wenn auch nicht in allen Einzelvorschlägen, war Hilberseimer für seine deutschen Zeitgenossen durchaus repräsentativ. Zur Kritik sei ihm selbst das erste Wort gegeben: »Alle natürlichen Dinge waren (= in diesen Planungen) ausgeschlossen: Kein Baum, keine Grasfläche unterbrachen die Einförmigkeit. Die Wohnungen hatten nicht die richtige Orientierung . . . Die Wohndichte war höher als wünschenswert. Es war nicht die Absicht dieser Studie, das architektonische Problem der Stadt zu lösen; sie war lediglich ein Versuch, eine technische Lösung des Verkehrsproblems zu finden. Dieses Ziel wurde erreicht, aber um welchen Preis! Als Ganzes gesehen, war das Konzept dieser Hochhausstadt bereits als Gedanke falsch. Das Resultat war mehr eine Nekropolis als eine Metropolis, eine sterile Landschaft von Asphalt und Zement, unmenschlich in jeder Hinsicht[24].« Trotz ihrer Schärfe erreicht aber selbst diese Selbstkritik noch nicht die Wurzeln des Problems, denn die Städte Corbusiers hätten ja die Forderungen des späten Hilberseimer durchaus erfüllt.

Bereits 1926 hat Hugo Häring den Stadtmodellen Hilberseimers und Corbusiers »eine physiognomische studie, zugleich ein beitrag zur problematik des städtebaus« gewidmet. Neben wesentlichen Übereinstimmungen fand Häring auch Unterschiede. Zum Beispiel in der Ästhetik: »Bei hilberseimer das nebenbei einer blitzsauberen denk- und willensleistung, weder ziel- noch wesenhaft; bei corbusier die ausstrahlung einer gereinigten welt der geometrischen kulturen, geisteigert um den reiz der technischen dinge. Nicht ohne eine verbeugung vor der monumentalität, der pathetischen majestät des lateiners[25].«

Das Kernstück von Härings Studie beschäftigt sich mit den beiden »verdrängungen«, der des Menschen und der Landschaft. Resigniert räumt er ein, »daß wir diese stadtbegriffe zum teil schon verwirklicht haben (vor allem in amerika) und daß hilberseimer und corbusier sich nur die mühe gemacht haben, diese begriffe rein herauszuarbeiten. Daß wir über die ergebnisse hilberseimers ein wenig erschrecken, ist nicht seine schuld[26]«. Grund dieses Schreckens war vor allem die Verdrängung des Menschen: »Sofern er außerhalb seiner geistigen konstruktionen, außerhalb seines anteils an der bildung, außerhalb seines eingeordnetseins in wirtschaft, betrieb und fortschritt, noch mensch ist, wohnt er besser anderswo. Aus der stadt hilberseimers ist dieser mensch vollständig verbannt, in der stadt corbusiers ist er nur zu besuch, auf der durchreise[27].« Die Einwände Härings führen zu höchst fragwürdigen Forderungen nach »rassewertung, aristokratie«, doch wird seine Kritik dadurch nicht entkräftet.

Sie ist nicht nur ihrer Einzelpunkte wegen bemerkenswert, sondern auch wegen ihrer Einsicht in den Sozialcharakter beider Stadtkonzeptionen, die beide implizit eine veränderte Gesellschaft antizipieren: »Diese findet hilberseimer offenbar in richtung sozialistischer anschauungen, während corbusier nur mehr die ›gute gesellschaft‹ im auge hat[28].« Beides steht im Gegensatz zu dem entschiedenen Individualismus Härings: »Wir wollen ja das einzelne wesen aus der uniformierung, normierung, typisierung befreien, wir wollen ihm seinen lebensraum schaffen, in dem wir seine individuelle entfaltung als die voraussetzung des ganzen ansehen und einsetzen[29].« Bei aller Verschiedenheit unterwerfen Corbusier und Hilberseimer »den menschen dem geometrischen ordnungsprinzip einer mechanistischen welt, stellen also dieses mechanistische ordnungsprinzip höher als die ansprüche des lebens. Mit anderen worten: bereits ihre plansetzung läßt keinen raum für das lebendige, ist nur ordnungssetzung für sachbegriffe, entwürdet mensch zur sache[30]«.

III

Zu den theoretischen Bemühungen um eine neue Stadt gehörten auch die Typologien. Alexander Schwab glaubte drei Typen zu erkennen: »... den ästhetischen, den analytisch-synthetischen und den organischen Typ[31]«. Als Vertreter des ersten Typs stellte er Camillo Sitte vor, dem er vorwirft, daß sein Buch nichts von der »Kombination des ästhetischen und des sozial-moralischen Typs« enthalte[32], die zum Beispiel für Friedrich Naumann kennzeichnend sei. »Dennoch mündet dieses Buch ... in seinen Nachwirkungen ein in den breiten Strom jener ästhetisch-sozialen Bewegung, die etwa im ersten Jahrzehnt unseres Jahrhunderts auf ihre Höhe kam und unter anderem den Anstoß zur Werkbundbewegung gab[33].« Auch in dieser Bewegung hatte sich, so Schwab, das Gefühl für künstlerische Qualität schnell verloren, sie »... versandete in einem neuen Formalismus der krummen Straßen und geschlossenen Plätze, der Winkel, Durchsichten und Achsen, der Verunstaltungspsychose und des Heimatschutzes[34]«. Selbst die Arbeiten Corbusiers wollte Schwab, »trotz aller Ausschmückung mit wirtschaftlichen und technischen Gedankengängen«, »nur als eine Nebenform des ästhetischen Grundtyps[35]« gelten lassen.
Der Protest gegen »künstlerischen« Städtebau war in den zwanziger Jahren unter den modernen Architekten allgemein: »Städte sind Ergebnisse, Niederschläge von Lebensvorgängen ... Man wollte den Städtebau ... als etwas ›Künstlerisches‹ ansehen und ihn ... aus dem gewöhnlichen Leben herausstellen ... Daß diese Isolierung und Abschnürung von Lebensluft zum völligen Auflösen geführt hat, sehen heute immerhin einige.« Rettung liege nur »... in schleunigster Verknüpfung mit dem Leben. Es gibt keine Kunst, keine Industrie, keinen Handel, keinen Städtebau, keine Funktion des Lebens als Sonderexistenz hinter chinesischen Mauern, sie alle können nur lebendig sein durch ihre Verknüpfung und Wechselwirkung[36]«.
Schwab hat die Gefahr ähnlich gesehen. Ihm zufolge könnte nur der Städtebau des »organischen« Typs eine Wende einleiten, den er bei Stübben und Eberstädt, aber auch bei Martin Mächler vorgebildet sah. Leider erfährt man nicht, worin ein solcher organischer Städtebau im einzelnen bestehen würde, denn Schwab beschränkt sich auf so allgemeine Umschreibungen wie »... Festhalten am Zusammenhang, an der Einheit von Zwecken und Mitteln, die Ablehnung jeder Isolierung von Teilgebieten und Teilmethoden[37]«. Schwab sieht auch für die Kunst eine Aufgabe, nur könne man »... kaum den Versuch wagen, sie auszusprechen. Nur der kann hoffen, dieser Aufgabe gestalterisch näherzukommen, der die Spannungen der gesellschaftlichen Kräfte unserer Zeit erlebt hat und ein Bild der neuen Beziehungen zwischen Individuum und Masse, zwischen Mensch und Natur, zwischen Person und Wirtschaftsapparat, in sich trägt. Wer heute Städtebaukunst betreibt, ohne durch diese Entwicklungen hindurchgegangen zu sein, wird unaufhaltsam ins Dekorative abgleiten[38]«. Auch in diesem Zusammenhang kritisiert er Corbusier, der zwar »... in seiner Argumentation sich rationaler Gedankengänge bedient, in der Zielrichtung aber durchaus bestimmt wird von einem ästhetischen Prinzip, von der Schönheit der Geometrie ...«. Das aber, so Schwab, sei unzulänglich angesichts der neuen Aufgaben, »... die nur verstanden werden können aus ihrer Wesensverwandtschaft mit der Form des organischen Lebens. – Denn dem organischen Leben sind gerade auch die sozialen und wirtschaftlichen Aufgaben verwandt, die nicht einem geometrischen Schema, sondern nur einer ›Rationalität höherer Ordnung‹ sich erschließen[39]«. Worin diese bestehen könnte, erfährt der Leser jedoch nicht, und auch der offenkundige Bezug zu früheren Arbeiten Härings bringt keine volle Klärung.
Der Graben zwischen dem Neuen Bauen und den Konservativen war 1930 anscheinend schon derart tief, daß deren städtebauliche Ziele bei Schwab nicht einmal mehr in die Systematik aufgenommen sind, obwohl auch ihm die sowohl dem Umfang wie den Ergebnissen nach bedeutende Tätigkeit eines Fritz Schumacher nicht entgangen sein kann[40]. Im Unterschied zu manchen seiner Freunde hatte Schumacher erkannt, daß auch die Gestaltprobleme der Stadt nicht einfach restaurativ gelöst werden konnten: »Selbst wenn es denkbar wäre, die vielbetrauerte, verlorene künstlerische Harmonie alter Städte wiederzugewinnen, so würde mit diesem ästhetischen Erfolg durchaus nicht das Ziel erreicht sein, das gesteckt ist. Es gilt für *neue* Lebensbedingungen und *neue* Lebensanschauungen eine harmonische Form zu gewinnen ...[41].« Schumacher wollte gleichermaßen dem Großstadtcharakter Hamburgs, den Besonderheiten der Bauaufgabe, der hamburgischen Tradition und der Gegenwart gerecht werden. Er hat dafür drei Wege gefunden: das »modellmäßige« Bauen, die durchgängige Verwendung von Backstein und die besondere Gestaltung vor allem der öffentlichen Bauten. Beim modellhaften Bauen wurde »für die ganzen in Entwicklung befindlichen Gebiete der Rhythmus der Massen« in Modellen ausgearbeitet, die man dann umgestaltete, »nach den einzelnen wirklich auftretenden Projekten ... So behielten wir immer das Ganze in der Hand, und es blieb doch beweglich und lebendig[42]«. Für das Material hatte Schumacher schon früh gefordert, »überall, wo nicht ein ganz bestimmter konstruktiver oder ästhetischer Zusammenhang das Material vorschreibt, sondern seine Anwendung eine Frage freier Wahl ist, sollte man den Gesichtspunkt der für einen bestimmten Ort aus Überlieferung oder aus Klima charakteristischen Materials in den Vordergrund stellen[43]«. Am interessantesten aber ist Schumachers Konzeption der öffentlichen Gebäude, deren Gestalt nicht nur deren eigene Funktion berücksichtigte, sondern auch ihre Zugehörigkeit zu Hamburg und den Bauten, die sie umgaben. Das gilt selbst für Feuerwachen und Polizeistationen, Gebäude also, die sich in ihrem Bauprogramm wiederholten: »Aber die Aufgabe trat mit so verschiedenen städtebaulichen Vorbedingungen hervor, daß zwischen der wohnhausartigen Wache am Lübecker Tor und der festungsartigen am Spielbudenplatz, oder zwischen der freundlich-ländlichen Feuerwache an der Alsterkrugchaussee und der ernsthaft-selbstbewußten am Petroleumhafen die gleichzeitig entstanden, keinerlei Ähnlichkeit sein dürfte[44].« »Die Vielheit und Mannigfaltigkeit aller dieser Bauaufgaben ... hätte mich vielleicht künstlerisch verwirrt, wenn ich nicht hinter all diesen Einzelproblemen die große allgemeine Aufgabe gesehen hätte, ... Hamburg wieder einen eigenen baulichen Charakter zurückzuerobern ...[45].«
Alexander Schwab sah in der städtebaulichen Praxis seiner Zeit vor allem Beispiele des »analytisch-synthetischen« Typs, zu dem für ihn alle Konzepte rechneten, »bei denen die Stadt zunächst gedanklich in ihre Teile zerlegt wird, um dann aus ihnen wieder aufgebaut zu werden. Es verschlägt nichts, ob die Analyse sich mit Häusern oder Blocks, mit Straßen oder Installationen, mit

Vierteln oder Verkehrszügen oder Grünflächen beschäftigt[46]«. Die eminente Gefahr dieses Typus bestehe darin, daß er sich mit seinem »... hochentwickelten Apparat von Mitteln selbständig gemacht und den Zusammenhang mit Zweck und Wert verloren ... «, habe. »Losgelassene Techniker« sah Schwab am Werke, denen »niemand mit der Frage nach der gesellschaftlichen und wirtschaftlichen Realisierbarkeit ihrer Phantasie in den Arm fällt[47]«. Zwar begrüßte es Schwab, »... daß Städtebau und Landesplanung aus einer Angelegenheit der Könige, der Adels- und Priesterkasten, zu einer Sache des Volkes werden[48]«, doch sah er auch Gefahren, denen der Fachmann, der faktisch an die Stelle der alten Bauherren getreten sei, die »Bürokratie als Bauherr«, habe »niemals Ziele gewußt« und daß etwas zur Sache des Volkes zu werden beginne, »das bedeutet ja bei weitem nicht, daß Führung und Zielsetzung nun überflüssig seien. Im Gegenteil: gerade hier beginnt erst das historische Problem[49]«.

109 Brüder Luckhardt, *Alexanderplatz Berlin,* Modell

I

Umfassendere städtebauliche Planungen im Sinne der modernen Architektur scheinen nur in Berlin in Angriff genommen worden zu sein, das im Begriffe stand, »... aus einer nationalen Metropole, die es bisher gewesen ist, eine internationale Weltstadt zu werden[1]«. Die Frage war, ob es gelingen würde, die »... neue Bestimmung auch geistig zu begreifen, ..., das Werdende planvoll zu gestalten, so daß es zu großer, geschlossener Form sich rundet[2]«. Berlin, so glaubten die Verantwortlichen, stand vor der historischen Aufgabe, »... sich die Form zu geben, die Ausdruck seines Wesens und seiner Bestimmung ist ... jene Form, die bindendes Symbol ist für seine Bürger und die Atmosphäre schafft, in der ein gemeinsames Stadtgefühl sich bildet; die zugleich würdige Repräsentation leistet für den Fremden, die Geltung wirkt und ... durch ihre Anziehungskraft nicht zuletzt auch volkswirtschaftliche Produktivität besitzt[3]«.
1929, als diese Sätze geschrieben wurden, war die Neugestaltung Berlins teilweise schon im Gange: »Die ersten großen Impulse für eine neue städtebauliche Form Berlins gingen vom *Wohnungsbau* aus. Großsiedlungen wie in Britz und Zehlendorf in ihrer einheitlichen Gestaltung ganzer Wohnviertel gaben den Auftakt für größere städtebauliche Lösungen[4].« Weltstadtcharakter konnten aber nicht diese Siedlungen der Hauptstadt geben, sondern nur das Zentrum, wo ebenfalls neue Züge sichtbar wurden, denn der »... Neuformung des Stadtkörpers im Erweiterungsgebiet Berlins läuft eine Neuformung im alten veralteten Stadtkörper parallel, die ihren Antrieb von den gänzlich veränderten Ansprüchen an den Verkehrsraum erhält. Der Verkehr in der Altstadt und der Wohnungsbau in der Neustadt werden das städtebauliche Gesicht Berlins in den nächsten zwanzig Jahren von Grund auf neu gestalten[5]«.
Der Verkehr war in jenen Jahren für viele nicht einfach ein technisches Problem, sondern das Symbol modernen Lebens überhaupt. Das damals nur in den Weltstädten erfahrbare Phänomen des dichten Verkehrsstromes wurde zum Ausgangspunkt einer spezifischen »Großstadtarchitektur«, deren Programm 1927 von Hilberseimer mit dem »tausendfach verstärkten Lebensrhythmus« begründet wurde, der in der Großstadt in raschem Tempo das »Lokal-Individuelle« verdränge: »Die Großstädte gleichen sich in gewissen Zügen derartig, daß man von einer Internationalität ihres Gesichts reden kann[6].« »Die Großstadtarchitektur ist eine neue Architekturart mit eigenen Formen und Gesetzen. Sie stellt die Gestaltung des heute gültigen wirtschaftlichen-sozialen Moments dar. Sie sucht sich von allem nicht Unmittelbaren zu befreien, erstrebt Reduzierung auf das Wesentlichste, größte Energieentfaltung, äußerste Spannungsmöglichkeit, letzte Exaktheit, entspricht der Lebensform heutiger Menschen, ist Ausdruck eines neuen Lebensgefühles, das nicht subjektiv-individueller, sondern objektiv-kollektiver Natur ist[7].«

Hilberseimers Beschwörung des Großstädtischen verbindet das Assoziationsfeld des Kollektiven mit dem des Dynamischen, das auch in anderen Berliner Publikationen der Zeit betont wurde. So kann man lesen, für das Stadtbild sei nicht mehr die herkömmliche Repräsentation der wilhelminischen Zeit prägend, sondern »... die wirtschaftlichen Energien, die Arbeitsentfaltung und der Verkehrsrhythmus ... Die unpersönlichen Kräfte setzen sich durch[8]«. Für die Gestaltung wird daraus gefolgert, daß nicht mehr die Mitte der Plätze der Angriffspunkt sein könne und auch nicht die Mittelachse von Straßen oder Quartieren, sondern nur die Ecken: »... durch welche sich ein Gebäude als Teil der Stadtanlage bekennt, zugleich aber in plastischer Weise hervorhebt und nach zwei Seiten hin wie mit lebendigen Armen in den Verkehr greift ...[9]«. Auf Mendelsohn wird ausdrücklich hingewiesen: »Wie sich an der Mosseecke aus der zum Teil erhalten gebliebenen alten Fassade raumsprengend die neue Dominante herausschwingt, wie dieser an der Ecke errichtete Mittelbau über den erhaltenen Teilen in die Firstlinien schwingt: das ist in sich ein Denkmal der ringenden Kämpfe unserer Zeit[10].« Schließlich hat man die zwei in Berlin vertretenen Stilvarianten des Neuen Bauens sogar verschiedenen politischen Positionen zugeordnet, die von Taut und von Mendelsohn vertreten werden: »Dort Verkehr, Handel, City, der Kapitalismus, hier Erfüllung der Forderungen des Sozialismus. In ihrer Polarität macht diese Gegenüberstellung das ganze Problem der Großstadt greifbar ...[11].« Hält man sich an die Intentionen, dann ist diese Unterscheidung nicht einmal falsch, denn Taut und die Seinen hätten die bisherigen Städte, als Horte des Kapitalismus, ohne Zögern preisgegeben, während Mendelsohn seine Bauten mit ihrer Bejahung der Großstadt bis hin zur Reklame durchaus als Teil der bestehenden Gesellschaftsordnung verstand[12].

II

Einer der wichtigsten Verkehrsknotenpunkte der Berliner Innenstadt war der Alexanderplatz, der durch Döblins Roman weltberühmt geworden ist[13]. Aus einem geschlossenen Wettbewerb für seine Neugestaltung gingen die Brüder Luckhardt und ihr Partner Anker als Sieger hervor[14] (Abbildung 109, 110). Bei Gelegenheit dieses Wettbewerbs hat Martin Wagner, der verantwortliche Stadtbaurat, grundsätzliche Betrachtungen über »Das Formproblem eines Weltstadtplatzes« veröffentlicht, in denen er solche Plätze prinzipiell von denen einer Kleinstadt unterschieden wissen wollte, die »rein architektonischen Gesichtspunkten« folgen könnten, während bei der »fast dauernd gefüllten Verkehrsschleuse« des Großstadtplatzes »... die Durchschleusung des Verkehrs ... das Primäre und Wesentliche und die formale Gestaltung, die Zweckform, von sekundärer Bedeutung ist«. Wagners Ziel waren »organisch gestaltete Weltstadtplätze[15]«. Ihre Dimensionierung richtete sich nach dem für 25 Jahre vor-

110 Brüder Luckhardt, *Alexanderplatz Berlin,* Modell

111 M. v. d. Rohe, *Entwurf für Alexanderplatz,* Fotomontage

ausberechneten Verkehrsaufkommen. Danach sollten sie ersetzt werden[16]. Anders als frühere Plätze sollten sie also nur begrenzte Lebensdauer haben, woraus folgt, ». . . daß die den Platz umgebenden Bauten keine bleibenden wirtschaftlichen wie architektonischen Werte besitzen[17]«. Alle Aufwendungen sollten sich nach 25 Jahren amortisiert haben, was nur dann möglich war, wenn die Gebäude intensiv wirtschaftlich genutzt wurden. »Dem ›Fließverkehr‹ auf dem Platz muß ein ›Standverkehr‹ entgegengestellt werden, der die Konsumkraft der den Platz kreuzenden Menschenmassen festhält (Läden, Lokale, Warenhäuser, Büros usw.). Man kommt so zu einer Konzentration der Bauten, die sich in ihren ›Fluchtlinien‹ den Ganglinien der Fußgänger, also der Konsumkraft, anzuschließen haben[18].«
Die Notwendigkeit, Käufer anzulocken, verlangte eine Gestaltung, die auffällig genug war, um die Menschen anzuziehen: »Klarste Formen, die während des Tages wie während der Nachtstunden ihre charakteristische künstlerische Wirkung ausüben, sind grundlegende Voraussetzungen des Weltstadtplatzes. *Ein*flutendes Licht bei Tage und *heraus*flutendes Licht bei Nacht erzeugen ein gänzlich neues Gesicht des Platzes. *Farbe, Form* und *Licht* (Reklame) sind die drei Hauptbauelemente . . .[19].«
Ähnlich begründete Marcel Breuer einen Entwurf für den Potsdamer Platz. Auch für ihn war »das Dramatische einer Großstadt« der Verkehr: »An den Kreuzungen der Hauptstraßen erreicht das Drama seinen Höhepunkt! Im neuen Sinne genommen, sind Plätze der City nichts anderes als diese gesteigerten Punkte der Straße[20].« Anders als bei Wagner sollte aber bei Breuer die Umbauung nicht aktiv in dieses Drama eingreifen. Er verlangte vielmehr »Gebäude in einfachster Form . . . deren Äußeres nur einen Grundrhythmus zu den dauernd wechselnden, überraschenden und individuell-vielseitigen Farben- und Lichtformen der City bildet. Sie sind der nackte Körper, den die wechselnde Zeit aktuell-verschiedenartig bekleidet[21]«.
Wie weit das Projekt der Luckhardts auch in Einzelheiten von den Programmpunkten Martin Wagners beeinflußt war, ist nicht mehr festzustellen, der enge Zusammenhang ist jedoch evident[22].
Nicht von den einzelnen Gebäuden ist ausgegangen, sondern vom ganzen Platz, der als Zentrum eines von Verkehrsströmen durchpulsten Großstadtorganismus verstanden ist. Im Aussehen gibt es zwischen den Gebäuden keine Differenzierung, denn sie alle werden von den gleichen Fensterbändern und Wandstreifen umgürtet (Abbildung 111). In der Disposition wechseln konzentrisch sich ballende Kurven mit solchen, die weit ausholen. Nötig wurden sie durch die Unregelmäßigkeit des Grundrisses, in ihrer Wirkung ergaben sie eine architektonische Metapher für das An- und Abschwellen des Verkehrs. Unbestreitbar hätten diese Bauten aus der gestaltlosen Straßenkreuzung einen prägnanten Ort gemacht, aber wahrscheinlich wäre die Umfassung schon wegen des Mangels an Binnengliederung zu einem gigantischen Ornament geworden.
Auch Mies van der Rohe hatte bei dem Wettbewerb für den Alexanderplatz einen Entwurf eingereicht. Er schlug ein siebzehnstöckiges Bürohaus vor (Abbildung 112), dem im rechten Winkel sechs niedrigere zugeordnet sein sollten. Dem vordersten von ihnen hätten rings um den Platz andere Bauten gleichen Typs und gleichen Aussehens entsprochen, deren Tiefe und Seitenfronten sich allerdings nach dem jeweiligen Grundstück gerichtet hätten. Zwischen den Bauten blieb das weite Areal des Platzes und in diesem der Verkehrskreisel. Der Platz hätte keine eigene Gestalt gehabt, wäre nur der Ort von Einzelbauten[23] gewesen (Abbildung 111).
Zum Fürsprecher des Miesschen Planes machte sich Ludwig Hilberseimer. Er kritisierte die konkurrierenden Entwürfe, in denen die Architektur durch den Verkehr vergewaltigt werde. Eine Harmonie zwischen beiden wollte er nur dann anerkennen, wenn beiden vollkommene Freiheit bleibe. Das aber sei bei den anderen Entwürfen nicht der Fall, weil deren » . . . Architektur nur eine Fassadenarchitektur ist, die mit den dahinter liegenden Bauorganismen nichts zu tun hat. Die durch den Verkehr notwendige Kreisform ist auf die Platzwände übertragen, die auch die Straße überbauen, um so nach Art des Klassizismus eine geschlossene Platzwirkung zu erzielen, aus einem lockeren

Gebilde, wie der Alexanderplatz bisher war, eine feste architektonische Form zu machen[24]«. Die architektonische Form vergewaltige den Bau- und Straßenorganismus. Allein Mies habe dieses starre System durchbrochen und den Platz »... unabhängig von den Verkehrsbahnen, die ihrer Funktion gemäß verlaufen, allein nach baukünstlerischen Gesichtspunkten zu gestalten versucht. Es ist damit vor allem durch das Öffnen der Straßenräume eine Weiträumigkeit erzielt, die den anderen Projekten fehlt[25]«. An anderer Stelle erklärte Hilberseimer die Bindung von Baulinien an die Straße sogar für mittelalterlich: »Die Gruppenbauweise dagegen führt auch zu einer veränderten Auffassung von Straßen- und Platzwirkung. Platz bedeutet nicht mehr Erweiterung des Fahrdamms und der Gehwege. Platz ist der Luftraum zwischen den Baukörpern, unabhängig von einer gleichzeitig möglichen Funktion als Verkehrsorganismus[26].«

Das Unzulängliche eines solchen Stadtbegriffs liegt auf der Hand, aber auch der der Konkurrenz reichte nicht tiefer, wenn er sich mit der Verbildlichung des Verkehrsstromes und der Bereitstellung von Reklameflächen zufrieden gab. Bruno Taut hat gerade in solchen Entwürfen das Zeichen einer schweren Krise gesehen, in der es bald keinen Unterschied mehr gäbe zwischen altem Kitsch und neuer Konfektion. Diese Krise werde noch dadurch verschärft, »... daß die Scheinsachlichkeit der Konfektion über diese Wesensgleichheit hinwegtäuscht und daß infolgedessen die Gefahren nicht gesehen werden. Plätze wie den *Alexanderplatz* ... in Berlin unter den Gesichtspunkt einer einheitlichen Gestaltung zu stellen, solche und ähnliche Vorhaben bedeuten nichts anderes. Was heißt denn, einen Platz ›gestalten‹, wenn ich nicht weiß, was für Gebäude mit welcher Bestimmung und zu welchem Zweck um diesen Platz gebaut wer-

112 M. v. d. Rohe, *Entwurf für Alexanderplatz,* Fotomontage

114 E. Mendelsohn, *Kaufhaus Schocken Stuttgart,* Straßenansicht (zerstört)

113 E. Mendelsohn, *Kaufhaus Schocken Stuttgart,* Zeichnung

den sollen? ›Platzwände‹ aber hinzustellen ohne diese Gebäude ist doch nichts anderes als eben irgendein Fassadenschema um diesen Platz herumzuziehen. Und da bleibt es völlig gleich, ob ich einen alten Stil oder eine neue Konfektion anwende. Zudem ist die konstruktiv und praktisch beste Geschäftshausfront nicht nur umstritten, sondern auch in sich, in Pfeilerstellung und -breite, in Fensterfront und -größe usw., höchst variabel. Den Verkehr aber darin ›ausdrücken‹ zu wollen, bedeutet nichts anderes als die alte Gefühlsverirrung des Expressionismus, und ist auch deshalb ein Unding, weil nichts wandelbarer ist als eben der Verkehr. *Das alles muß zur leeren repräsentativen Geste führen, zur Phrase der Vorkriegsbauerei, deren Bekämpfung damals alle unsere Kräfte in Anspruch nahm*[27]«.

115 E. Mendelsohn, *Kaufhaus Schocken Chemnitz*

Städtebau

Die „Großstadtarchitektur" Erich Mendelsohns

I

Die Großstadtarchitektur Mendelsohns gehört zu den hervorragendsten Leistungen des Neuen Bauens. Ihre Einzelformen haben besonders in Berlin viele Nachahmer gefunden, im ganzen aber blieb sie singulär, denn auch gegenüber dem formal von ihr abhängigen Projekt der Luckhardts für den Alexanderplatz bewahrt sie eine Sonderstellung. Ihr Thema war die Konfiguration von Bauten in einer City, die nicht mehr einfach als Verkehrsschauplatz verstanden war, sondern als ein gegliederter architektonischer Zusammenhang, dessen Gelenke die Ecken und Kreuzungen sind. Die Grundkonzeption Mendelsohns bestand darin, Citybauten nicht als Einzelkörper anzulegen, sondern als Teil des urbanistischen Zusammenhangs. Auf diesen sind sie zu beziehen, ihn haben sie zu artikulieren, ja in vielen Fällen überhaupt erst herzustellen. Die gerundeten Vorsprünge und Ecken, die Mendelsohn dafür verwendete, gab es bereits in der Architektur der Gründerzeit. Bei Mendelsohn verbinden sie sich jedoch mit einer vorher nicht bekannten Differenzierung der Bauten zu Komplexen, bei der das Innere ebenso berücksichtigt wurde wie die städtebauliche Situation.
Mit der Gliederung solcher Großstadtkomplexe beschäftigen sich in den zwanziger Jahren auch die meisten Skizzen Erich Mendelsohns. In ihnen hat er an frei gewählten Aufgaben Lösungen erprobt, die dann auch den einlaufenden Aufträgen zugute kamen[1]. Die freien Skizzen waren deshalb auch in diesen Jahren nicht bloß Produkte seiner Zeichenkunst, sondern ein wesentlicher Teil seiner architektonischen Arbeit. Wegen der unsicheren Chronologie ist das Verhältnis der einzelnen Blätter zu bestimmten Bauten meist nicht eindeutig zu bestimmen. Vermutlich haben Bauten und Skizzen sich gegenseitig befruchtet. Möglicherweise haben sogar die Skizzen die Führung gehabt, denn selbst bei konkreten Aufträgen sind die ersten Entwürfe oft nur wegen der Beischriften von autonomen Skizzen zu unterscheiden[2]. Sie beachten die Besonderheiten des künftigen Baus nur wenig, sondern versuchen vielmehr, allgemeine Alternativen zu entwickeln, die dann schrittweise den gegebenen Verhältnissen angepaßt werden. Schon die Arbeitsweise erweist Mendelsohn als einen Architekten, der seine Tätigkeit primär als eine künstlerische verstand, und darin liegt der Rang, aber auch die Fragwürdigkeit seiner Architektur.
Einer der bekanntesten Bauten Mendelsohns war das 1960 abgerissene Schocken-Kaufhaus in Stuttgart (Abbildung 114, 113). Als exemplarische Lösung einer charakteristisch modernen Bauaufgabe hat es in viele Architekturgeschichten Eingang gefunden. Wie bei allen Kaufhäusern bestand das architektonische Problem vor allem im Außenbau[3]. Die Forderungen des Inneren waren eindeutig und verhältnismäßig leicht zu erfüllen: Eine möglichst große Kauffläche mußte möglichst gut mit Tageslicht beleuchtet werden. Das Äußere war damit insofern präjudiziert, als die Fenster groß und zahlreich sein mußten, sonst aber war nur weniges festgelegt.

In den Zeichnungen für Stuttgart findet man in der ersten Arbeitsphase höchst unterschiedliche Entwürfe, aus denen Mendelsohn erst allmählich die definitive Konzeption herausgebildet hat[4]. Im Unterschied zum Mossehaus hatte er nicht bloß eine Fassade zu entwerfen, sondern mehrere Teilfunktionen und eine komplizierte städtebauliche Situation zu berücksichtigen (Abbildung 114). Das Terrain wies starke Höhenunterschiede auf, und außerdem grenzte das Grundstück an verschieden breite Straßen, für die die Stuttgarter Bauordnung jeweils andere Bauhöhen vorschrieb[5]. Die bekannten Skizzen gelten alle dem Außenbau, dessen Trakte sie zu einer geschlossenen Figur zusammenzuschließen suchen. Zwei Alternativen schälten sich dabei heraus: entweder ein großes kontinuierliches Sockelgeschoß, oder aber der Kontrast von zwei verschiedenen Fronten, von denen die eine – ähnlich wie das spätere Treppenhaus – energisch nach vorn ausgriff.
Beim ausgeführten Bau lagen die meisten Verkaufsräume und Schaufenster zur Eberhardtstraße. Die dritte Etage beherbergte Räume für Sonderangebote sowie die Kantine, darüber lagen Büros, und in einem Aufbau über dem seitlichen Treppenhaus waren die Direktionszimmer untergebracht. Die Fassade wurde von den Fenstern bestimmt, die allerdings nicht bis zum Boden reichten, weil an den Außenwänden noch Regale standen, denen außen Zierstreifen aus Backstein entsprachen. Die Fenster waren so weit zurückgenommen, daß das Betongerüst des Baus sichtbar wurde, das an den Ecken noch einmal hervorgehoben war. Im Gegensatz dazu war an der Seite des Treppenhauses die ganze Mauer von Backstein überzogen. Nicht die konstruktive Struktur sollte dort herausgestellt werden, sondern der Zusammenhang des Baukörpers.
Der auffälligste Teil und für viele geradezu ein Wahrzeichen Mendelsohnscher Architektur war das große freigestellte Treppenhaus. Seine Aufteilung suggerierte fünfzehn Stockwerke statt der vier, die faktisch vorhanden waren. Sie entsprach auch nicht den Kehren der Treppe im Inneren und war auch nicht aus technischen Notwendigkeiten ableitbar, denn bei einem Skelettbau dieser Art waren damals bereits sehr viel größere Einheiten möglich. Tatsächlich hat Mendelsohn das Treppenhaus als selbständigen Bauteil verstanden und auch als solchen kenntlich gemacht. So schlossen die Rippen an den Seiten keineswegs bündig mit der Backsteinmauer, sondern waren ausgestellt und für sich gerahmt. Außerdem waren sie nicht bis zur Trauflinie geführt, sondern oben von einer Backsteinverkleidung eingefaßt. Dem Treppenhaus antwortet das Direktionsgeschoß (Abbildung 114), das zwar erheblich kleiner, im Aussehen aber ähnlich war. Da die Aufgabe beider Teile ganz verschieden war, kann sich ihre Form nicht aus der Funktion ableiten. Tertium comparationis war vielmehr ihre urbanistische Rolle: Beide waren Zeichen, die in der Straße und in der Stadtsilhouette den Platz des Kaufhauses markierten und es so den Käufern empfahlen[6]. Am wichtigsten, weil bestimmend für die Straße, war das Treppenhaus. Zusammen mit dem überdimensionalen Firmennamen und den Auslagen der Schaufenster lenkte es die Auf-

117 E. Mendelsohn, *Kaufhaus Schocken Chemnitz*

merksamkeit auf das Gebäude und auf die Waren, die in ihm feilgeboten wurden[7]. Besonders deutlich wird das in den Nachtaufnahmen. Das Treppenhaus sollte aber nicht nur Interesse wecken, sondern auch den Zusammenhang von Straße, Kaufhaus und Passanten definieren, der in zweifacher Hinsicht als ein aktiver und dynamischer verstanden war: Metaphorisch dank der gerundeten Formen, anschaulich und funktional durch die Käuferscharen, die in dem Treppenhaus sichtbar wurden, wenn sie zwischen den Verkaufsetagen unterwegs waren. Als Motiv kam das Treppenhaus bereits in den frühen Skizzen Mendelsohns vor, doch wurde es erst in Stuttgart zum integrierenden Teil eines Zusammenhangs, von dem auch das Kaufhaus selbst wiederum nur ein Teil war[8]. Dieser Zusammenhang bestand nicht allein aus Architektur, sondern bezog das Leben der ganzen Großstadtstraße ein, mit der ein Kaufhaus durch seine ständig wechselnden Besucher kommuniziert. Das herausgestellte Treppenhaus übernahm – anschaulich wie faktisch – die Vermittlung, denn in ihm setzte sich die Bewegung der Straße ins Innere des Gebäudes fort und zugleich führte es die Bewegung des Inneren wieder auf die Straße zurück[9].

Daß diese Züge vor allem bei Dunkelheit zur Geltung kommen, ist kein Zufall, denn schon für Expressionisten und Futuristen war die nächtliche Stadt, in der die Erinnerung an Natur ausgelöscht ist, die eigentliche, die wahre Stadt. Solche Vorstellungen haben sicherlich auch beim Schocken-Kaufhaus eine Rolle gespielt, zumal sie dem Interesse des Bauherren entgegenkamen, möglichst viele Käufer anzuziehen. Daß Mendelsohn darin keinen Widerspruch zu seinen eigenen Intentionen sah,

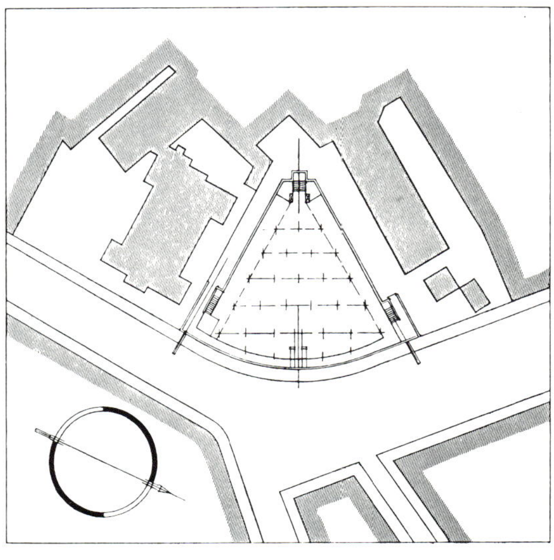

116 E. Mendelsohn, *Kaufhaus Schocken Chemnitz,* Lageplan

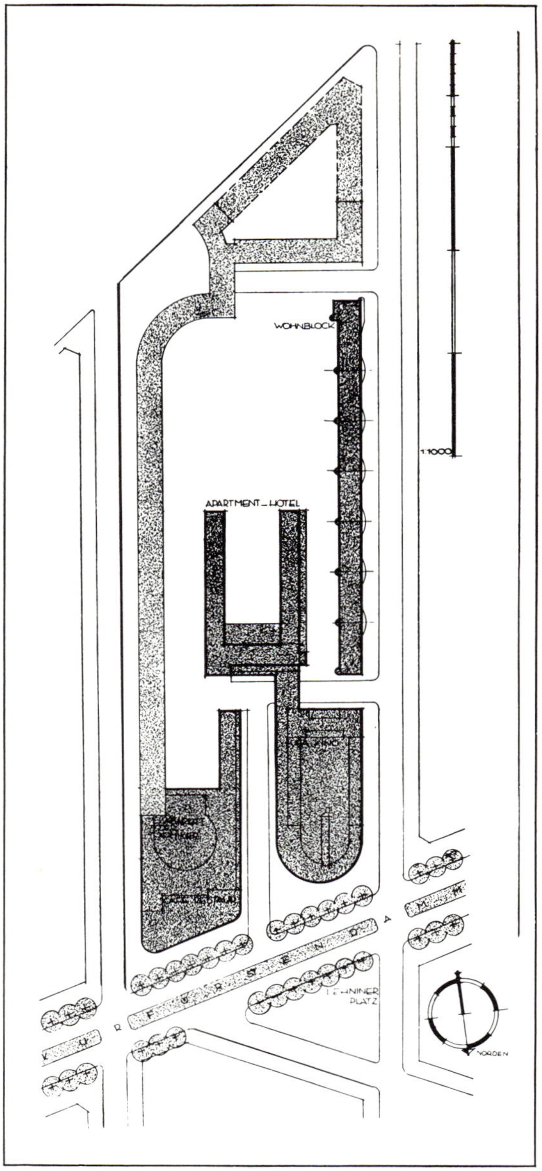

118 E. Mendelsohn, *WOGA-Bauten,* Berlin

lehrt die Rede, die er bei der Eröffnung des Hauses hielt: »Ihr wollt Euch täuschen lassen von den Dingen, die Euch umgeben, von Eurem Haus, Eurem Lieferanten? Sind das Dinge etwa, die nicht zu Euch gehören – euer elektrischer Kocher, Euer Rasierapparat? . . . Faßt das Leben beim Schopf, gerade dort, wo sein lebendigstes Herz schlägt, mitten im Leben, mitten in Technik, Verkehr, Wirtschaft. Nehmt es grad wie es ist, nehmt seine Aufgaben, wie es sie stellt, euch, heute, uns allen . . . Hier liegt die Treppe, hier der Eingang, hier die Fensterbänder über den Regalen. Treppe, Eingang, Fensterbänder, hinein in den Rhythmus der sausenden Autos, des Schnellverkehrs, . . .[10]«
Auch für Mendelsohn war das Stuttgarter Kaufhaus eine extreme Lösung. Zwar tauchen die programmatischen Eckrundungen beim Kaufhaus Petersdorff in Breslau noch einmal auf[11], doch sind sie dort weit weniger selbständig und sehr viel stärker in die Fassade einbezogen. Der wie auf dem Schaugerüst ausgestellte Firmenname spielte bei den Entwürfen für das Kaufhaus Lafayette in Berlin noch einmal eine Rolle[12]. Bezeichnend für Mendelsohns Entwicklung ist aber eher die Wendung, die sich in seinen Projekten für das Schocken-Kaufhaus von Chemnitz vollzog, wo der zunächst prominent hervorgehobene Firmenname vom Dach entfernt und schließlich auf vergleichsweise kleine Hinweise über den Zugängen reduziert wurde[13] (Abbildung 115). Fensterbänder und Mauerzüge nehmen in Chemnitz die gleiche Höhe an und rücken in eine Ebene, woraus jedoch nicht monotones Nebeneinander entsteht, sondern eine leichte Spannung zwischen offenen und geschlossenen, hellen und dunklen Partien. Auch auf das ursprünglich geplante spektakuläre Zusammentreffen zweiter Trakte[14] hat Mendelsohn in der Ausführung verzichtet. Die futuristische Aggressivität, die noch dem Stuttgarter Bau eigen gewesen sein muß, ist aufgegeben. Stattdessen entstand eine Architektur, die ihre Umgebung zwar noch immer bestimmt, sie aber nicht mehr zu unterwerfen sucht (Abbildung 117, 116), eine Architektur, die auch der Straße ihr Recht läßt und sie nicht nur als Vorplatz des Kaufhauses und Schauplatz von dessen Werbung gebraucht.

119 E. Mendelsohn, *WOGA-Bauten,* Ansicht vom Kurfürstendamm

II

Trotz der großen Bedeutung, die urbanistische Gesichtspunkte für seine Architektur gehabt haben, ist Mendelsohn weder mit Idealstädten noch mit umfassenden städtebaulichen Projekten hervorgetreten. Nur die Planungen für Haifa bilden eine gewisse Ausnahme[15]. Sein umfangreichstes ausgeführtes Projekt waren die Woga-Bauten am Kurfürstendamm, die 1926–28 entstanden[16]. Die Arbeit galt einem ganzen Straßenblock (Abbildung 118), in dem die unterschiedlichsten Gebäude untergebracht waren: ein Hotel, Wohnungen, Läden, ein Kino und ein Kabarett.

Das Ungewöhnliche dieser Anlage ist sogleich erkannt worden. In dem Führer »Neues Bauen in Berlin« wurde sie 1931 sogar als bewegter Jahrmarkt geschildert: »... eine lockere Improvisation, dennoch gestrafft, von jungem, großstädtischem Rhythmus, schiebt sich zwischen die steifen Prachtfassaden des Kurfürstendammes diese eigenwillige Gebäudeplastik, die sich vom Kabarett über das Lichtspielhaus und die Ladenstraße zum Appartement-Wohnblock steigert. Die Ladenstraße, beiderseitig von zweigeschossigen Läden begleitet, ist frei von Durchgangsverkehr und wird in der Tiefe durch das sechsstöckige Appartement-Wohnhaus abgeschlossen[17]«. Meist wird von den Woga-Bauten einseitig der Innenraum des Universium-Kinos hervorgehoben, aber schon Mendelsohn legte den Akzent auf den Außenbau: »Äußerer Aufbau aus der Grundrißdisposition entwickelt. Vorgebauter zweigeschossiger Ladenkranz, Eingangs- und Kassenhalle, Zuschauerhaus mit leicht geneigtem, nach hinten sich verjüngendem Schildkrötendach, Aufzugsschacht der Bildleinwand. Entlüftungsschlot mit schmalem, zum Kurfürstendamm vorgezogenen Reklameturm[18].«

Wer vom Stadtzentrum kommt, der sieht die seinen Weg bis dahin begleitenden Häuserfronten des Kurfürstendammes am Lehniner Platz unterbrochen (Abbildung 119). Zwei niedrige Kopfbauten schieben sich nach vorn, die Straße weitet sich zu einem Platz, der in der Ladenstraße seine Fortsetzung findet. Dieser Platz reißt aber keine Lücke, denn die in der Umgebung gebräuchliche Bauhöhe ist durch Aufzugsschacht, Reklamefläche und Hochhaus auch innerhalb des Komplexes erreicht (Abbildung 120). Dieser ist nicht nur in der Tiefe gegliedert, sondern auch in der Höhe, die für Mendelsohn im Unterschiede zu vielen anderen Architekten eine gleichberechtigte Dimension war, deren Gestaltung von Zweckgebilden wie den Aufzugs- und Belüftungsschächten den Ausgang nahm. Zwischen den in ihrer Höhe auf die Passanten bemessenen Ladenbauten und dem Appartementhaus gibt es eine stufenweise Überleitung, die vor allem durch den Kinosaal hergestellt wird, der ebenso wie die Läden mit Backstein verkleidet ist. Ein städtebauliches Ensemble entsteht, das dank seiner differenzierten Binnengliederung und seiner Proportionen sowohl mit den geschlossenen Fassadenfronten des Kurfürstendamms in Beziehung treten kann als auch mit den Passanten auf dem Platz.

Schon dies ist eine Leistung, die in der zeitgenössischen Architektur ihresgleichen sucht. Innerhalb des Mendelsohnschen œuvres besteht der Fortschritt darin, daß die urbanistische Gliederung nicht mehr aus einer applizierten »dynamischen« Fassade gewonnen wird, sondern durch die Ausgestaltung funktional notwendiger Bauteile. Auch die futuristische Metaphorik des Stuttgarter Kaufhauses ist geschwunden. Selbst die runden Partien bewirken nun gelassene Überleitung statt aggressiver Cäsuren. Nicht mehr an potentielle Käufer, die aus dem Verkehrsstrom der Straße in den eines Kaufhauses gezogen werden sollen, wenden sich die Woga-Bauten, sondern eher an den flanierenden Passanten. Ihm bietet der Architekt am Lehniner Platz einen Bezirk mit mehreren, teils konkurrierenden, meist aber komplementären Funktionen. Ob der Passant sich für das Kino, das Café, das Kabarett entscheidet, ob er nur Auslagen betrachtet oder auch in Läden eintritt, ob er in den Appartements Besuch macht oder aber einfach weitergeht – es bleibt ihm überlassen, was er tut. Die Architektur ist nicht mehr überwältigend und auch nicht mehr verführend, sondern gelassen disponierend, gliedernd und entfaltend.

Ein Relikt früherer Stufen sind die Balkons des Wohntraktes zur Seitenstraße, die zu breiten Backsteinbändern zusammengezogen sind. Aber auch an ihnen ist der ruhige Atem neu, mit dem sie sich jeweils über den Eingängen ausrunden und so die ganze Häuserzeile gleichermaßen gliedern wie zusammenhalten. Nur am rückwärtigen Ende des Blocks greifen sie weit aus[19], wodurch diese Stelle zum Anfangs- bzw. Endpunkt einer Bewegung wird, die von vorn kommt, bzw. nach vorn führt. Verständlich wird die Lösung, wenn man beachtet, wie der Backsteingürtel der Balkons in Breite und Material auf die Ladenstraße am Kurfürstendamm Bezug nimmt.

Daß die endgültige Gestalt der Woga-Bauten, mit ihrer Überwindung der abstrakten Dynamik zugunsten einer funktionalen, erst das Ergebnis konzentrierter Arbeit war, lehren die Vorentwürfe. Der Grundgedanke der heutigen Anlage zum Beispiel, die Öffnung zum Kurfürstendamm, war anfangs noch gar nicht vorhanden[20] (Abbildung 121). Und auch ein etwas späteres Modell (Abbildung 122) blieb gerade im Urbanistischen weit hinter der Ausführung zurück, weil seine immer wieder zu runden Bastionen sich massierenden und dann in Pavillons auslaufenden Fassadenzüge die funktionale Differenzierung der Einzelteile ebenso schuldig blieben wie deren Eingliederung in die Umgebung[21].

120 E. Mendelsohn, *WOGA-Bauten,* Kino

121 E. Mendelsohn, *WOGA-Bauten,* Vorentwürfe

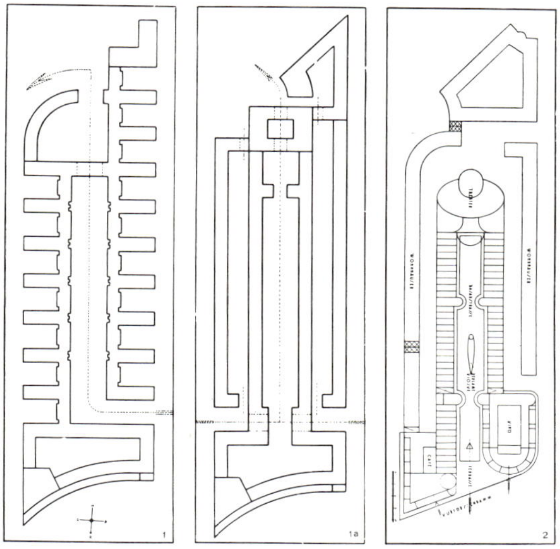

122 E. Mendelsohn, *WOGA-Bauten,* Modell

123 E. Mendelsohn, *Haus des Metallarbeiterverbandes,* Berlin

III

Auch die ersten Entwürfe für den Berliner Sitz der Metallgewerkschaft (Abbildung 123) zeigen, daß das in den Woga-Bauten Erreichte für Mendelsohn kein sicherer Besitz gewesen ist[22]. Gewaltige Baublöcke türmen sich, und Schaufronten vom Typ des Wertheimkaufhauses wechseln mit hoch aufgeschichteten Formationen kubischer Blöcke. Ein die neu entstandene Straße überbrückender Trakt verbindet weit geschwungene Fronten, die in den Dimensionen und in der geringen Binnendifferenzierung an frühere Konzeptionen erinnern, bei denen Mendelsohn seine Architektur als eine Art Ufertrassierung für den Verkehrsstrom angelegt hatte (Abbildung 124). Dem entspricht auch der bastionsartige Vorbau, der wie ein Brückenpfeiler den Strom der Autos getrennt hätte. Verglichen mit den Woga-Bauten waren diese Pläne ein Schritt zurück in die ornamentale Dynamik früherer Jahre, bei der den einzelnen Bauteilen die Selbständigkeit versagt blieb, die ihnen funktional wie urbanistisch zustünde.
Die folgenden Planungen für das Gewerkschaftshaus waren schon im Umfang bescheidener, da das Grundstück jenseits der Straße nicht mehr berücksichtigt werden mußte. Die heutige Lösung zeigt eine Disposition, die gleichermaßen Differenzierung wie Zusammenhang verbürgt. Vorbereitet wurde sie durch ein Modell, das über dem Eingang eine große Glaswand vorsah[23]. Diese sollte die Stirnwand eines eigenen Traktes werden, der sich oben und an den Seiten so deutlich abgehoben hätte, daß die Seitentrakte auch vom Platz her sichtbar gewesen wären – als Einfassung eines schmaleren, dafür aber höheren Mittelteils.
Die im zweiten Plan noch erhaltene Bastion nach vorn wurde in der Ausführung gestrichen; aus der Straßenkreuzung wurde ein Platz. Die Glasfront wurde durch Fensterreihen ersetzt, die sich in der Position auf die Fenster der Seitentrakte beziehen, in der Größe aber von diesen unterscheiden. Mit der Selbständigkeit des Stirnbaus (Abbildung 125) betonen sie auch die des Vorplatzes. Eine Mauerpartie trennt die Untergeschosse von den Fenstern darüber, die doppelt so hoch sind wie die Mauerfelder zwischen den unteren Stockwerken. Hinter den hohen Fenstern liegen die Direktionsräume, und zwischen ihnen erscheint, als einziges explizit repräsentatives Motiv, ein Fahnenhalter.
Auch beim Gewerkschaftshaus ist wieder der urbanistische Charakter des Außenbaus bemerkenswert. Die Seitentrakte schneiden zwar in den Kopfbau ein, sind aber nicht bis zur Ecke weitergeführt und bleiben auf die Straße bezogen, an der sie liegen. Der Kopfbau gehört dagegen zum Vorplatz, der nicht zuletzt durch ihn als eigener Bereich definiert wird. Dafür wurde nicht nur der anfangs vorgesehene Vorbau geopfert, sondern auch ein Teil des Grundstückes. Der Stirnbau ist durch seine Höhe, seine Gliederung und durch sein nobleres Material als Schauseite ausgezeichnet. Er gehört gleichermaßen zum Haus wie zum Platz. Der Verschränkung beider dient ein Vordach, das die Größe des Baus mildert, weil er jetzt nur aus der Entfernung in seiner ganzen Höhe überblickt werden kann, während beim Näherkommen unter dem weiten Dach ein gedeckter Vorplatz entsteht, der zwischen Straße und Vestibül vermittelt. An die Stelle der abstrakten Dynamik des ersten Entwurfs trat eine umsichtige Disposition, die sowohl die städtebauliche Situation wie den Besucher berücksichtigt. Wie die Woga-Bauten verändert auch das Gewerkschaftshaus seine Umgebung. Es orientiert und leitet, reißt aber nicht hinein in eine sich verselbständigende Dynamik von Verkehrsströmen und Architekturformen.

IV

Von den folgenden Planungen Mendelsohns sind vor allem die Projekte für ein Gebäude der Berliner Transitgesellschaft am Bahnhof Friedrichstraße von Interesse (Abbildung 126). Die Eingliederung von Hochhäusern in eine niedrigere Bebauung ist bis heute nicht befriedigend gelöst[24]. Eine zukünftige Geschichte des Hochhauses wird bei Mies, bei Corbusier, bei Wright, aber auch bei Sullivan und Root, bei den »cathedrals of commerce« der Woolworthgotik wie den Wolkenbügeln der Konstruktivisten viele brillante Einzelerfindungen nennen können, aber nur wenige Bauten finden, die sich anders als gegensätzlich ihrer Umgebung verhalten, und selbst die Zahl derer, bei denen wenigstens der Versuch einer Eingliederung gemacht wurde, dürfte klein sein. Zu diesen gehören die Entwürfe Mendelsohns für die Berliner Transitgesellschaft[25]. Schon die acht Alternativen, für die Modelle bekannt sind, zeigen vom Kreis über das Quadrat, das V und das Y fast sämtliche denkbaren Formen. Gemeinsam ist ihnen allen, und das unterscheidet Mendelsohn von der Mehrzahl der anderen Hochhausarchitekten, daß das Haus nicht isoliert konzipiert war, sondern auf einen Unterbau gesetzt werden sollte.
Dieser Unterbau ist von großer Wichtigkeit, denn er hält die Grundstücksform fest und bewahrt damit den bestehenden Stadtgrundriß statt, wie üblich, eine Lücke in ihn zu reißen. Am günstigsten ist wieder die Schlußfassung, in der sich das Hochhaus mit seiner Breitseite zu einem großen, fast platzartig weiten Straßendurchbruch wendet. Gegen den Unterbau sollte es zurückgesetzt werden, was seine Wucht zumindest gemildert hätte. Dabei hätten auch die weitgeschwungenen Horizontalen geholfen, die durch einen viergeschossigen Längsbau bekräftigt worden wären, der sich auf dem gleichen Sockel erheben sollte wie das Hochhaus und gleichzeitig durch seine Form wie seine Höhe eine Verbindung zum gegenüberliegenden Bahnhof hergestellt hätte. Die Rundung der Ecke hätte die eines gegenüberliegenden Hauses aufgenommen, und der ebenfalls gebogene hintere Riegel hätte zur Gliederung des Bahnhofsplatzes beigetragen.

124 E. Mendelsohn, *Haus des Metallarbeiterverbandes,* Modell

V

Trotz ihrer verschiedenen Bestimmung ist allen diesen Bauten Mendelsohns gemeinsam, daß sie nicht nur in ihrer Funktion, sondern auch in ihrer Gestalt Großstadtbauten sind: »Das großstädtische Bauwerk muß als Zelle, der großstädtische Organismus als Teil einer Einheit wesentliche architektonische Eigenheiten aufweisen, die durch die Wesenheit Großstadt bedingt sind[26].« Weder auf dem Lande noch in kleinen Städten wären sie legitim. Erst in ihnen konnte er seinem alten Postulat einer nicht verselbständigten, sondern funktional begründeten Dynamik gerecht werden, die jetzt freilich einen neuen, urbanistischen Inhalt bekam. Die Grenzen dieser Urbanistik sind allerdings eklatant. Sie liegen darin, daß Mendelsohn die gegebenen Aufgaben nicht in ihrem Inhalt veränderte, sondern nur in ihrer Form, daß er Urbanistik ausschließlich als eine gestalterische Aufgabe begriff, nicht als eine planerische und soziale. Seine Leistung kann diese Kritik jedoch nicht aufheben. Sie ist in den letzten Jahren immer deutlicher geworden, und zwar um so mehr, je offenkundiger wurde, wie sehr das Leben in der Stadt auch von deren Gestalt abhängig ist und wie viel die moderne Architektur gerade in dieser Hinsicht schuldig blieb.

125 E. Mendelsohn, *Haus des Metallarbeiterverbandes*

126 E. Mendelsohn, *Haus der Berliner Transportgesellschaft,* Modell

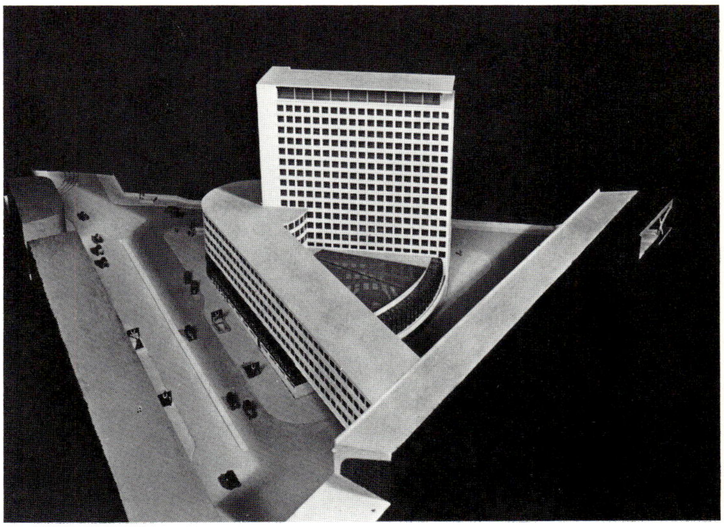

Neues Bauen und Weimarer Republik

I

In der wissenschaftlichen Literatur erscheint die moderne Architektur in der Regel als unmittelbare, oft sogar zwangsläufige Folge der im 19. Jahrhundert beginnenden wirtschaftlichen, technischen und sozialen Veränderungen. Die Trennung nach Ländern wird in den meisten Darstellungen zwar beibehalten, doch bleibt sie äußerlich, denn die Länder sind meist nur der mehr oder minder zufällige geographische Ort, an dem die Bauten stehen[1]. Lokale Varianten werden zwar anerkannt, im Prinzip aber wird die Entwicklung unter dem Bild eines großen Stromes gedacht, dessen Seitenarme immer wieder zusammenfinden.
In seinen Grundzügen gab es dieses Geschichtsbild bereits in den zwanziger Jahren[2]. Hinweise auf die besondere historische Situation der ersten deutschen Demokratie waren auch damals höchst selten[3]. Nicht auf den neuen Staat pflegten sich die Architekten zu berufen, sondern auf die von Technik und Ökonomie bestimmte allgemeine Entwicklung. So heißt es 1925 in einem programmatischen Text des Werkbundes: »Die Grundlagen der gestaltenden Arbeit haben eine vollständige Umwandlung erfahren, neue Arbeitsverfahren, neue Werkzeuge, neue Werkstoffe sind eingeführt, und diese tiefgreifenden Umwälzungen haben umgestaltend zurückgewirkt auf unsere Wirtschafts-, Lebens- und Gesellschaftsformen. Sie haben die alte Arbeitsordnung mit ihren festen Bindungen zerstört, die Überlieferungen zerbrochen und altgewohnte, durch Jahrhunderte gültige Begriffe ihres Sinnes beraubt[4].« In unzähligen Texten findet die Überzeugung Ausdruck, das Neue sei »ein internationaler Tatbestand, ein Lebensvorgang, also eine Totalität, ... keine Angelegenheit Deutschlands nur[5]«. »Die ›Neue Zeit‹ ist die Angelegenheit der ganzen Welt, sie ist planetarisch, und ihr Ausdruckswille ist bereits anerkanntes Gemeingut der europäischen und amerikanischen Gegenwart ...[6].« »Diese konstruktive Formenwelt kennt kein Vaterland, denn sie ist der Ausdruck internationaler Baugesinnung[7].« Selbst das Mittelalter wird bemüht, um zu begründen, daß es sich bei den nationalen Entwicklungen nur um Nuancen handele, »... so wie dies für jeden einheitlichen Weltvorgang des Mittelalters schon zutraf, sei er romanisch oder gotisch[8]«.
Vergleicht man aber die verschiedenen Länder, dann zeigt sich, daß die moderne Architektur in den zwanziger Jahren zwar durchaus eine internationale Erscheinung war[9], aber noch keineswegs die »internationale Architektur«, die zu sein sie beanspruchte. Dazu wurde sie erst nach dem Zweiten Weltkrieg, denn erst in den letzten Jahrzehnten hat sie alle anderen Bauweisen an den Rand gedrängt und sich in der ganzen Welt durchgesetzt. Das aber ist ein eigenes, späteres Phänomen.
In den zwanziger Jahren hat zum Beispiel selbst das sicherlich hochentwickelte England keinen wesentlichen Anteil an der Entwicklung gehabt[10], und auch die Vereinigten Staaten haben nach Anfängen, die an einzelnen Bauaufgaben (Hochhaus), Regionen (Kalifornien) oder Personen (Wright) gebunden waren, in den zwanziger Jahren fast keine moderne Architektur mehr entstehen sehen[11]. Andererseits hat es damals in einem objektiv so wenig entwickelten Land wie der UdSSR eine stürmische Entwicklung der neuen Architektur gegeben, die erst gegen 1930 zugunsten einer vermeintlich sozialistischen Baukunst erstickt wurde, deren anspruchsvollste Bauten ihre Vorbilder bei den historisierenden »Kathedralen des Kapitalismus« in New York und Chicago suchten[12]! In beiden Ländern waren es Besonderheiten der nationalen Entwicklung, die darüber entschieden, in welchem Umfang und bei welchen Aufgaben modernes Bauen möglich war.
Zum gleichen Ergebnis führt auch eine zweite Gegenüberstellung: Nach den deutschen Erfahrungen hätte sich die moderne Architektur dem Faschismus verweigern, in jedem Falle aber von diesem zurückgewiesen werden müssen. In Italien war das jedoch bis weit in die dreißiger Jahre hinein keineswegs der Fall[13]. Dort galt im Gegenteil gerade die moderne Architektur vielen als spezifisch faschistisch, auch dann noch, als sie in Deutschland bereits dem Nationalsozialismus zum Opfer gefallen war[14]. Dabei haben Terragni und seine Freunde kaum anders gebaut als Gropius oder Taut.
Auch für Deutschland ist eine unmittelbare Ableitung der modernen Architektur aus der gesellschaftlichen und technologischen Entwicklung nur teilweise möglich. Zutreffend dürfte sie sein, wenn man das Neue Bauen im Rahmen einer stark gerafften und verallgemeinernden Weltgeschichte der Architektur betrachtet, deren Grundelemente die Epochen sind. Irrig wird das Konzept aber immer dann, wenn die Verallgemeinerung zur Ursache konkreter historischer Einzelphänomene hypostasiert wird. So zutreffend die These von der modernen Architektur als einer Folge der Industriegesellschaft im weltgeschichtlichen Überblick sein mag, so untauglich ist sie zur hinreichenden Erklärung der verschiedenen Ausprägungen oder gar einzelner Bauten. Anscheinend muß man zwischen langfristigen und mittelfristigen Prozessen unterscheiden. Langfristige Veränderungen wie die Ausbildung der modernen Architektur können anderen ebenfalls langfristigen Prozessen wie dem der Ausbildung der modernen Industriegesellschaft zugeordnet werden, wobei allerdings die Frage, ob diese Zuordnung auch eine Kausalbeziehung ausdrückt, nur sehr schwer zu beantworten sein wird. Zu einer genetischen Begründung mittelfristiger Entwicklungen reichen solche Zuordnungen jedenfalls ganz offensichtlich nicht aus, da solche Entwicklungen von in der Regel ebenfalls mittelfristigen Konstellationen bedingt sind, in denen eine ganze Reihe von Faktoren wirksam werden kann[15]. Für die moderne Architektur der zwanziger Jahre war die Konstellation in den einzelnen Ländern erheblich verschieden, und die Verschiedenheiten erst lassen die nationalen Sonderentwicklungen verstehen. Gegenstand dieses Kapitels sind nur solche Determinanten des Neuen Bauens, die sich aus den spezifischen Bedingungen der Weimarer Republik ergeben, nicht aber diejenigen, die für die moderne Architektur im ganzen gelten und auch nicht diejenigen, die sich nur im œuvre einzelner Architekten ausgewirkt haben[16].

II

Schon vor 1914 hatten die nationalen Besonderheiten entscheidenden Einfluß auf die moderne Architektur. Was Deutschland von allen anderen Ländern unterschied, war das Bündnis der noch nicht in einen modernen und einen konservativen Flügel gespaltenen Architekten und Kunstgewerbler mit einem Teil der Industrie, das 1907 mit der Gründung des Werkbundes und der Berufung von Behrens durch die AEG institutionalisiert worden war. Architekten und Kunstgewerbler hofften, im Verein mit der Industrie den Individualismus und die Isolierung der früheren Jahre überwinden und eine breite Wirkungsbasis finden zu können[17]. Die sozialreformerischen Fermente, die ihrer Bewegung eigen waren, schienen zudem bei einigen Industriellen auf verwandte Absichten zu treffen, denn nicht die gesamte Industrie war ja im Werkbund vertreten, sondern nur eine kleine fortschrittlich gesinnte Gruppe[18]. Auch deren Ziele waren freilich ökonomische. Sie wollte die eigenen Produkte konkurrenzfähig halten, durch Verbesserung der Produktionsstätten und der Arbeitsbedingungen den Ertrag steigern und außerdem neue Möglichkeiten der Repräsentation finden. Bei dem ersten Ziel konnte das zum Design erweiterte Kunstgewerbe helfen, bei den anderen vor allem die reformierte Architektur – beide allerdings erst nach der Wendung zum Typischen und auch Traditionellen, die kurz zuvor begonnen hatte[19]. Bereits 1907 hat Karl Scheffler die ideologische Verwertbarkeit der sich formierenden »neuen Großbürgerkultur« erkannt[20]. In dem »Kulturkampf für ein neues Kunstgewerbe« sah er den ». . . ersten umfassenden Versuch, . . . die neue Zeit auch kulturell zu legitimieren und das sozialökonomisch Notwendige als sittliche Freiheit erscheinen zu lassen[21]«. Auf praktischer Ebene sollte dieses Kunstgewerbe laut Gropius ». . . das technisch überall gleich vorzügliche Ding mit geistiger Idee, mit Form« durchtränken, »damit ihm die Bevorzugung über die Menge gleichgearteter Erzeugnisse gesichert bleibt[22]«. Für die Architektur hat W. Curt Behrendt die Verschränkung der Motive beschrieben: »Die führenden Firmen der deutschen Großindustrie betrachten es heute fast ausnahmslos als eine Pflicht des Prestiges, für ihre großen Bauunternehmungen bewährte künstlerische Kräfte heranzuziehen. In diesem Bestreben, charaktervolle Fabrikarchitekturen zu schaffen, zeigt sich eine neue Art geschäftlichen Ehrgeizes: das junge Großunternehmertum sucht sich den Ruhm eines Kulturpioniers zu erwerben. Und wenn dieser Ehrgeiz zum großen Teil auch wirtschaftlichen Motiven entspringt, vor allem der sehr begreiflichen Absicht, Reklame zu machen und den Ruf des Hauses zu mehren, so läßt sich in der Bekundung solcher großgearteten Baugesinnung doch andererseits auch ein guter Teil ehrlichen Idealismus nicht verkennen[23].«

An Spannungen innerhalb des Werkbundes hat es nicht gefehlt, wie schon der Grundsatzstreit um die Typisierung demonstriert[24]. In seiner Majorität aber und in der Gesamttendenz seiner Tätigkeit stellte sich der Werkbund in den Dienst des wirtschaftlichen Imperialismus. Einige Zitate müssen als Beleg genügen. Sie alle stammen keineswegs von Außenseitern, sondern von führenden Männern des Bundes. Muthesius zum Beispiel erklärte: »Wie wir auf dem Schlachtfeld und in unserer Kriegspolitik, in Finanzierung und Wirtschaft alles daran setzen, um mit Hilfe einer bis ins kleinste vordringenden Organisation den Sieg davonzutragen, gerade so müssen wir eine bedachte Kräfteregelung auch in der Kunst einführen . . .[25].« Von Muthesius stammen auch die folgenden Sätze: »Es gilt mehr als die Welt zu beherrschen, mehr als sie zu finanzieren, sie mit Waren und Gütern zu überschwemmen. Es gilt, ihr das Gesicht zu geben. Erst das Volk, das diese Tat vollbringt, steht wahrhaft an der Spitze der Welt und Deutschland muß dieses Volk werden[26].«

Die Werkbundarchitektur sollte aber nicht nur nach außen in den Dienst der Industrie treten, sondern auch nach innen. Selbst das durch den »Lebenshauch der Kunst« gesteigerte »Daseinsgefühl[27]« war Mittel zum Zweck, denn Kunst ist nicht nur eine ästhetische, »sondern zugleich eine sittliche Kraft, beides zusammen aber führt in letzter Linie zu wichtigsten der Kräfte: der wirtschaftlichen Kraft[28]«. Der junge Gropius wollte »dem Sklaven der modernen Industriearbeit« nicht nur »Licht, Luft und Reinlichkeit geben, sondern ihn noch etwas spüren lassen, von der Würde der gemeinsamen Idee, die das Ganze treibt[29]«. Aber nicht der Arbeiter wegen sollte das geschehen, sondern wegen der politischen Stabilität, denn »dieses Bewußtsein, im einzelnen Arbeiter geweckt, könnte vielleicht eine soziale Katastrophe, die bei der Gärung des heutigen Wirtschaftslebens ja täglich droht, vermeiden[30]«.

Die Erfüllung des Werkbundprogramms sahen viele Zeitgenossen in den AEG-Bauten von Peter Behrens, besonders in der Turbinenhalle[31], denn zu solcher Architektur bedurfte es ». . . eines höheren Begriffs von der Arbeit, die Leiter der AEG mußten die Industrie monumental empfinden, mußten sich kulturell verantwortlich fühlen und einer gewissen Herrscherempfindung Raum gewähren[32]«. »Mit den einfachen Mitteln elementarer Tektonik entstanden Baugebilde von wahrhaft klassischer Gebärde, die souverän ihre Umgebung beherrschen. Die AEG hat sich in ihnen Denkmäler von Adel und Kraft gesetzt, an denen keiner mehr empfindungslos vorüberwandelt[33].« Die Historiker der modernen Architektur haben diese Züge in der Regel vernachlässigt und nur diejenigen hervorgehoben, die Behrens' Bauten in die allgemeine Entwicklung einzuordnen erlauben. Es ist jedoch unbestreitbar, daß die Bedeutungen, die zum Beispiel der Turbinenhalle durch den nationalen Kontext und die zeitgenössische Rezeption zugewachsen waren, wesentliche sind. Nur sie erklären auch die heftige Kritik der zwanziger Jahre. Zwar wurde diese Kritik vor allem mit der Verletzung funktionalistischer Prinzipien begründet, doch wird aus den Formulierungen klar, daß die ästhetische Ablehnung dieser Baukunst auch eine Ablehnung ihrer Ziele bedeutete[34].

Während die Orientierung an Organisationsformen der industriellen Produktion im Vorkriegsdeutschland auch als eine neue Möglichkeit der Repräsentation und des Ausdrucks von Macht gesehen wurde, erhofften sich die modernen Architekten der zwanziger Jahre von dieser Anlehnung gerade das Gegenteil. Sie sahen in den industriellen Organisationsformen nicht den Zwang, sondern die Zweckrationalität, die alle herkömmlichen Herrschaftsformen aufzulösen versprach[35]. Für Muthesius dagegen hatte es sich 1912 darum gehandelt, ». . . wieder jene Ordnung und Zucht in unsere Lebensäußerungen zu bringen, deren äußeres Merkmal die gute Form ist[36]«. »Deutschland genießt nun den Ruf, daß die Organisation seiner Unternehmungen, seiner Großbetriebe, seiner Staatseinrichtungen, die exakteste von allen Völkern sei (die militärische Zucht wird als Grund dafür angeführt). Ist das der Fall, so liegt vielleicht auch hierin die Berufung Deutschlands ausgedrückt, die großen Aufgaben, die auf dem Gebiet der architektonischen Form liegen, zu lösen[37].« Die Ansprüche auf eine Reform des Lebens durch eine Reform der Kunst, die in den neunziger Jahren oft in gesellschaftskritischen und gelegentlich auch vage sozialistischen Kategorien formuliert worden waren, kamen im Werkbund nur noch selten zu Wort. Nicht wenige stilisierten die Resignation zu einem Pathos der Unterwerfung unter das Unvermeidliche, als dessen Sprecher vor allem Karl Scheffler aufgetreten ist: »Die kapitalistische Wirtschaftsordnung mit Erfolg zu bekämpfen, ist unmöglich. Denn sie ist vorläufig wie ein Weltschicksal. Und die einzelnen Unzuträglichkeiten des Kapitalismus von Fall zu Fall verbessern zu wollen, ist nichts als aufreibendes Flickwerk. Helfen kann nur der kühne Entschluß, dem einmal als wirtschaftliche Naturgewalt unserer Zeit Erkannten, die letzten Konsequenzen zu entreißen, und so das Notwendige sittlich zu machen ... Zur Baukultur aber, zu einer großen modernen Bürgerkunst wird die Nation nur gelangen, wenn sie lernt, die monumentale Kraft des Kapitals mit sich frei beschränkendem Selbstgefühl zu organisieren und sie so der Willkür der Unfähigen und Gewissenlosen zu entziehen[38].« Die in der Einleitung knapp skizzierte stilistische Entwicklung der Reformarchitektur der ersten Jahre nach der Jahrhundertwende kam diesen Zielen entgegen und wurde dann ihrerseits von ihnen gefördert und verstärkt[39].

III

Daß für die Werkbundarchitektur die konkrete historische Situation in Deutschland wichtiger war als die Zugehörigkeit zu einer weltweiten Tendenz zu einer neuen Baukunst, ist kaum zu bezweifeln. Etwas weniger direkt ist der Zusammenhang zwischen dem Neuen Bauen und der Weimarer Republik. Schon der Internationalismus aber ist, als Reaktion auf den Nationalismus des Werkbundes, in seiner Heftigkeit ein spezifisch deutsches Phänomen. Der Protest gegen das Bündnis mit der Industrie, das in den Augen vieler Nachkriegsarchitekten die Architektur in die Verantwortung für den Krieg und seine Schrecken verstrickt hatte, war ein wesentlicher Grund für die Absage an jede Wirklichkeit in der utopischen Phase. Ein Prophet des »Heiligen Baus« berief sich auf die Kriegserfahrung, »daß die Fron im Dienste der Erlangung größerer Wirtschaftsmöglichkeiten und größeren nationalen Ansehens unser körperliches und geistiges Sein vollkommen aufreiben mußte[40]«. Einen der schärfsten Angriffe auf den Werkbund findet man 1919 bei Behne: »Wenn zwar der Werkbund Künstler zur sogenannten praktischen Arbeit in technischen, industriellen und kaufmännischen Angelegenheiten benutzt, so erreicht er nicht mehr als eine besser lackierte Oberfläche der täglichen Umgebung und selbst dies nur mit zweifelhaftem Erfolge. An den bestehenden Zuständen der Tiefe will ja der Werkbund nichts ändern. Er erkennt die Basis unserer Kulturlosigkeit ausdrücklich als vernünftig an, so daß er letzten Endes die Künstler, statt sie zur Arbeit an unserer Kultur zu bewegen, nur härter noch zu Sklaven der bestehenden Misere herunterdrückt. Die Hoffnung auf die moderne Reformarbeit ist ganz eitel[41].«

Die architektonische Utopie verstand sich ausdrücklich, und wohl auch mit Recht, als Ergebnis der politischen und geistigen Situation in den ersten Jahren der Weimarer Republik. Die Bestimmung der entscheidenden Cäsuren in deren Entwicklung ist verhältnismäßig einfach und auch kaum umstritten: Den Jahren der Revolution, der bürgerkriegsähnlichen Unruhen und der Inflation zwischen 1919 und 1923 folgte 1924–1929 eine Phase der wirtschaftlichen und politischen Stabilisierung, die mit der Weltwirtschaftskrise in die Auflösungsphase überging[42]. Für das Neue Bauen war vor allem die zweite Phase wichtig, während sich die dritte in erster Linie indirekt, durch das Aufhören der Bautätigkeit, bemerkbar machte[43].

Eine ähnliche Parallelität wie die der ersten Phase und der Utopie gab es wenige Jahre später, als die allgemeine Hinwendung zur Neuen Sachlichkeit zusammentraf mit der seit 1924 sich vollziehenden Festigung der Republik, die noch ein Jahr zuvor am Rande des Zusammenbruchs gestanden hatte. Ein Zusammenhang ist unbestreitbar. Es ist auch ein enger gewesen, aber keiner von Ursache und Wirkung. Zumindest für die Architektur verbietet schon die Chronologie, die Neue Sachlichkeit etwa als *Ergebnis* der politischen Stabilisierung zu werten[44], denn der Umschwung kündigte sich schon 1920 an und war 1923, im Jahre der ersten Bauhausausstellung, bereits vollzogen.

Die schon bald um sich greifende Ernüchterung hatte zweifellos einen nicht geringen Anteil an der Rückwendung zur Wirklichkeit auch in der Architektur. Die besondere Form aber, in der dies geschah, war nicht allein von deutschen Faktoren bestimmt, sondern von der avantgardistischen Kunst des Auslandes und der neuen Ästhetik, die dort entwickelt worden war[45]. Mit dieser Ästhetik verbanden sich weltanschauliche, teilweise sogar indirekt politische Implikationen, die auch für die deutsche Architektur wichtig geworden sind. So glaubte man sich in Einklang mit der Entwicklung der modernen Industriegesellschaft, die als Befreiung von historischen und nationalen Bindungen verstanden wurde. Die neue Architektur sollte eine Welt entspannter Harmonie, Gleichheit, Rationalität und Gemeinschaft bewirken, die mit der vor dem Kriege im Werkbund erstrebten nur noch wenig gemeinsam hatte.

Dieser Punkt war in der Entwicklung der Architektur bereits erreicht, als es zur Stabilisierung der Weimarer Republik kam und diese sich ab 1924 auch auf das Bauen auszuwirken begann. Nicht um Ursache und Wirkung handelt es sich deshalb, sondern um Konvergenz. Allerdings kam die neue Architektur nur dieser Konvergenz wegen in der Weimarer Republik zu einem großen Wirkungsfeld, und die Besonderheiten dieses Wirkungsfeldes hatten wiederum Rückwirkungen auf die Architektur. Zu den bestimmenden Faktoren dieser Konstellation gehörten die Bauaufgaben, die der modernen Architektur in Deutschland zufielen, die Aufnahme in der Öffentlichkeit und das Verhältnis zu anderen Richtungen der zeitgenössischen Architektur. Aus diesen Faktoren ergab sich eine Konfiguration mit spezifischen Wechselwirkungen und Abhängigkeiten[46], die in dieser Form nur in Deutschland und auch dort nur zur Zeit der Weimarer Republik bestanden hat.

127 *Goethes Gartenhaus,* Weimar

128 P. Schmitthenner, *„Bürgerliches Wohnhaus“,* Entwurf

129 H. Scharoun, *Wohnhaus,* Weißenhofsiedlung Stuttgart

IV

So wurde das Neue Bauen schnell in die ideologischen Auseinandersetzungen hineingezogen, die ihrerseits in sozialen Prozessen begründet waren. Einer von ihnen war die »Krise des Mittelstandes«, »die primär in den wirtschaftlichen Strukturveränderungen begründet war,aber nur zu gerne mit den politischen Veränderungen in einen ursächlichen Zusammenhang gebracht wurde . . .[47]«. Bracher hat geschildert, wie sich der Mittelstand in seinem Abwehrkampf von dem neuen Staat im Stich gelassen fühlte. Die Arbeiterschaft und die rapide wachsende Gruppe der Angestellten auf der einen, und eine nicht mehr großbürgerliche, kleine, aber einflußreiche Schicht von »Hochkapitalisten[48]« bestimmten die Republik. Das Ergebnis waren eine »übermäßige Vertrustung« und die »wirtschaftsdemokratischen Bestrebungen und Machtpositionen der Gewerkschaften[49]«. Im Kampf gegen diese Gruppen entwickelte sich eine »Abwehrideologie nicht nur gegen die Gewerkschaften, sondern besonders gegen einen monopolitischen, anonymen Großkapitalismus, gegen die technische Entwicklung, die Trusts und Warenhäuser gleichermaßen[50]«. Die Bedrohung wurde nicht nur als eine wirtschaftliche empfunden, sondern auch als eine kulturelle und ideologische: »Fast im selben Maße büßte der alte Mittelstand der kleinen unabhängigen Unternehmer seine finanziellen Reserven, seinen wirtschaftspolitischen Einfluß, sein Sicherheitsgefühl ein. Angesichts dieser Entwicklung vermochte der deutsche Mittelstand das durch die Inflationskatastrophe ausgelöste Krisenbewußtsein nicht zu überwinden. Er beantwortete neue Krisensymptome mit der Flucht in eine Welt der politischen Ideologismen, die jedem einzelnen und jeder wirtschaftlichen Gruppe Schutz und Wiederherstellung des verlorenen oder bedrohten sozialen Prestiges verhieß[51].«

Eine derartige Polarisierung scheint es in anderen Ländern nicht gegeben zu haben, und wahrscheinlich ist sie es gewesen, die zu einem so scharfen weltanschaulichen Gegensatz zwischen konservativem und modernem Bauen geführt hat. Aus architekturgeschichtlichen Faktoren allein kann man ihn nicht erklären, denn gerade in Deutschland hatten die späteren Gegner im Werkbund eng zusammengearbeitet. Wie eng die konservativen Positionen mit mittelständischen Ideologien verflochten sein konnten, lehrt Schmitthenners Buch über »Baugestaltung« von 1932. Es beginnt mit der polemischen Gegenüberstellung von Goethes Gartenhaus in Weimar (Abbildung 127) und Scharouns Haus in der Weißenhofsiedlung (Abbildung 129): »Von Goethes Haus zur Wohnmaschine klafft ein Abgrund, der unüberbrückbar ist. Täuschen wir uns nicht. Es handelt sich hier nicht um einen vorübergehenden Zeitgeschmack oder eine Modefrage, es ist eine tiefgehende geistige Frage, die in ihrer Bedeutung über eine deutsche Angelegenheit hinaus eine Menschheitsfrage ist. Auf der einen Seite: Rechnender Verstand, Maschine, Masse, Kollektivismus; auf der anderen Seite Gefühl, blutwarmes Leben, Mensch, Persönlichkeit. Der Siegeszug der Technik droht die Äcker der Menschheit vollends zu zerstampfen . . . Weltkrieg und Revolution und nicht zuletzt die Mächte der Technik haben uns unendlich viel zerstört und geraubt. Wir Deutsche sollten uns nicht des Letzten selbst berauben, des Glaubens an eine Sendung des deutschen Volkes, und diese beginnt beim deutschen Menschen in seinem Kampf um die deutsche Kultur[52].« Folgerichtig hat Schmitthenner sich an Goethes Gartenhaus gehalten, als er ein Holzhaus entwarf (Abbildung 128), das in Serie produziert werden sollte.

Das Neue Bauen war im Bündnis mit so gut wie allen Erscheinungen, gegen die der Mittelstand sich wehrte: Mit der Arbeiterschaft verbanden es schon die Bauaufgaben und die Gesinnung vieler Architekten. Seine Ästhetik stellte gerade diejenigen nationalen und sozialen Werte infrage, mit denen die mittelständischen Gruppen sich identifizierten, und außerdem propagierten die modernen Architekten mit Fertigbauweise und Montage auch noch Bauverfahren, die großen mittelständische Berufsgruppen die Existenzgrundlage entziehen mußten[53]. Folgerichtig kamen die schwersten Angriffe auf das Neue Bauen zunächst aus diesem Lager. Auf zwei Ebenen wurden sie vorgetragen, auf einer ideologischen und auf einer technischen. Auf der einen focht man gegen den »Kulturbolschewismus« des Neuen Bauens, auf der anderen gegen wirkliche oder vermeintliche Bauschäden[54]. In dem Streit um das flache Dach verschränkten sich beide Argumentationen in einer Weise, die aufs klarste ihre innere Zusammengehörigkeit vor Augen führt[55].

Eine Landkarte der neuen Architektur wäre mit derjenigen Deutschlands keineswegs identisch. Sie würde eindeutig zeigen, daß sich das Neue Bauen, von Einzelwerken abgesehen, auf verhältnismäßig wenige Orte in Nord- und Mitteldeutschland konzentrierte, vor allem auf Städte wie Berlin, Frankfurt, Celle, Dessau, Altona, in Süddeutschland Stuttgart oder Karlsruhe[56]. Eine dauernde Entfaltungsmöglichkeit fand die moderne Architektur nur da, wo Sozialdemokraten und verwandte Gruppen regierten, diejenigen also, die die Republik auch politisch unterstützten. Auftraggeber waren vor allem die Kommunen und die Baugenossenschaften der Gewerkschaften.

Symptomatisch für die Auftragssituation war die Geschichte des Bauhauses[57]. Noch im Kriege wurde es von einem Fürsten, der im Mäzenatentum eine neue Aufgabe suchte, gegründet. Eröffnet wurde es von der Provisorischen Revolutionären Regierung. Seine Tätigkeit bildete dann einen der größten Streitpunkte beim Sturz der linksbürgerlichen Regierung 1923, und eine der ersten Handlungen der neuen, auch von den Nationalsozialisten unterstützten Regierung war die Schließung der Schule. Retter in der Not wurde Fritz Hesse, der sozialdemokratische Oberbürgermeister von Dessau, aber auch an seinem Sturz hatten die Auseinandersetzungen um das Bauhaus großen Anteil. Als er gehen mußte, wurde das Bauhaus auch aus Dessau vertrieben.

Private Auftraggeber haben nur für Villen und Einzelhäuser eine Rolle gespielt. Wichtiger waren die Gewerkschaften, die nicht nur bei Siedlungen, sondern auch bei ihren Verwaltungsbauten meist moderne Architekten beauftragten. Am auffälligsten ist das Fehlen derjenigen Gruppe, auf die man gerade in Deutschland besonders hätte rechnen müssen, das der Industrie. In den zwanziger Jahren war in Deutschland sowohl die Verwaltungs- wie die Industriearchitektur eindeutig die Domäne konservativer Architekten[58]. Nicht einmal Gropius, dem man noch für die Werkbundausstellung von 1914 die Musterfabrik übertragen hatte, wurde berücksichtigt. Die Gründe für dieses Phänomen sind im einzelnen noch zu erforschen, den Ausschlag hat aber vermutlich gegeben, daß das Neue Bauen in Deutschland schon nach wenigen Jahren so sehr mit bestimmten gesellschaftlichen Kräften und Zielen identifiziert war, daß es für die Industrie nicht mehr in Frage kam, zumal die Architektur der Konservativen ja durchaus auch Sachlichkeit und Modernität zeigte, aber eben nicht unverhüllt, sondern verbunden mit herkömmlicher Repräsentation so dienlichen Elementen wie Symmetrieachsen, edlen Materialien und monumentalen Gesamtwirkungen[59]. Diese Vermutung führt nur scheinbar in einen Widerspruch zu der früheren Zuordnung von moderner Architektur und moderner Wirtschaft. Der Zusammenhang besteht durchaus, nur ist er kein unmittelbarer, und den Industriellen wird er in der Regel auch nicht bewußt gewesen sein. Durch Ausstellungen und Veröffentlichungen scheint das Neue Bauen bei den Vertretern der Wirtschaft aber zunehmend an Boden gewonnen zu haben, so daß man sich durchaus vorstellen kann, daß es bereits in den dreißiger Jahren auch für die Industrie hätte attraktiv werden können[60]. Da die Bauherren über die Aufträge entschieden, wurde das Neue Bauen auch durch sie, ihre Zustimmung wie ihre Ablehnung, mit bestimmten Gruppen und damit auch mit bestimmten ideologischen Positionen identifiziert. Die Bedingungen der Entfaltung haben dann auf die Rezeption dieser Architektur zurückgewirkt, die ihrerseits wiederum auf die Aufträge Einfluß hatte und über diese indirekt auch auf die Art des Bauens.

V

So wie die Auseinandersetzung um das Neue Bauen Teil eines allgemeineren ideologischen Prozesses war, so gab es auch für die Denkinhalte und Denkstrukturen der Architekten deutliche Parallelen. »Sachlichkeit« zum Beispiel war ja nicht auf die Architektur beschränkt, sondern eine Haltung, die auch in vielen anderen Bereichen anzutreffen war[61]. An der Literatur und den kulturkritischen Schriften dieses »weißen Sozialismus[62]« konnte die ideologische Bewältigung der Technik und der industriellen Produktionsweisen als ein wesentliches Moment der Neuen Sachlichkeit herausgearbeitet werden. Dabei schälten sich zwei als Amerikanismus und Technikkult definierte Tendenzen heraus[63], die es auch bei den modernen Architekten gegeben hat. Ganz zweifellos war auch für sie die Ausdehnung von Technik und Rationalisierung auf bis dahin noch nicht erfaßte Lebensbereiche[64] ein wichtiges Ziel, man denke nur an das Neue Wohnen. Außerdem wird man auch die allgemeine Charakterisierung von »Sachlichkeit« als der Grundkategorie der reformistischen Realpolitik der zwanziger Jahre[65] akzeptieren können. Wie in der Literatur, so wurde dieser Prozeß auch von den modernen Architekten als Befreiung gesehen, schienen doch die bis dahin bekannten Erscheinungsformen von Herrschaft und Unterdrückung der wirtschaftlichen Vernunft und der Sachlichkeit weichen zu müssen[66]. In der Wirtschaftskrise kamen aber auch mehr und mehr Stimmen auf, die resignierend dafür plädierten, sich mit den gegebenen Verhältnissen abzufinden. Werner Riezler schrieb 1932 unter Hinweis auf die Villa Tugendhat, »... daß es weder die Aufgabe des Künstlers, noch des Werkbundes ist, die soziale Ordnung umzugestalten. Einstweilen muß man jedem Reichtum dankbar sein, der dem Künstler Gelegenheit gibt, eine geistige Idee rein und ohne Einschränkungen zu verwirklichen[67]«. Schon zwei Jahre zuvor hatte Mies van der Rohe in einer Rede vor dem Werkbund gesagt: »Die neue Zeit ist eine Tatsache; sie existiert ganz unabhängig davon, ob wir ›ja‹ oder ›nein‹ zu ihr sagen. Aber sie ist weder besser noch schlechter als irgendeine andere Zeit. Sie ist eine pure Gegebenheit und an sich wertindifferent. Deshalb werde ich mich nicht lange bei dem Versuch aufhalten, die neue Zeit deutlich zu machen, ihre Beziehungen aufzuzeigen und die tragende Struktur bloßzulegen. ... Wir wollen die veränderten sozialen und wirtschaftlichen Verhältnisse als eine Tatsache hinnehmen. Alle diese Dinge gehen ihren schicksalhaften und wertblinden Gang[68].« Diesen zu akzeptieren fiel nicht schwer, solange nur die Existenz von Architektur gesichert blieb: »Entscheidend wird allein sein, wie wir uns in diesen Gegebenheiten zur Geltung bringen. Der Sinn und das Recht jeder Zeit, also auch der neuen, liegt einzig und allein darin, daß sie dem Geist die Voraussetzung der Existenzmöglichkeit bietet[69].«

VI

Einer der interessantesten zeitgenössischen Versuche, die gesellschaftliche Physiognomie des Neuen Bauens zu entschlüsseln, stammt von Alexander Schwab. Er kam »innerhalb eines sozialistischen Gesamtbildes der Entwicklung[70]« 1930 zu dem Ergebnis, daß das Neue Bauen vor allem von den sozialistischen Gruppen und vom Großbürgertum getragen werde, während es nirgends so erbitterte Feinde habe wie im Mittelstand und im Kleinbürgertum, die gefangen seien »zwischen den Mühlsteinen der beiden großen Mächte, unter denen der entscheidende historische Kampf begonnen hat ...: Großkapital und Sozialismus[71]«. Nach Schwab stand man damals vor »... folgender merkwürdigen Tatsache: die moderne Bauweise ist in ihrer äußeren Erscheinung ... in hohem Maße einheitlich; sie hat aber, wie es scheint, sehr verschiedene soziale Wurzeln und wird von ganz entgegengesetzten sozialen Schichten getragen und hat dementsprechend auch ganz verschiedene gesellschaftliche Ziele und Ausblicke[72]«.
Auf der Gegenseite stellte Alexander von Senger seinem Publikum das Neue Bauen als Produkt einer Verschwörung von Bolschewismus und »Mammonismus« dar. So sehr sich Schwab und Senger in der Bewertung und in den Zielen auch unterscheiden, in der Analyse gibt es viele Berührungspunkte. Senger schreibt: »Das Neue Bauen ist in seinen Theorien, in seinen Propagandamethoden, in seinen Zielen wie Auswirkungen, eine rein bolschewistische Angelegenheit, es ist volksfeindlich, Kultur und Mittelstand vernichtend, es verringert das Heer der Nichtbolschewisten und fördert unerhört und im schnellsten Tempo die materielle, geistige und soziale Proletarisierung der Völker. Ohne das Bauen zu verbilligen, ebnet es die Wege zur mammonistischen Diktatur[73].« Auf dem Wege zu dieser Diktatur, so Senger, würden auch die Voraussetzungen für den Bolschewismus geschaffen und dabei spiele »... das Neue Bauen, dieser Exponent eines Eigengesetzen gehorchenden, gemeinschaftsfremden und lebensfeindlichen Kapitals eine geradezu zentrale, noch nicht beachtete Rolle. Um sich zu verwirklichen, um einen künstlerischen Markt zu schaffen, reißt es den ganzen seelischen Komplex, der sich um den Begriff Architektur kristallisiert, zusammen: Heimatliebe, Volksgefühl, geschichtlicher Sinn, Familie, Vergangenheit und Zukunft. Es degradiert den Architekten zum Bank- und Industrieagenten; es zerstört und proletarisiert hunderttausende selbständiger Baugewerbeexistenzen; es vernichtet das Herz des Mittelstandes. Der Marxismus will das Neue Bauen, weil es neue Proletariermassen erzeugt, und der zinshungrige Mammonismus will das Neue Bauen, weil es einen neuen Ausbeutungsmarkt schafft[74]«.

Die Gegner des Neuen Bauens haben es fast immer pauschal mit »dem System« identifiziert, und die Feinde der Republik, allen voran die Nationalsozialisten, haben das erkannt und die Schwierigkeiten des großen Publikums mit der neuen Bauweise propagandistisch ausgenutzt. Barbara Lane hat diesen Prozeß geschildert und dargelegt, daß die Propaganda sich vor allem der Siedlungen bediente, bei denen durch Bauherren, Technologie und Stil der Zusammenhang des Neuen Bauens mit der Republik für das Publikum besonders evident war[75]. In den letzten Jahren vor 1933 ist diese Auseinandersetzung, die nicht allein eine ästhetische, sondern auch eine ideologische und politische gewesen ist, bis in die Versammlungen und Zeitungen der Provinz getragen worden, wo sie selbst da noch eine Rolle spielen konnte, wo das nächste moderne Haus viele Kilometer entfernt war[76].

In einem »Front 1932« überschriebenen Aufsatz ist Werner Riezler auch auf die Schließung des Bauhauses eingegangen: »Es sieht so aus, als seien die Beweggründe rein politische gewesen. In Wirklichkeit haben alle bürgerlichen Parteien im Dessauer Stadtparlament für die Vernichtung des Bauhauses gestimmt, und was die Begründung anlangt, so arbeitet sie mit Argumenten, die sämtlich älter sind als die Partei, die sich ihrer allerdings mit einer Leidenschaft und propagandistischen Gewalt bedient, die früher in Deutschland unbekannt war, und diesen sonst etwas abgegriffenen, in ihrer bürgerlich-reaktionären Gesinnung veralteten Argumenten eine ungeahnte Schlagkraft verliehen hat[77].« Bei seinem Versuch nachzuweisen, daß Neues Bauen weder mit Bolschewismus zu tun habe, noch auch »Zeichen einer gefährlichen umstürzlerischen Gesinnung« sei, betonte Riezler, »... daß diese Baukunst älter ist als die russische Revolution und entstanden in hochkapitalistischen Ländern«. Auch in der Not der Defensive aber legt er auf die Feststellung Wert, diese Architektur sei »... Ausdruck nicht nur einer neuen künstlerischen, sondern auch einer neuen sozialen Gesinnung, dadurch geschichtlich von größter Bedeutung, weil noch niemals in der Geschichte der Baukunst ein Stil so stark vom sozialen Gedanken her bestimmt war[78]«.

VII

Als Bruno Taut 1929 einen Überblick über die neue Baukunst in Europa und Amerika gab, repräsentierten ihm die ihm vorgestellten Arbeiten »... nur winzige Inseln in einem ungeheuren Meer. Aber an diesen Inseln wird mancher Seefahrer anlegen, er wird auf ihnen vielleicht einen Schimmer des Paradieses entdecken ...[79]«. Im gleichen Jahr waren am Bauhaus aber auch schon Zweifel laut geworden, ob die gesteckten Ziele je erreicht werden könnten: »unser leben ist trotz aller unleugbar herrlichen errungenschaften von geist und technik noch immer eine gleichung, die durchaus nicht aufgehen will, sondern einen furchtbaren rest von sinnlosigkeit, von ... trüber verdunklung bewahrt. es gelingt uns, einen verschwindend kleinen teil der peripherie dieses lebens gegen den bodenlosen sumpf einer sozialen und seelischen problematik abzugrenzen und auf diesem trocken gelegten schmalen streifen ... vernünftig geordnete mauern zu errichten, und das nennen wir neues bauen ... aber bilden wir uns bloß nicht ein, wir seien endlich dabei, das paradies auf erden einzurichten ... fassen wir die ganze weite und komplizierte tiefe solcher idealen forderungen ins auge und stellen wir das licht ihrer zielsetzung gegen die schwere trübnis unseres tatsächlichen menschlichen zustandes heute, dann müssen wir erkennen, daß auch die kühnsten wege unseres bauens zerbrechliche, dünne sicherungen sind, unterspült und umgeben von strömungen der finsternis und zerstörung[80].«

Anhang

Vorwort

1 Für mich waren vor allem die folgenden Arbeiten der letzten Jahre wichtig und fruchtbar: Lane, *Architecture and Politics;* Pehnt, *Architektur des Expressionismus;* Junghanns, *Taut;* Franciscono, *Gropius;* Benevolo, *Geschichte;* Banham, *Revolution;* Frank/Rentschler, *Berlin und seine Bauten.* In diesen Büchern finden sich auch gute Bibliographien. Hilfreich ist in dieser Hinsicht auch Lasch, *Architekten-Bibliographie.* Es versteht sich von selbst, daß dieses Buch auch der übrigen Fachliteratur in jeder Hinsicht verpflichtet ist. Trotzdem schien es mir nicht sinnvoll, bei jeder Einzelfrage auf alle bisher vorliegenden Stellungnahmen einzugehen, denn dann wäre der Anmerkungsteil um ein Vielfaches länger geworden als der Text.

2 Klotz, Heinrich, »Materialien zu einer Gropiusmonographie«, *Architectura,* I (1971): 176–196, 178.

3 Zevi, *Mendelsohn.*

4 So wichtige Bauaufgaben wie Hochhaus, Schule, Gewerkschaftsgebäude, Kirche oder Sportanlage werden ebensowenig behandelt, wie die deutschen Beiträge zu den nationalen und internationalen Wettbewerben. Auch vielen Architekten wird nicht die Aufmerksamkeit zuteil, auf die sie in einer wirklichen Geschichte dieser Architektur Anspruch hätten. So wichtige Namen wie Schneider, Bartning, Salvisberg, Elsässer, Riphan und Fahrenkamp werden nicht einmal genannt, und selbst Max Taut ist nur am Rande erwähnt.

Einleitung

1 So hat Petsch, *Architektur und Gesellschaft:* 207–210, noch kürzlich den entscheidenden Wendepunkt um 1910 angesetzt, was der Meinung der meisten Forscher entsprechen dürfte.

2 Schumacher, *Strömungen:* 177.

3 Lane, *Architecture and Politics:* 11.

4 Scheffler, *Architektur der Großstadt:* 73.

5 Eine Zwischenstellung hatte offensichtlich Poelzig, der sogar dem »Ring« angehörte, obwohl seine Architektur der der Konservativen weit näher stand.

6 Vgl. unten Anm. 30.

7 Zu dieser Literatur vgl. Banham, *Revolution:* 251–267, und Lane, *op. cit.:* 125–145.

8 Vgl. Lane, *ibid.*

9 Block, *Probleme des Bauens:* 7.

10 Gropius, *Architektur:* 55 (aus einem Text »Wege der modernen Baukunst« von 1934). Martin Elsässer, »Wandlungen der Baukunst«, *Das neue Frankfurt,* I (1926): 41, beklagte, daß für das Publikum »diese neue Baukunst die willkürliche Schöpfung einiger Architekten« wäre, die noch dazu »gern als besonders originalitäts- und modesüchtig oder gar als verrückt hingestellt werden«, während Elsässer die Notwendigkeit dieser »aus innerem Drang« entstandenen Architektur betonte.

11 Vgl. die Wiederentdeckung und Rehabilitierung der expressionistischen Architektur, über die Giedion, *Space, Time, Architecture:* 394, nur Negatives zu sagen hatte: »Faustean outbursts against an inimical world and the cries of outraged humanity cannot create new levels of achievement ... The other movements had the spirit of invention in them: They did not weep over a time out of joint; they pointed to a way out, found – amidst the chaos – concealed patterns for a new life. The expressionist influence could not be a healthy one or perform any service for architecture ... Men who were later to do grimly serious work in housing developments abandoned themselves to a romantic mysticism, dreamed of fairy castles to stand on the peak of Monte Rosa. Others built concrete towers as flaccid as jellyfish.« Später hat Giedion diese Formulierungen zwar gemildert, aber er hat sie nicht durch positive ersetzt.

12 Vgl. vor allem das Kapitel »Der neue Stil vor 1914« bei Pevsner, *Wegbereiter:* 104–118, sowie aus der neueren Literatur u. a. Petsch, *op. cit.:* 209.

13 Auch die Auswahl der Abbildungen ist aufschlußreich. So hat z. B. die Glasfassade des Faguswerkes erst nach dem Weltkrieg ihre Monopolstellung bekommen. Auch in Gropius' eigenem Aufsatz »Die Entwicklung moderner Industriebaukunst«, *Jahrbuch des Deutschen Werkbundes* II (1913): 17–22, werden Abb. 18–20 die später kaum noch beachteten, weil in ihrer massigen Kubik eher an Behrens anknüpfenden Bauteile hervorgehoben, nicht die gläsernen.

14 Adolf Behne, »Architekten«, *Frühlicht* (ed. Conrads), (1921/22), 126–135: 129. 1915 hatte Behne Loos zusammen mit Taut zum Protagonisten »expressionistischer« Architektur machen wollen (Franciscono, *Gropius:* 90, Anm.7).

15 Gropius hat nicht nur die Treppenhäuser zu Risaliten stilisiert, sondern hat am Eingang sogar der monumentalen Reliefkunst wieder einen Platz geschaffen. Vgl. Peter Jessen, »Die Deutsche Werkbundausstellung Köln 1914«, *Jahrbuch des deutschen Werkbundes,* IV (1915): 1–42, Taf. 139.

16 Benevolo, *Geschichte,* I: 314, hat treffend bemerkt, daß alle europäischen Neuerungsbestrebungen nur dann zu verstehen sind, wenn man berücksichtigt, »daß sie im Namen der ganzen Gesellschaft von zahlenmäßig ziemlich kleinen Gruppen geführt werden. Die lange Friedenszeit und wirtschaftliche Prosperität begünstigen die reformerischen und progressistischen Tendenzen der führenden Gesellschaftsschichten. Die damit verbundenen Initiativen werden Einzelpersönlichkeiten oder kleinen Gruppen anvertraut, die unabhängig von der übrigen Gesellschaft handeln können, sich zugleich jedoch von allgemeinen Themen inspirieren lassen, die für alle gültig sind. Hieraus erwächst ein gewisser Widerspruch ... Man nimmt sich vor, eine eifersüchtig gehütete persönliche Erfahrung allen zuteil werden zu lassen, alle anzusprechen, in der Bemühung, auf niemand zu hören«. In einem Vortrag Hugo Härings »formulierungen zur neuorientierung im kunstgewerbe« von 1927 heißt es: »Die vor dreißig jahren einsetzende kunstgewerbliche bewegung dachte und arbeitete, ohne es auszusprechen, für einen bürgerlichen deutschen mittelstand, für wesentlich deutsche bildungsbegriffe, die in ganz bestimmten gesellschaftsschichten entstanden.« (Joedicke/Lauterbach, *Häring:* 23–24, 23).

17 Vgl. auch unten S. 172–175.

18 Hamann/Hermand, *Stilkunst um 1900:* 395–504. Die Werkbundarchitektur wird dort allerdings im wesentlichen zum »Purismus« gerechnet (506–540).

19 Für die Bauten Olbrichs vgl. Schreyl, *Olbrich:* 14, 54, 92; für Mendelsohns Verhältnis zu Olbrich vgl. Pehnt, *Architektur des Expressionismus:* 118–19.

20 Schreyl, *op. cit.:* 276–279.

21 Hoeber, *Behrens:* Taf. 28, 31, 38, 45, 49, 52, 54.

22 Veronesi, *Hoffmann:* Taf. 91, 99, 101, 103.

23 Sie konnten sich durchaus auch mit der Hinwendung zur Technik verbinden. Behne, *Wiederkehr:* 73, erkannte schon 1919: »Technizismus und Klassizismus sind einander keine Feinde, im Gegenteil, sie sind zusammengehörig. Der Technizismus ist die geistige Verfassung, der Klassizismus ist sein künstlerischer Ausdruck.«

24 Symptomatisch ist das Auftauchen reduzierter Säulenordnungen. Die meist kannellierten Schäfte wollen das kulturelle Prestige der Ordnungen evozieren, aber mit Basis und Kapitell sind gerade diejenigen Formen eliminiert, durch die Säulen und Pilaster überhaupt erst sinnvoll miteinander und mit dem Bau verbunden werden können.

25 »Neues Bauen« war schon 1920 der Titel eines Textes von Gropius. *Der Holzbau* (1920): 5. Der unter dem gleichen Titel 1918 von Gutkind herausgegebene Sammelband bringt im Text nur Vorschläge, die auch vor dem Kriege schon gemacht worden waren.

26 In einem anonymen Aufsatz »Die Gartenstadt Nürnberg von den Architekten Lehr und Leubert, Nürnberg«, *Moderne Bauformen,* XXII (1923): 257–288, wird, S. 257, zwischen zwei Richtungen im Städtebau unterschieden: »Die eine will den Faden der Entwicklung bei der Tradition des Klassizismus anknüpfen und von ihm aus eine neue Entwicklung weiterspinnen ...« Sie sei vor allem in Norddeutschland anzutreffen. »Dieser gegenüber sucht die andere Richtung ihr Ideal in dem natürlichen Organismus der spätmittelalterlichen Stadt, wie ihn so viele anmutige Städte Süddeutschlands ... uns vor Augen führen.«

27 Mebes, *Um 1800:* XII: »Die vorliegenden Blätter zeigen uns, wie unsere Vorfahren vor hundert Jahren in ähnlichen, nicht minder schweren Zeiten ihre Aufgaben mit Gefühl und Anstand und mit einfachen Mitteln zu lösen verstanden. In diesem Sinn überreicht der Herausgeber die neue Auflage ... der Öffentlichkeit und hofft, daß es gerade jetzt zur rechten Zeit erscheint, um als ein erprobter Berater mitzuwirken an der Veredelung künstlerischen Schaffens in Stadt und Land.«

28 Typisch sind die folgenden Sätze, die aus einem Theodor Fischer gewidmeten Buch stammen (Schmitthenner, *Baugestaltung:* 5): »Tradition ... ist nicht Übernahme und Weiterführung der äußerlichen Form, sondern Lebendhaltung und Weiterentwicklung des Wesentlichen. Darum aber sollen die deutschen Baumeister von dem uns Eigentümlichen ausgehen, wenn sie der deutschen Baukunst dienen und damit am Aufbau einer neuen deutschen Kultur mitarbeiten wollen. Darum aber auch muß jede Bestrebung, die auf eine internationale Baukunst ausgeht, zur Kulturlosigkeit führen, und wir müssen sie, als uns im tiefsten Wesen fremd, ablehnen.«

29 So können selbst Sätze wie die folgenden heute fast prophetisch klingen. Schultze-Naumburg, *Kampf um die Kunst,* 52: »Man stelle sich vor, ... daß wir in einer Welt leben müßten, die keinen anderen Einfall mehr hätte, als diese in Reihen angeordneten und in Eisenrahmen gefaßten Glasscheiben, die durch breite Bänder getrennt sind. Es wird eine Welt der Grauenhaftigkeit entstehen, vor der die Menschheit eines Tages von einer Massenpsychose gefaßt werden müßte, um vor ihr zu fliehen und zu flüchten, weil sie den lähmend wirkenden Anblick dieser Öde nicht mehr ertragen könnte.«

30 Vgl. Lane, *op. cit.:* 147–167 und auch die unten, S. 126, zitierten Äußerungen Riezlers von 1932. Die Äußerungen einiger Konservativer verschärfen sich bis zur Hetze. 1934 war für Schmitthenner, *Baukunst:* 9, die Architektur der Neuen Sachlichkeit nur noch »der letzte geile Trieb am überdüngten Baum der deutschen Baukunst.«
Bemerkenswert ist in diesem Zusammenhang der hellsichtige Kommentar, mit dem R. Pfister 1928 das Manifest des *Blocks* vorstellte (*Baukunst,* IV [1928]: 129): »Das Gemeinsame der Blockmitglieder scheint doch eine sehr verständliche und berechtigte Auflehnung gegen die Methoden vom Weißenhof zu sein, und die Unterzeichner selbst bieten gewiß Gewähr, daß ihre Motive rein sachlichen Gründen der Überzeugung entspringen und daß sie nicht von einer Überhandnahme des modischen Formalismus eine Benachteiligung der eigenen Arbeit und ihrer Person befürchten. Aber wenn wir an die zu erwartenden ›Zustimmungen‹ zum Inhalt des Manifestes denken, taucht sofort das Gespenst jenes Mitläufertums auf, das auch als die übelste Folge vom Weißenhof angesehen werden darf, jenes Mitläufertum, das immer unter einer schönen Parole eigene Unfähigkeit und Charakterlosigkeit zu verbergen sucht. Deshalb wird es die wichtigste Aufgabe des ›Block‹ sein müssen, zu verhindern, daß sich im Schutze des bündigen und in allen Teilen zu unterschreibenden Manifestes rückständige Mittelmäßigkeit breitmacht, die von der stoßkräftigen, modernen Bewegung eine Schädigung ihrer materiellen Interessen befürchtet.« Nicht zuletzt aus diesen Mitläufern sollte sich wenige Jahre später die Gefolgschaft der Nationalsozialisten rekrutieren.

31 Im ganzen gesehen kann man wahrscheinlich sagen, daß die »Regionalisten« wie Schumacher und Th. Fischer dem Nationalsozialismus widerstrebt und widerstanden haben, während bei den Vertretern der anderen Gruppe wie Schultze-Naumburg und Schmitthenner das Gegenteil der Fall war.

32 Schumacher, *Stufen:* 339.

33 Schumacher, *Strömungen:* 152. Seine reformerischen Absichten werden besonders klar an Texten wie »Vorbedingungen der Wohnkultur«, in dem Band *Kulturpolitik:* 66–74.

34 Schuhmacher, *Strömungen:* 152.

35 Schumacher, *op. cit.:* 152.

36 Vgl. Schumacher, *Stufen:* 289–341.

37 Das schließt selbstverständlich nicht aus, daß es immer wieder Parallelen und Querverbindungen gegeben hat. Vgl. die Bemerkungen R. Banhams über »Neoklassizismus«, *Lexikon der modernen Architektur:* 203–206.

38 Schumacher, *Strömungen:* 177, der sich auf den Freiherrn von Stein beruft.

39 Vgl. z. B. bei Howard, *Mackintosh:* Taf. 37, a, b. Benevolo, *Geschichte,* I: 355, spricht beim Stoclet Palais von einem »Zurückgreifen auf weniger bekannte Aspekte alter Traditionen«. Von Otto Wagner heißt es *ibid:* 346, es wäre wohl richtiger, »anstatt von Erneuerung von Erweiterung der Tradition zu sprechen«. Das bedeutendste Beispiel ist aber sicherlich Berlage (vgl. allgemein *ibid.:* 368, und für die Formen an der Börse Singelenberg, *Berlage:* 118–123). In Berlages *Gedanken über den Stil in der Baukunst* wird die Vergangenheit immer wieder gegen die Dekadenz der eigenen Zeit ausgespielt. Die Architektur älterer Zeit wird ebenso zum Studium empfohlen wie die Natur und selbst Viollet le Duc wird, S. 40, in Schutz genommen, »denn er war einsichtig darin, daß die mittelalterliche Kunst prinzipiell für die moderne Zeit die richtige Grundlage geben konnte; sie steht nämlich nicht nur auf rein konstruktivem Boden, sondern sie bildet gewissermaßen den Faden zwischen alt und neu, und wir müssen diesen Faden an der richtigen Stelle wieder aufnehmen.« S. 41 wird die neo-mittelalterliche Bewegung als »Vorschule für die moderne Kunst« bezeichnet.

40 Schultze-Naumburg, *Kulturarbeiten:* 10. Nach Schmitthenner, *Baukunst:* 3. beginnt der Verfall »mit dem Ende der letzten geschlossenen Kultur- und Bauepoche, die wir in dem Namen ›Goethe‹ zusammenfassen können«.

41 Bonatz, Paul, »Welchen Weg geht die deutsche Baukunst?«, *Baugilde,* XV (1933): 833–835, 834.

42 Schultze-Naumburg, Paul, »Zeitgebundene und blutgebundene Kunst«, *Baugilde.* XV (1933): 645–645, 646.

43 *ibid.*

44 Schmitthenner, *Baugestaltung:* 67. Zu Lagarde vgl. Stern, *Kulturpessimismus:* 25–123.

45 Schmitthenner, *loc. cit.*

46 Gropius, Walter, »Der Baugeist der neuen Volksgemeinde«, *Die Glocke* X (1924): 311–315, 314.

47 Das Manifest ist abgedruckt in *Baukunst* IV (1928): 128. Vgl. auch die oben, Anm. 30, zitierten Bemerkungen von Pfister.

48 Schultze-Naumburg, *op. cit.:* 646.

49 Bei einer ganzen Reihe von konservativen Architekten findet man deutliche Einwirkungen des Neuen Bauens – ohne daß dies den Betroffenen immer hätte bewußt sein müssen. Vgl. aber, was Schumacher, *Stufen:* 384–385 rückblickend über seine eigene Ent-

wicklung geschrieben hat. Besonders groß war die Annäherung verständlicherweise bei Nutzbauten.

50 Pfister, Rudolf, »Paul Schmitthenner und seine Arbeit«, *Baukunst* VII (1931): 329–344, 329.

51 Diese müßte, neben vielen anderen Problemen, auch die Produktionsbedingungen (z. B. Marktsituation, Bautechnologie, Organisation des Baugewerbes, Entscheidungsprozesse in Architektenbüros und Baubehörden etc.) des Neuen Bauens untersuchen sowie die empirisch ermittelten Bedürfnisse und die konkrete Nutzung der Bauten durch ihre jeweiligen Bewohner.

52 Dies hat schon Hegel in seiner Ästhetik dargelegt. Vgl. u. a. die Vorbemerkung zum 1. Abschnitt des III. Teils.

53 Vgl. z. B. Gropius' Aufsatz »Die Entwicklung moderner Industriebaukunst«, *Jahrbuch des Deutschen Werkbundes* II (1913): 17–22, oder Le Corbusiers *Kommende Baukunst:* 15–20.

54 Badt, *Wissenschaftslehre:* 132.

55 *ibid.*

56 Der Begriff des »potenzialen Gehaltes« stammt von Deinhard, *Bedeutung und Ausdruck:* 15–18 und passim, ist dort aber insofern enger gefaßt, als er nicht auf die Rezeptions- und Entfaltungsgeschichte eines Werkes bezogen ist. Vgl. aber zu verwandten literaturwissenschaftlichen Überlegungen Jauss, *Literaturwissenschaft als Provokation:* bes. 168–194.

57 *ibid.:* 175, 180.

Bruno Taut: Imaginäre Architektur

1 Gropius, *Bauhaus:* 20.

2 Von einem totalen Erliegen der Bautätigkeit kann offensichtlich nicht gesprochen werden, nach einer Statistik bei Frank/Rentschler, *Berlin und seine Bauten:* 27, wurden allein in Berlin zwischen 1919 und Ende 1923 32 000 Wohnungen gebaut.

3 Vgl. Pehnt, *Architektur des Expressionismus:* 12, 23–33.

4 Taut, *Baukunst:* 43.

5 *Die Gläserne Kette:* 10.

6 Vgl. die Bibliographien bei Junghanns, *Taut:* 240–243, sowie bei Frecot, Janos, »Bibliographische Berichte, Adolf Behne«, *Werkbundarchiv,* I (1972): 81–116.

7 Hiller, Kurt, »Philosophie des Ziels«, 1916, nachgedruckt bei Rothe, *Aktivismus:* 29–54, 35.

8 Vgl. die Einleitung in *»Frühlicht«* (ed. Conrads): 7–10.

9 Pehnt, *op. cit.:* 73.

10 Vgl. Franciscono, *Gropius:* 88–118.

11 Solche Texte straffend zu referieren, ist schwierig, weil Tonfall und Wortwahl bei ihnen ebenso wichtig sind wie das ausdrücklich Gesagte. Schon deshalb schien das ausführliche Zitat die angemessenste Form der Präsentation.

12 Adorno, *Ästhetische Theorie:* 44–45.

13 Zitiert nach Conrads/Sperlich, *Phantastische Architektur:* 153.

14 Behrendt, *Kampf um den Stil:* 266.

15 *ibid.:* 267.

16 Conrads/Sperlich, *op. cit.:* 7.

17 *ibid.*

18 Vgl. die knappe Übersicht bei Pehnt, *op. cit.:* 7.

19 Bei Pehnt, *op. cit.:* 12, heißt es dagegen: »Ich meine, der Gedanke, den Expressionismus neu zu beleben, enthält keine Hoffnung.«

20 Der Begriff tauchte zwar auch früher gelegentlich auf (z. B. bei Behne, *Zur neuen Kunst:* 24) spielte aber keine große Rolle.

21 Vgl. jedoch Pehnt, *op. cit.:* 13–22, wo Poelzig geradezu zum Protagonisten expressionistischer Architektur stilisiert wird.

22 Poelzig, Hans, »Festspielhaus in Salzburg«, zitiert nach Poelzig, *Schriften und Werke:* 142–151, 142.

23 *ibid.*

24 Für einen schnellen Überblick vgl. Pehnt, *op. cit:* 91–95, 137–148, 200–202.

25 Vgl. *ibid.:* 13–22, 128–132, 189–192.

26 *ibid.:* 169–180.

27 Pehnt, *op. cit.:* 169–180.

28 Vgl. z. B. die Definition des Prouns, die Lissitzky 1922 gegeben hat (zitiert nach Lissitzky-Küppers, *Lissitzky:* 344): »Der Zweck ist, was hinter uns bleibt. Die Schöpfung vollbringt die Tatsache, und sie wird Forderung . . . Es ist die Kraft des Prouns, Ziele zu schaffen.«

29 Sichtbar wird die Cäsur jedoch in der Anlage von Benevolos *Geschichte,* wo in Kap. XIII die »Anfänge der modernen Bewegung« behandelt werden und in Kap. XIV »Die ersten Beziehungen zur Öffentlichkeit«. Die erste Phase findet um 1924 ihr Ende, auch wenn in der Überschrift, S. 42, 1927 als Grenze angegeben wird.

30 Bloch, *Tübinger Einleitung:* 128.

31 *ibid.:* 123.

32 Conrads/Sperlich, *op. cit.:* 138.

33 Hiller, Kurt, »Die neue Volkstümlichkeit«, 1918, nachgedruckt bei Rothe, *Aktivismus:* 80–84, 80.

34 Vgl. Pehnt, *op. cit.:* 27. Ganz stark wird dieser Gesichtspunkt in einem Aufsatz von Hermann Lange betont: »Die Künstlerräte in Deutschland«, *Die Glocke,* IV, 2 (1920): 1140–1142. Dort heißt es, S. 1142, der Künstlerrat sei »nichts anderes als ein reines *Wirtschaftsparlament* für den Künstlerstand«, und S. 1140 liest man: »Erst in jüngster Zeit haben die Künstler durch *Schaffung von Künstlerräten* einen Ausweg aus ihrer bisherigen Hilflosigkeit gefunden. Im Gegensatz zu den Berufsorganisationen vereinigt der Künstlerrat Vertreter aller Kunstzweige in seinen Reihen. Neben der Förderung der Kunst überhaupt ist sein Ziel die wirtschaftliche Hebung des Standes, den er vertritt. Den vornehmsten Weg hierzu bilden die *Künstlernotstandsarbeiten,* die eine Hauptforderung der Künstler sind.«

35 Conrads/Sperlich, *op. cit.:* 135.

36 *ibid.:* 136.

37 Solche Widersprüchlichkeiten sind charakteristisch für die Zeit. Für die Publizistik z. B. hat Schacherl, *Zeitschriften:* 136–137, dargelegt, daß »der revolutionäre Protest, mit dem die Publizistik des Expressionismus auftrat, sich nicht gegen eine soziologisch oder ideologisch bestimmte Gesellschaftsgruppe (-klasse) richtete, sondern gegen ›die Geselschaft‹ schlechthin. Die Bezeichnung ›das Bürgertum‹ war ja nicht klassenmäßig gemeint, sondern diente lediglich als Etikettierung des Kampfes gegen das Abstraktum ›die Geselschaft‹.«

38 Wolfenstein, Adolf, »Der menschliche Kämpfer«, nachgedruckt bei Rothe, *Aktivismus:* 100–109, 107.

39 Vgl. auch Anm. 37.

40 »Vom Heiligen Bau«, von einem protestantischen Pfarrer, *Frühlicht* (ed. Conrads): 41–45, 45 und 41.

41 Im begleitenden Text werden, u. a., die folgenden Gewährsleute genannt: Rousseau (1), Prophet Nahum (10), Kropotkin (10, 33–61), Landauer (17), Tolstoi (25), die Verfassung der UdSSR (26), Nietzsche (63), Lenin (65), Engels, Hölderlin (67), Scheerbart (73) und Whitman (80).

42 Taut, *Auflösung:* Taf. 1.

43 *ibid.:* Taf. 2 und 14.

44 *ibid.:* Taf. 13.

45 *ibid.:* Taf. 17.

46 Wingler, *Bauhaus:* 39.

47 Conrads/Sperlich, *op. cit.:* 135.

48 Franciscono, *op. cit.:* 98, Anm. 26.

49 *ibid.*

50 Conrads/Sperlich, *op. cit.:* 138: »Erwin von Steinbach, Sinan . . . Pöpelmann – wagt es heute jemand, sich angesichts dieser er-

lauchten Namen ›Architekt‹ zu nennen? Nein, es gibt heute so wenig eine Architektur wie Architekten.«
51 Taut, *Stadtkrone:* 60.
52 *ibid.:* 51.
53 Finsterlin, Hermann, »Der achte Tag«, *Frühlicht* (ed. Conrads): 52–59, 52.
54 Vgl. Behne, *Wiederkehr:* 56: »Die Vorstellung, daß die Architektur eine sogenannte Nutzkunst sei, ist so fest eingedrungen in die Gehirne der Europäer, daß hier alle Welt konsterniert ist, wenn diese Aufgabe bestritten und behauptet wird, daß die Architektur eine freie, aus eigenen tiefen Quellen schöpfende, die Welt verherrlichende große Kunst sei.«
55 Conrads/Sperlich, *op. cit.:* 131.
56 *ibid.:* 129.
57 *ibid.:* 130.
58 *ibid.:* 131.
59 *ibid.:* 134.
60 *ibid.*
61 *ibid.*
62 Behne, Adolf, ›Glasarchitektur‹, *Frühlicht* (ed. Conrads): 12–16, 13.
63 Conrads/Sperlich, *op. cit.:* 132. Vgl. Pehnt, *op. cit.:* 74.
64 Franciscono, *op. cit.:* 92, Anm. 8.
65 *ibid.:* 92, Anm. 9.
66 Rubiner, Ludwig, »Mitmensch«, 1918, nachgedruckt bei Rothe, *Aktivismus:* 84–88, 86.
67 Pinthus, Kurt, »Rede für die Zukunft«, 1919, nachgedruckt bei Rothe, *op.cit.:* 116–134, 131.
68 »Haus des Himmels«, *Frühlicht* (ed. Conrads): 33–36, 33.
69 *ibid.*
70 Conrads/Sperlich, *op. cit.:* 138.
71 »Traumdomturm«, *Frühlicht* (ed. Conrads): 25.
72 »Haus des Himmels«, *Frühlicht* (ed. Conrads): 33.
73 Conrads/Sperlich, *op. cit.:* 149, 148.
74 Riegl hatte auch im Umkreis von Peter Behrens eine große Rolle gespielt: Buddensieg, Tilman, »Riegl, Behrens, Rathenau«, *Kunstchronik,* XXIII (1970): 282–283. Vgl. auch Weber, *Faguswerk:* 27.
75 Vgl. Dittmann, *Stil, Symbol, Struktur:* 25–35.
76 Conrads/Sperlich, *op. cit.:* 155.
77 Vgl. Scheerbart, *Glasarchitektur:* 42 und 127.
78 Taut, *Alpine Architektur:* Taf. 6: »In der Tiefe ist ein See mit blumenartigem Schmuck aus Glas und Wasser. Dieser und die Wände leuchten nachts. Ebenso wie die Bergspitzen.«
79 Taut, *Stadtkrone:* 55.
80 *ibid.:* 19–47, 52–53.
81 *ibid.:* 55.
82 *ibid.:* 56.
83 *ibid.*
84 *ibid.:* 57
85 *ibid.:* 58–59.
86 *ibid.:* 59–60.
87 *ibid.*
88 Vgl. Lorenzer, Alfred »Städtebau: Funktionalismus und Sozialmontage? Zur sozialpsychologischen Funktion der Architektur« in: Berndt, *Architektur als Ideologie:* 51–104.
89 Banham, *Revolution:* 226, sieht eine Verwandtschaft zwischen Tauts Stadtkrone und dem Zentrum Corbusiers, die aber m. E. nur eine oberflächliche ist.
90 Taut, *Stadtkrone:* 66.
91 *ibid.*
92 *ibid.*
93 *ibid.:* 67.
94 *ibid.:* 69.
95 *ibid.:* Daß Taut seine Vorstellungen auch bei konkreten Planungen durchzusetzen versuchte, lehren seine Entwürfe für die Folkwang-Schule in Hagen. Vgl. dazu Osthaus, *Leben und Werk:* 481–489.
96 Laut *Die Gläserne Kette:* 31, ist der Brief vom 31. 5. 1920, laut Conrads/Sperlich, *op. cit.:* 145, vom 15. 7. 1920.
97 Vgl. Banham, *Revolution:* 225–237, Borsi/König, *Espressionismo:* 191–194; Pehnt, *op. cit.:* 194–199.
98 Hilberseimer, Ludwig, »Glasarchitektur«, *Die Form,* IV (1929): 521–522, 521. Bei Gropius, *Bauhausbauten:* 49, heißt es zu einem Detail der Fassade des Desauer Werkstatttraktes: »In der entwicklung der modernen bauweise wird das glas als moderner baustoff gerade infolge der zunehmenden vergrößerung der öffnungen eine wesentliche rolle spielen. Seine anwendung wird unbegrenzt sein und nicht auf das fenster beschränkt bleiben; denn seine edlen eigenschaften, seine durchsichtige klarheit, seine leichte, schwebende, wesenlose stofflichkeit verbürgen ihm die liebe der modernen baumeister.«
99 Schumpp, *Stadtbauutopien:* 84.

Erich Mendelsohn 1914—1923

1 Mendelsohn, *Gesamtschaffen:* 8.
2 Allerdings werden die Umwälzungen letzten Endes auch bei ihm in erster Linie Alibi einer neuen Architektur, allerdings sollen sie diese nicht nur ermöglichen, sondern auch kontrollieren und modifizieren.
3 Mendelsohn, *op. cit.:* 8.
4 *ibid.*
5 *ibid.*
6 *ibid.*
7 *ibid.:* 21. Mendelsohns Unterscheidungen können auch für den Historiker durchaus noch fruchtbar sein, nur darf man nicht versuchen, die Architekten auf eine einzige Möglichkeit festzulegen. Mies van der Rohe z. B. müßte bei jeder Gruppe genannt werden.
8 Vgl. das Zitat, Einleitung, Anm. 11, letzter Satz.
9 Vgl. das Empfangsgebäude des J. F. Dulles Airport mit Zeichnungen wie denen bei Zevi, *Mendelsohn:* 16. – Eckhardt, *Mendelsohn:* 9, nennt außer Saarinen noch den späten Wright, Nervi und Candela als Architekten, deren Bauten »lebhaft an Mendelsohns frühe Skizzen erinnern«.
10 Mendelsohn, *op. cit.* 22, »Die internationale Übereinstimmung des neuen Baugedankens oder Dynamik und Funktion«.
11 Mendelsohn, *Briefe:* 57.
12 *ibid.:* 43.
13 Auch Licht und Schatten spielen eine große Rolle. Vgl. Mendelsohns »Gedanken zur neuen Architektur (im Felde 1914–1917)«, *Wasmuths Monatshefte für Baukunst,* VIII (1924): 3, wo es heißt: »Das Licht erst bringt die Masse in Bewegung, erhöht sie zum übersinnlichen Ausdruck dynamischer und rhythmischer Erregungen. Erst das Licht rundet mathematische Präzision und Raumbewußtsein zur Selbständigkeit und Geschlossenheit architektonischer Schöpfung.«
14 Das ergibt sich schon aus so allgemeinen Bezeichnungen wie »Optische Fabrik« oder gar (Zevi, *Mendelsohn:* 17, Abb. 12) »Variationen zu einem Hallenthema«.
15 Z. B. Zevi, *op. cit.:* 25, Abb. 21.
16 Mendelsohn, *Briefe:* 40.
17 Vgl. Zevi, *op. cit.:* 13, 15; 16, 9; 59.
18 Vgl. *ibid.:* 10, Abb. 4, 5; 17, Abb. 11; 31, Abb. 21; 33, Abb. 14; 42, Abb. 5; 43 Abb. 8.
19 Louise Mendelsohn berichtet von der mühsamen Arbeit, die die Umzeichnung der kleinen Skizzen in große Ausstellungsblätter bereitet habe (Zevi, *op. cit.:* 59).
20 Vgl. z. B. bei Zevi, *op. cit.:* 10, Abb. 5 mit 11, Abb. 12, 14 (die Maße finden sich *ibid.,* 415) sowie 43, Abb. 6, 7 mit 43, Abb. 8.

Ohne eine Autopsie, die mir nicht möglich war, sind jedoch sichere Angaben nicht möglich. (Die *ibid.:* 414, erwähnte Arbeit von Susan King »The Drawings of Eric Mendelsohn«, war mir nicht zugänglich.) Anscheinend können die Unterschiede zwischen erster Skizze und ausgestelltem Blatt sehr beträchtlich sein. Vgl. *ibid.:* 33, Abb. 11, 12 mit 33, Abb. 14; oder auch 31, Abb. 20 mit 31, Abb. 21.

21 Grundrisse *ibid.* 9, Abb. 12; 11, Abb. 9; 14, Abb. 5; 15, Abb. 13; 20, Abb. 2; 27, Abb. 8; 35, Abb. 10, 11, 13; 43, Abb. 10.

22 *ibid.:* 20, Abb. 1, 2, vgl. mit *ibid.:* 46.

23 Zitiert nach Eckhardt, *Mendelsohn:* 6, aus einem Vortrag Mendelsohns »My own Contribution to the Development of Contemporary Architecture«, Los Angeles 1948. Vgl. aber auch oben Anm. 13, wo die bewegte Masse als »Ausdruck dynamischer und rhythmischer Erregungen« bezeichnet wird.

24 Van de Velde, Henry »Die Belebung des Stoffes als Prinzip der Schönheit« nach Van de Velde, *Zum neuen Stil:* 169–180, 170–171.

25 Van de Velde, Henry »Die Rolle des Ingenieurs in der modernen Architektur«, zitiert nach Van de Velde, *op. cit.:* 110–134, 131. Vgl. auch die wichtigen Passagen über die Konstruktionslinie in dem Essay »Die Linie«, nachgedruckt *ibid.:* 181–195, besonders 192–195. Zu diesen Aspekten der van de Veldschen Ästhetik vgl. Müller, *Kunst und Industrie:* 62–69. Mendelsohns frühe Hochschätzung van de Veldes geht schon aus seinem Urteil über das Theater der Werkbundausstellung 1914 hervor: »Formsuchend ist nur van de Velde mit seinem Theater. Beton im Jugendstil – und doch stark im Gedanken und Ausdruck der Form.« (Mendelsohn, *Briefe:* 30).

26 Van de Velde, *op. cit.:* 169.

27 Mendelsohn, *Briefe:* 26 (vom 14. 3. 1914).

28 Er betrachtete solche Formen weniger konstruktiv als symbolisch, weshalb auf ihn die allgemeine Unterscheidung zwischen »technischen« und »symbolischen Konstruktionsformen« anwendbar ist, die Schumacher, *Sprache der Kunst:* 216, vorgeschlagen hat. Vgl. auch Pehnt, *Architektur des Expressionismus:* 118.

29 Pehnt, *op. cit.:* 118–119.

30 Vgl. *ibid.:* 120, wo aber mit Recht auch die wichtigen Unterschiede hervorgehoben werden.

31 Zitiert nach Conrads, *Programme und Manifeste:* 34.

32 Pehnt, *op. cit.:* 120, hebt als wichtigen Unterschied hervor, daß Mendelsohns Grundrisse in der Regel rekonstruierbar seien, während man bei Sant'Elia »undurchschaubare Bruchstücke eines undurchschaubaren technisierten Labyrinths« vor sich habe.

33 Lethen, *»Neue Sachlichkeit«:* 63–65.

34 Vgl. S. 77.

35 Vgl. bei Gropius z. B. den »Baukasten« von 1923 und bei Wright den Aufsatz »The Art and Crafts of the Machine« von 1901, nachgedruckt in Wright, *Writings and Buildings:* 55–73.

36 Vgl. z. B. den Aufsatz von G. Hartlaub »Ethos der neuen Baukunst«, *Die Form,* IV (1929): 273–277, bes. 274. Vgl. auch hier das Kapitel über Stil.

37 Dies soll nicht bedeuten, daß sich der Konstruktivismus darauf beschränke. Aus der umfangreichen Literatur vgl. Lissitzky, *Rußland:* Afanasjew, *Ideen, Projekte, Bauten:* Kopp, *Town and Revolution;* Lissitzky – Küpper, *Lissitzky.* In unserem *Zusammenhang* ist auch der Aufsatz von Bruno Taut über »Rußlands architektonische Situation« von 1929 lesenswert, der bei Lissitzky, *op. cit.:* 147–153, abgedruckt ist. Mendelsohn, *Rußland* 120, hat 1929 einen dem Konstruktivismus verpflichteten Bau mit den Worten kommentiert: »So macht Rußland ein Fabrikdetail – Säuretürme der chemischen Industrie – zum Symbol kommender Baukunst.«

38 Einen guten, wenn auch eher journalistischen als wissenschaftlichen Überblick gibt Fülöp-Miller, *Geist des Bolschewismus,* wo auch konstruktivistische Bühnenbilder und Festdekorationen abgebildet sind (Taf. 86, 94, 95, 126). Vgl. auch Gray, *Russische Avantgarde:* Abb. 185–192. Lissitzky berichtete 1922: »Der größere Teil der künstlerischen Arbeiten der ersten Revolutionsjahre galt der Ausschmückung der öffentlichen Plätze.« (Nach Lissitzky-Küppers, *op. cit.:* 6).

39 Fülöp-Miller, *op. cit.:* Abb. S. 31.

40 Lissitzky-Küppers, *op. cit.:* 333 (aus einem Vortrag Lissitzkys von 1923).

41 Afanasjew, *op. cit.:* 10–11.

42 *ibid.:* 12.

43 Lissitzky, *Rußland:* 14.

44 Lissitzky-Küppers, *op. cit.:* 15.

45 Auch die Schönheit solcher Gebilde hat ihre Problematik. Vgl. Adorno, *Ästhetische Theorie:* 96: »Lehrt man ... die Schönheit realer technischer Objekte, so prädiziert man von ihnen eben das, wogegen Sachlichkeit als ästhetische Innervation sich sträubte. Beiherspielende Schönheit, nach undurchsichtig traditionellen Kategorien wie formaler Harmonie oder gar imponierender Größe bemessen, geht auf Kosten der realen Zweckmäßigkeit, in der Zweckgebilde wie Brücken oder industrielle Anlagen ihr Formgesetz aufsuchen. Daß die Zweckgebilde vermöge ihrer Treue zu jenem Formgesetz immer auch schön seien, ist apologetisch, als wolle es trösten über etwas, was ihnen abgeht: Schlechtes Gewissen von Sachlichkeit selber.«

46 Nach Lissitzky-Küppers: *op. cit.:* 336.

47 Zitiert nach S. Moholy-Nagy, *Moholy-Nagy:* 31.

48 Wacher, *Ford oder Marx:* 40.

49 Mendelsohn, *Gesamtschaffen:* 34.

50 1929 hat Mendelsohn, *Gesamtschaffen:* 16, die AEG-Bauten von Behrens vor allem auch deshalb kritisiert, weil bei ihnen Bauteil an Bauteil gesetzt sei, »... wo doch gebauter Organismus untrennbaren Zusammenhang bedeutet, Wachstum aus sich, unzerreißbare Kontur«.

51 Mendelsohn, *Briefe:* 40, 41.

52 »kunst- und strukturprobleme des bauens«, 1931, zitiert nach Joedicke/Lauterbach, *Häring:* 25–29, 27.

53 *ibid.*

54 Mendelsohn, *Gesamtschaffen:* 14.

55 *ibid:* 34.

56 Bilddokumentation bei Zevi, *op. cit.:* 60–70 (vgl. aber auch *ibid.:* 43, Abb. 9). *Ibid.:* 58, unterichtet über die Entstehungsgeschichte. Zur Interpretation vgl. Pehnt, *op. cit.:* 121–124. Laut Whittic, *Mendelsohn:* 57, wurde Mendelsohn durch die Freundschaft mit Freundlich zu seinen Skizzen angeregt. Erst später wurde dann, wiederum durch Freundlich, auch für einen konkreten Auftrag gesorgt.

57 Detailaufnahmen bei Zevi, *op. cit.:* 67, 68.

58 Der beliebte Vergleich mit den Regenrinnen von Ronchamp (Pehnt, *op. cit.:* 121; Eckhardt, *op. cit.:* Abb. 2 und 4) ergibt wesentliche Unterschiede in der Konzeption, denn Corbusier demonstriert gerade die Verschiedenheit von Rinne und Wand, die sich nicht einmal im Charakter der Oberfläche gleichen. Über die prinzipiellen Schwierigkeiten, das »Wesen« eines Materials auszudrücken, hat Schumacher in einem Aufsatz über »Mechanisierung« gehandelt (zitiert nach Schumacher, *Kulturpolitik:* 145–172, 151–152). Er spricht von einem Widerspruch zwischen technischem Sachverhalt und menschlicher Erfahrung, der darin begründet sei, »daß der Mensch gar nicht imstande ist, die Gesetze einer außer ihm liegenden Materie zu empfinden ... Will der Schaffende also in dem starren Stoff des Steins Kräfte zum Ausdruck bringen, die der Beschauer mitzufühlen vermag, so kann er das nur, wenn er die dynamischen Erfahrungen, die wir Menschen mit unserem eigenen, auf elastischem Prinzip gestellten Muskel-System gemacht haben, unbewußt zugrunde legt. Deshalb behandelt er instinktiv die starre Masse so, als ob sie, wie er selbst, elastisch, als ob sie Muskel-Masse wäre. Er läßt sie schwellen unter dem Druck des Tragens, er gibt ihr quellende Formen, von spannen-

der Bewegung und Gegenbewegung, und erst jetzt erhält sie für unser Gefühl spannende und tragende Kräfte ... Kurz, der Schaffende muß die Materie gleichsam vermenschlichen, damit der Mensch ihre Kräfte fühlt. Er tut lauter Dinge mit ihr, die vom Standpunkt der mathematischen Zweckmäßigkeit sinnlos sind ...«

59 Zevi, *op. cit.:* 66, Abb. 22, sowie Hennig–Schefold, *Frühe Moderne:* Abb. 45, 46. Dagegen meinte Mendelsohn, *Gesamtschaffen:* 33: »Es muß dem Einsteinturm zugegeben werden, daß er ein klarer architektonischer Organismus ist. Ganz abgesehen davon, welche Gründe er gehabt hat, gleichzeitig kein reiner Zweckorganismus zu sein.«

60 Vor allem gibt es jetzt eine Reihe kubischer Zeichnungen und Entwürfe, die nicht mehr mit den Begriffen »Dynamik und Funktion« zu beschreiben sind. Vgl. z. B. die Häuser am Karolingerplatz und an der Heerstraße sowie die Planung für Haifa (Zevi, *op. cit.* 90–108).

61 Zevi, *op. cit.:* 78, 79. Konkurrenzentwürfe von Behrens und den Brüdern Taut sind abgebildet im *Frühlicht* (ed. Conrads): 159–162.

62 Zevi, *op. cit.:* 78.

63 Mendelsohn, *Gesamtschaffen:* 80.

64 Zevi, *op. cit.,* 86–89.

65 Mendelsohn, *op. cit.:* 28.

Mies van der Rohe: Projekte 1921—1924

1 Mies van der Rohe scheint dieses Buch zuerst im Atelier von Peter Behrens kennengelernt zu haben; »This came as a relevation to us«, hat er später berichtet (Dearstyne, Howard »Miesian Concepts in Domestic Architecture«, *Four Great Makers:* 129–140, 131), Besonderen Eindruck hat auf Mies das Robie Haus gemacht (Blake, Peter, »A Conversation with Mies«, *Four Great Makers:* 93–104, 101).

2 Oud, J. J. P., »The Influence of Frank Lloyd Wright on the Architecture of Europe«, *Wendingen* VII (1925): 85–89. Zur europäischen Wright-Rezeption vgl. auch Banham, *Revolution:* 115–123.

3 Oud, *op. cit.:* 86–87.

4 Noch die Villa Eichstaedt von 1923, deren Pläne im Herbst 1974 im Bauhausarchiv Berlin ausgestellt waren, zeigt im Prinzip einen traditionellen Grundriß. Scully, *Wright:* 23, schreibt nach der allgemeinen Feststellung, daß Mies fähig gewesen sei »of learning special lessons from Wright«, über die projektierte Backsteinvilla: »Mies van der Rohe's plan adopts the Wrightian cross axis, extends it continuously outward, but interrupts it rhythmically and spaces its solid components in ways which seem to derive from De Stijl experiments of the teens.«

5 Das räumt auch Johnson, *Mies van der Rohe:* 30, ein, der sonst vor allem die Unterschiede betont: »Although Frank Lloyd Wright proceeded him in breaking down the traditional idea of the house as a box with holes punched in it, Mies' approach is entirely his own.«

6 Vgl. Smith, *Wright:* 72–76 über die Bedeutung der Familie bei Wright.

7 Fischer, *Bauen mit Glas:* »... die Wände sind stets auch Verbindungselemente, die das Außen und das Innen zusammenziehen und verzahnen.« In einer früheren Fassung (Abb. bei Richter, *Begegnungen:* 53) hat das Haus noch nicht an allen Seiten die ausgreifenden Mauern, was darauf hindeutet, daß es sich ursprünglich um ein konkretes Projekt für ein bestimmtes Grundstück gehandelt hat. Dafür würde auch sprechen, daß das Projekt 1924 als »Entwurf für ein Landhaus in Neubabelsberg« vorgestellt wurde (vgl. Soeder, Hans, »Architektur auf der Großen Berliner Kunstausstellung 1924«, *Der Neubau* VI [1924]: 153–158).

8 de Fries, *Wright:* 32: »Die einzelnen Bauteile sind, fest in sich geschlossen, schließlich zu subjektiven Organismen ausgebildet, die zunächst ihrer eigenen Bestimmung folgen, ehe sie sich in die Hausgemeinschaft einfügen.«

9 Wright, Frank Lloyd, »Prairie Architecture«, 1931, zitiert nach *Writings and Buildings:* 38–55, 42.

10 Es ist von fundamentaler Bedeutung, daß die Häuser Wrights, trotz ihrer Benennung und trotz mancher Äußerung des Architekten selbst, nicht in der freien Prärie stehen, sondern an Vorortstraßen. Anders als in Deutschland sind die Grundstücke dort allerdings in der Regel nicht durch hohe Zäune getrennt. Sie scheinen auf einem gemeinsamen Grund zu stehen. Der Bezugsrahmen für die Häuser ist also weder die freie Natur, noch auch ein allgemeiner »Raum«, sondern die Nachbarschaft der anderen Häuser und derer Bewohner.

11 Hilberseimer, *Contemporary Architecture:* 129, rühmt zwar das Projekt als ein Exempel dessen, was er »structural architecture« nennt, schreibt aber dann: »The composition of the house is sculptural in effect, and this effect is enhanced by its free plan.«

12 Wright, Frank Lloyd, »The Sovereignty of the Individual«, 1910 (Vorwort zu der Berliner Publikation seiner Bauten und Entwürfe), zitiert nach: Wright, *op. cit.:* 84–106, 92. Über die Vorstadt als Lebensform vgl. Mumford *Die Stadt:* 562–612, bes. 576 f.

13 *ibid.* Meine Interpretation der Prairiehäuser beruht in wesentlichen Punkten auf der von Smith, *Wright:* 59–61.

14 Für Besucher, denen ja der Grundriß kaum dauernd gegenwärtig gewesen wäre, hätte das Haus wahrscheinlich leicht labyrinthische Züge annehmen können, zumal die Teilbereiche nicht auf ein gemeinsames Zentrum bezogen worden wären. Andererseits hätte dieses Disposition wahrscheinlich immer wieder neu die Kontinuität des Inneren bekräftigt.

15 Vgl. auch die spätere Debatte um die Bewohnbarkeit des Tugenhat-Hauses (unten S. 85).

16 Es war deshalb sicherlich nicht allein die Uneinsichtigkeit der Bauherren, die Mies bei ausgeführten Villen wie denen in Guben und Krefeld zu etwas konventionelleren Grundrissen zurückkehren ließ.

17 Hilberseimer, *Großstadtarchitektur:* 54, der sich an die Erläuterung anschließt, die Mies van der Rohe in *G – Material zur elementaren Gestaltung* II (1924), Heft 2, S. 1, gegeben hat.

18 Mies van der Rohe, »Bürohaus«, *G – Material zur elementaren Gestaltung* I (1923), Nr. 1, S. 3.

19 *ibid.* Hier zeigt sich das »proteusartige Wesen« dieses Materials, von dem Schumacher, *Strömungen:* 125–129, gehandelt hat.

20 Vgl. z. B. unten S. 173–174, zu den AEG-Bauten von Peter Behrens.

21 Burchard/Bush–Brown, *Architecture of America:* 351.

22 Mies, »Bürohaus«, *op. cit.:* 3.

23 Ein solches Auskragen kommt schon bei Poelzigs Breslauer Geschäftshaus von 1911 vor (Poelzig, *Schriften und Werke:* 80), wo es Hilberseimer, *Großstadt:* 59, als eine Erneuerung mittelalterlicher Holzbauweisen erklären wollte.

24 Hilberseimer, Ludwig, »Glasarchitektur«, *Die Form:* IV (1929): 521–522, 522. Eine farbige Abbildung des Entwurfs findet man bei Glaeser, *Mies van der Rohe,* im Text.

25 Mies, »Bürohaus«, *op. cit.:* 3.

26 Mies van der Rohe, »Baukunst und Zeitwille«, *Der Querschnitt,* IV (1924), 31–32, 32.

27 *ibid.*

28 Bush–Brown, *Sullivan:* 28. Auch in deutschen Publikationen wurden die amerikanischen Verhältnisse kritisiert. Max Berg, »Hochhäuser im Stadtbild«, *Wasmuths Monatshefte für Baukunst,* VI (1921–1922): 101–115, 101, meinte, Amerika habe das Problem nicht gelöst: »Ohne Rücksicht auf Nachbarschaft und Umgebung, brutal sich allein vor- und aufdrängend, wachsen die Wolkenkratzer in sinnentbehrender Anordnung und Ausbildung gen Himmel.« Darin äußere sich ein »rücksichtslos brutaler Ichwille als Ausdruck des kapitalistischen Amerikas«. Dagegen werde, *ibid.:* 104, Deutschland »in geregeltem Rhythmus den Stadtaufbaugedanken des Mittelalters, bei dem die Wohnhausmassen Maßstab der Monumentalkirchen waren, in steigender Richtung weiterentwickeln, so

daß in der Geschäfts- und Verwaltungsstadt das heutige normale Geschäftshaus Maßstab für die monumentalen Hochhäuser wird ...«.

29 Viele wenig beachtete Projekte der Zeit findet man bei Ponten, *Architektur, die nicht gebaut wurde,* II. Allgemein über die deutschen Hochhäuser der Zeit vgl. Pehnt, *Architekt des Expressionismus:* 155–162.

30 Behne Adolf, »Der Wettbewerb der Turmhaus-Gesellschaft«, *Wasmuths Monatshefte für Baukunst,* VII (1922–1923): 58–67, 58.

31 *ibid.:* 59. Abb. im *Frühlicht* (ed. Conrads): 164.

32 Poelzig, *op. cit.:* 168–169.

33 Mies van der Rohe, *Frühlicht* (ed. Conrads): 213.

34 *ibid.*

35 Vgl. Jordy, *Progressive and Academic Ideals:* 66–67. Zur technischen Seite des Miesschen Entwurfs vgl. auch Rasch, *Wie bauen?:* 90–95. S. 93 heißt es über Mies: »Eine Pilzkonstruktion von wundervoller Reinheit. In natürlicher Freiheit und Regellosigkeit wachsen die Pilze zusammen zu einem Raum von kristallener Offenheit und organischer Gelöstheit.«

36 Schulze, *Glas:* 26, setzt sich mit denen auseinander, die die praktische Durchführbarkeit des Projektes bezweifelten: »Es handelt sich gar nicht um das, was möglich, oder nicht möglich erscheint, sondern um das *Wesen* eines neuen grundlegenden Baugedankens, der den Mut hat – frei von allen Denkgewohnheiten – bis zu den äußersten Konsequenzen einer konstruktiven Idee vorzugehen. Daß die Idee richtig ist, bringt das Gestaltungsprinzip dieses Bauwerks eindeutig zum Ausdruck, denn es ist ganz aus dem Wesen seines Materials hervorgewachsen. Die Schwierigkeiten, die sich bei einer praktischen Ausführung herausstellen würden, sind nur eine Frage der Technik, die gewiß schon kühnere Pläne praktisch verwirklicht hat. Wo sich eine schöpferische Idee mit Konsequenz durchzusetzen bestrebt ist, wird ihre Richtigkeit auch durch keine Belange der Praktiker in Frage gestellt werden können.«

37 Mies van der Rohe, *Frühlicht* (ed. Conrads): 214.

38 Vgl. bei Johnson, *op. cit.:* 27 und 29.

39 Banham, *op. cit.*: 228, oder auch Borsi/König, *Espressionismo:* 191–194.

40 Hilberseimer, »Glasarchitektur«, *op. cit.:* 522.

Aspekte der Stilbildung

1 So der Titel eines Vortrages von Erich Mendelsohn (Mendelsohn, *Gesamtschaffen:* 22).

2 Hilberseimer, *Internationale Baukunst:* 5.

3 Gropius, *Bauhaus:* 63: »Sie war die Frucht der gemeinsam entwickelten Geistesrichtung, die eine ästhetisch-stilistische Formvorstellung im alten kunstgewerblichen Sinne überwunden hatte.« – »Das Ziel des Bauhauses ist eben kein ›Stil‹, kein System oder Dogma ...« Schon 1925 hatte Gropius, *Internationale Architektur:* 7, geschrieben: »... der Wille zur Entwicklung eines *einheitlichen* Weltbildes, der unsere Zeit kennzeichnet, setzt die Sehnsucht voraus, die geistigen Werte aus ihrer individuellen Beschränkung zu befreien und sie zu objektiver Geltung emporzuheben. Dann folgt die Einheit der äußeren Gestaltungen, die zur Kultur führen, von selbst nach. In der modernen Baukunst ist die Objektivierung von Persönlichem und Nationalem deutlich erkennbar. Eine durch *Weltverkehr* und *Welttechnik* bedingte Einheitlichkeit des modernen Baugepräges ... bricht sich in allen Kulturländern Bahn.«

4 Hilberseimer, *op. cit.:* 5.

5 Vgl. dazu besonders die späteren Erläuterungen Wölfflins, die die Thesen seiner *Kunstgeschichtlichen Grundbegriffe* teils erläutern, teils modifizieren: *Gedanken zur Kunstgeschichte:* 7–24. Dort ist, S. 11, auch von allgemeinen »Kategorien der Anschauung und Formempfindung« die Rede, was freilich dadurch etwas entwertet wird, daß auf der nächsten Seite, anscheinend synonym, von »Schemata der Anschauung« gesprochen wird.

6 Behrendt, *Sieg:* 3.

7 Vgl. dazu Badt, *Versuche,* 148–150, wo herausgearbeitet ist, daß das Wort »Stil« in den verschiedenen Verbindungen prinzipiell Verschiedenes meinen kann.

8 Hitchcock/Johnson, *International Style.*

9 Mies van der Rohe, »Baukunst und Zeitwille!«, *Der Querschnitt,* IV (1924): 32.

10 Behne, *Wiederkehr*: 42–43.

11 *ibid.*

12 Behne, Adolf, »Architekten«, *Frühlicht* (ed. Conrads): 126–135, 126–127.

13 *ibid.*

14 *ibid.:* 127.

15 *ibid.*

16 *ibid.:* 128.

17 *ibid.:* 129.

18 Zitiert nach Wingler, *Bauhaus:* 79.

19 *ibid.*

20 *ibid.:* 80.

21 *ibid.*

22 *ibid.*

23 Behne, *op. cit.:* 133.

24 Vgl. Jaffé, *Mondrian:* 142 und 149–150.

25 Die im einzelnen sehr komplizierten und nicht immer leicht zu durchschauenden Veränderungen und Verästelungen innerhalb der Stijl-Theorie können hier selbstverständlich nicht berücksichtigt werden. Vgl. dazu vor allem Jaffé, *Stijl* und Banham, *Revolution:* 124–169.

26 Vgl. Jaffé, *op. cit.:* 120–135.

27 Jaffé, *op. cit.:* 120, zitiert Severini: »Die Aufgabe unserer modernen Kunst ist es zu versuchen, die Richtung, das Ziel und den Umfang der Erscheinung zu bestimmen und sie mit dem ganzen Universum in Beziehung zu setzen, das heißt zu allen anderen Erscheinungen, von denen sie nicht wirklich getrennt ist, da sie zu den Bereichen unseres Wissens gehört, unabhängig von jeder Vorstellung von Zeit und Raum. Das bringt uns der platonischen Idee nahe.« Auch Doesburg wird, S. 131, zitiert: »Es ist Aufgabe der Künstler, diese verborgene Harmonie, dieses universale Gleichgewicht in den Dingen aufzuspüren und zu gestalten, ihre Gesetzmäßigkeit aufzuzeigen usw. Das (wirklich exakte) Kunstwerk ist ein Gleichnis des Universums mit künstlerischen Mitteln.«

28 Vgl. Jaffé, *op. cit.:* 100–119. S. 112 ein Text von Mondrian: »Um die reine Wirklichkeit bildnerisch zu gestalten, ist es notwendig, die natürliche Form auf die konstanten Elemente zurückzuführen und die natürliche Farbe auf die Primärfarbe.«

29 Vgl. Jaffé, *op. cit.:* 166–175. Dort S. 168 eine Äußerung Doesburgs von 1923: »Erst in unserer Zeit ist durch die führende Kunstart, die Malerei, der Weg gewiesen worden, den die Baukunst zu gehen hat, um, gleich wie die gestaltende Malerei und Plastik, mechanistisch und diszipliniert im Material zu realisieren, was bei den anderen Künsten bereits imaginativ vorhanden ist.«

30 Mondrian schrieb 1920: »In der Maschine, dem Transportmittel usw. erleben wir bereits, wie die natürliche Materie immer mehr mit dem allmählich reifenden Individuum harmonisiert. Das äußerliche Leben ist auf dem Wege, sich gerade durch die Konzentration auf das Materielle dem Druck der Materie zu entziehen« (zitiert nach Jaffé, *Mondrian:* 157). Zu dem gesamten Problemkreis vgl. Jaffé, *Stijl:* 135–150 und die dort gesammelten Belegstellen. Wenn die Prinzipien der neuen Gestaltung nur überall angewendet werden, dann werde sich nicht nur das tragische Aussehen der Häuser und Städte verändern, sondern: »Mit etwas gutem Willen wird ein irdisches Paradies nicht schwer aufzubauen sein« (*ibid.:* 145). Es kann eine neue Gesellschaft entstehen »des gleichwertigen Dualismus

von Geist und Materie« (*ibid.: 139*), und: »Abstrakt – reales Leben wird sich selbst im äußeren Leben und infolgedessen in allen äußeren Erscheinungsformen realisieren. Dann wird der Neue Mensch seine äußere Form finden und damit sein Glück vervollkommen.« (*ibid.*: 143, vgl. auch 141).

31 Dieser Gedanke taucht bei Gropius schon vor dem Weltkrieg auf: »Die Entwicklung moderner Industriebaukunst«, *Jahrbuch des Deutschen Werkbundes,* II (1913), 17–22, 19: »Exakt geprägte Form, jeder Zufälligkeit bar, Ordnen der Glieder, Reihung gleicher Teile und Einheit von Form und Farbe werden entsprechend der Energie und Ökonomie unseres öffentlichen Lebens das ästhetische Rüstzeug des modernen Baukünstlers werden.« Klopfer, Paul, »Form und Farbe in der neuen Baukunst«, *Die farbige Stadt,* VI (1932): 109, führt das Betonen kubischer Formen in der neuen Architektur zurück auf das »aus dem technisch-mathematischen Denken herausgeborene *Begreifen und Denken,* das entsprechend in der *formalen Abstraktion* sein Widerspiel, sein Symbol und seinen Ausdruck findet.«

32 Afanasjew, *Ideen, Projekte, Bauten:* 14.

33 Die Kontakte beginnen jedoch früh. Schon 1919 soll Feininger ein Exemplar des »Stijl« erhalten haben (Franciscono, *Gropius:* 243), ab 1921 war Doesburg in Weimar. Eine differenzierende Rezeptionsgeschichte müßte wahrscheinlich zwischen direkten Beziehungen (Übernahmen, Zitate etc.) und indirekten unterscheiden, die z. B. in der Bestätigung an sich bereits vorhandener Ideen bestehen kann. Vgl. auch Jaffé, *op. cit.*: 194 f.

34 Zu der kontroversen Frage nach dem Verhältnis Stijl–Bauhaus vgl. jetzt die abgewogene Beurteilung bei Franciscono, *op. cit.*: 240–245.

35 Werner Gräff, »Das Bauhaus und seine Krise um 1922« (nach *Theo van Doesburg:* 46–47, 47) hat mit Recht hervorgehoben, daß die Abkehr vom Handwerk und die neuerliche Bejahung der Technik das wichtigste Resultat von Doesburgs Weimarer Tätigkeit war.

36 Gropius, *Bauhaus:* 62.

37 Vgl. Jaffé, *op. cit.:* 164, sowie oben Anm. 30.

38 Behne, »Architekten«, *op. cit.*: 133–134.

39 Weber, *Wirtschaft und Gesellschaft:* 199.

40 Muthesius, Hermann, »Wo stehen wir?«, *»Jahrbuch des Deutschen Werkbundes* II (1913): 11–26, 25.

41 Behne, *Taut:* 9.

42 *ibid.*: 7.

43 Vgl. unten S. 121 f.

44 Mendelsohn, *Gesamtschaffen:* 16.

45 Hilberseimer, *Großstadtarchitektur:* 91. Über die tatsächlichen Verhältnisse kann man sich bei Hoeber, *Behrens:* 114, unterrichten, wo in Abb. 122, auch ein Querschnitt der Turbinenhalle gegeben ist, aus der hervorgeht, daß der Umriß des »Tympanons« die wesentlichen Züge der Binderkonstruktion aufnimmt, wenn auch nicht in jeder Einzelheit abbildet. Die Metallteile der Fassade kommen allerdings in Fotos normalerweise nicht zur Geltung, weshalb diese die Wirkung des Baus verfälscht wiedergeben.

46 Hamann, *Geschichte der Kunst:* 887–888. Gute Charakterisierungen der Stilmerkmale findet man auch bei Hilberseimer, *op. cit.:* 100–103, und Behrendt, *Sieg:* 5–6.

47 Block, *Probleme des Bauens:* 87.

48 *ibid.*: 91.

49 Hamann, *op. cit.*: 889.

50 G. F. Hartlaub, »Ethos der neuen Baukunst«, *Die Form,* IV (1929): 273–277, 276. Bei Taut, *Baukunst:* 57, heißt es, bei der älteren Architektur hätten Schmuck und Repräsentation zur Verdeckung der Klassengegensätze gedient: »Bei der neuen Architektur aber sind es gerade die zweckdienlichen Elemente in ihrer unverhüllten Gestalt, die für das ästhetische Gesamtbild die Entscheidung bringen. Ist es sehr weitliegend, in dieser Erscheinung den Spiegel eines anderen Gesellschaftsbildes zu sehen, eines Gesellschaftsbildes, das die Standes- und Klassenteilung und -trennung abschütteln will?« Vgl. auch oben Anm. 30.

51 Vgl. Wölfflin, *op. cit.*: 18–24.

52 Zur Rezeption Corbusiers im Deutschland der zwanziger Jahre vgl. die entsprechende Münchener Magisterarbeit von Hildegard Bruns, 1975.

53 Vgl. z. B. Oud (nach Jaffé, *Stijl:* 190). Hilberseimer, *op. cit.:* 100, schreibt: »Wie jede Disziplin steht auch die Architektur vor der unerläßlichen Notwendigkeit, sich Klarheit über die ihr zugrundeliegenden und zu Gebote stehenden Mittel zu verschaffen. Hier hat die Malerei ihr wertvolle Vorarbeit geleistet. Sie hat zuerst auf die Grundformen aller Kunst aufmerksam gemacht, die eine weitere Objektivierung nicht zulassen. Die einfachen kubischen Körper: Würfel und Kugel, Prisma und Zylinder, Pyramide und Kegel, rein bildende Elemente, sind die Grundformen jeder Architektur. Ihre körperliche Bestimmtheit zwingt zu formaler Klarheit, bringt auf die realste Weise Ordnung in das Chaos.«

54 Behne, *op. cit.:* Bei Gropius, *Internationale Architektur,* findet man neben den Zweckbauten von Behrens van de Velde, Berlage, frühe Bauten von Gropius, das Bürohausprojekt von Mies sowie das Haus Ozenfant von Le Corbusier.

55 Ihr hervorragendster Vertreter war Adolf Behne. Vgl. unten S. 62–63.

56 Nach Wingler, *Bauhaus:* 81.

Walter Gropius 1920—1925

1 Vgl. Klotz, Heinrich, »Materialien zu einer Gropius-Monographie«, *Architectura,* I (1971): 176–196, 176.

2 Mit Ausnahme des Scheibenhochhauses von Breuer (Wingler, *Bauhaus:* 374) scheinen am Bauhaus keine neuen Typen entwickelt worden zu sein, und auch Neudefinitionen vorhandener Typen, die sich mit der gleichzeitigen Arbeit von Mies van der Rohe oder Corbusier messen könnten, hat es nicht gegeben.

3 So heißt es in einer anonymen Notiz, die die Eröffnung des Dessauer Bauhauses anzeigt (*Das neue Frankfurt:* I (1926/27): 44).

4 Gropius, Walter, »Der Baugeist der neuen Volksgemeinde«, *Die Glocke* X (1924): 311–315. Westheim, Paul, »Architektur-Entwicklung«, *Die Glocke,* X (1924): 181–185.

5 Gropius, *op. cit.*: 311.

6 *ibid.*: 314.

7 Meyer, *Ein Versuchshaus.*

8 Zu den Verbindungen zwischen Arbeitsrat und frühem Bauhaus vgl. jetzt Franciscono, *Gropius:* 118–152.

9 Klotz, *op. cit.,* sowie Pehnt, *Architektur des Expressionismus:* 110–115.

10 Franciscono, *op. cit.*: 18.

11 *ibid.*: 71–87.

12 Wingler, *op. cit.*: 120.

13 Gropius, *Bauhaus:* 12.

14 *ibid.*: 10.

15 *ibid.*: 65. Vgl. auch Gropius' Aufsatz »Der Architekt als Organisator der modernen Bauwirtschaft und seine Forderungen an die Industrie«, abgedruckt bei Block, *Probleme des Bauens:* 202–214.

16 Es ist üblich geworden, Gropius mit Wright, Corbusier und Mies van der Rohe zu einer Quadriga zu verbinden (Vgl. z. B. den Sammelband *Four Great Makers),* doch ist dies eine sehr fragwürdige Zuordnung. Vgl. Blake, *Meisterarchitekten:* 11.

17 Benevolo, *Geschichte* II: 60.

18 Gropius, *Bauhausbauten.* Vgl. auch Wingler, *op. cit.*: 381–395.

19 Klotz, *op. cit.*: 191–192.

20 *ibid.*, sowie Pehnt, *op. cit.*: 110–115.

21 Klotz, *op. cit.*: 196.

22 Wüßte man nicht, von wann und von wem diese Villen sind, dann würde es sicherlich schwer sein, zu beweisen, daß sie von Walter Gropius gebaut wurden.
23 Vgl. die Ecke des Froebelhauses mit Mendelsohns Mossehaus (Zevi, *Mendelsohn:* 86, mit Klotz, *op. cit.:* Abb. 29), sowie das Ottehaus mit einem Entwurf Ouds von 1918 (Oud, *Bauten:* 23).
24 Klotz, *op, cit.:* 184, 185.
25 Vgl. Klotz, *op. cit.:* 187, wo dieser Zug allerdings positiv bewertet ist.
26 Vgl. oben S. 37–38.
27 Vgl. Klotz, *op. cit.:* 187.
28 Vgl. die »Architectona« und »Planiten«, die nach Andersen, *Malevich:* 104–105, zum größten Teil 1923 und 1924 entstanden sind. Die Wichtigkeit Malevichs für das Bauhaus hat polemisch schon Westheim, *op. cit.:* 184, Anfang 1924 festgestellt.
29 Vgl. Andersen, *op. cit.*
30 Benevolo, *Geschichte*, II: 56, hat bereits im Zusammenhang mit den Bauhausgebäuden auf Doesburg verwiesen. Das reinste Beispiel einer nach Stijl-Prinzipien geplanten Architektur ist das Schroeder-Haus in Utrecht (Brown, *Rietveld:* 39–52).
31 Nach Wingler, *op. cit.:* 113 und 135, beschloß der Dessauer Gemeinderat erst im März 1925 die Übernahme, und schon im Dezember 1926 war die Eröffnung.
32 Klotz, *op. cit.:* 187.
33 Vgl. Gropius, *Bauhausbauten:* 19.
34 *ibid.:* 16.
35 Abb. bei Wingler, *op. cit.:* 239.
36 Jessen, Peter, »Die deutsche Werkbundausstellung Köln 1914«, *Jahrbuch des Deutschen Werkbundes,* IV (1915): Abb. 138–140.
37 Auf Mies verweist bereits Hitchcock, *Architecture:* 373. Angesichts der deutlichen Differenzierung der Bauteile, die freilich innerhalb eines ungewöhnlichen Bezugsrahmens geschieht, scheint es mir nicht gerechtfertigt, wenn Klotz, *op. cit.:* 196, »zugespitzt formuliert«, daß »die Nüchternheit der profansten Architektur, des Fabrikbaus, des ›modernen Zweckbaus‹, zu allgemeingültigen Sprache der Architektur, zum einzig ›Angemessenen‹, zum zeitgemäßen ›Aptum‹ dieser Gesellschaft wurde.«
38 Benevolo, *op. cit.*, II: 56.
39 Gropius, *op. cit.:* 20.
40 Banham, *Revolution:* 250. Ausgangspunkt Banhams ist offensichtlich Gropius, *op. cit.:* 25: »die brückenartige überbauung der straße ergibt sich aus der gestellten aufgabe, zwei getrennte schulorganismen mit gesonderten eingängen (links ›technische lehranstalten‹, rechts das eigentliche ›bauhaus‹) zu bauen. die gemeinsamen verwaltungsräume sind, beiderseits von innen zugänglich, auf der brücke angeordnet.«
41 Gropius, *op. cit.:* 14: »... im ersten und zweiten obergeschoß ... eine auf vier pfeilern über die fahrstraße gespannte brücke, in der unten die bauhausverwaltung, oben die architekturabteilung untergebracht ist ...«

Form und Zweck: Hugo Häring und Adolf Behne

1 Taut, *Baukunst:* 6.
2 *ibid.:* »1. An der Spitze aller Forderungen an einen Bau steht die bestmögliche Benutzbarkeit. 2. Das verwendete Material und die verwendete Konstruktion muß sich völlig der ersten These unterordnen.«
3 Joedicke in: Joedicke/Lauterbach, *Häring:* 151.
4 Sie sind hier allein dieser Konvergenz wegen in einem Kapitel behandelt, bei fast allen anderen Fragen wären die Unterschiede zwischen ihnen größer als die Gemeinsamkeiten.
5 Schon sein Entwurf für das Gebäude der Berliner Sezession (Joedicke/Lauterbach, *op. cit.:* 103) zeigt, daß er sich der herrschenden modernen Stilrichtung einordnete.
6 Zurückhaltender ist Joedicke, *Theorie Härings:* 6.
7 Joedicke/Lauterbach, *op. cit.:* 90–91.
8 Zunächst war bei Häring die »biologische Analogie« das Mittel, die Forderung nach Funktionalität zu umschreiben. Zur Vorgeschichte dieser Analogie vgl. Collins, *Changing Ideals:* 149–166.
9 Joedicke/Lauterbach, *op. cit.:* 95–100.
10 »funktionelles bauen: gut garkau/das viehhaus«, 1925, zitiert nach Joedicke/Lauterbach, *op. cit.:* 17.
11 Vgl. die Notiz in der Zeitschrift *Baumeister* LXXI (1974): 130.
12 Vgl. Joedicke/Lauterbach, *op. cit.:* 95 und 97 (Grundriß des Herrenhauses).
13 Vgl. einerseits das frühe Skizzenblatt, dessen Grundrisse Muscheln variieren und andererseits die Grundrißvariationen von 1935 (Joedicke/Lauterbach, *op. cit.:* 89 und 119).
14 Häring, Hugo, »bemerkungen zum ästhetischen problem des neuen bauens«, 1931, zitiert nach Joedicke/Lauterbach, *op. cit.:* 24–25, 25.
15 *ibid.*
16 *ibid.:* 25.
17 Im Deutschen, wie so viele Äußerungen Corbusiers, nur unvollkommen wiederzugeben. Vgl. *Kommende Baukunst:* 16: »... das weise, korrekte und großartige Spiel der unter der Sonne sich sammelnden Baukörper.«
18 *ibid.*
19 Häring, Hugo, »wege zur form«, 1925, zitiert nach Joedicke/Lauterbach, *op. cit.:* 13–14, 13.
20 *ibid.*
21 *ibid.*
22 *ibid.:* 14.
23 Häring, Hugo, »versuch einer orientierung«, 1932, zitiert nach Joedicke/Lauterbach, *op. cit.:* 29–32, 30.
24 Vgl. die Vorbemerkung von Conrads bei Behne, *Zweckbau:* 6–10.
25 *ibid.:* 6, über das Verhältnis beider Bücher. Bei Gropius liegt das Hauptgewicht allerdings bei den Abbildungen.
26 Behne, *op. cit.:* 1.
27 *ibid.*
28 *ibid.*
29 *ibid.:* 40.
30 *ibid.:* 41.
31 *ibid.:* 42–43.
32 *ibid.:* 44.
33 *ibid.*
34 *ibid.:* 50.
35 *ibid.*
36 *ibid.*
37 *ibid.*
38 *ibid.:* 51.
39 Behne, *Taut:* 21.
40 Behne, *Neues Wohnen:* 33–34.
41 Behne, *Taut:* 20.
42 *ibid.:* 20, 21.
43 Behne, *Eine Stunde Architektur:* 57.
44 Behne, *Taut:* 20.

»Befreites Wohnen«: Ziele und Hoffnungen

1 Giedion, *Wohnen:* 5.
2 Giedion, *op. cit.:* 7.
3 Müller – Wulckow, *Wohnung der Gegenwart:* 7.
4 Man muß sich vergegenwärtigen, daß sich die Bautätigkeit erst 1924 wieder belebte und schon in der Weltwirtschaftskrise wieder stark zurückging.
5 Gräff, Werner, »Zur Stuttgarter Werkbundsiedlung«, *Bau und Wohnung:* 8.

6 Wichtig wurden vor allem die Auflockerung der Grundrisse und die Revision des Raumprogramms nach stärker funktionalen Gesichtspunkten. Vgl. auch Hüter, *Van de Velde:* 149–161.
7 Ein Arbeiterhaus wie das Olbrichs von 1908 (Schreyl, *Olbrich:* 312) war im Kreise dieser Architekten eine Ausnahme.
8 Van de Velde, Henry, »Ein Kapitel über Entwurf und Bau moderner Möbel«, 1897, zitiert nach van de Velde, *Zum neuen Stil:* 57–67. Dort heißt es, S. 59, man werde immer ein einheitliches Zimmer einem ungeordneten und zusammenhanglosen vorziehen und erkennen, »... daß jedes Zimmer einen Haupt- und Knotenpunkt hat, von dem sein Leben ausstrahlt und dem sich alle Gegenstände darinnen angliedern und unterordnen müssen. Diesem neuentdeckten Skelett des Zimmers gemäß wird man die verschiedenen Einrichtungsstücke anordnen, die man fortan als lebendige Organe des Zimmers und der Wohnung empfinden wird.« Auch beim Einzelmöbel sollen alle Teile im Ganzen aufgehen (S. 60), denn »... sonst erreichen wir nicht jene Einheit, die unser Ziel ist, die wir vor allen anderen Eigenschaften erstreben; die Symphonie, die unser Ideal ist, wird durch unartikulierte oder falsche Töne geschändet.«
9 Vgl. das Haus in der Rue de Turin (Borsi/Portoghesi, *Horta:* Taf. 38, 39, sowie Abb. 23–26).
10 Vgl. bei Borsi/Portoghesi, *op. cit.:* Abb. 21, 56, 57, 164, 165, 166, 216, sowie die Grundrisse pp. 75, 90, 95, 97 und die Farbtafel 7.
11 Vgl. König/Borsi, *Espressionismo:* 95–100, besonders die autobiographische Skizze, 97–100. Außerdem vgl. Schneede, *Finsterlin,* und Pehnt, *Architektur des Expressionismus:* 95–98. Bei Schumpp, *Stadtbau-Utopien,* 91, sind die Gebilde Finsterlins positiver bewertet, als eine Architektur, die »den Rückzug aus der Gesellschaft und eine vollkommene Vereinigung mit der Natur anstrebt«.
12 Finsterlin, Hermann, »Innenarchitektur«, 1921, zitiert nach *Frühlicht* (ed. Conrads): 105–109, 107.
13 Finsterlin, Hermann, »Die Genesis der Weltarchitektur oder die Deszendenz der Dome als Stilspiel, Ein Lehr-, Spiel- und Versuchsbaukasten«, 1923, zitiert nach *Frühlicht* (ed. Conrads): 149–158.
14 Sweeny/Sert, *Gaudi:* 133, Abb. 34, 35.
15 Häring, Hugo, »versuch einer orientierung«, 1932, zitiert nach Joedicke/Lauterbach, *Häring:* 29–30, 30.
16 Vgl. *ibid.:* Abb. 91–94, sowie 11. Zu beachten ist, daß sich der Charakter des Organischen nur im Grundriß ausdrückt, nicht aber – wie bei Gaudi – im Aufriß. Das gilt auch für den Aufriß des Hauses von 1923 (Modellfoto bei Soeder, Hans, »Architektur auf der Großen Kunstausstellung 1924«, *Der Neubau,* VI [1924]: 153–158, 155. *Ibid.* auch ein Grundriß des Obergeschosses).
17 Eckstein, *Wohnbauten,* Einleitung.
18 *ibid.*
19 *ibid.*
20 Von Behne, *Neues Wohnen,* als Motto benutzt.
21 Gropius, Walter, »Die soziologischen Grundlagen für die Minimalwohnung für die städtische Industriebevölkerung«, 1929, zitiert nach Gropius, *Architektur:* 84–93, 90.
22 Behrendt, Walter Curt, »Geleitwort«, *Die Form,* I (1925): 1–2, 1.
23 Hilberseimer, Ludwig, »Städtebau und Wohnungsbau«, *Die Form,* IV (1929): 294–296, 294. Vgl. auch Behne, *op. cit.:* 31: »Gewiß, der Architekt dient dem Mieter, aber nicht glatt dem Durchschnittsmieter von heute, sondern den zur vollen kulturellen Verantwortung geweckten, vernünftigen und einsichtigen Mieter. Diesen aber heranzubilden und zum ›herrschenden Typ‹ zu machen, ist der Architekt wesentlich mitberufen.«
24 Kramer, Ferdinand, »Die Wohnung für das Existenzminimum«, *Die Form,* IV (1929): 647–649, 647.
25 Denkschrift des Deutschen Werkbundes »Wohnung der Neuzeit«, 1926, zitiert nach Joedicke/Plath, *Weißenhofsiedlung:* 9.
26 Joedicke/Plath, *op. cit.:* 48.
27 Gut, *Wohnungsbau:* 9.
28 *ibid.:* 17.
29 Drigalski, *Arbeit und Wohnung:* 32.
30 May, Ernst, »Volkswohnungsbau in Frankfurt am Main«, zitiert nach Block, *Probleme des Bauens:* 189–195, 189.
31 Rading, Adolf, »Die Typenbildung und ihre städtebaulichen Folgerungen«, zitiert nach Block, *op. cit.:* 55–86, 58.
32 Gropius, Walter, »Der Architekt als Organisator der modernen Bauwirtschaft und seine Forderungen an die Industrie«, zitiert nach Block, *op. cit.,* 202–214, 208.
33 *ibid.*
34 *ibid.:* 206.
35 Rading, *op. cit.:* 57. Vgl. Taut, *Die neue Wohnung:* 10: »Heute ist es so, daß die Frau selbst nicht weiß, wie sehr sie durch die heutige Wohnung versklavt ist.« Rading, Adolf, »Wohngewohnheiten«, *Die Form,* II (1927): 47–49, 47, schreibt, die Menschen seien Opfer einer »hemmungslosen und bequemen Unternehmer- und Grundstückspolitik«. »Sie kennen ihre Bedürfnisse gar nicht mehr. Im Laufe der Generationen sind sie fatalistisch geworden, sie haben keine Meinung mehr, sie machen sich keine Gedanken mehr über das, was sie nötig haben; das wäre ja zwecklos. Ihr ganzes Denken beim Mieten wird ausgefüllt von der Frage: Wie bringen wir unsere Möbel unter? ... Von einem Gedanken über die Wohnfunktion keine Spur.«
36 Gräff, *Wohnen:* 7.
37 *ibid.*
38 Hilberseimer, *op. cit.:* 295.
39 *ibid.*
40 Gräff, Werner, »Zur Stuttgarter Werkbundausstellung«, *Bau und Wohnung:* 8.
41 Behne, Adolf, »Dammerstock«, *Die Form,* V (1930), 163–166, 165.
42 Fries, Henri de, »Problematik des Städtebaus«, *Die Form,* V (1930): 189–193, 191.
43 Hilberseimer, Ludwig, »Die Wohnung unserer Zeit«, *Die Form,* VI (1931): 249–271, 251.
44 Gräff, *Wohnen:* 14.
45 Kramer, *op. cit.:* 649.
46 Gräff, Werner, »Zur Stuttgarter Werkbundausstellung«, *Bau und Wohnung:* 8.
47 *Bau und Wohnung:* 110.
48 Dagegen fragte ein konservativer Autor: »Hat sich das tiefinnerlichste und insonderheit urdeutsche Bedürfnis, in seinem Haus nicht nur Schutz, sondern Abschluß, Umfriedung, Stille und Geborgensein vor der lauten Welt zu suchen, so geändert, daß auch die deutsche Wohnung zum Maschinenraum mit verschiebbaren oder halbhohen Wänden, zum Glaskäfig und dergleichen werden muß?« (Ehmig, Fritz: »Neuzeitliche Wohnbaukunst und deutsche Selbstbestimmung«, *Stadtbaukunst.* IX [1928]: 165–168, 166).
49 *Bau und Wohnung:* 125.
50 *ibid.:* 125.
51 *ibid.:* 69.
52 Bloch, *Erbschaft dieser Zeit:* 99.
53 Müller-Wulckow, *Wohnung der Gegenwart:* 12.
54 Le Corbusier, *Kommende Baukunst:* XIII.
55 Behne, *Eine Stunde Architektur:* 55.
56 Block, Fritz, »Haus und Wohnung des modernen Menschen«, zitiert nach Block, *Probleme des Bauens:* 87–115, 95. Das war das Gegenteil dessen, was noch in den Häusern der Jugendstilzeit erstrebt war, von denen Sternberger in einem Diskussionbeitrag bemerkte: »... daß diese Hausorganismen tatsächlich Schutz bieten sollten gegen den Lärm und die Wirrnis der industriellen Gesellschaft. Sie wollten inwendig blühende Inseln, Enklaven inmitten des allgemein verwirrenden Verkehrs sein, fest angewurzelte Wesen, die ihrerseits keinen Teil hatten an der allgemeinen Mobilität, am allgemeinen Tausch- und Warenverkehr.« (*Mensch und Raum:* 125).

57 Block, *op. cit.*: 90.
58 Dexel, *Wohnhaus:* 100.
59 Rading Adolf, »Die Typenbildung und ihre städtebaulichen Folgen« zitiert nach Block, *Probleme des Bauens:* 55–86, 73.
60 Rading, *op. cit.*: 80.
61 Bloch, *Prinzip Hoffnung:* 859.
62 Kallai, Ernst, »bauen und leben«, *bauhaus-zeitschrift für gestaltung,* III (1929): 12.
63 Vgl. z. B. Dexel, *Wohnhaus,* und Gräff, *Wohnung wird eingerichtet.*
64 Gräff, *Wohnen:* 13.
65 Der Begriff des Etuis stammt aus dem Abschnitt über das Interieur bei Benjamin, Walter, »Paris, die Hauptstadt des XIX. Jahrhunderts«, hier zitiert nach Benjamin, *Illuminationen:* 185–200, 194.
66 Gräff, *op. cit.*: 14.
67 Bloch, *Erbschaft dieser Zeit:* 161, kritisiert die Architekten, die unterschätzen, »... daß dies ›gleichmäßige hygienische Wohnen‹ noch keineswegs auf eine klassenlose Gesellschaft ausgerichtet ist oder auch nur potentiell ausgerichtet sein kann, sondern auf jungen, modern fühlenden, geschmackvoll klugen Mittelstand, auf seine sehr spezifischen, keineswegs klassenlosen oder gar ewigen Bedürfnisse.«
68 Gräff, *op. cit.*: 14.
69 *ibid.*: 13.
70 Klein, Alexander, »Beiträge zur Wohnungsfrage«, hier zitiert nach Block, *Probleme des Bauens:* 116–145, 129.
71 *ibid.*: 136.
72 *ibid.*
73 *ibid.*: 138.
74 *ibid.*: 139.
75 Rading, *op. cit.*: 65.
76 Kramer, *op. cit.*: 468.
77 Dexel, *op. cit.*: 106.

Stuttgart—Weißenhof: Streit um eine Ausstellung

1 Grundlegend für das Studium sind die zeitgenössische Dokumentation *Bau und Wohnung* mit den Erläuterungen der Bauten durch die Architekten sowie die Schrift Joedicke/Plath, *Weißenhofsiedlung.*
2 *Bau und Wohnung:* 7.
3 zitiert nach Joedicke/Plath, *op. cit.*: 10.
4 *Bau und Wohnung:* 97.
5 Joedicke/Plath, *op. cit.*: 44–47.
6 Vgl. auch oben 95–98.
7 Abb. bei Joedicke/Plath, *op. cit.*: 11, dort, 23, auch eine Foto, auf dem wenigstens ein Teil der umgebenden Häuser zu sehen ist.
8 Vgl. auch unten Anm. 28.
9 Zitiert nach Joedicke/Plath, *op. cit.*: 50, wo, auch eine Postkarte der 30er Jahre abgebildet ist, in der die Weißenhofsiedlung als Araberdorf mit Kamelen, Löwen etc. erscheint. Bemerkenswert ist auch ein Gemälde von Reinhold Nägele aus dem Jahre 1927, das die Siedlung im Stil neusachlicher Bilder zeigt, zugleich aber auch ins Märchenhafte verfremdet (Bertonati, *Neue Sachlichkeit:* Taf. 42).
10 Joedicke/Plath, *op. cit.*: 49.
11 *ibid.*: 50
12 *ibid.*
13 Wetzel, Heinz, »Die Werkbundsiedlung auf dem Weißenhof bei Stuttgart«, *Deutsche Bauzeitung,* LXI (1927): 625–631, 625.
14 *Bau und Wohnung:* 125 (M. Stam).
15 Einen Überblick gibt Schmitthenner, *Baugestaltung.* Vgl. auch oben S. 12 und unten S. 124.
16 *ibid.*: 103.
17 *ibid.*: 33.
18 Pfister, *Werkbundausstellung:* 19.
19 *Bau und Wohnung:* 39.
20 Ehmig, Fritz, »Neuzeitliche Wohnbaukunst und deutsche Selbstbesinnung«, *Stadtbaukunst,* IX (1928): 165–168, 166.
21 Vgl. die Grundrisse in *Bau und Wohnung* sowie in Joedicke/Plath, *op. cit.*
22 Vgl. den Katalog von Gräff, *Innenräume.*
23 Gräff, *Wohnen:* 13–14.
24 Abb. bei Benevolo, *Geschichte,* II: 122.
25 Hamann, *Geschichte:* 890. Vgl. dazu auch Müller-Wulckow, *Wohnung der Gegenwart.*
26 Muthesius, *Schöne Wohnung:* V.
27 Hegemann, Werner, »Stuttgarter Schildbürgerstreiche und Berliner Bauausstellung 1930«, *Wasmuths Monatshefte für Baukunst«,* XII (1928): 8–12, 11.
28 Wedepohl, Edgar, »Die Weißenhofsiedlung der Werkbundausstellung ›Die Wohnung‹ in Stuttgart, *»Wasmuths Monatshefte für Baukunst,* XI (1927): 391–402, 396.
29 Pfister, *op. cit.*: 19.
30 Zitat nach Joedicke/Platz, *op. cit.*: 51.
31 Vgl. Le Corbusier, *Kommende Baukunst:* 1–10.
32 Le Corbusier, *op. cit.*: 87–119, wenn Silos noch vorkommen (15–29), dann vor allem wegen ihrer kubischen Qualitäten.
33 Le Corbusier, *Oeuvre,* I: 145. Vgl. damit Le Corbusier, *Kommende Baukunst:* 79–80.
34 Le Corbusier, *Oeuvre,* I: 150, Taut, *Baukunst:* 4, hat in einer ironischen Zeichnung das Oberteil eines Ozeandampfers in eine Landschaft versetzt und als Villa Corbusiers ausgegeben.
35 Le Corbusier, *op. cit.*: 155.
36 In seinem Geleitwort zu Roth, *Zwei Häuser,* schrieb H. Hildenbrandt, 2. »Aus den natürlichen Wünschen, Bedürfnissen und Lebensäußerungen des Menschen entwickelt Le Corbusier die innere Durchgestaltung des Hauses ... Freilich nicht aus den Bedürfnissen des »Menschen an sich«, der nicht zu packen ist, sondern des Kulturmenschen von heute, dem Auto, Flugzeug, Dampfer, Telefon, Rundfunk, Elektrizität, weitgehende Mechanisierung von Alltagsverrichtungen, vielfältige hygienische und ästhetische Forderungen Selbstverständlichkeit teils des allgemeinen, teils auch des persönlichen Daseins sind.« Roths Buch bietet im übrigen, nicht zuletzt dank der Zeichnungen des Verfassers, eine der besten Präsentationen Corbusierscher Wohnarchitektur.
37 Le Corbusier, *Kommende Baukunst:* 80.
38 Le Corbusier, *Oeuvre:* I, 150.
39 Vgl. Le Corbusier, *op. cit.*: I, 150.
40 Vgl. Adler, Leo, *Wasmuths Monatshefte für Baukunst,* XI (1927): 38.
41 Vgl. Boudon, *Pessac:* 39.
42 Wedepohl, *op. cit.*: 396 f.

Mies van der Rohe

1 *Bau und Wohnung:* 77. Vgl. F. R., »Erfahrungen aus der Weißenhofsiedlung in Stuttgart«, *Der Neubau:* X (1928), 161–163, 1620: »Die Art der Raumteilung im Mietblock Mies durch transformable Sperrholzwände scheint wenig Anklang gefunden zu haben, denn viele Bewohner haben sie durch feste Wände ersetzt. Wo noch die Holzwände sind, wird zudem über schlechte Schalldämpfung geklagt.«
2 Vgl. unten S. 119–120.
3 Hilberseimer, *Großstadt:* 27: »Er versucht, dem Mietshaus die Vorteile eines Hotels nutzbar zu machen und es wenigstens mit einigen Vorzügen des Villenbaus zu verschmelzen.«
4 Le Corbusier, *Kommende Baukunst:* 197. Auch in den Wohnungen seiner »Immeubles-Villas« sind Möglichkeiten der Villenarchitektur teils verwertet, teils vorweggenommen.
5 Grundrisse des Siedlungsblocks bei Rave/Knövel, *Bauen in Berlin:*

216. Für den Außenbau vgl. Corbusiers Villa in Vaucresson (*Oeuvre*, I: 49).

6 Das zeigt schon die Übertragung fertiger Bauten und Entwürfe auf ganz andere Bauaufgaben wie bei der Berliner Nationalgalerie. Die Folgen dort analysiert Posener, Julius, »Absolute Architektur«, *Neue Rundschau* 84 (1973): 79–95.

7 Mies van der Rohe, »Industrielles Bauen«, *G – Zeitschrift für elementare Gestaltung*, II (1924): Nr. 3, 8–10.

8 Mies van der Rohe, »Zum neuen Jahrgang«, *Die Form*, II (1927): 59.

9 *ibid.*

10 *ibid.*

11 *ibid.*

12 Zitiert nach Lotz, Wilhelm, »Die Halle II auf der Bauausstellung«, *Die Form*, VI (1931): 241–249, 241.

13 Bier, Justus, »Mies van der Rohes Reichspavillon in Barcelona«, *Die Form*, VI (1929): 423–427, 423.

14 Bier, *op. cit.*: 424: »Die kostbarste Wand ist ganz ins Innere verlegt: eine Wand aus honiggelbem Onyx dorée, von wunderbar belebter Zeichnung, dem einzigen Marmorblock von dieser Art und diesen Ausmaßen, der in Europa zu finden war. Die Raumhöhe wurde mit durch diese Wand bestimmt, die aus dem viermal gespaltenen Block zusammengefügt wurde. Von ihr spannt sich über den Boden ein Teppich aus schwarzem Velours, der zu den zarten lichten Farben des Travertin und des Onyx den harten Gegensatz gibt, zugleich Vorbereitung für den dahinter sich öffnenden, in Schwarz und Grün getauchten Wasserhof.«

15 Platz, *Baukunst*: 81.

16 Dies ist besonders an der Verbindung von geschlossenem Baukörper und freiem Grundriß zu erkennen.

17 Vgl. z. B. Le Corbusier, *op. cit.*, II: 26 (Eingangshalle der Villa Poissy).

18 Besonders deutlich wird das an der Villa in Garches (Le Corbusier, *op. cit.*, I: 146–148, 149). Für die Stuttgarter Häuser hat Roth, *Zwei Häuser*: 26, ausgeführt, daß Corbusier der Forderung nach Sparsamkeit dadurch gerecht werde, daß er »zum Raum minimale Flächen und minimale Höhen vereinigt, aber das bisherige System abgeschlossener Zimmer und Zellen verläßt. Er durchbricht die Trennungswände und bildet eine dynamisch zusammenhängende Raumfolge. Er trennt die verschiedenen Funktionsstellen durch halbhohe Wände oder bewegliche Membranen, wobei er sich nicht ängstlich an das straffe rechtwinklige System hält, sondern seine Wände biegt und rundet, wie es die Funktionsfläche nach ihrer Bedeutung verlangt.«

19 Bier, *op. cit.*: 424.

20 Vgl. u. a. Johnson, *Mies*: Abb. pp. 97, 99, 101, 103, 113, 119, 120, 121.

21 Vgl. die Treppen der Eisenbetonvilla von 1923, der Häuser Lange und Guben, sowie später die des Fox River House (instruktive Abb. bei Blaser, *Mies van der Rohe*: 110, 111).

22 Badt, *Versuche*: 46, allgemein über den Typus des »artifex rhetor«, der dem Typus des »artifex vates« gegenübergestellt wird.

23 *ibid.*: 49.

24 Diese Aspekte kommen in den Analysen von Roth, *op. cit.*, gut heraus. Über das Einfamilienhaus in Stuttgart schreibt er z. B. (28–29): »Im Bad schmiegt sich die Trennungswand der runden Form der Badewanne an. In diesen gebogenen Wänden, wie zum Beispiel am Eingang in den Wohnraum, zeigt sich nicht nur, wie in weitgehendem Maße eine Fläche ausgenutzt und danach begrenzt werden kann, sondern zugleich, wie ungebunden und bestimmt Le Corbusier gestaltet, und wie geschmeidig und unbelastet von aller Überlieferung er formal empfindet.« An anderer Stelle (26) hebt Roth hervor, daß der Bewohner bei Corbusier »in ein ganz neues Raumverhältnis« gerate: »Dieses ist nicht festgelegt, sondern ändert sich je nach dem Standpunkt; es wird aktiv, weil die Anregung besteht, aus Raumandeutungen Vorahnungen und Ergänzungen zu bilden. Der Raum öffnet und weitet sich nach allen Seiten, er verliert die mathematischen Grenzen. *Er wird erst durch den Bewohner.«* Zur Frage der enttäuschten Erwartungen gehören auch Raumfolgen wie die von Roth (27) für das Stuttgarter Einfamilienhaus beschriebenen. Statt eines zu erwartenden Vestibüls tritt man in einen Vorraum, in dem frei der »Zentralheizungskörper« steht, »ein besonderer Heizraum wird dadurch erspart ... Der Kohleraum ist nebenan ... Der Vorraum enthält zugleich Kleiderablage und Waschbecken, und es führen von da Türen nach dem Klosett, nach der Waschküche und dem Vorratskeller. Durch die offene Treppe gelangt man ins Wohngeschoß, zunächst auf den Vorplatz, von da in die Küche ...« Solche Sequenzen sind unverständlich, solange man nicht ihren Gegenpart sieht, das repräsentative bürgerliche Haus.

25 Riezler, Walter, »Das Haus Tugendhat in Brünn«, *Die Form*, VI (1931): 321–332, 328.

26 Ginsburger, Roger, »Zweckhaftigkeit und geistige Haltung«, *Die Form*, VI (1931): 431–437, 433. Anschließend (437, 438) kamen im gleichen Heft der *Form* auch die Bauherren zu Wort, die sich recht zufrieden zeigten, aber nicht immer mit Interpreten wie Riezler übereinstimmten. So wird ihm gegenüber betont (437), daß auch bei herabgelassenen Glaswänden die Begrenzung des Hauses nicht als aufgehoben erfahren werde. Bemerkenswert ist auch die Feststellung (438), daß Mies deshalb gewählt worden sei, weil »wir eine unbestimmte Vorstellung von Licht, Luft, Klarheit und Wahrheit hatten«.

27 *Mies van der Rohe*: 64.

28 Lotz, *op. cit.*: 247. Über die anderen Exponate unterrichtet *Deutsche Bauausstellung Berlin*. Eine der kritischen Stimmen: »Völlig unverständlich ist die Aufstellung eines Erdgeschoßwohnhauses (Mies van der Rohe), eine spleenig moderne Villa, die als Beitrag zur Wohnungsfrage völlig ausschaltet und fast wie eine Verhöhnung wirkt.« (Kaufmann, Georg, »Die Wohnung unserer Zeit, Halle II der Deutschen Bauausstellung«, *Wohnungswirtschaft*, VIII (1931): 205 bis 206, 206).

29 Blaser, *Mies van der Rohe*: 48.

Siedlungsbau: Aufgaben und Schwierigkeiten

1 Vgl. Gradov, *Stadt und Lebensweise*: 37 ff.

2 Lissitzky, *Rußland*: 17.

3 *ibid.*: 18.

4 *ibid.*

5 *ibid.*: 27. Vgl. auch Kopp, *Town and Revolution*: 116.

6 Lissitzky, *op. cit.*: 18.

7 May, Ernst, »Der Bau neuer Städte in der UdSSR«, *Das neue Frankfurt*, V (1931): 117–134, 124.

8 *ibid.*: 125.

9 *ibid.*: 128.

10 Gropius, Walter, »Die soziologischen Grundlagen der Minimalwohnung für die städtische Industriebevölkerung«, 1929, zitiert nach Gropius, *Architektur*: 84–93, 84.

11 *ibid.*: 85.

12 Vgl. auch oben S. 45.

13 Gropius, *op cit.*: 85.

14 *ibid.*: 87.

15 *ibid.*: 88.

16 *ibid.*

17 *ibid.*: 89.

18 *ibid.*: 91.

19 *ibid.*: 92.

20 Vgl. seine Beiträge zu den Werkbundausstellungen in Paris von 1930 und zur Deutschen Bauausstellung von 1931, die sich beide mit Gemeinschaftsräumen solcher Großhäuser beschäftigen (Giedion, *Gropius*: Abb. 112–115).

21 Lane, *Architecture and Politics:* 4.
22 Vgl. das nächste Kapitel.
23 Eine knappe Einführung gibt Benevolo, *Geschichte,* I: 177–205. Vgl. auch Benevolo, *Ursprünge.*
24 Vgl. Lane, *op. cit.:* 88–89, sowie 104–111 (über die Gehag). Nach Frank/Rentschler, *Berlin und seine Bauten;* 27, entstanden in Berlin zwischen 1924 und 1930 135 000 Wohneinheiten, von denen 82 914 von gemeinnützigen Gesellschaften und Genossenschaften errichtet wurden. 1928 betrug das Verhältnis genossenschaftlicher Wohneinheiten zu privat finanzierten 24 806 zu 15 267.
25 Vgl. z. B. Ginsburger, Roger, »Warum und wozu Selbstversorgersiedlungen?«, *Die Form,* VII (1932): 191–193.
26 *ibid.:* 192.
27 Schwab, Alexander, »Menschenwirtschaft und Raumwirtschaft in Deutschland«, *Die Form,* V (1930): 326–328; über Schwab vgl. die Einleitung zu Schwab, *Buch vom Bauen:* 7–12.
28 *ibid.:* 327.
29 *ibid.:*
30 Ginsburger, *op. cit.:* 192–193.
31 *ibid.:* 193.
32 Rading, Adolf, »Stadt, Form, Architekt«, *Die Form,* I (1925): 6–10, 6.
33 *ibid.*
34 *ibid.:* 8, 10.
35 Gropius, *op. cit.:* 90.
36 Schallenberger/Gutkind, *Wohnbauten:* 5.
37 Behne, Adolf, »Das Berliner Wohnungsproblem, Ein Interview mit Stadtbaurat Dr. Wagner«, *Das neue Berlin:* 50–57.
38 *ibid.:* 51
39 Nosbisch, *Wohnungswesen:* 99.
40 Behne, *op. cit.:* 56.
41 Bangert, *Baupolitik:* 85.
42 *ibid.:* 87.
43 Buekschmitt, *May:* 52. Die Siedlung Römerstadt hat bei einer sorgfältigen Analyse auch in technischer Hinsicht gut abgeschnitten, obwohl die heutigen, sehr viel höheren Standards zugrundegelegt wurden. Vgl. Kräntzer, K. R. und Kothe, B., »Instandsetzung und Modernisierung der Wohnhausgruppe Römerstadt in Frankfurt/Main«, *Berichte aus der Bauforschung* (1972): 3–89.
44 Nosbisch, *op. cit.:* 101.
45 Vgl. auch Junghanns, *Taut.*
46 Gropius, *op. cit.:* 90.
47 *ibid.*
48 *ibid.:* Forderungen dieser Art ist allerdings auch unter modernen Planern gelegentlich schon in den 20er Jahren widersprochen worden. Vgl. z. B. das editorische Vorwort von Martin Wagner zu Gropius, Walter, »Flach-, Mittel- oder Hochbau«, *Das neue Berlin;* 74–75, wo Wagner u. a. erklärt, »daß ich das neue Berlin nicht in den Himmel wachsen sehe, daß ich vielmehr ernsthaft an eine Generation der Berliner glaube, die das Leben in den mechanisierten und hygienisierten Mietskasernen ablehnen, weil über der besten Wohnmaschine Bedürfnisse menschlicher und naturhafter Art liegen, die eines Kampfes würdig sind.« Vgl. auch Grobler, Johannes, »Die Rationierung der Wohnungsgröße«, *Das neue Berlin:* 63–64.
49 May, Ernst, »Das soziale Moment in der neuen Baukunst«, *Das neue Frankfurt,* I (1926): 77–83, 80.
50 *ibid.:* 83.

Siedlungsbau: Formprobleme

1 Taut, *Baukunst:* 55.
2 Dr. M . . . z, »Die Gartenstadt Nürnberg von den Architekten Lehr und Leubert, Nürnberg«, *Moderne Bauformen,* XXII (1923): 257–288, 257.
3 Frank/Rentschler, *Berlin und seine Bauten:* 136–138.
4 *ibid.:* 137.
5 Vgl. die Abb. *ibid.*
6 Stahl, Fritz, »Die Gartenstadt Staaken«, *Wasmuths Monatshefte für Baukunst,* III (1918/19): 137–195, wo es, harmonisierend, auch heißt: »Die Typen lassen sich schwer beschreiben: Sie erinnern in den Hauptstraßen an das Bürgerhaus des 18. und 19. Jahrhunderts; in den Nebenstraßen an das älteste Giebelhaus, an der Mauer an das Vorstadthaus, alle gemeinsam an die Häuser, die man in norddeutschen Kleinstädten findet.« Zusammenfassend meinte Stahl (143), daß sich in Staaken »wo keine Nachahmung stattgefunden hat, gewisse Wirkungen der alten deutschen Stadt von selbst einstellen.«
7 Behrens/de Fries, *Vom sparsamen Bauen:* 69.
8 *ibid.:* 58–67.
9 *ibid.:* 67–68.
10 Haesler, *Lebenswerk:* 3.
11 *ibid.:* 5.
12 *ibid.*
13 *ibid.:* 8.
14 *ibid.*
15 Fries, *Wohnstädte:* 56.
16 Haesler, *op. cit.:* 9.
17 Fries, Henri de, »Organisation eines Baugedankens«, *Die Form,* II (1927): 193–201, 201.
18 *ibid.:* 200.
19 Vgl. z. B. Gropius, Walter, »Der Architekt als Organisator der modernen Bauwirtschaft und seine Forderungen an die Industrie«, zitiert nach Block, *Probleme des Bauens:* 202–214.
20 Rading, Adolf, »Bebauungsplan Siemensstadt«, *Das neue Berlin:* 61.
21 *ibid.*
22 Vgl. die Kritik von de Fries, Henri, »Problematik des Städtebaus«, *Die Form,* IV (1930): 189–193.
23 Differenziertere Programme, wie sie etwa den Siedlungen des immer wieder zitierten Oud oder auch denen von Taut zugrundelagen, sind theoretisch so gut wie gar nicht diskutiert worden.
24 Gantner, Josef, »Versuchssiedlungen als Ausstellungen«, *Das neue Frankfurt,* III (1929): 203.
25 Über die Bauten informiert Eitel, Hans, »Eindrücke von der Karlsruher Ausstellung ›Die Gebrauchswohnung‹«, *Baukunst,* V (1929): 319–330. Zur Diskussion vgl. die Beiträge von W. Lotz, W. Schwagenscheidt, A. Fischer und O. Haesler, *Die Form,* V (1930): 225–230, 242–246.
26 Behne, Adolf, »Dammerstock«, *Die Form,* V (1930): 163–166, 164.
27 *ibid.*
28 *ibid.:* 165.
29 Zur Analyse vgl. vor allem Junghanns, *Taut.*
30 *ibid.:* 60.
31 Taut, *Ein Wohnhaus;* Junghanns, *op. cit.:* Abb. 251.
32 Joedicke/Lauterbach, *Häring:* 111–113.
33 Junghanns, *op. cit.:* 76. Die dort zitierten »Gehag-Nachrichten« waren mir nicht zugänglich. Nosbisch, *Wohnungswesen:* 173, hat ein Kapitel »Der Garten als Freilicht-Wohnraum«.
34 Vgl. unten S. 92 und die Analysen bei Junghanns, *op. cit.:* 71, 83.
35 Frank/Rentschler, *Berlin und seine Bauten:* 159: »Das städtebauliche Interesse der Architekten (= der 20er Jahre) konzentrierte sich mehr auf die Wohnungen, die Form der Baukörper und den Außenraum als auf die übergeordneten Fragen der Planung von Siedlungen in der Großstadt . . .«
36 Frank/Rentschler, *op. cit.:* 145.
37 Junghanns, *op. cit.:* 67.
38 Vgl. Gut, *Wohnungsbau:* Abb. 291, 313, 459, 516.
39 Junghanns, *op. cit.:* 68.
40 *ibid.:* 69.

41 Vgl. *ibid.:* Abb. 118, 119.
42 *ibid.:* 69.
43 Zitiert nach Junghanns, *op. cit.:* 67, wo (74) auch die spätere Äußerung Tauts vom Architekten als »Gestalter der Solidarität« herangezogen ist. An anderer Stelle heißt es bei Taut, *Bauen:* 47: »Die Schönheit einer Siedlung liegt im wesentlichen in den Zusammenhängen der Gruppen und Reihen.« Angleichung der Giebel und eine Farbigkeit »im Sinne der melodischen Abtönung des Ganzen sorgen für die letzte Harmonie. Dies sind die unverkennbaren Kennzeichen eines wirklichen Kollektivbauens, eines Bauens, das die Gesamtheit zusammenfaßt und der schönste Ausdruck für überpersönliche Empfindungen ist.«
44 Junghanns, *op. cit.:* 68.
45 *ibid.*
46 *ibid.*
47 Taut, *Baukunst:* 6.
48 Forbat, Fred, »Wohnform und Gemeinschaftsidee«, *Wohnungswirtschaft,* IV (1929): 141–143, 141.
49 *ibid.:* 141–142.
50 *ibid.:* 142.
51 *ibid.*
52 *ibid.*
53 Taut, *op. cit.:* 7.
54 Buekschmitt, *op. cit.:* 29.
55 Bangert, *Baupolitik:* 53–73.
56 Vgl. die Übersichtskarte in *Das neue Frankfurt,* II (1928): 125.
57 Vgl. Nosbisch, *Wohnungswesen:* 99–105, der allerdings noch immer (101) die hohen Kosten beklagte.
58 Vgl. u. a. Lihotzky, Grete, »Rationalisierung im Haushalt«, *Das neue Frankfurt,* I (1926/27): 120–123.
59 Übersicht in *Das neue Frankfurt,* II (1928): 125–155.
60 Dies hat sicherlich mit dazu beigetragen, daß diese Siedlungen noch immer nicht überall in ihrer ganzen Bedeutung erkannt sind. Die üblichen Fotos aus der Bauzeit können das so wichtige Grün nicht zeigen, während heutige Aufnahmen zu wenig von der Architektur sehen lassen.
61 Boehm, Herbert, »Baulanderschließung in Frankfurt a. M. früher und heute«, *Das neue Frankfurt,* I (1926/27): 105–112, 108.
62 (May, Ernst), *Das neue Frankfurt,* II (1928): 130.
63 Vgl. die Abb. der Farbgestaltung in Praunheim: *Das neue Frankfurt,* II (1928): 113.
64 Boehm, *op. cit.:* 109, schreibt: »Nicht der allseits geschlossene Häuser*block* ist Zelle und Ausgangspunkt der Planung, sondern die Häuser*reihe*.«
65 Ein Foto der Siedlung Praunheim vor dem Hintergrund des Taunus findet sich u. a. bei Lane, *op. cit.:* 96.
66 (May, Ernst), in *Das neue Frankfurt,* II (1928): 134.
67 Buekschmitt, *May:* 50.
68 Migge, Leberecht, »Form der Kleingärten«, *Die Form,* III (1928): 91–96, 96.
69 Vgl. besonders die Siedlung Kiefenhoek.
70 Ein kurzer Text von Unwin leitet auch die Zeitschrift ein, die May in Frankfurt herausgab: »Die neue Stadt«, *Das neue Frankfurt,* I (1926/27): 10–11.
71 Buekschmitt, *May:* 19.

Städtebau: Programmatische Texte

1 Schallenberger/Gutkind, *Wohnbauten:* 3. Vgl. auch den anregenden Essay über die Bautätigkeit der 20er Jahre bei Scheffler, *Berlin:* 169–190.
2 Wagner, Martin, »Das neue Berlin«, *Das neue Berlin:* 4–5, 5.
3 Schallenberger/Gutkind, *op. cit.:* 13.
4 Nach Schumacher, *Strömungen;* 184 bestand teilweise sogar ein Überangebot, »weil durch den Übergang zur Republik ... eine Fülle von Bauten zur Verfügung stand, die ihrem alten Zweck nicht mehr dienen konnten, Schlösser, die nicht mehr bewohnt und Kasernen, die nicht mehr gebraucht wurden.«
5 *Max Taut:* 36, 50, 56.
6 Benevolo, *Geschichte,* II: 151.
7 Gartenstädte sollten etwa 30 000 Einwohner haben, und auch für Garniers Cité industrielle waren nur etwa 35 000 vorgesehen, Corbusier dagegen plante für 3 Millionen Menschen.
8 Le Corbusier, I: 34, berief sich u. a. auf »analyses techniques«, und schon der Name »Ville Contemporaine« ist Programm, denn die Lösung gegenwärtiger Probleme wird versprochen, nicht eine Utopie.
9 Vgl. den Text über die Straße bei Le Corbusier, *op. cit.:* 112.
10 Zur Stadtfeindlichkeit vgl. Bahrdt, *Großstadt:* 35–57, und Oswald, *Die überschätzte Stadt:* 65–89.
11 Rading, Adolf, »Die Typenbildung und ihre städtebaulichen Folgen«, zitiert nach Block, *Probleme des Bauens:* 55–86, 73.
12 Rading, *op. cit.:* 66.
13 *ibid.:* 66, 73.
14 Gropius, *Bauhaus:* 73.
15 Vgl. die Thesen 77–95, zitiert nach Le Corbusier: *An die Studenten:* 118–130.
16 Wolf, *Wohnung und Siedlung:* 134.
17 Hilberseimer, *Großstadtarchitektur:* 16. Vorher heißt es *ibid.:* 6–7, Wohnungshygiene und Verkehrstechnik seien »die beiden wichtigsten Bestandteile des Gesamtkomplexes Städtebau«. Seine Hochhausstadt hatte Hilberseimer bereits 1926 in seinem Band *Großstadtbauten:* 8–21, publiziert.
18 Hilberseimer, *Großstadtarchitektur:* 17.
19 *ibid.:* 18.
20 *ibid.:* 20.
21 *ibid.*
22 *ibid.*
23 *ibid.:* 21.
24 Hilberseimer, *Planungsidee:* 22.
25 Häring, Hugo, »zwei städte«, 1926, hier zitiert nach Joedicke/Lauterbach, *Häring:* 17–19, 18.
26 *ibid.:* 19.
27 *ibid.:* 18.
28 *ibid.*
29 *ibid.*
30 *ibid.*
31 Schwab, Alexander, »Typen der Theorie des Städtebaus«, *Die Form,* V (1930): 521–524, 521.
32 *ibid.*
33 *ibid.*
34 *ibid.:* 522.
35 *ibid.*
36 Rading, Adolf, »Stadt, Form, Architekt«, *Die Form,* I (1925): 6–10, 8.
37 Schwab, *op. cit.:* 523.
38 Schwab, Alexander, »Zur Abteilung ›Städtebau und Landesplanung‹«, *Die Form,* V (1930): 79–83, 80.
39 *ibid.*
40 Zu Schumacher vgl. jetzt die noch ungedruckte Diss. phil. von Dörte Nicolaisen, *Studien zur Hamburger Architektur 1910–1930,* München 1974.
41 Schumacher, *Köln,* Vorwort.
42 Schumacher, *Stufen:* 381.
43 Schumacher, *Kulturprobleme der Großstadt:* 140.
44 Schumacher, *Stufen:* 302.
45 *ibid.:* 304–305.

46 Schwab, Alexander, »Typen der Theorie des Städtebaus«, *Die Form,* V (1930): 521–524, 522.
47 *ibid.:* 523.
48 Vgl. Schwab (zitiert Anm. 38): 79.
49 *ibid.*

»Weltstadtplätze« für Berlin

1 Behrendt, Walter Curt, »Berlin wird Weltstadt-Metropole im Herzen Europas«, *Das neue Berlin:* 98–101, 98.
2 *ibid.*
3 *ibid.*
4 Wagner, Martin, »Das neue Berlin – Die Weltstadt Berlin«, *Das neue Berlin:* 4–5, 4.
5 *ibid.*
6 Hilberseimer, *Großstadtarchitektur:* 2.
7 *ibid.:* 98.
8 Hajos/Zahn, *Berliner Architektur:* VIII.
9 *ibid.:* VIII–IX.
10 *ibid.:* IX.
11 *ibid.:* X.
12 Vgl. auch Schwab, *Buch vom Bauen:* 67–77.
13 Vgl. Klotz, *Erzählte Stadt:* 372–418.
14 Wagner, Martin, »Das Formproblem eines Weltstadtplatzes, Wettbewerb der Verkehrs A. G. für eine Umbauung des Alexanderplatzes«, *Das neue Berlin:* 33–38, 33.
15 *ibid.*
16 *ibid.*
17 *ibid.*
18 *ibid.:* 37.
19 *ibid.*
20 Breuer, Marcel »Verkehrsarchitektur – ein Vorschlag zur Neuordnung des Potsdamer Platzes«, *Das neue Berlin:* 136–141, 136.
21 Breuer, *op. cit.:* 141.
22 Vgl. die Grundrisse bei Wagner, *op. cit.:* 34 und 37.
23 Auch diese aber sind nicht individualisiert.
24 Hilberseimer, Ludwig, in: *Das neue Berlin:* 39–40, 39. Vgl. auch Hilberseimers Aufsatz »Entwicklungstendenzen des Städtebaus«, *Die Form,* IV (1929): 209–211, 210.
25 Hilberseimer, Ludwig, *Das neue Berlin:* 40.
26 Hilberseimer, *Großstadtarchitektur:* 43.
27 Taut, Bruno, »Krise der Architektur«, *Wohnungswirtschaft,* VI (1929): 105–107, 106.

Die »Großstadtarchitektur« Erich Mendelsohns

1 Vgl. z. B. Zevi, *Mendelsohn:* 135.
2 *ibid.:* 158, 199.
3 Wiener, *Warenhaus:* V: »... die Eigenart und Neuheit des Zweckes zwang zu moderner Behandlung, zwang zur Anwendung neuartiger Konstruktionen, zu einem ganz veränderten Empfinden hinsichtlich der tragenden Masse im Verhältnis zu den Öffnungen, kurz zur Umwertung aller sonst im Entwurf maßgebenden Bedingungen.« An anderer Stelle (174) werden als Hauptforderungen des Bauprogramms genannt: »Übersichtlichkeit und Weiträumigkeit im Inneren, Beschränkung der tragenden Mauern, an deren Stelle Pfeiler treten, zu Gunsten größter Raumausnutzung, und weitgehende Fürsorge für Feuer- und Betriebssicherheit bei der Wahl der Konstruktion und Materialien.«
4 Zevi, *op. cit.:* 144, 145. Eine große Zahl von Fotos, die die technische Seite des Baus und die verschiedenen Bauphasen dokumentieren, bietet Schulze, *Stahlskelettbau.*
5 Zevi, *op. cit.:* 146.
6 Zum Kaufhaus Petersdorff in Breslau schrieb *Architektur und Schaufenster,* XXV (1928): Maiheft, man könne die Firma »nur beglückwünschen ..., denn der propagandistische Wert eines solchen Baus ist gar nicht hoch genug einzuschätzen.« *Ibid.* auch ein Foto des Baus vor der Umgestaltung durch Mendelsohn.
7 Der Zusammenhang von Straße, Architektur und Reklame ist in den zwanziger Jahren vielfach diskutiert worden, und zwar durchweg unter dem Gesichtspunkt, wie dieses Zusammenwirken verstärkt werden könne, wofür besonders die einheitliche Gestaltung von Architektur und Reklame als wesentlich angesehen wurde. Vgl., als einen Text unter vielen, Hilberseimer, Ludwig, »Die neue Geschäftsstraße«, *Das neue Frankfurt;* III (1929), 67–77. Vgl. auch unten Anm. 9.
8 Wohl zur Verdeutlichung dieses Zuges waren (Schulze, *Glas:* 33) die Treppenläufe auch von unten beleuchtet, so daß die Kurvenführung der Treppe und der darin fixierte Bewegungsablauf sichtbar und sogar hervorgehoben waren. Ein formales Vorbild für das Treppenhaus findet sich bereits in den frühen Skizzen Mendelsohns. (Vgl. Zevi, *op. cit.:* 40.)
9 Mendelsohn, *Sinn der Krise:* 24, hat 1932 von der Architektur allgemein erklärt: »In Übereinstimmung mit dem aktiven Leben aktiviert sie die eingeborene Raumfreude der Menge und macht aus dem Bau ein Manifest.« Hilberseimer, Ludwig, »Glasarchitektur«, *Die Form:* IV (1929): 521–522, 522, hat Glasfassaden im Stile Mies van der Rohes gepriesen, weil ein solches Geschäftshaus »mit seinen Schaufenstern die Trennung zwischen Ware und Publikum optisch völlig aufhebt, den Laderaum gewissermaßen mit dem Straßenraum verbindet.« Hugo Häring, des blinden Modernismus sicherlich unverdächtig, schrieb (»probleme um die lichtreklame«, *»bauhaus – zeitschrift für gestaltung«,* II [1928], Heft 4: 7): »der ladenaufbau und die reklameinstrumente entwickeln sich in die tiefe und stellen sich senkrecht zur bauflucht. soll der heutige, immer eilige passant, auch der im auto sitzende, vom ladenraum erfaßt werden, so ist des letzteren wirkung in den verkehrsraum weiter hinaus nötig als früher. der alte kleine schaukasten, reliefartig aufgebaut wie die guckkastenbühne, ist nicht mehr möglich; die neue forderung erzwingt querstellung zur verkehrsrichtung, die grenze zwischen laden und verkehrsraum wird aufgehoben, die bauflucht zerfällt, der ehemals geschlossene straßenraum löst sich auf.«
10 Zitiert nach Lethen, *Neue Sachlichkeit:* 30.
11 Zevi, *op. cit.:* 165–167.
12 *ibid.:* 168–169.
13 Vgl. *ibid.:* 174, Abb. 1 mit 173, Abb. 317.
14 *ibid.:* 174.
15 *ibid.:* 98–99.
16 *ibid.:* 154–163.
17 Johannes, *Neues Bauen:* 26.
18 Mendelsohn, *Gesamtschaffen:* 229.
19 Zevi, *op. cit.:* 157.
20 *ibid.:* 154, Abb. 264, 265.
21 *ibid.:* Abb. 262.
22 *ibid.:* 178, Abb. 332.
23 Zevi, *op. cit.:* 180. Die Ausschreibung war zunächst von R. Reichel gewonnen worden, dessen Entwurf trotz seines an Poelzig inspirierten »Teutonenstils« (Hegemann, Werner in einer Notiz in *Wasmuths Monatshefte für Baukunst:* XIV [1930]: 467) Mendelsohns Entwurf dadurch überlegen war, daß er schon den Vorplatz vorsah, den Mendelsohn dann ausführte.
24 Hilberseimer, *Großstadtarchitektur:* 67, sah die Chance des europäischen Hochhauses in der »Einzelwirkung«: »Es wird daher zweckmäßig an solchen Orten zu errichten sein, wo es die Dynamik einer Straße oder eines Platzes akzentuierend zusammenfaßt, der Bewegung Ziel und Richtung gibt.« »Um zu einer solchen

(Wirkung) zu kommen, müßte seine Lage eine isolierte sein, einzelne Straßen oder Plätze beherrschen, Ordnung und Übersicht in das Straßensystem bringen.« Über die Konkurrenz, bei der es wieder um das Grundstück ging, für das schon 1921 ein Wettbewerb ausgeschrieben war (vgl. S. 40), unterrichtet Hegemann, Werner, »Hochhaus Friedrichstraße«, *Wasmuths Monatshefte für Baukunst,* XIV (1930): 191–194.

25 Zevi, *op. cit.:* 197.

26 Hilberseimer, *op. cit.:* 103.

»Neues Bauen« und Weimarer Republik

1 Vgl. u. a. die Behandlung bei Benevolo, *Geschichte,* und Hitchcock, *Architecture.*

2 Vgl. S. 9.

3 Eine der wenigen Ausnahmen bei Jaeckh, Ernst, »Idee und Realisierung der Internationalen Werkbund-Ausstellung ›Die Neuzeit‹ Köln 1932«, *Die Form,* IV (1929): 401–421, 415.

4 Behrendt, Walter Curt, »Geleitwort«, *Die Form,* I (1925): 1–2, 1.

5 Jaeckh, *op. cit.:* 417.

6 *ibid.*

7 *ibid.:* 418.

8 *ibid.*

9 Die eindrucksvollste Zusammenstellung bietet noch immer Sartoris, *Architettura funzionale.*

10 Pevsner, *Wegbereiter:* 18–19, 100, 103, außerdem Richards/Pevsner, *Anti-Rationalists:* 203–208.

11 Vgl. Burchard/Bush-Brown, *Architecture of America.* 298–386.

12 Vgl. repräsentative Bauten der Stalinzeit wie die Lomonossow-Universität mit amerikanischen Hochhäusern der zwanziger Jahre wie dem Wrigley Building in Chicago. Malevitch hatte 1923 geschrieben (zitiert nach Malewitsch, *Suprematismus:* 280): »Wenn der Kommunismus seine Bauten in der Form amerikanischer Wolkenkratzer errichten sollte, dann bewiese er damit nur, daß sein Inhalt und seine technische Ausrichtung sich nicht von der amerikanischen Ausrichtung unterscheiden. Der Unterschied läge bestenfalls in der Anwendung vollkommenerer Methoden auf Verhältnisse, die eigentlich bekämpft werden sollten.«

13 Sartoris, *op. cit.* hat einen Ausspruch Mussolinis zum Motto: »Tutte le mie simpatie sono anche nel dominio dell' arte per i novatori e i distruttori: per i futuristi.« S. 13 werden Bauten wie die des EUR Viertels in Rom, die man heute wie damals »faschistisch« nennen würde, als Beispiele »di falsa architettura moderna« kritisiert. Die Dokumentation des italienischen Beitrages zur modernen Architektur (387–618) hat ihren Schwerpunkt sogar in den dreißiger Jahren.

14 Aufschlußreich ist dazu ein Aufsatz in einer der offiziösen Kunstzeitschriften, in dem u. a. Gropius, Mies, Taut, Mendelsohn und Haesler vorgestellt werden: Pica, Agnoldomenico, »Architettura tedesca moderna«, *Emporium,* LXXXV (1937): 75–90. Die Kritik an der nationalsozialistischen Architektur ist unverkennbar, wenn es dort (87–89) heißt: »Da qualche tempo l'architettura tedesca à conchiuso il suo periodo d'oro. Si è parlato d'influenze esteriori e di cause extra artistische. Queste in effetto hanno avuto, e tuttora hanno, il loro peso.«

15 Vgl. zu dieser Frage allgemein Elias, *Höfische Gesellschaft:* 344–351. Ob sich für langfristige Entwicklungsprozesse absolute Anfänge und absolute Ursachen angeben lassen, scheint fraglich. Anders ist es beim »Auftauchen von relativ neuen Figurationen innerhalb einer kontinuierlichen Gesamtentwicklung« (Elias), deren Ursachen aus der Analyse der spezifischen Konstellation erklärt, wenn auch nicht als zwingend notwendig erwiesen werden können.

16 Die wichtigsten Beiträge zur Klärung dieser Zusammenhänge stammen von Lane, *op. cit.:* 7–40, 87–145. Hinzu kommt Petsch, *Architektur und Gesellschaft:* 200–205. Petschs Darlegungen sind schon dadurch präjudiziert, daß er die entscheidende Cäsur um 1910 ansetzt. Vor allem aber leiden sie m. E. darunter, daß sie architektonische Formen und Kompositionsweisen unmittelbar und ohne historische Differenzierung mit bestimmten politischen Inhalten und Positionen identifizieren: »Die politische Entwicklung in der Weimarer Republik spiegelt sich *(sic!)* in der Architektur wider, in der Analogie der inhaltlichen Strukturen der Bauwerke zu der Struktur der gesellschaftlichen Vorgänge« (202). Das führt zu Äußerungen wie den folgenden, deren Anspruch auf Beschreibung objektiver Sachverhalte (nicht etwa von Zielen und Hoffnungen der Architekten) nicht akzeptiert werden kann: »Durch Aufspüren des ›Wesens‹ enthüllt der Architekt das innere Gefüge der Gesellschaft und ihre soziale Struktur« (200). »Durchsichtigkeit als prägnantestes Zeichen einer demokratischen Gesellschaftsordnung zeichnete die Architektur aus« (201). »Den demokratischen Grundrechten, die jedem zugebilligt werden, entspricht die Zurückführung auf einfache Grundstrukturen und Elementarformen« (201). Oder: »Die flexiblen und mobilen neuen Ordnungssysteme der Architektur ... sind den demokratischen Ordnungssystemen adäquat« (202).

17 Darin lag aber auch bereits der Keim für die Konflikte, die innerhalb des Werkbundes auftraten. Vgl. die Dokumente zu dem Streit um die Typisierung von 1914 bei Posener, *Funktionalismus:* 204–222.

18 Vgl. die knappe Entstehungsgeschichte bei Posener, *op. cit.:* 19–26.

19 Posener, *op. cit.:* 24. Vgl. auch oben S. 10.

20 Scheffler, *Großstadt:* 87.

21 *ibid:* 86–87.

22 Gropius, Walter, »Die Entwicklung moderner Industriebaukunst«, *Jahrbuch des Deutschen Werkbundes,* II (1913): 17–22, 17.

23 Behrendt, *Kampf um den Stil:* 220.

24 Vgl. Posener, *op. cit.:* 204–222 sowie Franciscono, *Gropius:* 71–87.

25 Muthesius, *Zukunft der deutschen Form:* 35.

26 *ibid.:* 36. Vgl. auch den Diskussionsbeitrag von Erich Pistor (zitiert nach Posener, *op. cit.:* 221): »Wir wissen, daß der Werkbundgedanke einer der wichtigsten Kampf- und Hilfsmittel für die Entwicklung des Deutschtums zur Weltmacht darstellt ...«

27 Schumacher, zitiert nach Posener, *op. cit.:* 22.

28 *ibid.*

29 Gropius, Walter, »Industrie-Bau«, zitiert nach Weber, *Faguswerk:* 27.

30 *ibid.*

31 Scheffler, *Großstadt:* 159, spricht von »Arbeitsstätten kühner Unternehmungen« und »Wahrzeichen nicht nur der AEG, sondern der modernen Industriearbeit überhaupt.«

32 *ibid.:* 157.

33 Gropius, Walter, »Die Entwicklung moderner Industriebaukunst«, *Jahrbuch des Deutschen Werkbundes,* II (1913): 17–22, 21.

34 Vgl. S. 62.

35 Vgl. S. 59 und S. 64.

36 Muthesius, Hermann, »Wo stehen wir?«, *Jahrbuch des Deutschen Werkbundes,* I (1912): 11–26, 25.

37 *ibid.*

38 Scheffler, *op. cit.:* 131.

39 Posener, *op. cit.:* 24.

40 »Vom heiligen Bau«, *Frühlicht* (ed. Conrads): 41–45, 41.

41 Behne, *Wiederkehr:* 11–12. Vgl. auch die programmatische Rede von Hans Poelzig, »Werkbundaufgaben«, *Mitteilungen des Deutschen Werkbundes,* III (1919): 109–124. Sie enthält unter anderem (110) die Forderung, der Werkbund müsse sich darauf besinnen, »... daß ihn eine geistige und nicht eine wirtschaftliche Bewe-

gung ins Leben rief. Unter allerlei politischen und wirtschaftlichen Unternehmungen des Werkbundes ist dieser Geist nur zu sehr verschüttet worden, und es ist Zeit, ihn in seiner Reinheit wieder herauszustellen.« Etwas später (111): »In der Industrie wird nur allzu leicht jede künstlerische Anregung sofort durch die alles beherrschende Rücksicht auf die wirtschaftliche Ausnutzung verwässert... Auch die Rücksicht auf den Export darf *unsere* Arbeit in keiner Weise leiten. Diese Rücksicht zwingt zu Kompromissen, zu Einstellungen auf die Nachfrage und auf Wünsche von Interessentengruppen.« Vgl. auch die kritische Stellungnahme bei Behrendt, *Kampf um den Stil:* 97–99.

42 Vgl. zwei so verschiedene Arbeiten wie Fischer, *Wirtschaftspolitik:* 12, und Grimm/Hermand, *Zwanziger Jahre:* 8.

43 Auch die stärkere Berücksichtigung von Kleinwohnungen und Selbstversorgersiedlungen hat nur zu einer Reduzierung früherer Programme geführt, nicht zur Entwicklung grundsätzlich neuer Gedanken.

44 Dies ist die These von Lindahl, *Zukunftskathedrale:* 281, der trotz vieler Vorläufer die »totale Veränderung« in das Jahr 1924 datiert: »Die Ursache dieser Veränderung war, als die Inflation endlich überstanden war, die mit dem Jahr 1924 wiederkehrende politische Ruhe und wirtschaftliche Erholung.« Anders schon Taut, *Baukunst:* 43, der über die Architekten notierte: »Daß die besseren von ihnen diesen Zustand, der unter dem Namen des Expressionismus auftrat, schon in der Inflation, also vor 1923, hinter sich ließen, wird der als Leistung würdigen, der die deutschen Verhältnisse von damals kannte.«

45 Vgl. S. 45 f.

46 Zu diesem Begriff vgl. Elias, *op. cit.:* 27–29 und passim.

47 Bracher, *Weimarer Republik:* 164.

48 *ibid.:* 166.

49 *ibid.*

50 *ibid.:* 164.

51 *ibid.:* 161.

52 Schmitthenner, *Baugestaltung:* 8.

53 Vgl. Lane, *op. cit.:* 134–135. Schultze-Naumburg, *Kampf um die Kunst:* 56–57, sah die nach Absatz für ihre Produkte suchende Industrie als die treibende Kraft hinter der modernen Architektur.

54 Lane, *op. cit.:* 125–145.

55 *ibid.:* 134.

56 Taut, *Baukunst:* 44, nannte 1929: Hamburg, Frankfurt und Berlin, sowie die Nebenzentren Breslau, Magdeburg, Stuttgart, Celle, Köln, Altona, Karlsruhe und Dessau.

57 Lane, *op. cit.:* 69–86.

58 Vgl. die Abbildungen bei Müller-Wulckow, *Bauten der Arbeit.*

59 Vgl. z. B. die Arbeiten von Schumpp und Ruff *ibid.*

60 Dies zu untersuchen, wäre eine eigene Arbeit wert, denn gleichzeitig mit der zunehmenden Polarisierung scheint es auch eine entgegengesetzte Tendenz gegeben zu haben. Bei Fahrenkamp, Schumacher, Behrens (vgl. die Linzer Fabrik mit Mendelsohn!) und anderen scheint sich die Neigung, sich dem Neuen Bauen wenn nicht anzuschließen, so doch zu nähern, zunehmend verstärkt zu haben. Vgl. auch Benevolo, *op. cit.,* II: 175.

61 Die Unterschiede sollen dabei nicht übersehen werden. Vgl. auch den Abschnitt »Sachlichkeit« bei Behne, *Taut:* 20–21.

62 Lethen, *Neue Sachlichkeit.*

63 *ibid.:* 1–92. Vgl. auch Behne, *Zweckbau:* 26–27 über Ford.

64 Lethen, *op. cit.:* 10.

65 *ibid.:* 58. Vgl. auch oben.

66 *ibid.:* 29.

67 Riezler, Walter, »Front 1932«, *Die Form,* VII (1932): 1–5, 4.

68 Mies van der Rohe, »Die neue Zeit«, *Die Form,* V (1930): 406.

69 *ibid.*

70 Schwab, *Buch vom Bauen:* 13.

71 *ibid.:* 76.

72 *ibid.:* 74.

73 Senger, *Brandfackel Moskaus:* 25–26.

74 *ibid.:* 47.

75 Vgl. Lane, *op. cit.:* 148–167.

76 Mir ist aus Oberhessen berichtet worden, daß von Partei und Hitlerjugend Busfahrten organisiert wurden, um in Frankfurt die »Kommunistenlöcher« Ernst Mays zu besichtigen, der in diesen Kreisen auch als der »Lenin des deutschen Bauens« bekannt gewesen sein soll.

77 Riezler, Walter, »Der Kampf um die deutsche Kultur«, *Die Form,* VII (1932): 325–328, 326.

78 *ibid.*

79 Taut, *Baukunst:* 2.

80 Kallai, Ernst, »bauen und leben«, *bauhaus – zeitschrift für gestaltung,* III (1929): 12.

Literatur

Vorbemerkung: Die folgende Liste enthält nur solche Arbeiten, die auch in den Anmerkungen zitiert sind. Sie ist also in keiner Hinsicht eine Bibliographie zur modernen Architektur der Weimarer Republik. Eine solche Bibliographie müßte, sollte sie auch nur annähernd vollständig sein, einen eigenen Band bekommen, was mir beim Charakter dieses Buches (vgl. auch das Vorwort) unangemessen schien. Eine vorzügliche und systematisch aufgebaute Einführung in die einschlägige Literatur ist bei Barbara Miller Lane, *Architecture and Politics,* bereits vorhanden. Auch auf die sorgfältigen und hilfreichen bibliographischen Angaben bei Pehnt, *Architektur des Expressionismus,* und bei Franciscono, *Walter Gropius and the Creation of the Bauhaus,* sei ausdrücklich hingewiesen. Hilfreich ist auch Lasch, *Architekten-Bibliographie.*
Um das Auffinden der vielen Zitate zu erleichtern, habe ich bei Aufsätzen, die auch in modernen Sammlungen oder Nachdrucken zugänglich sind (z. B. *Frühlicht*, Joedicke/Lauterbach, *Häring,* oder Poelzig, *Schriften und Werke),* nach der neuesten Ausgabe zitiert. In diesen Fällen sind die Aufsätze in der Bibliographie nicht noch einmal für sich aufgeführt.

Adorno, Theodor W. *Ästhetische Theorie.* Frankfurt am Main: Suhrkamp, 1970.
Adler, Leo. »Siedlungen in Berlin-Britz«. *Wasmuths Monatshefte für Baukunst* XI (1927): 385–389.
Afanasjew, Kyrill N. *Ideen – Projekte – Bauten, Sowjetische Architektur 1917/32.* Dresden: Verlag der Kunst, 1973 (= *Fundus-Bücher* 30).
Andersen, Troels. *Malevich, Catalogue Raisonnée of the Berlin Exhibition.* Amsterdam: Stedeljik Museum, 1970.

Badt, Kurt. *Kunsttheoretische Versuche. Ausgewählte Aufsätze herausgegeben von Lorenz Dittmann.* Köln: DuMont Schauberg: 1968.
Badt, Kurt. *Eine Wissenschaftslehre der Kunstgeschichte.* Köln: DuMont Schauberg: 1971.
Bahrdt, Hans Paul. *Die moderne Großstadt, Soziologische Überlegungen zum Städtebau.* Reinbek bei Hamburg: Christian Wegner, 1971.
Bangert, Wolfgang. *Baupolitik und Stadtgestaltung in Frankfurt/Main. Ein Beitrag zur Entwicklungsgeschichte des deutschen Städtebaus in den letzten 100 Jahren.* Würzburg: Triltsch, 1937.
Banham, Reyner. *Die Revolution der Architektur, Theorie und Gestaltung im Ersten Maschinenzeitalter.* Reinbek bei Hamburg: Rowohlt, 1964 (= rowohlts deutsche enzyklopädie 209/210).
Banham, Reyner. »Neoklassizismus.« *Lexikon der modernen Architektur.* (Hrsg. Gerd Hatje). München/Zürich: Drömer-Knaur: 1963, 203–206.
Bau und Wohnung. Herausgegeben vom Deutschen Werkbund. Stuttgart: Dr. F. Wedekind und Co., 1927.
Behne, Adolf. *Zur neuen Kunst.* 2. Aufl. Berlin, 1917.
– *Die Wiederkehr der Kunst.* Leipzig: Kurt Wolff, 1919.
– *Ruf zum Bauen.* Berlin: Wasmuth, 1920.
– »Holländische Baukunst in der Gegenwart.« *Wasmuths Monatshefte für Baukunst* VI (1921/22): 1–32.
– *Holländische Baukunst der Gegenwart.* Berlin: Wasmuth, 1922.
– »Der Wettbewerb der Turmbaugesellschaft.« *Wasmuths Monatshefte für Baukunst* VII (1922/23): 58–67.
– *Von Kunst zur Gestaltung, Einführung in die moderne Malerei.* Berlin: Arbeiterjugendverlag, 1925.
– *Neues Wohnen, neues Bauen.* Leipzig: Hesse & Becker, 1927.
–*Max Taut, Bauten und Pläne.* Berlin/Leipzig/Wien/Chicago: F. E. Hübsch, 1927.
– *Eine Stunde Architektur.* Stuttgart: F. Wedekind, 1928.
– »Das Berliner Wohnungsproblem. Ein Interview mit Stadtbaurat Dr. Wagner.« *Das neue Berlin:* 50–57.
– »Dammerstock.« *Die Form* V (1930): 163–166.
– *Der moderne Zweckbau.* Frankfurt (Main)/Wien: Ullstein, 1964 (= *Ullstein Bauwelt Fundamente* 10). Erstausgabe: München: Drei Masken, 1926.
Behrendt, Walter Curt. *Der Kampf um den Stil im Kunstgewerbe und in der Architektur.* Stuttgart/Berlin: Deutsche Verlags-Anstalt, 1920.
– »Geleitwort.« *Die Form* I (1925): 1–2.
– *Der Sieg des neuen Baustils.* Stuttgart: Akademischer Verlag Dr. F. Wedekind, 1927.
– »Berlin wird Weltstadt-Metropole im Herzen Europas.« *Das neue Berlin:* 98–101.
Behrens, Peter/de Fries, Henri. *Vom sparsamen Bauen. Ein Beitrag zur Siedlungsfrage.* Berlin: Verlag der Bauwelt, 1918.
Benevolo, Leonardo. *Geschichte der Architektur des 19. und 20. Jahrhunderts.* München: Georg Callwey, 1964.
– *Die sozialen Ursprünge des modernen Städtebaus.* Gütersloh: Bertelsmann Fachverlag, 1971 (= *Bauwelt Fundamente* 29).
Berg, Max. »Hochhäuser im Stadtbild.« *Wasmuths Monatshefte für Baukunst* VI (1921/22) 101–115.
Berlage, H. P. *Gedanken über Stil in der Baukunst.* Leipzig: Julius Zeitler, 1905.
Berndt Heide/Lorenzer Alfred/Horn, Klaus. *Architektur als Ideologie.* 2. ed. Frankfurt (Main): Suhrkamp, 1968 (= *edition suhrkamp* 243).
Bertonati, Emilio. *Die neue Sachlichkeit in Deutschland.* München: Schuler Verlagsgesellschaft, 1974.
Bier, Justus. »Mies van der Rohes Reichspavillon in Barcelona.« *Die Form* IV (1929): 423–427.
Blake, Peter. *Drei Meisterarchitekten, Le Corbusier, Mies van der Rohe, Frank Lloyd Wright.* München: Piper, 1962.
Blaser, Werner. *Mies van der Rohe, Die Kunst der Struktur.* Zürich und Stuttgart: Verlag für Architektur, 1965.
Bloch, Ernst. *Erbschaft dieser Zeit.* Zürich: Oprecht und Helbing, 1935.
– *Das Prinzip Hoffnung.* Frankfurt (Main): Suhrkamp, 1959.
– *Tübinger Einleitung in die Philosophie* I. Frankfurt (Main): Suhrkamp, 1963 (= *edition suhrkamp* 11).
Block, Fritz. »Wohnform und Wandlungsfähigkeit.« *Die Form* II (1927): 40–42.
– (Hrsg.) *Probleme des Bauens.* Potsdam: Müller & Kiepenheuer, 1928.
Boehm, Herbert. »Baulanderschließung in Frankfurt (Main) früher und heute.« *Das neue Frankfurt* I (1926/27): 105–112.
Bonatz, Paul. »Welchen Weg geht die deutsche Baukunst?« *Baugilde* XV (1933): 833–835.
Borsi, Franco/Portoghesi, Paolo. *Victor Horta.* Brüssel: Mere Vokaer, 1970.

Borsi, Franco/König G. K. *Architettura del Espressionismo.* Genua: Vitali e Ghiandi und Paris: Fréal & C. (1967).
Boudon, Philippe. *Die Siedlung Pessac, 40 Jahre Wohnen à Le Corbusier, Sozioarchitektonische Studie.* Gütersloh: Bertelsmann Fachverlag, 1971 (= *Bauwelt Fundamente* 28).
Bracher, Karl Dietrich. *Die Auflösung der Weimarer Republik. Eine Studie zum Problem des Machtverfalls in der Demokratie. 3.* ed., Villingen: Ring-Verlag, 1960.
Breuer, Marcel. »Verkehrsarchitektur. – Ein Vorschlag zur Neuordnung des Potsdamer Platzes.« *Das neue Berlin:* 136–141.
Brown, Theodore M. *The Work of G. Rietveld Architect.* Utrecht: A. W. Bruna & Zoon, 1958.
Buddensieg, Tilman. »Riegl, Behrens, Rathenau.« *Kunstchronik* XXIII (1970): 282–283.
Buekschmitt, Justus. *Ernst May, Bauten und Planungen.* Stuttgart: Alexander Koch, 1963.
Burchard, John/Bush-Brown, Albert. *The Architecture of America, A Social and Cultural History.* London: Gollancz, 1967.

Casteels, Maurice. *Die Sachlichkeit in der modernen Kunst.* Paris: Henri Jonquières, 1930.
Ceccarelli, Paolo. *La Costruzione della Città Sovietica.* Padua: Marsilio, 1970 (= *Quaderni di architettura e urbanistica* 8).
Collins, Peter. *Changing Ideals in Modern Architecture 1750–1950.* London: Faber & Faber, 1971.
Conrads, Ulrich. *Programme und Manifeste zur Architektur des 20. Jahrhunderts.* Frankfurt (Main)/Wien: Ullstein, 1964 (= *Ullstein Bauwelt Fundamente* 1).
– (Hrsg.). *Bruno Taut 1920–1922, Frühlicht. Eine Folge für die Verwirklichung des neuen Baugedankens.* Frankfurt (Main)/Wien: Ullstein, 1963 (= *Ullstein Bauwelt Fundamente* 8).
–/Sperlich, Hans G. *Phantastische Architektur.* Stuttgart: Gerd Hatje, 1960.

Deinhard, Hanna. *Bedeutung und Ausdruck.* Neuwied und Berlin: Hermann Luchterhand, 1967.
Deutsche Bauausstellung Berlin 1931. Amtlicher Katalog und Führer, Berlin: Bauwelt-Verlag, 1931.
Dexel, Grete/Dexel, Walter. *Das Wohnhaus von heute.* Leipzig: Hesse & Becker, 1928.
Dittmann, Lorenz. *Stil, Symbol, Struktur, Studien zu Kategorien der Kunstgeschichte.* München: Wilhelm Fink, 1967.
Doesburg, Theo van. Katalog der Ausstellung, Nürnberg, 1969.
Drexler, Arthur. *Ludwig Mies van der Rohe.* London/New York: George Braziller, 1960.
Drigalski, W. von/Herrmann, H. P./Richter, F. *Arbeit und Wohnung.* Berlin: Julius Springer, 1931.

Eckhardt, Wolf von. *Erich Mendelsohn.* Ravensburg: Otto Maier, 1962.
Eckstein, Hans. *Neue Wohnbauten, Ein Querschnitt durch die Wohnarchitektur von Deutschland.* München: Bruckmann, 1932.
– (Hrsg.). *50 Jahre Deutscher Werkbund.* Frankfurt (Main)/Berlin: Metzner, 1958.
Ehmig, Fritz. »Neuzeitliche Wohnbaukunst und deutsche Selbstbesinnung.« *Stadtbaukunst* IX (1928): 165–168.
Eitel, Hans. »Eindrücke von der Karlsruher Ausstellung ›Die Gebrauchswohnung‹.« *Baukunst* V (1929): 319–330.
Elias, Norbert, *Die höfische Gesellschaft.* Neuwied und Berlin: Hermann Luchterhand, 1969 (= *Soziologische Texte* 54).
Elsässer, Martin. »Wandlungen der Baukunst.« *Das neue Frankfurt* I (1926/27): 41–42.

Fischer, Alfred. »Städtebau und Siedlungswesen.« *Die Form* V (1930): 242–243.
Fischer, Wend. *Geborgenheit und Freiheit. Vom Bauen mit Glas.* Krefeld: Scherpe, 1970.
Fischer, Wolfram. *Die deutsche Wirtschaftspolitik 1918–1945.* Opladen, 1968.
Forbat, Fred. »Wohnform und Gemeinschaftsidee.« *Wohnungswirtschaft* IV (1929): 141–143.
Four Great Makers of Modern Architecture, Gropius. Le Corbusier, Mies van der Rohe, Wright. The verbatim record of a symposium held at Columbia University. New York: Da Capo Press, 1970.
Franciscono, Marcel. *Walter Gropius and the Creation of the Bauhaus in Weimar.* Urbana: University of Illinois Press, 1971.
Frank, Dieter Robert/Rentschler, Dieter. *Berlin und seine Bauten, IV, Wohnungsbau.* Berlin/München/Düsseldorf: Ernst, 1970.
Frecot, Janos. »Bibliographische Berichte, Adolf Behne.« *Werkbundarchiv* I (1972): 81–116.
Fries, Henri. *Wohnstädte der Zukunft.* Berlin: Verlag der Bauwelt, 1919.
– *Frank Lloyd Wright, Aus dem Lebenswerk eines Architekten.* Berlin: Ernst Pollak, 1926.
– »Werkbundsiedlung Mühlheim (Ruhr).« *Die Form* IV (1929): 373–386.
– »Problematik des Städtebaues.« *Die Form* V (1930): 189–193.
Fülöp-Miller, René. *Geist und Gesicht des Bolschewismus.* Zürich/Leipzig Wien: Amalthea, 1926.

Gantner, Josef. »Versuchsiedlungen als Ausstellungen.« *Das neue Frankfurt* III (1929): 203.
Gay, Peter. *Weimar Culture, The Outsider as Insider.* London: Secker & Warburg, 1969.
Giedion, Siegfried. *Walter Gropius, Mensch und Werk.* Stuttgart: Hatje, 1954.
– *Space, Time and Architecture, The Growth of a new Tradition.* Cambridge/Mass.: Harvard University Press, 1947.
Ginsburger, Roger. »Zweckhaftigkeit und geistige Haltung.« *Die Form* VI (1931): 431–437.
– »Warum und wozu Selbstversorgersiedlungen?« *Die Form* VII (1932): 191–193.
Glaeser, Ludwig. *Ludwig Mies van der Rohe. Drawings in the Collection of the Museum of Modern Art.* New York: Museum of Modern Art, 1969.
Gradov, G. A. *Stadt und Lebensweise.* Berlin: Verlag für Bauwesen, 1971.
Gräff, Werner. *Innenräume (Deutsche Werkbund-Ausstellung 1927).* Stuttgart: Dr. F. Wedekind, 1928.
– *Zweckmäßiges Wohnen für jedes Einkommen.* Potsdam: Müller & J. Kiepenheuer, 1931.
– *Jetzt wird Ihre Wohnung eingerichtet. Das Warenbuch für den neuen Wohnbedarf.* Potsdam: Müller & J. Kiepenheuer, 1933.
Gray, Camilla. *Die russische Avantgarde der modernen Kunst, 1863 bis 1922.* Köln: DuMont Schauberg, 1963.
Grimm, Reinhold/Hermand, Jost (Hrsg.). *Die sogenannten zwanziger Jahre.* Bad Homburg/Berlin/Zürich: Gehlen, 1970.
Grobler, Johannes. »Die Rationierung der Wohnungsgröße.« *Das neue Berlin:* 63–64.
– »Hochhaus am Bahnhof Friedrichstraße in Berlin.« *Deutsche Bauzeitung* 64 (1930), Beilage »Wettbewerbe«: 9–16.
Gropius, Walter. »Industrie-Bau« (1911): in: Weber, *Faguswerk:* 27–28.
– »Die Entwicklung moderner Industriebaukunst«, *Jahrbuch des Deutschen Werkbundes* II (1913): 17–22.
– »Der Baugeist der neuen Volksgemeinde.« *Die Glocke* X (1924): 311–315.
– *Internationale Architektur.* München: Langen, 1925.
– »Der Architekt als Organisator der modernen Bauwirtschaft und seine Forderungen an die Industrie.« in: Block, *Probleme des Bauens:* 202–214.
– »Die Wohnformen: Flach-, Mittel- oder Hochbau?« *Das neue Berlin:* 74–80.
– *Bauhausbauten Dessau.* München: Albert Langen, 1930.

– *Architektur, Wege zu einer optischen Kultur.* Frankfurt (Main)/Hamburg: Fischer, 1956 (= *Fischer Bücherei* 127).
– *Die neue Architektur und das Bauhaus* (2. ed.). Mainz/Berlin: Florian Kupferberg, 1967.
Grote, Ludwig (Hrsg.). *Historismus und bildende Kunst,* München: Prestel, 1967 (= *Studien zur Kunst des 19. Jahrhunderts* I).
Gut, Albert. *Der Wohnungsbau in Deutschland nach dem Kriege.* München: Bruckmann, 1928.
Gutkind, Erwin (Hrsg.). *Neues Bauen, Grundlagen zur praktischen Siedlungstätigkeit,* Berlin: Verlag der Bauwelt, 1919.

Häring, Hugo. »probleme um die lichtreklame.« *bauhaus-zeitschrift für gestaltung* II (1928) Nr. 4: 7.
Haesler, Otto. »Die doppelgeschossige Etagenwohnung.« *Die Form* V (1930): 225–230.
– *Mein Lebenswerk als Architekt.* Berlin: Henschel, 1957.
Hajos, E. M./Zahn, L. *Berliner Architektur der Nachkriegszeit.* Berlin: Albertus, 1928.
Hamann, Richard. *Geschichte der Kunst von der altchristlichen Zeit bis zur Gegenwart.* Berlin: Th. Knaur Nachf., 1933.
–/Hermand, Jost. *Stilkunst um 1900.* Berlin: Akademie-Verlag, 1967.
Hartlaub, G. F. »Ethos der neuen Baukunst.« *Die Form* IV (1929): 273–277.
Hegemann, Werner. »Stuttgarter Schildbürgerstreiche und Berliner Bauausstellung 1930.« *Wasmuths Monatshefte für Baukunst* XII (1928): 8–12.
– »Ausstellung ›Bauen und Wohnen‹, Gagfah Siedlung Fischtalgrund in Berlin-Zehlendorf.« *Wasmuths Monatshefte für Baukunst* XII (1928): 211–242.
– »Hochhaus Friedrichstraße.« *Wasmuths Monatshefte für Baukunst* XIV (1930): 191–194.
– »Das deutsche Wohnhaus.« *Wasmuths Monatshefte für Baukunst* XVI (1932): 559–566.
Hennig-Schefold, Monica/Schäfer, Inge. *Frühe Moderne in Berlin.* Verlag WERK, Winterthur, 1967.
Hilberseimer, Ludwig, *Großstadtbauten.* Hannover: MERZ 1926.
– *Großstadt-Architektur.* Stuttgart: Julius Hoffmann, 1927.
– *Internationale neue Baukunst.* Stuttgart: Julius Hoffmann, 1928.
– *Beton als Gestalter.* Stuttgart: Julius Hoffmann, 1928.
– »Die neue Geschäftsstraße«. *Das neue Frankfurt* III (1929): 67–73.
– »Entwicklungstendenzen des Städtebaus.« *Die Form* IV (1929): 209–211.
– »Städtebau und Wohnungsbau.« *Die Form* IV (1929): 294–296.
– »›Wohnung und Werkraum‹ Ausstellung Breslau 1929.« *Die Form* IV (1929): 451–474.
– »Glasarchitektur.« *Die Form* IV (1929): 521–522.
– »Die Wohnung unserer Zeit.« *Die Form* VI (1931): 249–271.
– *Mies van der Rohe.* Chicago: Paul Theobald & Cie., 1956.
– *Entfaltung einer Planungsidee.* Berlin/Frankfurt (Main)/Wien: Ullstein, 1963 (= *Ullstein Bauwelt Fundamente* 6).
– *Contemporary Architekture, Its Roots and Trends.* Chicago: Paul Theobald & Cie., 1964.
– *Berliner Architektur der zwanziger Jahre.* Mainz/Berlin: Florian Kupferberg, 1967.
Hitchcock, Henry-Russell. Architecture, *Nineteenth and Twentieth Centuries.* The Pelican History of Art. 2. ed. Harmondsworth: Penguin, 1963.
Hitchcock, Henry-Russell/Johnson, Philipp. *The International Style, Architecture since 1922.* Orig. ed. 1932. New York: 1966.
Hoeber, Fritz. *Peter Behrens.* München: Georg Müller und Eugen Rentsch, 1913.
Hoffmann, Herbert. »›Die Wohnung unserer Zeit‹ auf der Deutschen Bauausstellung Berlin 1931.« *Moderne Bauformen* XXX (1931): 329 bis 347, 373–391.
– »Die V. Triennale Mailand 1933 und das neue Bauen in Italien.« *Moderne Bauformen* XXXII (1933): 391–412.
– »Die Holzsiedlung am Kochenhof bei Stuttgart.« *Moderne Bauformen* XXXII (1933): 567–634.
Howard, Thomas. *Charles Rennie Mackintosh and the Modern Movement.* London: Routledge & Kegan Paul, 1952.
Hübner, Herbert. *Die soziale Utopie des Bauhauses.* Darmstadt: Verlag Hoppenstedt & Co., 1963.
Hüter, Karl-Heinz. *Henry van de Velde. Sein Werk bis zum Ende seiner Tätigkeit in Deutschland.* Berlin: Akademie-Verlag, 1967.

Ja! Stimmen des Arbeitsrates für Kunst in Berlin, Berlin: Photographische Gesellschaft Charlottenburg, 1919.
Jaeckh, Ernst. »Idee und Realisierung der Internationalen Werkbund-Ausstellung ›Die Neue Zeit‹ Köln 1932.« *Die Form* IV (1929): 401 bis 421.
Jaffé, H. L. C. *De Stijl 1917–1931. Der niederländische Beitrag zur modernen Kunst.* Berlin/Frankfurt (Main)/Wien: Ullstein, 1965 (= *Ullstein Bauwelt Fundamente* 7).
– *Mondrian und De Stijl.* Köln: DuMont Schauberg, 1967.
Jauss, Hans Robert. *Literaturgeschichte als Provokation.* Frankfurt (Main): Suhrkamp, 1970 (= *edition suhrkamp* 418).
Jessen, Peter. »Die Deutsche Werkbundausstellung Köln 1914.« *Jahrbuch des Deutschen Werkbundes* IV (1915): 1–42.
Joedicke, Jürgen. *Zur Theorie Hugo Härings.* Berlin: Schriftenreihe der Staatlichen Hochschule für Bildende Kunst, 1960.
–/ Lauterbach, Heinrich. *Hugo Häring, Schriften, Entwürfe, Bauten.* Stuttgart: Karl Krämer, 1965.
–/ Plath, Christian. *Die Weißenhofsiedlung.* Stuttgart: Karl Krämer, 1968.
Johannes, Heinz. *Neues Bauen in Berlin.* Berlin: Deutscher Kunstverlag, 1931.
Johnson, Philipp. *Mies van der Rohe.* New York: The Museum of Modern Art, 1947.
Jordy, William H. *American Buildings and their Architects, Progressive and Academic Ideals at the Turn of the 20th Century.* Garden City New York: Doubleday & Comp., 1972.
Junghanns, Kurt. *Bruno Taut 1880–1938.* Berlin: Henschelverlag Kunst und Gesellschaft, 1970.

Kallai, Ernst. »bauen und leben.« *bauhaus-zeitschrift für gestaltung* III (1929): 12.
Kette, Die Gläserne, Visionäre Architekturen aus dem Kreis um Bruno Taut 1919–1920. Katalog der Ausstellung. Leverkusen, 1964.
Klopfer, Paul. »Form und Farbe in der neuen Baukunst.« *Die farbige Stadt* IV (1932):109 –110.
Klotz, Heinrich. »Materialien zu einer Gropiusmonographie.« *Architectura* I (1971): 176–196.
Klotz, Volker. *Die erzählte Stadt.* München: Hanser, 1969.
Kopp, Anatole. *Ville et révolution, Architecture et urbanisme soviétiques des années vingt.* Paris: Editions Anthropos, 1967.
Korn, Arthur. *Glas im Bau und Glas als Gebrauchsgegenstand.* Berlin: Ernst Pollak, 1929.
Kräntzer, B./Kothe, B. »Instandsetzung und Modernisierung der Wohnhausgruppe Römerstadt in Frankfurt (Main).« *Berichte aus der Bauforschung* 74 (1972): 3–89.
Kramer, Ferdinand. »Die Wohnung für das Existenzminimum.« *Die Form* IV (1929): 647–649.

Lane, Barbara Miller. *Architecture and Politics in Germany 1918–1945.* Cambridge/Mass.: Harvard University Press, 1968.
Lange, Herrmann. »Die Künstlerräte in Deutschland.« *Die Glocke* IV (1920): 1140–1142.
Lasch, Hanna. *Architekten-Bibliographie. Deutschsprachige Veröffentlichungen 1920–1960.* Leipzig: VEB E. A. Seemann, 1962.

Le Corbusier. *Kommende Baukunst.* Berlin und Leipzig: Deutsche Verlags-Anstalt, 1926.
– »Wie wohnt man in meinen Stuttgarter Häusern?« *Das neue Frankfurt* II (1928): 13–15.
–/ Pierre Jeanneret. *Oeuvre Complète.* Zürich: Les Editions d'Architecture Artemis, 8. ed. 1967.
Lethen, Helmut. *Neue Sachlichkeit. 1924–1932, Studien zur Literatur des »Weißen Sozialismus«.* Stuttgart: Metzler, 1970.
Lexikon der modernen Architektur. (Hrsg. G. Hatje.) München/Zürich: Droemer-Knaur, 1963.
Lihotzky, Grete. »Rationalisierung im Haushalt.« *Das neue Frankfurt* I (1926/27): 120–123.
Lindahl, Göran. »Von der Zukunftskathedrale zur Wohnmaschine, Deutsche Architektur und Architekturdebatte nach dem Ersten Weltkrieg.« *Figura* N. S. I (1959): 226–282.
El Lissitzky. *Rußland: Architektur für eine Weltrevolution.* Orig. ed. 1930 »Rußland. Die Rekonstruktion der Architektur in der Sowjetunion.« Berlin, Frankfurt (Main), Wien: Ullstein, 1965 (= *Ullstein Bauwelt Fundamente* 14).
Lissitzky-Küppers, Sophie. *El Lissitzky: Maler, Architekt, Typograph, Fotograf. Erinnerungen, Briefe, Schriften.* Dresden: Verlag der Kunst, 1967.

Malewitsch, Kasimir. *Suprematismus, Die gegenstandslose Welt.* Köln: DuMont Schauberg, 1962.
Mann, Golo. *Deutsche Geschichte des XIX. und XX. Jahrhunderts.* Frankfurt (Main): Fischer, 1958.
May, Ernst. »Das neue Frankfurt.« *Das neue Frankfurt* I (1926/27): 2–7.
– »Das soziale Moment in der neuen Baukunst.« *Das neue Frankfurt* I (1926/27): 77–83.
– »Wohnungspolitik der Stadt Frankfurt am Main.« *Das neue Frankfurt* I (1926/27): 105–112.
– »Der Bau neuer Städte in der UdSSR.« *Das neue Frankfurt* V (1931): 117–134.
Mebes, Paul. *Um 1800, Architektur und Handwerk im letzten Jahrhundert ihrer traditionellen Entwicklung.* 2. ed., bearbeitet von Walter Curt Behrendt. München: F. Bruckmann, 1918.
Mendelsohn, Erich. »Gedanken zur neuen Architektur (im Felde 1914 bis 1917).« *Wasmuths Monatshefte für Baukunst* VIII (1924): 3.
– »Frank Lloyd Wright.« *Wendingen* VII (1925): 96–100.
– *Rußland, Europa, Amerika. Ein architektonischer Querschnitt.* Berlin: Mosse, 1929.
– *Das Gesamtschaffen des Architekten. Skizzen, Entwürfe, Bauten.* Berlin: Mosse, 1930.
– *Der schöpferische Sinn der Krise.* Berlin: Cassirer, 1932.
– *Briefe eines Architekten.* Herausgegeben von Oskar Beyer. München: Prestel, 1961.
Meyer, Adolf. *Ein Versuchshaus des Bauhauses in Weimar.* München: Langen, 1925.
Meyer, Peter. *Moderne Architektur und Tradition.* Zürich: Dr. H. Girsberger & Co., 1928.
Mies van der Rohe, Ludwig. »Bürohaus«. *G – Material zur elementaren Gestaltung* I (1923): Nr. 1, S. 3.
–»Bauen«. *G – Material zur elementaren Gestaltung* I (1923): Nr. 2, S. 1.
– »Industrielles Bauen.« *G – Zeitschrift für elementare Gestaltung* II (1924): Nr. 3, S. 8–10.
– »Baukunst und Zeitwille!«. *Der Querschnitt* IV (1924): Heft 1: 31–32.
– »Zum neuen Jahrgang.« *Die Form* II (1927): 59.
– »Die Neue Zeit.« *Die Form* V (1930): 406.
Mies van der Rohe. Katalog der Ausstellung der Akademie der Bildenden Künste Berlin, 1968.
Migge, Leberecht. »Form der Kleingärten«. *Die Form* III (1928): 91–96.
Moholy-Nagy, Sybil. *Laszlo Moholy-Nagy, ein Totalexperiment.* Mainz und Berlin: Florian Kupferberg, 1972.
Müller, Sebastian. *Kunst und Industrie, Ideologie und Organisation des Funktionalismus in der Architektur.* München: Hanser, 1974.
Müller-Wulckow, Walter, *Bauten der Arbeit und des Verkehrs.* 2. ed. Königstein: Karl Robert Langewiesche, 1929.
– *Bauten der Gemeinschaft.* 13.–20. Tsd. Königstein: Karl Robert Langewiesche, 1929.
– *Wohnbauten und Siedlungen.* 21.–28. Tsd. Königstein: Robert Langewiesche Nachfolger, 1929.
– *Die deutsche Wohnung der Gegenwart.* Königstein: Robert Langewiesche Nachfolger, 1930.
Mumford, Lewis. *Die Stadt. Geschichte und Ausblick.* Köln/Berlin: Kiepenheuer & Witsch, 1973.
Muthesius, Hermann. »Wo stehen wir?« *Jahrbuch des Deutschen Werkbundes* I (1912): 11–26.
– *Die Zukunft der deutschen Form.* Stuttgart/Berlin: Deutsche Verlags-Anstalt, 1915 (= *Der Deutsche Krieg, Politische Flugschriften* 50).
– *Die schöne Wohnung.* 2. ed. München: Callwey, 1926.

Nosbisch, W. (Hrsg.). *Das Wohnungswesen der Stadt Frankfurt (Main).* Frankfurt (Main): Hochbauamt und Wirtschaftsamt, 1930.

Osthaus, Karl Ernst. *Leben und Werk.* Recklinghausen: Aurel Bongers, 1971.
Oswald, Hans. *Die überschätzte Stadt. Ein Beitrag der Gemeindesoziologie zum Städtebau.* Olten/Freiburg i. Brsg.: Walter, 1966.
Oud, Johan J. P. »Ja und Nein, Bekenntnisse eines Architekten.« *Wasmuths Monatshefte für Baukunst* IX (1925): 140–146.
– »The Influence of Frank Lloyd Wright an the Architecture of Europe.« *Wendingen* VII (1925): 85–89.
– *Holländische Architektur.* München: Albert Langen, 1926.
– *Bauten 1906–1963.* Katalog der Ausstellung der Akademie der Künste, Berlin, 1966.

Pehnt, Wolfgang. »Gropius the Romantic.« *Art Bulletin* LIII (1971): 379–392.
– *Die Architektur des Expressionismus.* Stuttgart: Gerd Hatje, 1973.
Petsch, Joachim. *Architektur und Gesellschaft. Zur Geschichte der deutschen Architektur im 19. und 20. Jahrhundert.* Köln/Wien: Böhlau, 1973.
Pevsner, Nikolaus. *Wegbereiter moderner Formgebung. Von Morris bis Gropius.* Hamburg: Rowohlt, 1957 (= *rowohlts deutsche enzyklopädie* 33).
Pfister, Rudolf. *Stuttgarter Werkbundausstellung ›Die Wohnung‹. Ein kritischer Rückblick.* München: Callwey, 1928.
– »Paul Schmitthenner und seine Arbeit.« *Baukunst* VIII (1931): 329–344.
– *Bauten Schultze-Naumburgs.* Weimar: Duncker, 1940.
Pica, Agnoldomenico. »Architettura tedesca moderna.« *Emporium* LXXXV (1937): 75–90.
Platz, Gustav Adolf. *Die Baukunst der neuesten Zeit.* 2. ed. Berlin: Propyläen, 1930.
Poelzig, Hans. *Gesammelte Schriften und Werke.* Herausgegeben von Julius Posener. Berlin: Gebr. Mann, 1970.
Ponten, Josef. *Architektur, die nicht gebaut wurde.* Stuttgart/Berlin/Leipzig: 1925.
Posener, Julius (Hrsg.). *Anfänge des Funktionalismus. Von Arts and Crafts zum Deutschen Werkbund.* Berlin/Frankfurt (Main)/Wien: Ullstein, 1964 (= *Ullstein Bauwelt Fundamente* 11).
– »Absolute Architektur.« *Die Neue Rundschau* 84 (1973): 79–95.

R. F. »Erfahrungen aus der Weißenhofsiedlung in Stuttgart.« *Der Neubau* X (1928): 161–163.
Rading, Adolf. »Stadt, Form, Architekt.« *Die Form* I (1925): 6–10.
– »Wohngewohnheiten.« *Die Form* II (1927): 47–49.
– »Bebauungsplan Siemensstadt.« *Das neue Berlin:* 61.

– *Bauten, Entwürfe und Erläuterungen.* Ausgewählt und zusammengestellt von Peter Pfankuch, Berlin: Gebr. Mann, 1970.
Rasch, Bodo und Heinz. *Wie bauen? Materialien und Konstruktionen für industrielle Produktion.* Stuttgart: Dr. Fritz Wedekind, 1928.
Rave, Rolf/Knöfel, Hans-Joachim. *Bauen seit 1900 in Berlin.* Berlin: Kiepert, 1968.
Reinisch, Leonhard (Hrsg.). *Die Zeit ohne Eigenschaften. Eine Bilanz der 20er Jahre.* Stuttgart: Kohlhammer, 1961.
Renner, Paul. *Kulturbolschewismus?* Erlenbach/Zürich: Eugen Rentsch, 1932.
Richards, J. M./Pevsner, Nikolaus (Hrsg.). *The Anti-Rationalists.* London: Architectural Press, 1973.
Richter, Hans. *Begegnungen von Dada bis heute, Briefe, Dokumente, Erinnerungen.* Köln: DuMont Schauberg, 1973.
Riedrich, Otto. »Wege der gegenwärtigen Baukunst.« *Stadtbaukunst* XI (1930): 65–68, 141–143.
Riezler, Walter. »Das Haus Tugendhat in Brünn.« *Die Form* VI (1931): 321–323.
– »Kann man im Haus Tugendhat wohnen?« *Die Form* VI (1931): 392–394.
– »Front 1932.« *Die Form* VII (1932): 1–5.
– »Der Kampf um die deutsche Kultur.« *Die Form* VII (1932): 325–328.
Rosenberg, Arthur. *Entstehung und Geschichte der Weimarer Republik.* Frankfurt (Main): Europäische Verlagsantstalt, 1955.
Roth, Alfred. *Zwei Wohnhäuser von Le Corbusier und Pierre Jeanneret.* Stuttgart: Dr. F. Wedekind, 1927.
Rothe, Wolfgang (Hrsg.). *Der Aktivismus, 1915–1920.* München: Deutscher Taschenbuchverlag, 1969.

Sartoris, Albert. *Gli Elementi dell' Architettura Funzionale.* 3. ed. Mailand: Hoepli, 1941.
Schacherl, Lilian. *Die Zeitschriften des Expressionismus.* Diss. phil. München, 1957.
Schallenberger, Jakob/Gutkind, E. *Berliner Wohnbauten der letzten Jahre.* Berlin: Loewenthal, 1931.
Scheerbart, Paul. *Glasarchitektur.* (Orig. ed. 1914). München: Rogner und Bernhard, 1971.
Scheffler, Karl. *Moderne Baukunst.* Berlin: Julius Bard, 1907.
– *Die Architektur der Großstadt.* Berlin: Bruno Cassirer, 1913.
– *Berlin. Wandlungen einer Großstadt.* Berlin: Bruno Cassirer, 1931.
Schinz, Alfred. Berlin, *Stadtschicksal und Städtebau.* Braunschweig: Georg Westermann, 1964.
Schmid, Robert. »Fehlerquellen deutschen Städtebaus.« *Das neue Frankfurt* I (1926/27): 11–15.
Schmidt, Hans. *Beiträge zur Architektur, 1924–1964.* Berlin: Verlag für Bauwesen, 1965.
Schmitthenner, Paul. *Baugestaltung, I. Das deutsche Wohnhaus.* Stuttgart: Konrad Wittwer, 1932.
– *Die Baukunst im neuen Reich.* München: Callwey, 1934.
Schneede Uwe/Schneede-Szessny, Marina. *Hermann Finsterlin.* Katalog der Ausstellung Stuttgart, Württembergischer Kunstverein, 1973.
Schnell, Hugo. *Der Kirchenbau des 20. Jahrhunderts in Deutschland.* München/Zürich: Schnell und Steiner, 1973.
Schreyl, Karl Heinz/Neumeister, Dorothea. *Joseph Olbrich, Das Werk des Architekten.* Katalog der Ausstellung im Hessischen Landesmuseum Darmstadt, 1967.
Schürmeyer, W. »Mechanisierung des Wohnungsbaus in Frankfurt (Main)«. *Deutsche Bauzeitung* 61 (1927): Heft 5, S. 31–36.
Schultze-Naumburg, Paul. *Kulturarbeiten, I, Hausbau.* 2. ed. München: Callwey, 1907.
– *Flaches oder geneigtes Dach? Mit einer Umfrage an deutsche Architekten und deren Antworten.* Berlin: Seger & Cramer, 1927.
– *Kunst und Rasse.* München: J. F. Lehmanns, 1928.
– *Kampf um die Kunst.* München: F. Eher, 1932.
– »Zeitgebundene und blutgebundene Kunst.« *Baugilde* XV (1933): 645–646.
Schulze, Konrad Werner. *Der Stahlskelettbau, Geschäfts- und Hochhäuser.* Stuttgart: Dr. Zaugg & Co., 1928.
– *Glas in der Architektur der Gegenwart.* Stuttgart: Dr. Zaugg & Co., 1929.
Schumacher, Fritz. *Kulturpolitik, Neue Streifzüge eines Architekten.* Jena: Eugen Diederichs, 1920.
– *Köln, Entwicklungsfragen einer Großstadt.* Köln: Saaleck Verlag, 1923.
– *Zeitfragen der Architektur.* Jena: Eugen Diederichs, 1929.
– *Das Werden einer Wohnstadt, Bilder vom neuen Hamburg.* Hamburg: L. Friederichs, 1932.
– *Strömungen in deutscher Baukunst seit 1800.* Leipzig: Seemann, 1935.
– *Stufen des Lebens, Erinnerungen eines Baumeisters.* Stuttgart und Berlin: Deutsche Verlags-Anstalt, 1935.
– *Die Sprache der Kunst.* Stuttgart, Berlin: Deutsche Verlags-Anstalt, 1942.
Schumpp, Mechthild. *Stadtbau-Utopien und Gesellschaft. Der Bedeutungswandel utopischer Stadtmodelle unter sozialem Aspekt.* Gütersloh: Bertelsmann Fachverlag, 1972 (= *Bauwelt Fundamente* 32).
Schwab, Alexander. »Zur Gehag-Siedlung Zehlendorf.« *Die Form* IV (1929): 8–14.
– »Zur Abteilung ›Städtebau und Landesplanung‹.« *Die Form* V (1930): 79–83.
– »Menschenwirtschaft und Raumwirtschaft in Deutschland.« *Die Form* V (1930): 326–328.
– »Typen der Theorie des Städtebaus.« *Die Form* V (1930): 521–524.
– *Das Buch vom Bauen* (Orig. ed. 1930). Düsseldorf: Bertelsmann Fachverlag, 1973 (= *Bauwelt Fundamente* 42).
Schwagenscheidt, Walter. »Problematik des Städtebaus.« *Die Form* V (1930): 243–245.
Schwarz, Albert. *Die Weimarer Republik (1918–1933).* Konstanz: Athenaion, 1958.
Scully, Vincent. *Frank Lloyd Wright.* New York: George Braziller, 1960.
Senger, Alexander von. *Krisis der Architektur.* Zürich: Rascher & Co., 1928.
– *Die Brandfackel Moskaus.* Zurzach: Kaufhaus Zurzach, 1931.
Sharp, Dennis. *Modern Architecture and Expressionism.* London: Longmans, 1966.
Singelenberg, Pieter. *H. P. Berlage, Idea and Style.* Utrecht: Haentjes, Dekker & Gumbert, 1972.
Smith, Norris Kelly. *Frank Lloyd Wright, A Study in Architectural Content.* Eglewood Cliffs N. J.: Prentice Hall, 1966.
Soeder, Hans. »Architektur auf der Großen Berliner Kunstausstellung 1924.« *Der Neubau* VI (1924): 153–158.
Sörgel, Hermann. *Wohnhäuser.* 2. ed. Leipzig: J. M. Gebhardts, 1927 (= *Handbuch der Architektur* IV, 2. Halbband, 1. Heft).
Sontheimer, Kurt: *Antidemokratisches Denken in der Weimarer Republik.* 2. ed. München: Nymphenburger Verlagsanstalt, 1964.
Stahl, Fritz. »Die Gartenstadt Staaken.« *Wasmuths Monatshefte für Baukunst* III (1918/19): 137–195.
Stern, Fritz. *Kulturpessimismus als politische Gefahr. Eine Analyse nationaler Ideologie: Deutschland.* Berlin/Stuttgart/Wien: Scherz, 1963.
Straub, Karl Willy. *Die Architektur des Dritten Reiches.* Stuttgart: Dr. F. Wedekind & Co., 1932.
Sweeny, James J./Sert, Josep Lluis. *Antoni Gaudi.* Stuttgart: Gerd Hatje, 1960.

Taut, Bruno. *Die Stadtkrone. Mit Beiträgen von Paul Scheerbart, Erich Baron, Adolf Behne.* Jena: Eugen Diederichs, 1919.
– *Alpine Architektur.* Hagen: Folkwang, 1919.

– *Die Auflösung der Städte oder Die Erde eine gute Wohnung.* Hagen: Folkwang, 1920.
– *Die neue Wohnung. Die Frau als Schöpferin.* 2. ed. Leipzig: Klinkhardt & Biermann, 1924.
– *Ein Wohnhaus.* Stuttgart: Franckh'sche Verlagshandlung, 1927.
– *Bauen. Der neue Wohnbau.* Leipzig und Berlin: Klinkhardt & Biermann, 1927.
– *Die neue Baukunst in Europa und Amerika.* Stuttgart: Julius Hoffmann, 1929.
– »Krisis der Architektur.« *Wohnungswirtschaft* IV (1929): 105–107.
– »Die Farbe.« *Die farbige Stadt* VI (1931): 29–30.
Tessenow, Heinrich. *Wohnungsbau.* 3. ed. München: Callwey, 1927.
Teut, Anna. *Architektur im Dritten Reich 1933–1945.* Berlin/Frankfurt (Main)/Wien: Ullstein, 1967 (= *Ullstein Bauwelt Fundamente* 19).

Unwin, Robert. »Die neue Stadt.« *Das neue Frankfurt* I (1926/27): 10–11.

Velde, Henri van de. *Zum neuen Stil.* München: R. Piper, 1955.
Veronesi, Giulia. *Josef Hoffmann.* Mailand: Il Balcone, 1956.
Vischer, Julius. *Der neue Schulbau im In- und Ausland. Grundlagen, Technik, Gestaltung.* Stuttgart: Julius Hoffmann, 1931.

Wacher, Jakob. *Ford oder Marx. Die praktische Lösung der sozialen Frage.* Berlin:
Wagner, Martin. »Das neue Berlin – Die Weltstadt Berlin.« *Das neue Berlin:* 4–5.
– »Das Formproblem eines Weltstadtplatzes, Wettbewerb der Verkehrs A. G. für die Umbauung des Alexanderplatzes.« *Das neue Berlin:* 33–38.
– *Das wachsende Haus.* Berlin und Leipzig: Deutsches Verlagshaus Bong & Co., 1932.
Weber, Helmut. *Walter Gropius und das Faguswerk.* München: Callwey, 1961.
Weber, Max. *Wirtschaft und Gesellschaft. Grundriß der verstehenden Soziologie.* 4. ed. Tübingen: Mohr, 1956.
Wedepohl, Edgar. »Die Weißenhofsiedlung der Werkbundausstellung ›Die Wohnung‹ in Stuttgart 1927« *Wasmuths Monatshefte für Baukunst* XI (1927): 391–402
Westheim, Paul. »Architektur-Entwicklung.« *Die Glocke* X (1924): 181–185.
– »Architektur in Frankreich, Le Corbusier-Saugnier.« *Wasmuths Monatshefte für Baukunst* VII (1922/23): 69–82.
Wetzel, Heinz. »Die Werkbund-Siedlung auf dem Weißenhof bei Stuttgart.« *Deutsche Bauzeitung* 61 (1927): 625–631.
Whittick, Arnold. *Eric Mendelsohn.* 2. ed. London: Leonhard Hill, 1956.
Wichert, Fritz. »Zeitwende–Kunstwende.« *Das neue Frankfurt* I (1926/27): 15–24.
– »Die neue Baukunst als Erzieher.« *Das neue Frankfurt* II (1928): 233–235.
Wiener, Alfred. *Das Warenhaus, Kauf-, Geschäfts- und Bürohaus.* 2. ed. Berlin: Ernst Wasmuth, 1912.
Wingler, Hans Maria. *Das Bauhaus 1919–1933. Weimar, Dessau, Berlin und die Nachfolge in Chicago seit 1937.* Bramsche: Gebr. Rasch & Co., 1968.
Wölfflin, Heinrich. *Gedanken zur Kunstgeschichte, Gedrucktes und Ungedrucktes.* Basel: Benno Schwabe & Co., 1940.
Wolf, Paul. *Wohnung und Siedlung.* Berlin: Ernst Wasmuth, 1926.

Zechlin, Hans Joseph. »Fünfzehn Architekten und der unbekannte Bürger.« *Wasmuths Monatshefte für Baukunst* XII (1928): 549–558.
Zevi, Bruno. *Erich Mendelsohn, Opera completa, Architetture e immagini architettoniche, Con note biografiche die Louise Mendelsohn.* Mailand: ETAS/KOMPASS, 1970.

Register